존 메이엔도르프

비잔틴 신학
역사적 변천과 주요 교리

John Meyendorff
Byzantine Theology:
Historical Trends and Doctrinal Themes

copyright © 1974, 1979 by Fordham University Press
All rights reserved

Translated by PARK Noyang

Korean Translation Copyright © 2010 Orthodox Editions,
Ecumenical Patriarchate Orthodox Metropolis of Korea

Permission for this edition was arranged through Fordham University Press,
New York, U. S. A.

비잔틴 신학
역사적 변천과 주요 교리

초판 1쇄 발행	2010년 12월 25일
개정 1쇄 인쇄	2018년 6월 5일
개정 1쇄 발행	2018년 6월 5일
지 은 이	존 메이엔도르프
옮 긴 이	박노양 그레고리오스
펴 낸 이	조성암 암브로시오스 대주교
펴 낸 곳	정교회출판사
출 판 등 록	제313-2010-5호
주 소	서울시 마포구 마포대로18길 43
전 화	02-364-7020
팩 스	02-6354-0092
홈 페 이 지	www.philokalia.co.kr
이 메 일	orthodoxeditions@gmail.com

ISBN 978-89-92941-18-1   03230
정가 20,000원

* 잘못된 책은 바꿔드립니다.

이 책의 한국어판 저작권은 Fordham University Press와 독점계약한 정교회출판사에 있습니다.
저작권법에 의해 한국 내에서 보호를 받는 저작물이므로 무단 전재 및 무단 복제를 금합니다.

John Meyendorff

비잔틴 신학
역사적 변천과 주요 교리

존 메이엔도르프 지음
박노양 그레고리오스 옮김

 정교회출판사

차례

■ 한국어판 서문 6
■ 서론 / 비잔틴 신학의 특징과 뿌리 8

1부
비잔틴 신학의 역사

1장 칼케돈 공의회 이후의 비잔틴 신학 38
2장 그리스도론을 둘러싼 문제 64
3장 이콘파괴론 위기 85
4장 수도사들과 인문주의자들 109
5장 수도원 신학 132
6장 교회론 : 교회법의 원천 160
7장 동방과 서방의 분열 184
8장 서방과의 만남 207
9장 기도의 법 232

2부
비잔틴 신학의 주요 교리

10장 창조 259

11장 인간 277

12장 예수 그리스도 304

13장 성령 339

14장 삼위(三位)이신 하느님 363

15장 성사 신학 : 삶의 주기 386

16장 감사의 성찬 성사 406

17장 세상 속의 교회 428

결론 모순들 452

| 참고문헌 | 459

■ 한국어판 서문

　많은 그리스도인이 16세기 이후의 교회 역사에 대해서는 상세히 알고 있지만, 초대 교회의 역사와 생활에 대해서는 잘 알지 못할뿐더러 더 이상 알려고도 하지 않습니다. 하지만 주후 첫 천년 동안 분리되지 않고 하나였던 그리스도교 교회의 역사를 모르고서는 그리스도교가 무엇인지 올바르게 이해할 수 없습니다.

　대다수 진지한 학자들은 분리되지 않은 하나의 그리스도 교회가 정교회를 통해서 계속 이어져오고 있다는 사실을 인정하고 있습니다. 다시 말해 정교회는 오순절 날 그리스도께서 성령을 보내시어 예루살렘의 다락방에서 세우신 바로 그 교회(사도행전 2:1-13)라는 말입니다. 정교회는 사도 시대부터 지금까지 변함없이 그리스도 교회의 전통을 끊임없이 지켜오고 있습니다. 그래서 '정(正, Orthodox)'교회라고 부르는 것입니다. 정교회는 성령의 인도에 따라 이 천 년 동안 올바른 하나의 길을 따라왔습니다.

　정교회 신학을 깊이 이해하기 위해서는 교회의 역사적인 흐름을 잘 알아야 합니다. 이를 위해 영원히 기억될 존 메이엔도르프 사제의 역작, 『비잔틴 신학 : 역사적 변천과 주요 교리』(*Byzantine Theology : Historical Trends and Doctrinal Themes*)는 독자 여러분에게 많은 도움을 줄 것입니다. 그리스도 교회의 역사와 정교회의 신학을 잘 이해할 수 있도록 도와줄 이 책은 신학을 연구하는 전문가뿐만 아니라 정교회 신학의 역사적 뿌리를 더 깊게 알고 싶어 하는 모든 분을 위한 것입니다.

저자 존 메이엔도르프 사제는 명확하고 체계적으로 정교회의 뿌리에 대해 천착하고 있습니다. 그는 이 책을 통해 비잔틴 신학이 하느님과 인간에 대한 인식에 있어서 서방의 신학사상과 어떻게 다른지 드러내주고, 인간의 궁극적 목적을 그리스도와의 연합에 두는 비잔틴 인간학의 본질을 독창적인 방법론으로 제시하고 있습니다. 이 책은 수많은 역사적 안내와 학문적 논의를 포함하고 있으며, 비잔틴 세계의 신학적 종합의 탁월성을 보여줍니다. 또한 인간과 하느님의 관계에 관한 진리를 이해함에 있어서 매우 본질적인 영향을 미친 빛나는 저술들에 관한 풍부한 참고 문헌을 제시하고 있습니다.

이 천 년의 역사와 수많은 교부들을 통해 전승되어 온 정교회 신앙의 보화들이 한국에는 잘 알려져 있지 않습니다. 그러므로 이 책은 한국말로 된 정교회 신학서적의 부재를 메우는데 매우 유익할 것입니다. 또한 저는 이토록 중요한 서적의 출판에 즈음하여 서문을 쓸 수 있게 된 것을 기쁘게 생각합니다. 한국 정교회의 '정교회 출판사'는 이 책이 신학생, 사제 지망생, 역사학자, 지식인만 아니라 정교회의 뿌리에 대해 자세히 알고자 하는 모든 사람에게 읽혀지기를 바라며, 더 나아가 직접 정교회에 오셔서 정교회의 풍부한 신학과 교회전승을 접하실 수 있게 되길 기원합니다.

정교회 한국대교구
† 조성암 암브로시오스 대주교

† 조성암 대주교

■ 서론

비잔틴 신학의 특징과 뿌리

그리스도교 진리의 보편적 형식이 되기 위해 비잔틴 신학은 헬레니즘과의 자연적인 인연과 그것의 민족적 문화적 제한들로부터 자신을 해방시킴으로써 헬레니즘을 극복하기 위해 수세기 동안 투쟁하고 노력해야만 했다. (블라디미르 로스끼, 『Vision de Dieu』, p. 58)

고대문화는 내부로부터의 '변화'를 허용할 만큼 부드러웠다. … 그리스도인들은 이전의 문화지형에 파묻히지 않고도 문화적 과정들의 방향을 바꿀 수 있었고, 또한 새로운 정신으로 그 문화 체계를 재구성할 수 있음을 입증했다. '그리스도교의 헬레니즘화' 등과 같은 다양한 방식으로 지칭된 이 과정은 오히려 '헬레니즘의 그리스도교화'로 이해될 수 있다. (조오지 플로로프스키, "신앙과 문화", St. Vladimir's Quaterly, IV, 1-2, 1955-1956, p. 40.)

콘스탄티노스 황제(324-337)는 그리스도교와 로마제국의 충돌 시대에 종지부를 찍었다. 그는 옛 수도를 버렸고, '문명화된 세계'로 간주되어온 로마 제국의 정치적 문화적 중심을 보스포로스(Bosphorus) 해협의 옛 그리스 도시 비잔티움으로 옮겼다. 공식적으로 콘스탄티노플 혹은 '새 로마'라 불리게 된 이 도시는 이후 로마제국이 1453년 투르크에 멸망하기까지 11세기가 넘도록 계속해서 제국의 수도였다. 특별히 이집트, 팔레스타인, 시리아의 그리스도교 중심지들이 사라진 후 콘스탄티노플은 동방 그리스도교의 명실상부한 중심지가 되었고, 이 도시의 주교는 '세계 총대주교'(ecumenical patriarch)라는 칭호를 가지게 되었다. 콘스탄티노플에서 파견된 선교사들은 발칸지역, 동유럽의 대평원, 코카서스에 이르는 광대한 지역에 신앙을 전해주었다. 서방의 라틴 세계에서 '옛 로마'가 그러했던 것처럼, '새 로마' 또한 중동지역과 동유럽 문명의 요람이 되었다.

이 책의 목적은 비잔틴 그리스도교의 문명과 철학과 전례와 예술의 품 안에서 형성되었고 또 언제나 동방 정교회 안에서 생생하게 살아 숨쉬어 온 정교 신학 사상의 제 범주들을 서술하는 것이다. 비잔틴 신학의 중심적인 주제와 통찰은 인간본성을 자립적이고 정적이며 '닫힌' 실체가 아니라 하느님과의 관계에 의해 결정되는 역동적인 현실로 바라본다. 더 나아가 이 인간현실은 하나의 상승과정과 교제로 이해된다. 즉 '하느님의 형상'(image of God)으로 창조된 인간은 자유롭게 '하느님과의 닮음'(divine similitude)을 성취해가라는 부름 받았다는 것이다. 하느님과의 관계는 선물임과 동시에 과제이며, 즉각적인 경험임과 동시에 사랑에서 우러나는 자유로운 노력을 통해 도달하게 될 더욱 위대한 '하느님 봄'(vision of God)에 대한 기대이다. 비잔틴 인간학의 이 역동성은 아우구스티누스 이후 서방 그리스도교 사상을 지배했던 정적인 범주로서의 '본성'과 '은총'의 문제와 비교될 수 있다. 그것 역시 인간을 새롭게 이해해 보고자 하는 오늘날의 신학적 탐구에 없어서는 안 될 주제이다.

문화와 문명으로서의 비잔틴 세계는 이미 오래 전부터 더 이상 존재하지 않는다. 그리고 우리는 비잔틴 문명이 인간 사회의 역사적 발전에 어떠한 영향을 미쳤는지에 대해 다양한 질문들을 던질 수 있다. 기번(Edward Gibbon, 1737-1794)[1]의 시대 이후로 역사가들은 종종 사회적 보수주의, 과학과 기술에서의 창조성 부족, 국가의 신성화 등을 비잔틴 문명의 주된 오류들로 지목한다. 그럼에도 본서는 비잔틴 문명이 지속적이고 긍정적인 방식으로 인류 역사에 기여해 왔음을 자신 있게 입증해 보이고자 한다. 비잔틴 예술이 주는 지속적인 매력과 더불어 참담한 사회적 격변 속에서도 동방 그리스도교가 놀랍게 살아남았다는 사실은 비잔틴 문명이 인간 본성에 관한, 인간과 하느님의 관계에 관한 참되고 근본적인 요소들을 발견했다는 사실을 지지해주는 가장 가시적인 증거들이다.

'신중심적 인간학'을 세우려는 현재의 여러 시도들과도 많은 공통점을 가지고 있는 바, 인간에 대한 이 '신중심적' 관점을 표현

---

1) 역자 주 18세기 영국의 역사가. 대표저작 : The History of the Decline and Fall of the Roman Empire.

하기 위해서, 비잔틴 신학자들은 그리스 철학의 개념들, 특별히 '떼오시스'(θεωσις), 즉 신화(神化, deification)라는 개념을 이용했다. 19세기 아돌프 하르낙(Adolf Harnack)은 그리스 교부들이 추구했던 '헬레니즘을 이용한 그리스도교'에 대해 아주 혹독한 평가를 내렸다. 이 평가가 오늘날까지도 지지받고 있다고 말하기는 어렵다. 늘 변화하기 마련인 문화적 모델에 비추어서 그리스도교 신앙을 다시 고찰하고 표현하는 것은 불가피하고도 필연적이라는 견해가 폭넓게 승인되고 있다. 그런 점에서 그리스도교를 헬레니즘의 개념들로 표현하려했던 그리스 교부들의 노력은 정당한 것이라고 말할 수밖에 없다. 실제로, 로스끼(Vladimir Lossky)가 잘 보았듯이, 비잔틴 신학은 교회의 전통을 그리스 사상의 개념들로 표현하고, 그리하여 헬레니즘을 그리스도께로 돌이키려 했던 끊임없는 노력과 투쟁이었다.

과연 이 노력이 뜻하는 바를 이루었는지는 자문해 볼 수 있겠다. 하지만 그 최초의 의도가 정당했다는 것만은 부정할 수 없다. 이 책은 비잔틴 신학의 주요한 역사적 경향들을 이와 같은 중심 주제와 연결시키면서 서술하고자 한다. 이어서 2부에서는 보다 체계적인 방식으로 비잔틴 신학 사상의 결과들이 하나의 종합으로 인정될 수 있음을 보여주고자 한다. 그리스 교부들의 '신화' 개념과 그 개념의 발전을 그저 단순하게 서술하는 것은 우리의 의도가 아니다. 이 주제에 관해서는 이미 수많은 전문적 연구들이 존재한다. 우리의 의도는 오히려 인간과 하느님의 관계에 대한 비잔틴 신학 사상의 역사적 진보를 전체적으로 분석하는 것이다. 성 삼위 하느님에 관한 교리나 그리스도에 관한 교리를 다루든 아니면 교회론이나 성사론을 다루든 간에, 비잔틴 신학의 원리는 인간에 대한 하나의 동일한 관점을 제시한다. 즉 인간은 하느님을 '알도록', 또 하느님의 생명에 '참여하도록', 그래서 단지 하느님의 외적 사역이나 명제적 진리들에 대한 이성적 인식이 아니라 '신이 되어감'을 통해서 '구원받도록' 부름 받았다는 것이다. 비잔틴 신학 안에서 인간의 이 신화는 '비인격적 일자'(impersonal One)로의 신플라톤주의적 회귀와는 근본적으로 다르다. 신화는 신약성서에 계시된 삶, 즉 '그리스도 안에서' '성령의 교제' 안에서 살아가는 삶에 대한 하나의 새로운 표현이다.

1. 연대기적 틀

일반적으로 칼케돈 공의회(451년)와 야만족의 이탈리아 침략에 뒤이은 시대를 특별히 비잔틴 시대라고 간주하는 데 동의한다. 이 공의회는 단일본성론을 둘러싼 분열로 귀결되었는데, 이 분열로 말미암아 콘스탄티노플은 알렉산드리아, 안티오키아 등 동방의 신학적 중심지들로부터 그리고 그리스 이외의 모든 동방지역으로부터 단절되었다. 동시에, 아직은 여전히 로마 제국의 보편 교회(가톨릭 교회)에 속해 있었던 라틴인들과 그리스인들은 서로 간에 점점 더 소원해지기 시작했다. 그리스도론, 교회론, 성령론에서 점점 더 구별되는 경향들이 콘스탄티노플의 탁월한 문화적, 지적 우월성 안에서 분명하게 나타나기 시작했다.

역사적 환경들은 이렇게 비잔티움을 어떤 점에서는 스스로 자족하기에 충분할 만큼 배타적으로 발전된 상황에 놓아두었다. 이 상황은 종합적이면서도 창조적인 신학 전통을 형성하고 발전시켜 나갈 수 있게 해주었다. 그럼에도, 몇 세기 동안 비잔티움은 해체된 그리스도교 세계의 여러 부분들을 결합시키고자 노력했다. 칼케돈 공의회와 『레온의 서책』(Tome of Leo)에 대한 확고한 지지를 견지함으로써 비잔티움은 수많은 갈등과 긴장관계 속에서도 서방과의 여러 통로들을 유지해 나갔다. 또한 불행하게도 수포로 돌아갔지만 비잔티움은 알렉산드리아의 그리스도론, 즉 키릴로스와 아타나시오스의 그리스도론을 확고하게 견지함으로써 단일본성론자들에게 폭넓게 문을 열어놓고자 노력했다.

이 모든 실천과 그리스도론 논쟁들은 하느님과 인간 사이의 관계에 대한 하나의 개념, 즉 '참여'(participation)의 신학을 함축하는데, 이는 고백자 막시모스 성인에 와서 창조적으로 종합되었고, 이로써 1453년 투르크에 의해 콘스탄티노플이 함락될 때까지 비잔틴 사상의 발전 전체를 담아내는 하나의 틀이 되었다. 이렇게 해서 교부시대와 후기 비잔틴 신학 사이에는 하나의 연속성이 존재하며, 이 연구는 이 연속성을 보여주고자 한다. 비잔틴 신학은 정확히 칼케돈 공의회(451년)에서 콘스탄티노플 함락(1453)에 이르는 동방 역사 천년을 감싼다.

그러나 이 연속성이 이 시기에 인정된 어떤 형식적 구조나 권위를 통해서 표현된 것은 아니다. 우리는 오히려 그것을 일관된 신학적 사유 양식 안에서, 하느님과 세상에 관계된 인간의 운명에 대한 하나의 합치된 이해방식 안에서 발견한다. 아타나시오스는 말하기를 "하느님은 인간이 되셨다. 그것은 인간이 신이 되도록 하기 위함이다"라고 했다. '신화' 교리로 정립되어 모든 신학 사상을 지배했던 이 알렉산드리아 신학의 근본적인 확신은 많은 문제들을 제기했다. 범신론, 역사로부터의 도피, 플라톤주의적인 영성 등이 그것의 현저한 위험들이었다. 하지만 칼케돈 공의회의 정교 신앙은 일반적으로는 이 위험들을 분명히 알고 있었다. 어쨌든 이 확신은 인간을 피조물이라는 자신의 고유한 한계들을 끊임없이 극복하도록 부름 받은 존재로 이해하는 긍정적인 관념을 전제한다. 인간의 참된 본성은 '독립적'이지 않을 뿐만 아니라 오히려 신적인 생명에 참여하도록 정향되었으며, 그것은 그리스도 안에서 도달할 수 있었다. 이러한 관념에 의하면 인간은 처음 창조될 때 인성 안에 새겨진 하느님의 '형상'을 순전하게 보존할 때만 인간에게 주어진 피조 세계 안에서의 역할을 완수할 수 있었다.

5세기의 그리스도론 논쟁으로부터, 14세기에 있었던 하느님의 '본질'(essence)과 '에너지'(energy)에 대한 논쟁에 이르기까지, 비잔틴 신학 사상의 대(大) 위기들은 이 그리스도교적 기본 개념의 어떤 측면과 연결될 수 있다. 우리는 이점에 대해 예루살렘의 레온티오스, 그레고리오스 팔라마스, 고백자 막시모스, 신(新)신학자 시메온, 포티오스, 니콜라스 까바질라스와 같이 정말 다양하고 특징을 달리하는 여러 저자들 사이에 근본적으로 합치된 하나의 견해가 존재함을 발견한다. 바로 이 일치가 비잔틴 신학 전체를 아우구스티누스 이후 스콜라 시대를 관통하는 서방의 신학과 구별해줄 뿐만 아니라, 비잔틴 신학을 체계적으로 제시해보고자 하는 우리의 이 시도를 또한 가능하게 해준다. 2부에서 우리는 이것을 실행해 보일 것이다.

2. 하나의 살아있는 전통

신학 저술 속에 나타난 비잔틴 교회의 삶의 특징은 이 연구를 어렵게 한다. 비잔틴 시대에는, 공의회와 신학자들, 심지어 교부들에게서도 긍정 신학의 체계에 대한 특별히 관심을 발견할 수 없다. 몇몇 예외를 제외하면 공의회의 선언들은 칼케돈 공의회 신앙 규범과 같이 부정적인 형식으로 제시되었다. 그 결정들은 그리스도교 진리의 긍정적 내용을 세우려 하기보다는 오히려 그것에 대한 왜곡들을 단죄했다. 그리고 그 긍정적 내용들은 교리적 정식화를 뛰어넘는 총체적 진리로서의 '살아있는 전통'(living Tradition) 안에 이미 획득되어진 것으로 간주되었다. 신학 저술의 대부분은 성서 주석이거나 논쟁적인 것이었고 두 경우 모두 그리스도교 신앙은 설명되거나 변호될 수 있을 뿐 완벽한 방식으로 정식화하려 해서는 안 되는 하나의 주어진 현실로 간주되었다. 체계적 신학 저작인 『정교 신앙에 대하여』(*De fide orthodoxa*)를 저술했다는 이유로 종종 '동방의 토마스 아퀴나스'라 불리는 다마스커스의 성 요한조차도 사실상 신학 체계가 아니라 단지 간략한 교리서 개요를 목표로 했을 뿐이다. 정확히 말하자면 그의 사상은 모든 새로운 체계들의 전제가 되는 철학적 창조성을 결여하고 있다.

그러나 체계화에 대한 관심의 결여가 신앙의 참된 내용에 대한 관심의 결여나 정확한 신학적 규정을 제공할 수 있는 능력의 부족을 의미하지는 않는다. 오히려, 어떤 문명 세계도 종교 진리를 표현하는 여러 어휘의 적합성 혹은 부적합성에 대해서 그렇게 많은 논쟁을 벌인 적은 없을 것이다. 수 세기 동안 비잔틴 사람들은 '동일본질'(*homoousion*)인가 '유사본질'(*homoiousion*)인가, '두 본질로부터(of)'인가 아니면 '두 본질 안에서(in)'인가, '두 의지'인가 아니면 '하나의 의지'인가, '성화에 대한 예배(*latreia*)'인가 아니면 '성화에 대한 공경(*proskynesis*)'인가, '하느님의 에너지'는 창조된 것인가 아니면 창조되지 않은 것인가, '그리스도부터의(from)' 발출인가 아니면 '그리스도를 통한(through)' 발출인가, 등의 문제들을 가지고 논쟁했다. 그리스 세계의 그리스도교 정신은 너무 낙관적으로, 인간의 언어가 종교적 진리를 적절하게 표현할 수 있으며, 구원은 복음의 의미를 밝혀주는 정확한 표현에 좌우된다고 믿는 것처럼 보일 수도 있다. 그러나 그리스 세계의 그리스도인들은 개념적 언어로는 진리의 총체를 표현할 수 없다는 것, 다시 말해 인간의 정신은 하느님의 본질에 이를 수 없다는 것을 또한 단호하게 주장했다. 이렇게 비잔티움에서는 신학적 접근에 있어서 언제나 하나의 모순(antinomy)이 존재했다. 즉 하느님은 진정으로 예수 그리스도 안에서 스스로를 계시하셨고 그래서 예수 그리스도의 진리를 아는 것이 구원의 핵심이지만, 그와 동시에 하느님은 또한 인간의 지성을 초월해 계시며 따라서 인간의 어휘로는 충분하게 표현될 수 없다는 것이다.

　게다가, 동방의 그리스도인들에게, 신학은 결코 전문적인 사람들 혹은 '교도권을 가진 교회'의 전유물이 아니었다. 비잔틴 시대를 통틀어서, 어떤 공의회도 비판으로부터 제외되지 않았으며, 포고를 통해 백성들의 의식을 통제하려고 했던 몇몇 황제의 시도도 진정 독립적이고자 했던 몇몇 교회 지도자에 의해서만이 아니라 또한 교회의 몸 전체의 암묵적인 반대에 의해서 좌절되곤 했다. 정교회가 명확하게 교회법적으로 정의된 규준을 결여하고 있다는 것은, 진리를 지키는 책임이 모두에게 주어졌다는 것을 의미하는 것이었다. 평신도의 대다수는 물론 훌륭한 주교들 - 가르치고 지도할 주교의 책임이 문제시된 적은 없다 - 이나 교리 논쟁에서 중심적인 역할을 했던 수도원 원장들을 뒤따랐다. 그러나 주교좌가 분열할 때는 평범한 신자들 또한 의견을 형성해야함을 알고 있었다. 이에 대해선 나지안조스의 성 그레고리오스의 증언을 상기하는 것으로 충분하다. 그는 장사꾼들이 시장에서 '동일본질'에 대해 함부로 논쟁하는 것을 질책할 정도였다. 다른 한편, 황제들의 신학 논쟁 개입은, 오늘날 우리에게는 세속 권력이 교회의 거룩한 영역을 침범하는 용납될 수 없는 간섭으로 비춰지지만, 제국의 법이 황제는 '하느님에 대한 열정으로 인해 존경받고 성 삼위 하느님 교리에 정통해야한다'[2)]고 요구했던 시대에는 아주 정상적인 것

---

2) *Epanagôgè tou nomou*, 9세기, III, 8, ed. C. E. Zachariae von Lingenthal, in J. Zepos, P. Zepos, *Jus Graecoromanum*, 2 (Athens, 1931), p. 242.

으로 받아들여졌다. 누구도 황제에게 무오류성을 부여하지는 않았지만, 그렇다고 해서 이미 중요성을 획득한 어떤 신학적 견해를 황제가 표현한다고 해서 이를 반대하지는 않았다. 왜냐하면 이러한 신학적 견해는 황제의 선언을 통해 더욱 막중하고 결정적인 중요성을 획득하기 때문이다.

하지만 황제교황주의(caesaropapism)는 비잔티움에서 단 한 번도 하나의 원칙으로 인정된 적이 없다. 허다한 신앙의 영웅들이 이단을 지지하는 황제와 맞서 싸웠기에 추앙되었다. 교회에서는 발렌스 황제에 불복종한 성 대 바실리오스, 콘스탄티오스 2세에게 순교의 고난을 당한 고백자 성 막시모스, 8세기 이콘파괴주의 황제들에 맞서 일어섰던 수많은 수도사들에게 바쳐진 성가들이 불려진다. 이 전례 성가들만 보아도 황제의 임무가 그리스도교 신앙을 정의하는 것이 아니라 그것을 지키고 보존하는 것이라는 원칙은 확고했다.

비잔틴 역사 안에서 수도사들은 교회의 내적 독립성의 진정한 증인들이었다. 비잔틴 교회가 무엇보다도 수도원에 의해 주도되었다는 사실은 또한 그리스 신학 사상에도 큰 영향을 주었다. 이콘파괴주의를 추종한 황제들이 이콘파괴의 정당성을 강화하기 위해 반(反) 수도원적 교회 개혁을 지원해야 했다는 사실은 조금도 놀라운 일이 아니다. 수도원 운동은 몇몇 황제들이 추구한 황제교황주의 체계와 필연적으로 대립했다. 콘스탄티노플에서만 수천을 헤아리는 수도사들과 그 밖의 대도시들 그리고 비잔틴 세계 곳곳에서 수도사들은, 비록 가끔은 단일본성론이나 오리게네스주의에 기울기도 했지만, 끊임없이 교리적 야합에 반대해 일어섰고 강직하게 정교 신앙을 수호했다. 6세기 이후로 주교가 될 수 있는 자격을 독점해 온 수도사들은 영성과 비잔틴 전례를 빚어내는데 커다란 역할을 했다. 수도원의 이러한 지위는 오늘날 우리가 '세속적 신학'이라고 부르는 신학적 경향이 정교회 안에서는 왜 발전되지 못했는지를 잘 설명해준다. 바로 이 수도원 전통이 그리스도 교회와 세속 왕국을 동일시하려는 경향을 막을 수 있었으니, 실상 비잔틴 제국은 끊임없이 스스로를 신성화하고 하느님의 구원 경륜을 자신의 세속적 이익과 일치시키려 했기 때문이다. 비잔틴 수도원의 수적, 영적, 지적 힘은 교회로 하여금 그리스도교 신앙의 본질 중 하나인 종말론적 지평을 보존할 수 있도록 해주는 결정적인 요소였다.

마지막으로 비잔틴 신학의 중요한 전제가 되는 또 하나의 특징은, 비잔틴 그리스도교에서 전례가 차지하는 중요성과 관련된다. 동방 그리스도교에서 감사의 성찬 전례는 그 어떤 것보다도 교회 그 자체의 실재와 동일시된다. 왜냐하면 성찬 전례는 사멸할 육체를 수용하신 하느님의 낮아지심과 종말에 임할 하느님 나라의 신비로운 현존을 드러내기 때문이다. 성찬 전례는 이런 신앙의 현실들을 개념들이 아니라 온 예배 회중이 다가갈 수 있는 상징과 기호들을 통해서 보여준다. 성찬 전례의 이러한 중심적 위치는 참으로 비잔틴 세계의 교회 개념을 이해하는 데 열쇠가 된다. 교회는 위계적이면서 동시에 협의체적이며 또한 보편적인데, 이 보편성은 지역 성찬 공동체 안에서 충만하게 실현되고, 이 성찬 공동체에 참여한 죄인들은 온전히 '하느님의 백성'이 된다. 이와 같은 교회 이해는 비잔틴 세계로 하여금 이 감사의 성찬 성사를 때로는 성가실 정도의 복잡한 예식들과 매일, 매주 그리고 사순절기와 연례주기를 포괄하는 매우 풍부한 성가체계로 장식하고 아름답게 꾸미도록 이끌었다. 성찬 그 자체가 이미 함축하고 있는 성사적 교회론(sacramental ecclesiology) 외에도, 절기에 따라 주기적으로 변화하는 성가체계는 성서와 교부 저작들에 이어 신학의 또 하나의 원천이 된다. 수 세기동안 비잔틴 사람들은 신학적 가르침을 듣고 저작들을 쓰고 읽었을 뿐만 아니라 다른 어떤 그리스도교 세계와도 비견될 수 없는 풍부한 표현을 가진 전례를 통해 그리스도교 신비를 매일매일 노래하고 낭송하고 관상했다. 비잔티움의 몰락 이후 동방 그리스도인들이 학교와 서적 출판 등 지적 교육의 모든 수단을 박탈당했을 때도, 전례는 정교 신앙의 가장 탁월한 교사이자 안내자였다. 슬라브어, 그루지야어, 아랍어를 비롯하여 비잔틴 세계의 여러 지역 언어들로 번역된 전례는 신앙과 성사 생활에서의 일치와 통일성의 가장 강력한 표현이었다.

3. 성서, 주석, 그리고 기준들

동방 그리스도인들은 정경을 확정하는데 서방보다 더 오랜 시간이 걸렸다. 히브리어 성서에 포함되지 않은 구약성서의 책들과 신약성서의 요한묵시록을 두고 망설였다. 4세기 권위있는 교부들과 공의회들조차『지혜서』,『전도서』,『에스델』,『유딧』과『토비트』의 정경적 가치에 대해 다양한 의견을 내놓았다. 성 아타나시오스는 그의 유명한『부활절 편지 39』(Paschal Letter 39)에서 이 책들을 엄밀한 의미의 정경에서는 제외시켰지만 세례 예비자들의 교육에는 유익한 것으로 간주했다. 예루살렘의 성 키릴로스도 같은 의견이었다. 진정성의 문제는 있지만 하여튼 라오디게아 공의회『규범』60조도 '축약' 정경 전통을 채택했다. 그러나 5-6차 공의회(692)는『지혜서』,『토비트』,『유딧』을 제외했지만『마카베오』3서를 포함하는 등 '확장'정경의 몇몇 책들을 수용한『사도규범』(Apostolic Canon) 85조의 권위를 확인했다. 하지만 다마스커스의 성 요한은『지혜서』와『전도서』를 비록 '훌륭한' 책으로 간주하지만 정경에는 포함시키지 않았다[3].

이렇게 비잔틴 교회와 교부 전통이 거의 배타적으로 그리스어 구약성경인 '칠십인역'(Septuagint)을 기본적인 성서 본문으로 사용했고, 전례에서도 종종 '확장'정경의 일부, 특별히 지혜서의 일부가 인용되거나 사용하기도 했지만, 비잔틴 신학자들은 여전히 구약 성서에 관한 한 '히브리어' 본문 기준을 충실하게 따랐다. 구약 성서를 '경전'(canonical)과 '제2경전'(deuterocanonical)으로 구분함으로써 현대 정교 신학은 계속해서 비잔틴 전통의 이 해결되지 않은 국면에 머물러 있다. 여기서 '경전'은 '축약' 정경의 책들이다.

신약성서에서는『요한 묵시록』이 아주 조심스럽게 주저하면서 받아들여졌다.『묵시록』은 라오디게아 공의회『규범』60조의 목

---

[3] John of Damascus, *De fide orthodoxa*, IV, 17 ; PG 94, 1180BC.

록에도,『사도규범』85조의 목록에도 끼어있지 않다. 또 예루살렘의 성 키릴로스도 그것을 목록에 넣지 않았다.[4] 안티오키아 학파의 주석가들도 시리아 교회의 주된 견해를 따라『묵시록』을 인정하지 않았다. 시리아와 팔레스타인으로부터 깊이 영향 받은 비잔틴 전례 예식에서『묵시록』은 전례에 사용되지 않은 신약성서의 유일한 책이다. 그러나 성 아타나시오스에 의해 개진되고 8세기 다마스커스의 성 요한이 계승한 알렉산드리아 학파의 관점이 결국 비잔틴 교회에 의해 채택되었다. 6세기부터는 누구도『묵시록』의 정경성을 의심하지 않았다.

비잔티움에서 사도 설교의 문자화된 형태는 언제나 '사도 전통'의 틀, 즉 사도적 교회의 보다 폭넓고 생생하며 결코 단절된 적이 없었던 연속성의 틀 안에서 이해되었다. 우리는 케사리아의 성 대 바실리오스의 유명한 문구를 후기 비잔틴 신학자들의 일치된 견해로 간주할 수 있다.

> "우리는 '사도행전과 서신들'[5]과 복음서에 전해진 것들로 만족하지 않는다. 반대로 우리는 이 글들의 이전과 이후에 구전의 가르침으로 전승되었고 신앙의 신비에 있어서 커다란 중요성을 가지는 '다른 교리들'을 추가한다."[6]

이 '다른 교리들'은 주로 전례와 성사의 전통이다. 그리고 비잔

---

4) Cyril of Jerusalem, *Hom. cat.*, 4, 36 ; PG 33, 500BC.
5) 여기서 '사도행전과 서신들'로 번역하는 '호 아포스톨로스'(*ho apostolos*)는 4복음서와 묵시록을 제외한 신약성서의 나머지 모든 책이 수록된 전례서를 일컫는다.
6) Basil of Caesarea, *On the Holy Spirit*, 27 ; éd. B. Pruche, SC 17 (Paris 1945) p. 234.

티움에서 이 전통들은 성서를 이해함에 있어서, 또 교부 신학의 연속성 안에서 표현되는 보다 개념적인 교리적 일치를 이룸에 있어서 하나의 틀을 형성했다.

비잔틴 사람들은 인식론뿐만 아니라 주석 방법론에서도 언제나 4, 5세기에 확정된 교부적 기준들을 수용했다. 다마스커스 성 요한은 성 삼위 하느님에 관한 카파도키아 교부들의 핵심적인 사상들과 5, 6, 7세기의 그리스도론 사상들을 조화시키면서 『정교 신앙에 대하여』를 저술했으며, 이 저술은 이후 시대에 신학 교과서로 사용되었다. 상상력이 떨어지기는 하지만 다른 저자들도 교부 저술들을 인용 발췌한 선집이나 이단들을 반박하는 교부들의 가르침을 발췌 취록한 『전신갑주』(Panoplies)같은 저작들을 만들었다. 비잔틴 신학 저작의 대부분은 선집이라는 특징을 띤다. 하지만 하나의 살아있는 신학 전통이 특별히 수도원을 무대로 해서 발전되었다.

그러므로 이러한 신학의 굵직한 교리적 주제들의 그림을 제시하고자 할 때, 고전적 시대의 교부들을 끊임없이 참조하는 것은 불가피하다. 그들은 비잔틴 사람들에게 주된 전통적 권위였다. 그러나 비잔틴 사람들은 또한 모든 그리스도인이, 특별하게는 성인들이 교회에서 진리를 알아보고 그것을 경험할 수 있는 특권과 능력을 가지고 있다고 인정함으로써, 서방과는 본질적으로 다른 계시 개념을 가지고 있었다. 비잔티움에서 '신학'(theologia)은, 카파도키아 교부들과 마찬가지로, '관상'(theoria, contemplation)과 분리될 수 없었다. 결과적으로 서방의 태도와는 달리 신학은 '계시된'

전제들, 즉 성서나 교회 교도권으로부터 나온 선언들에 대한 단순한 이성적 추론일 수 없었다. 신학은 성인들에 의해 경험된 하나의 '비전'(見, vision)이었고, 그것의 진정성은 물론 성서와 전통에 의해 검증되어야 했다. 이성적 추론의 과정이 신학 사상에서 통째로 배제된 것은 물론 아니다. 하지만 비잔틴 사람들은 그것을 가장 수준이 낮고 확실성이 덜한 신학으로 간주했다. 참된 신학자는 자기 신학의 내용을 '보고' 체험하는 사람이었다. 그리고 이 경험은 비록 지성을 배제하지는 않지만 그렇다고 지성을 통한 것으로 결코 국한되지 않는다. 오히려 그것은 지성, 감정, 감각 등 존재 전체를 통하여 인간을 하느님의 현존과 만나게 해주는 '영의 눈'(eyes of the Spirit)을 통한 것이다. 14세기(1337-1340) 대대적인 신학적 논쟁을 야기했던 최초의 논쟁, 즉 그레고리오스 팔라마스와 칼라브리아의 발람 사이에 벌어진 논쟁의 주제가 바로 이에 관한 것이었다.

이렇게 계시는 성서나 공의회의 규정으로 제한되지 않았다. 그것은 살아있는 진리로서 교회 안에서의 하느님 현존에 대한 인간의 경험에 열려있었다. 동방 그리스도교 사상을 연구하는 몇몇 역사가들은 하느님과의 이러한 즉각적인 만남의 가능성을 '메살리아니즘'(messalianism)의 한 형태로 보기도 한다. 이 용어는 4세기 이래 공의회에서 여러 번 정죄된 바 있는 반(反)교권적, 반(反)성사적 수도자 집단을 지칭해 왔다. 그러나 하느님에 대한 직접적인 경험의 가능성을 확언하는 동방 그리스도교 신지학(gnosiology)의 근본적인 흐름은 분명히 성사적이고 따라서 위계적으로 조직된 교회 개념에 의존하고 있다. 이 교회론은 개인의 경험에 그리스도론적이고 성령론적인 토대를 제공해주며, 그리스도교 신학은 언제나 사도들과 교부들로부터 이어져오는 증언의 연속선 위에 머물러 있어야 함을 전제한다.

계시의 이러한 '경험적' 성격은 '교리의 발전'이라는 관념에 직접적인 결과들을 초래했다. 비잔틴 신학자들은 일반적으로 새로운 계시들이 사도들의 유일한 증언에 첨가될 수 없다고 생각한다. 진리에 대한 그들의 이해가 개념적이지 않기 때문에, 그들은 신약성서가 진리를 언어적으로 개념적으로 완전하게 표현하고 있다거나 교부들이나 성인들의 경험이 사도적 신앙의 내용을 더 풍부하게 만든다고 생각하는 것을 허용할 수 없었다. 그리스도와 구원에 대해 우리는 사도들이 "생명의 말씀에 관해서 듣고 눈으로 보고 실제로 목격하고 손으로 만져본 것"(I 요한 1:1) 이상의 그 어떤 것도 새롭게 배울 수 없다. 성인들의 경험은 사도들의 경험과 근본적으로 동일한 것일 수밖에 없다. '발전', '성장'과 같은 관념들은 하느님 진리에 대한 인간의 지적 성취, 교리의 개념적 정식화, 이단들에 대한 반박 등에나 적용되는 것이지 진리 그 자체에 적용될 말은 아니다.

이렇게 신앙의 총체는 예수 그리스도 안에 단 한 번 모두에게 계시되었다. 사도들의 설교는 글과 구전 전통을 통해서 바로 이 신앙의 총체를 증언한다. 그러나 하느님께서 주신 자유 안에서 사람들은 서로 다른 수준과 형태로 이 계시를 경험할 수 있다. 이 증언이 선포된 이 세상은 언제나 새로운 의심과 문제들을 제기한다.

인간 존재의 복잡성 그 자체, 신학을 인간의 하나의 지적 소유물로 환원시키는 것에 대한 비잔틴 사람들의 완강한 거부, 신약성서 내용이 본질적으로 추상적인 진리를 말하고 있지 않고 오히려 예수 그리스도라는 한 인격(Person)과 관련된 것이라는 고백, 결코 오류를 범할 수 없으며 영구적인 진리 기준이 없다는 점 등, 이 모든 요소들은 그리스도교를 하나의 살아있는 경험으로 이해하게 하는 데 공헌하였으며, 그 경험의 순결성과 정통성은 의심의 여지없이 교회의 성사적 구조에 담보되는 것이긴 해도, 그 경험의 살아있는 내용은 교회 공동체 전체에 의해 대대로 이어진다.

이러한 다양한 요인들은 비잔틴 교회 안에서 신학의 진보가 하나의 느린 유기적 과정일 수밖에 없었으며, 그러한 진보는 성직자과 모든 신자의 암묵적인 동의를 필요로 했다는 사실을 잘 설명해준다. 신학이나 관습의 어떠한 중요한 변화도 교회 권위에 의해 강제될 수 없었다. 이러한 결과를 노린 모든 시도는 결국 실패로 돌아가거나 장구한 저항에 부딪히거나 분열로 인도되었다.

신학의 '경험적' 본질은 신학적 보수주의를 낳았을지언정 주관주의로 인도하지는 않았다. 우리는 신학적 경험과 개인주의적 신비주의를 혼동할 때만 이러한 주관주의에 이를 수 있을 것이다. 성인들의 경험은 - 모든 그리스도인이 성인이 되도록 부름 받았다 - 언제나 사도들이나 교부들의 경험과 필연적으로 동일한 것으로 간주되었다. 실제로 시공간 속에서의 교회의 일치는 한 분이신 그리스도 안에서의 경험의 일치로 이해되었다. 사도들은 바로 이 그리스도를 증언하였으며 모든 세대는 마지막 날 그리스도께서 능력 가운데 다시 오실 때 새롭게 이 그리스도를 보게 될 것이다.

항상 동일하신 인격으로서의 그리스도를 요체로 하는 신앙의 내용에는 변화나 발전이 있을 수 없고, 오직 신앙의 표현들과 그 신앙이 변화하는 세상과 맺는 관계만이 발전될 수 있는 것이었다면, 과연 비잔틴 사람들에게 교리 규정과 공의회의 결정이 가지는 의미는 무엇이었을까? 이 질문에 대해 공의회의 의사록 본문들은 그 자체가 하나의 답을 제공해준다. 공식적인 의사록이 보존된 첫 번째 공의회인 에페소 세계 공의회(431)의 본문을 시작으로 모든 세계 공의회(ecumenical council)들은, 교리 규정이 그 자체로 목표가 아니라는 것뿐만 아니라, 그리고 본의 아니게 교리를 확정짓고자 했던 단 하나의 이유 있다면 그것은 바로 이단들에 의해 제시된 잘못된 해석을 배격하기 위한 것이었다는 점을 아주 분명하게 설명해준다. 이러한 규정들 중 가장 유명한 칼케돈 세계 공의회(451년)의 규정은 이 점을 명확히 보여준다. 이 공의회의 선언은 니케아 신조와 니케아 콘스탄티노플 신조에 대한 장엄한 승인으로 시작하며, 후자에 관해서 다음과 같이 선언하고 있다.

> "하느님의 은총에 관한 이 지혜롭고 유익한 신조는 종교를 완전하게 알고 확신하는데 충분하다. 왜냐하면 그것은 성부와 성자와 성령에 대한 완벽한 교리를 가르쳐주며 또한 믿음으로 그것을 받아들이는 모든 사람에게 주님의 육화를 보여주기 때문이다. 그럼에도 어떤 사람들이 진리의 선포를 빈껍데기로 만들려 하고 그들의 특별한 이단 사상들로 쓸데없는 논쟁과 잡담을 야기했기에, … 이 거룩하고 위대하고 세계적인

공의회는, 진리에 반대되는 모든 작당들을 쓸어버리고 시초부터 변함없이 이어져 내려온 것들을 가르치고자 니케아의 318명 교부들의 신앙을 흠 없이 수호할 것임을 처음부터 선포했다."[7]

그러므로 이 서문에 뒤따르는 그리스도의 두 본질에 대한 공의회의 규정은 니케아에서 이미 말해진 것을 단순히 보존하기 위한 하나의 수단으로 간주되었다. 실제로 그것은 "거룩한 교부들을 좇아…"라는 헌정 형식으로 시작한다. 이후의 모든 비잔틴 공의회는 똑같은 형식을 취했다.

이러한 태도는 진리의 개념 자체와 관련하여 특별히 중요한 결과를 가져왔다. 비잔틴 사람들은, 진리는 결코 여러 가지 단어로 정확하게 설명하거나 이성적으로 정의할 수 있는 개념이 아니라, 한 인격으로 현존하시며 늘 동일한 인격이시기에 교회 안에서 만나 뵐 수 있는 하느님 자신이라고 이해한다. 하느님은 성서로도 공의회 규정으로도 또 신학으로도 온전하게 표현될 수 없다. 이것들은 단지 하느님 현존의 몇몇 특성들을 드러내 알려주거나 혹은 그 분의 존재나 하시는 일에 대한 잘못된 해석을 막아줄 따름이다. 인간의 언어는 그 어떤 것도 진리 그 자체에 완전하게 적합한 것일 수 없으며 또 그것을 남김없이 표현할 수도 없다. 그러므로 우리는 성서나 교회의 가르침도 신학의 유일한 '원천'으로 간주할 수 없다. 물론 정교 신앙은 그 신앙이 성서나 교회의 가르침과 일

---

7) Chalcedon, *Definition fidei, Conciliorum oecumenicorum decreta* (Bologna : Istituto per le Scienze Religiose, 1973), p. 84.

치하는지 검증해보는 것을 결코 게을리 할 수 없다. 그러나 참된 신학자는 자신이 경험한 진리 그 자체와의 즉각적인 만남을 표현하는데 있어 자유롭다. 이것이 바로 성 막시모스, 신(新)신학자 성 시메온, 성 그레고리오스 팔라마스로 이어지는 비잔틴 '신비' 전통이 분명하게 선언한 정통 가르침이다.

4. 신학, 긍정과 부정

만약 우리가 비잔틴 신학의 또 다른 한 축인 부정(apophatic, 혹은 negative) 신학을 고려하지 않는다면 우리는 비잔틴 신학 전체, 특별히 그것의 '경험적' 특징을 이해할 수 없다.

이 아포파틱 신학은 비잔틴 사상을 지배했으며 일반적으로는 6세기경으로 추정되는 『아레오파고 전집』(*Corpus Areopagiticum*)의 익명의 저자와 결부되지만 실제로는 이미 4세기에 에우노미오스를 반박하려는 카파도키아 교부들의 저작에서 이미 충분하게 발전되어 있었다. '인간의 영이 하느님의 본질 그 자체에 다다를 수 있는가?'라는 문제에 대한 에우노미오스(Eunomios)의 견해를 반박하면서, 그들은 하느님의 절대적 초월성을 주장했고 하느님을 인간의 어떤 개념과 동일시하려는 모든 시도를 배척했다.

신학자는 오직 하느님은 '무엇이 아니다'라고 말하는 것을 통해서만 참으로 진리를 말할 수 있다. 왜냐하면 인간의 어떤 말이나 사상도 하느님은 '무엇이다'라는 방식으로 하느님을 이해할 수는 없기 때문이다. 니싸의 성 그레고리오스는, 하느님을 향한 영혼의 상승을, 절대적으로 참된 어떤 긍정적 결론에도 이르지 않는 하나의 끊임없는 제거(부정) 과정으로 묘사했다.

> "영혼은 다시 상승하고 영 안에서 초우주적인 지성계를 통과한다. … 영혼은 천상 존재의 무리를 통과하면서 혹시 그들 가운데 사랑하는 이가 있지 않을까 찾아본다. 사랑하는 이를 찾는 이 여정에서 영혼은 천사의 세계 전체를 통과하게 되고 그 동안 만난 복된 존재들 가운데서 찾고자 했던 그 분을 발견하지 못하자 이렇게 자문한다. '그들 중에는 최소한 내가 사랑하는 그 분을 아는 이가 있지 않을까?' 그러나 이 질문에 그들의 입은 굳게 닫혔고 그들의 침묵은 영혼으로 하여금 그가 찾고 있는 분은 그들조차 다가갈 수 없는 분이라는 사실을 이해하게 해주었다. 이어서 지성적이고 영적인 존재 가운데서도 그토록 바라는 분을 발견하지 못한 채 성령에 이끌려 초우주적인 세상 전체를 통과하였을 때, 영혼은 그가 발견하고 알고 있는 모든 것을 내버리고, 그가 찾는 '일자'(the One)는 그가 이해할 수 없는 '유일한 일자'(the only One)라는 점을 인정한다."[8]

그러므로 제거(부정)의 과정은 하느님을 알기 위해 거쳐야 할 필연적인 국면이다. 그것은 지적인 과정이지만 또한 하느님을 하느님이 아닌 것과 동일시했던 모든 형태의 우상 숭배에서 멀어지는 영적 정화(*katharsis*)의 과정이다. 그러나 역설적이게도 이 과정은

---

8) Gregory of Nyssa, *In Cant. or.* VI ; ed. W. Jaeger (Leiden : Brill, 1960) 6:182 ; PG 44, 893B.

'알 수 없는 분', '이해할 수 없는 분' 외의 다른 어떤 방식으로도 하느님을 알게 해주지 않는다. 비록 이 초월성에 대한 경험이 그 자체로는 하나의 '긍정적인' 그리스도교적 경험이라 할지라도 말이다. 정교 교부들의 사상은 이점에서 알렉산드리아의 클레멘트와 오리게네스에 의해 그리스도교에 소개된 신플라톤주의나 영지주의 전통과 확연하게 구별된다. 신플라톤주의자들도 신은 인간 정신으로 다가갈 수 없는 존재라고 확신했지만, 그 이유를 그들은 영혼의 타락, 특별히 영혼이 물질적인 몸에 묶여있기 때문이라고 주장했다. 오리게네스에 따르면, 하느님이 원하셨던 원래의 자연스런 상태로 되돌아가면, 영은 하느님의 본질 그 자체와 연합된다. 영의 상승은 완전, 앎, 지복의 궁극에 도달한다. 그러나 이 단계에서 오리게네스의 하느님은 절대적 타자, 아브라함과 이삭과 야곱의 하느님이기를 멈추고 철학자들의 신이 된다. 이것이 바로 니싸의 성 그레고리오스가 다른 점에서는 오리게네스 사상의 매력을 그렇게 귀하게 생각하면서도 오리게네스와는 달리 하느님은 천상 존재들에게도 다가갈 수 없는 분이라고 확언했던 이유이다.

그리스 교부들은 부정 신학을 통해서 하느님은 인간의 언어와 이성으로 표현할 수 없는 분이시고 그것들을 넘어 계신 분이시며, 그래서 본질적으로 다가갈 수 없는 분이라고 확언한다. 인간의 앎은 '존재하는 것들', 즉 피조된 존재의 차원과 관련된다. 그러므로 이 차원에서 우리는 '하느님은 존재하지 않는다'라고 말할 수 있다. 위(僞) 디오니시오스에게 하느님은 '비(非)존재자'(*mè on*)이다. 이것이 바로『신비 신학』(*Mystical Theology*)이라는 그의 저작 중 유명한

5장의 주제이다.[9] 오리게네스가 하느님께 적용한 플로티노스의 '단일자'(monade)[10] 개념도 아레오파고의 디오니시오스에게는 하느님의 존재를 묘사함에 있어서 너무도 부적절한 것으로 이해되었다. 그에게 하느님은 '일자(the One)도 통일성(Unity)도' 아니다.[11]

신플라톤주의 사상도 하느님의 신비에 도달하기 위한 하나의 지성적 접근 방법으로서의 '부정 신학'을 이미 잘 알고 있었지만 그 부정 신학은 하느님이 그 본성상 절대로 알 수 없는 분이라는 사실을 필연적으로 함축하고 있지는 않다는 것을, 비잔틴 신학자들은 잘 알고 있었다. 칼라브리아의 발람은 조금도 의심치 않고 다음과 같이 말했다.

> "만약 초본질적인 익명의 선(善, Good)은 지성과 학문과 모든 깨달음을 초월한다는 것을 그리스인들이 이해하고 있었는지를 알고 싶다면, 피타고라스 학파와, 판타네토스, 브로티노스, 필로라오스, 카르미다스와 필록세노스 등 이 문제를 다룬 저작들을 읽어보라. 당신들은 거기서 위대한 디오니시오스가 그의 『신비 신학』에서 사용한 것과 동일한 표현들을 발견하게 될 것이다. … 그리고 플라톤 역시 하느님의 초월성을 잘 이해하고 있었다."[12]

이교도들이 받아들인 유일신주의(monotheism)와 철학적 절대

---

9) PG 3, 1045D-1048B
10) Origen, *De princ.*, I, 1, 6, ed. B. Koetschau, G.C.S., 22 (1913), p. 22.
11) Pseudo Dionysius, *Mystical Theology*, PG 3, 1048A.
12) Barlaam the Calabrian, *Second Letter to Palamas*, ed. G. Schiro, *Barlaam Calabro Epistole* (Palerme, 1954), pp. 298-299.

로서의 신 개념으로부터 "아포파틱 신학은 필연적으로 흘러 나온다"[13]는 것을 인정했다는 점에서, 성 그레고리오스 팔라마스는 사실상 발람의 생각과 일치했다. 그러나 그리스 철학자들의 이 지성적이고 형식적인 '아포파티즘'은 초월성에 대한 성서적 관념과는 다르다. 왜냐하면 성서는 살아 계신 하느님이신 "알려지지 않는 분"과의 긍정적인 만남으로, "앎보다도 더욱 위대한 관상"[14]으로 인도하기 때문이다. 거기에 그리스도교 신학의 토대가 있다.

신학과 신앙에 대한 교부들의 개념은, 지성적 앎과는 다른 방식, 즉 감정과 감각들을 통해서 하느님을 경험하는 것이 가능하다는 확신에 입각해 있다. 그것은 하느님의 개방성, 자신의 본질을 초월하여 존재하시는 하느님, 하느님의 사역 혹은 '에너지들'(energys)과 관련되는데, 이를 통해서 하느님은 자발적으로 자신을 인간에게 계시하신다. 그것은 또한 인간으로 하여금 피조물의 차원을 넘어설 수 있도록 해주는 특별한 본질과 관련된다. 하느님의 사랑과 에너지가, 자기를 초월할 수 있는 인간의 능력과 만나게 될 때, 교부들이 '신앙의 눈', '성령', '신화' 등을 통해서 표현한 '앎보다 더욱 위대한 관상' 혹은 '만남'이 가능해진다.

이렇게 신학은 성서 위에, 교회의 교리적 결정 위에, 혹은 성인들의 증언 위에 세워질 수 있고 또 그래야 한다. 그러나 참된 신학이 되기 위해서는 성서의 문자, 교리 규정, 경험을 전해주기 위해

---

13) Gregory Palamas, *Triades*, II, 3, 67 ; ed. J. Meyendorff (Louvain, 1959), p. 527.
14) *Ibid.*, 53 ; p. 493.

성인들이 사용한 언어를 넘어설 수 있어야만 한다. 그렇게 할 때만 신학이 계시의 통일성을 간파할 수 있을 것이며, 이때의 통일성은 논리나 지적 일관성이 아니라 단 하나인 교회의 연속성 안에서 대대로 경험된 살아있는 현실이다. 이 연속성의 유일한 담보와 수호자는 성령이지 인간의 감성과 지성에 부과되는 어떤 외적 기준이 아니다.

바로 이런 이유로 비잔티움은 서방 교회에서 '신비주의'라고 명명된 것과 신학 사이의 갈등이나 대립을 결코 알지 못했다. 사실, 동방 그리스도교 신학 전체는 자주 '신비적'이라는 수식어가 따라다닌다. 비잔티움에서는 '신비적' 앎이 어떤 감정적 개인주의가 아니라 반대로 교회의 몸 전체 안에 계신 성령과의 끊임없는 교제를 함축하고 있다는 것을 우리가 상기한다면, 이 용어는 결코 틀리지 않다. 이것은 또한 인간의 지성과 언어가 진리를 총체적으로 표현하기에는 부적합함을 우리가 항상 승인하고 있다는 점을 함축한다. 그것은 우리가 끊임없이 하느님에 대한 긍정 신학의 주장들을 아포파틱 신학과 대결시킨다는 것을 의미한다. 이것은 결국 하느님과의 '나-너' 관계, 즉 앎만이 아니라 사랑을 바탕으로 한다.

> "앎은 결과요, 사랑이 이루어내는 하느님과의 연합의 표시이다. 그러나 이 결과는 반대로 사랑을 더욱 강하게 해줌으로써 그 원인에 영향을 준다."[15]

전도서 3장 7절, "입을 열 때가 있으면 입을 다물 때가 있다"는

---

15) J. Pégon éd., *Maximus the Confessor : Centuries sur la charité*, SC 9 (Paris, 1945) Introduction, p. 55.

말씀을 주석하면서, 니싸의 성 그레고리오스는 신학자들에게 다음과 같이 제안한다.

> "하느님에 대해 말할 때, 그것이 하느님의 본질과 관련된 것이라면 '입을 다물 때'이다. 그러나 그것이 우리에게까지 알려지는 하느님의 사역에 관련된 것이라면, 그 일을 이야기하고 그 사역을 설명함으로써 그 분의 전능하심에 대해 '입을 열 때'이다. 바로 이런 차원에서 인간의 말이 사용될 수 있다. 그럼에도 그 이상의 어떤 것에 대해서는, 피조물은 자기 본질의 한계를 침범해서는 안 되며, 자기 자신을 아는 것으로 만족해야 한다. 왜냐하면 진실로 영혼의 본질, 육체의 본성, 존재의 기원을 이해하지 못하면서 … 또 자신도 알지도 못하면서, 하물며 어떻게 피조물이 자신을 넘어서는 어떤 것을 설명할 수 있겠는가? 이와 같은 것 앞에서는 입을 다물어야 하고 침묵을 지키는 것이 오히려 더 낫다. 그럼에도 우리가 살아가는 동안 이와 같은 것을 통해 덕(德) 안에서 성장해 나가기에, 때때로 그것에 대해서 입을 열어야 할 때도 존재한다."[16]

이렇게 비잔틴 신학의 특징과 방법은 하느님과 세상, 창조주와 피조세계의 관계라는 문제에 의해 결정된다. 우리는 또한 인간학에 대해서도 다루어야 하는데, 이 인간학의 최종적인 표현은 결국 그리스도론에서 발견된다. 이러한 불가피한 상관성은 앞으로 전개될 장(章)들의 주제를 결정하게 될 것이다.

---

16) Gregory of Nyssa, *Commentary on Ecc.*, sermon 7 ; PG 44, 732D ; ed. W. Jaeger (Leiden, Brill, 1962), 5, 415-416 ; trans. H. Musurillo in *From Glory to Glory : Texts from Gregory of Nyssa' Mystical Writings* (New York : Scribner, 1961), p.129.

1부
비잔틴 신학의 역사

1장

칼케돈 공의회 이후의 비잔틴 신학

5, 6세기에, 거대한 문화적 용광로요 제국의 수도였던 '새 로마' 콘스탄티노플은 진정 특출한 신학자를 내지는 못했다. 그럼에도 대부분의 신학적 대논쟁들이 이곳에서 벌어졌는데, 논쟁의 결론은 종종 황제의 인가를 얻어야 했기에 그렇기도 했다. 주교들, 수도사들, 주석가들, 철학자들이 호의와 지지를 얻기 위해 수도로 몰려들었다. 그로부터 관습상 정부의 신학적 자문 역할을 맡았던 수도의 주교좌 주위로 모든 사상들이 흘러 넘쳤고 또 혼합적이고 타협적으로 논쟁이 해결되는 경향이 점차 강화되었다. 그러나 이것은 콘스탄티노플의 주교들과 그 측근들이 황제의 의지에 반하여 분명한 신학적 확신을 방어할 능력이 없었다고 말하는 것은 아니다. 아나스타시오스가 증언하듯이, 총대주교 에페미오스(489-495)와 마케도니오스(495-511)가 단일본성론파를 지지하는 황제 치

하에서 칼케돈 교리를 지지하는 태도를 견지한 것이 그 한 예이다. 그러므로 이전에 이집트와 시리아를 중심으로 발전되었던 동방의 사상적 흐름들과 구별되는, 고유한 의미에서의 '비잔틴' 신학은 바로 이 시기에 형성되기 시작한다. 이 비잔틴 신학은 유스티니아노스 황제(527-565) 치하에서 공식적으로 인정되었고 고백자 성 막시모스(680년)에 의해 하나의 조화로운 종합으로 발전되었다.

이 비잔틴 신학이 형태를 갖춘 때는 칼케돈 공의회 이후이다. 이 과정에서 어떤 특별한 개인이 결정적인 역할을 한 것도 아니고, 또 이 수도에 어떤 특별한 학파나 지적 요람이 있어서 이를 통해 신학 사상이 풍부하게 정립된 것이라 볼 수도 없다. 총대주교청은 교회 최고 지도자들을 위한 신학교를 두고 있었다고 가정해 볼 수 있지만, 그것의 특징과 교육 수준에 대해서 어떠한 정보도 존재하지 않는다. 신학의 중심지가 존재했다는 것은 유명한 아키미토스(ακοίμητος, Non-sleepers, 잠자지 않는 수도사들) 수도원에서 확인되며, 그 밖에도 다른 중심지들이 있었음이 분명하다. 그러나 우리는 그에 대해 거의 아무 것도 알지 못한다. 5, 6세기의 신학자들은 대개 시리아나 팔레스타인과 같은 제국의 여러 지역에서 교육을 받았다. 예루살렘 근처의 성 사바스 대수도원은 오리게네스주의를 추종하는 여러 파벌들 간의 격렬한 논쟁의 무대였다.

콘스탄티노스에 의해 세워지고 테오도시오스 2세(408-450)의 칙령으로 재조직된 콘스탄티노플의 세속 대학은 신학을 가르치지 않았다. 그러나 이 대학을 통해서 고대 그리스 철학 사상들이 보존될 수 있었다. 7세기까지 교육은 그리스어와 라틴어로 이루어졌으며, 유스티니아노스의 지배 전까지만 해도 이교도들도 이 대학에서 교수가 될 수 있었다. 그리스도교적인 도시 비잔티움에서 세속 학문이 신학의 하녀 역할을 하게 되는 것은 유스티니아노스가 취한 강력한 정책으로 더욱 강화되었다. 이교도뿐만 아니라 정통 신앙을 견지하지 못한 그리스도인도 교수직에서 축출되었으며 아테네에 있었던 이교도 대학은 폐쇄되었다. 몇몇 지식인들의 작은 써클이 그리스 철학 전통을 이어가고 있을 때, 교회와 국가의 공식적 태도는 철학을 기껏해야 계시를 표현하는 하나의 수단으로 인식했으며 결코 그것을 신학 사상의 내용과 실질적으로 결합될 수 있는 어떤 것으로 이해하지는 않았다. 실제로 학교에서 아리스토텔레스의 논리학을 가르치는 것은 그다지 어렵지 않게 허용되었지만, 플라톤은 그것의 형이상학적 내용들 때문에 체계적으로 거부되었다. 플라톤은 교부들의 저작들, 특별히 오리게네스 전통을 통해서 살아남을 수 있었지만, 공식적으로는 종교 사상들에 대한 정당한 표현 양식으로 인정되지 않았다. 유스티니아노스 시대에 비잔틴 신학은 그 형식과 의도에서 보수적이었고 그래서 끊임없이 전통과 원천에 매달렸다. 특별히 이 시대의 그리스도론 논쟁들은 본질적으로 3, 4세기 그리스도교 신학에 의해 채택된 철학적 용어들과 그 용어들을 사용한 교부들의 저작에 대한 주석적 논쟁이었다. 이 논쟁의 결론은 이제 막 꽃피우기 시작한 전례 성가들 속에 결합되었으며 이 성가들은 자주 신앙 고백의 형식이 되었다. 비잔틴 신학의 전통주의가 가지고 있는 이러한 다양한 요소들을 주의 깊게 살펴보는 것은 아주 중요하다. 왜냐하면 이 전통주의는

5, 6세기를 지배했고 이어서 이후 시대에 성취된 창조적 작업의 토대가 되었기 때문이다.

1. 주석 전통들

> "교회의 머리되는 사람들이 모든 성직자와 백성을 가르치는 것은 아주 중요하다. … 하지만 그들은 지금까지 정해진 한계를 벗어나지 않고 또 교부들의 전통에서 벗어나지 않으면서 거룩한 성서 안에 모든 사상과 진리 판단들을 모아들여야 하고, … 만약 성서와 관련해서 문제가 제기된다면 교회의 빛이 되는 분들과 교회 박사들이 저작에서 설명한 것과 다르게 그것을 해석해서는 안 된다. 또 자신들의 저작보다는 교부들의 저작에 대한 지식으로 서로 구별될 것이다!"

트룰로 공의회(Council in Trullo, 692) 규범 19조의 이 본문은 신학과 주석에 대한 비잔티움의 전통주의적이고 보수주의적인 특징을 반영한다. 이는 비잔틴 세계에 존재하는 모든 수도원 혹은 개인 도서관들에 수없이 많은 교부 저작 필사본들이 존재하고 또한 주석 전통의 연속성을 나타내거나 혹은 나타내고 있다고 주장되는 교리적인 성서 본문 해석들이 '사슬처럼' 연결되어 있는 이유를 잘 설명해준다.

비록 이러한 방식을 통해 획득된 '교부들의 합치된 견해'(consensus patrum)가 몇몇 경우에는 아주 부분적이고 작위적이지만, 교회 가르침의 핵심은 바로 이 교부들의 합치된 견해 위에 세워졌으며 특별히 그것은 전례와 성가에 사용됨으로써 확실하게 승인되었다. 언제나 성서는 단순히 교리의 계시적 원천 혹은 역사적 사실에 대한 묘사가 아니라, 신약성서에 나타난 성사적 교회 공동체 안에서 역동적으로 현존했던 살아있는 진리에 대한 증언으로 간주되었다. 예를 들어 하느님의 어머니이신 동정녀에 대한 공경은, 단번에 그리고 영구적으로, 구약성서의 성전 제의에 대한 유형론적(typological) 해석과 결부되었다. 자신의 태에 하느님을 모신 여인은 참된 성전, 참된 성막, 촛대, 하느님의 궁극적 처소였다. 성모 마리아 축일 전날 밤 대만과에 참여해서 "지혜가 일곱 기둥을 세워 제 집을 짓고"라는 잠언 독서(9장 1절 이하)를 듣고 있는 비잔틴 사람이라면 자연스럽게 "사람이 되신 말씀" 즉 동정녀에게서 자신의 처소를 발견하신 '말씀'을 연상하게 된다. 구약성서에 나오는 '지혜'를 요한 복음의 '로고스'와 동일시하는 것은 오리게네스 이후 폭넓게 받아들여졌으며 누구도 그것에 이의를 제기하려 하지 않았다. 4세기에 벌써 아리오스 논쟁의 대부분은 "주께서 만물을 지으시려던 한 처음에 모든 것에 앞서 나를 지으셨다"(잠언 8:22)라는 유명한 구절을 둘러싸고 벌어졌다. 당연하게도 아리오스파는 이 구절을 자기들의 주장에 이롭게 해석했지만, 성 대 아타나시오스나 니케아 공의회 교부들 어느 누구도 로고스와 지혜의 동일화에 반대하지 않았다. 정통 신앙 지지자들은 로고스-지혜가 창조되지 않은 것임을 입증하는 또 다른 성서 구절들을 이 해석에 대립시킴으로써 그것을 물리치고자 했다. 그러나 누구도 이 '로고스는 곧 지혜'라고 주석하는 견해를 문제 삼지 않았다.

비잔티움의 주석 방법은 대부분 알렉산드리아 전통과 그 전통의 '알레고리즘'(allegorism, 우의(寓意)적 해석)에 기원을 둔다. 그리스도교 이전 시대에 팔레스타인의 유대교 랍비들은 성서를 해석하기 위해 '미드라쉬'(Midrash)라는 이름으로 알려진 비(非)문자적 성서 해석 방법을 받아들였다. 바울로 성인은 여러 번에 걸쳐, 특별히 아브라함의 두 아들 이야기를 두 계약의 '우의'(allegory)'로 규정함으로써(갈라디아 4:24) 이 주석 방법을 그리스도교적으로 인증하였다. 필론, 클레멘트, 오리게네스 등에게 공통된 알렉산드리아의 헬레니즘적 흐름은 성 사도 바울로라는 탁월한 선구자에 의지해서 성서 해석의 우의적 방법을 극단으로까지 밀고 나갔다. 실제로 알레고리는 역사적 사실보다는 영원한 것들을 추구하는 그리스 사람들의 플라톤적인 열망과 특별히 잘 조화되었다. 그리스의 지성이 그리스도교를 받아들이기 힘들었던 이유는, 대부분 성서가 '부동자'(Unchangeable)에 대한 직접적인 사변을 결여하고 있었기 때문이었다. 사실 그리스 철학은 변화하는 것을 비(非)실재(unreality)와 연결시켰다. 반대로 우의적 해석 방법은 구체적이고 변화하는 모든 사실을 변하지 않는 실재의 상징으로 해석했다. 그래서 역사는 그 중요성을 상실하기에 이르렀고, 몇몇 극단적인 경우에는 역사 그 자체가 부정되기도 했다.

그럼에도 우의적 해석 방법이 헬레니즘과 잘 조화되었다는 것만이 우의적 주석을 광범위하게 도입하게 된 유일한 요소는 아니었다. 이 방법은 2세기 그리스도교의 가장 중대한 도전이요 적이었던 영지주의(gnosticism)에 대항할 수 있는 적합한 무기를 제공했다. 발렌티누스와 마르시온과 같은 영지주의자의 주된 체계는 신약성서의 '참 하느님'을 '데미우르고스'(조물주)와 대립시켰고, 유대교의 창조주 하느님 '야훼'를 이 데미우르고스와 동일시하였다. 그리스도교 변증가들은 구약성서를 되찾기 위해 우의적 해석을 이용했고, 구약과 신약은 단 하나의 동일한 영적 의미를 가지고 있으며 동일한 참된 하느님의 연속적인 계시를 표현하고 있다는 사상으로 영지주의적 이원론에 맞섰다.

오리게네스 역시 전통을 이해함에 있어서 이러한 영적 의미(spiritual meaning)의 개념을 차용했다. 성서저자들에게 영감을 주었던 성령은 그리스도 교회의 영적인 사람들에게 임재하셨고, 그래서 오직 성인만이 성서의 진정한 의미를 해독할 수 있다는 것이다. 오리게네스는 이렇게 말한다.

"성서는 하느님의 성령에 의해 영감 받았다. 또 성서는 드러난 의미만이 아니라 독자들 대부분에게는 숨겨진 또 다른 의미를 가지고 있다. 왜냐하면 성서의 내용은 어떤 신비들의 '외적인 형식'과 신적인 것들의 '형상'을 보여주기 때문이다. 전체 교회는 다음과 같은 점에 모두가 동의한다. 즉 율법 전체가 영적이지만 그것의 영적인 의미가 모두에게 알려지는 것은 아니다. 오직 지혜와 지식의 말씀에 있어서 성령의 은총의 선물을 받은 사람들만이 그것을 알 수 있다."[1]

---

1) Origen, *De principiis.*, Praefatio. 8 ; ed. B. Koetschau, GCS 22 (1913) 14, 6-13 ; trans. G. W. Butterworth, *On the First Principles* (London : SPCK, 1936), p.5.

'주석에 있어서의 권위'라는 매우 중요한 문제를 제기하고 있는 이 구절은, 중세 비잔틴 그리스도교에 폭넓게 채택되게 될 하나의 관점과, 이미 인용한 바 있는 트룰로 공의회의 규범이 공식적으로 '교부들의 합치된 견해'를 추구한다고 선언한 이유를 잘 설명해준다.

그러나 알렉산드리아의 우의적 해석 방법에 더하여 비잔틴 주석 전통은 안티오키아 학파의 보다 은근한 영향을 동화시켜 냈다.

주석 방법에 있어서, 5세기의 격렬한 그리스도론 논쟁 과정에서 드러났던 이 두 학파 사이의 대립을 과장할 필요는 없다. 안티오키아 학파의 대사상가인 타르소스의 디오도로스(330-390년경), 몹수에스티아의 테오도르스(350-428년), 씨로스의 테오도레토스(393-466) 같은 이들은 성서 본문 안에 '영적인 의미'가 존재할 가능성을 조금도 부정하지 않았다. 그들은 오직 역사적 문자적 의미를 배척하는 경향과 성서에 낯선 플라톤 철학의 전제들 위에 세워진 추상적 알레고리즘에 반대했을 뿐이다. 그러므로 그들은 본문의 문자 뒤에 숨어있는 영적인 의미를 발견하도록 해주는 '테오리아'(*theoria*) 혹은 '관상'(contemplation)을 배제하지 않았다. 그러나 그들은 사실들, 분문의 역사적 현실, 그리고 본문의 도덕적 신학적 결과들을 강조했다.

안티오키아 학파의 신학적 권위는 에페소 3차 세계 공의회(431년)에서 몹수에스티아의 테오도르스의 제자였던 네스토리오스가 정죄되고 또 콘스탄티노플 5차 세계 공의회(553)가 『3장』(*Trois Chapitres* : 몹수에스티아의 테오도르스, 씨르의 테오도레토스와 에데스의 이바스가 키릴로스에 반대해 쓴 저작들)에 대해 파문을 내림으로써 크게 흔들렸다. 553년 이후 초기 그리스도교의 가장 탁월학 주석가들 중 한 사람이었던 테오도르스의 성서 주석들은 아르메니아어 혹은 시리아어 번역본들 속에서만 비밀스럽게 보존되었다. 단지 그리스어 원본의 몇몇 조각만이 교부 저작 속에 흩어져 살아남을 수 있었다. 그러나 안티오키아의 주석 전통은 결코 금지된 적이 없는 떼오도레토스의 저작과, 예로부터 그리스 교회의 저자 중 가장 유명했던 테오도르스의 또 다른 친구 성 요한 크리소스토모스의 저작을 통해서 지속되었다. 요한 크리소스토모스는 우의론(allegorism)과는 달리 유형론(typology)을 '사건을 통한 예언'[2]으로 정의하고 또 역사적 내용에 주목함으로써 이후 비잔틴 주석 전통을 알렉산드리아 전통의 영적 과잉으로부터 보호하였다. 동시에 그는 '떼오리아'에 충분한 중요성을 부여하였는데, 그것은 구약성서를 그리스도를 향한 것으로 이해하는 유형론적 해석과 크게 다르지 않은 것이었다.

2. 철학 경향들

세 가지 결정적인 요인이 칼케돈 이후 비잔틴 철학의 경향을 결정하게 된다. ① 교부 전통과 그 결과들, 예를 들면 카파도키아

---

[2] John Chrysostom, *De paenitentia,* hom. 6, 4 ; PG 49, 320.

교부들이 삼위일체 교리를 설명하기 위해 사용했던 용어들을 그리스도론에도 차용하여 그리스도의 두 본성의 '위격적'(hypostatic) 연합을 표현한 것, ② 성서적 창조론과 인간학에서 이탈한 오리게네스주의의 은밀한 재생, ③ 비그리스도교적인 신플라톤주의가 지성인들에게 미친 영속적인 영향.(유스티니아노스는 아테네의 학교를 폐쇄함으로써 비록 프로클리스(410-485)라는 인물을 통해 그 후로도 당분간은 명성을 누렸던 이교도의 교육 기관에 물리적인 종지부를 찍어버렸다. 그러나 신플라톤주의 사상 전통은 15세기까지 살아남았다.) 세 가지 경우 모두 근본적인 문제는 고대 그리스 사상과 그리스도교 계시의 관계였다.

현대 역사가들은 그리스 교부들의 철학에 대해 다양한 판단을 내놓는다. 그래서 에밀 브레이에는 자신의 저서에서 이렇게 썼다. "이 첫 5세기 동안 이교 사상가들과 구별되는 정말로 독창적인 지적 가치를 지닌 엄밀하게 그리스도교적인 철학은 존재하지 않는다."3) 브레이에에 따르면 그리스도교와 그리스 철학은 두 개의 지적 체계로서는 서로 대립되지 않았다. 그리스도교는 계시에 기초를 두고 있지 철학적 관념에 기초한 것은 아니었기 때문이다. 그리스 교부들은 이런 사실을 인정하면서 그리스 철학에서 그리스도교 계시와 양립할 수 있는 모든 것을 채택했다. 그리고 어떤 새로운 철학도 이 작위적인 병치로부터 생겨날 수 없었다. 아돌프 하르낙의 고전적인 견해를 추종하는 울프슨은 반대의 견해를 내놓으며 이렇게 평가했다. "그리스 교부들의 사상은 그리스도교 신앙이 철학의 형태로 다시 주조된 것이며 따라서 그리스 철학의 그

---

3) Emile Bréhier, *Histoire de la philosophie* (Paris 1927) I, 2, VIII, p. 493.

리스도교적 번안이다."⁴⁾ 반대로 끌로드 트레몽땅은 그리스 철학 사상에 맞서서 교부들이 항상 수호하고자 했던 그리스도교 철학의 역사적 실존을 확고하게 지지한다. 이 그리스도교 철학은 세상의 창조, 일자(一者)와 다양성, 앎, 자유 등에 대해 헬레니즘과는 근본적으로 양립할 수 없는 주장들을 담고 있으며, 본질적으로 성서적이다. 그에 의하면 "그리스도교 정통 신앙은 형이상학적 관점에서 볼 때 언제나 성서적 신학의 형이상학적 원리에 충실하고자 했다."⁵⁾ 그 결과 정통 신앙을 가지고 있는 한, 그리스 교부들은 엄밀히 말해서 더 이상 '그리스적'일 수 없었다. 게다가 실제로 현대의 신학과 역사학에서 '헬레니즘'이라는 용어만큼 모호한 것도 없다. 그래서 조오지 플로로프스키는 끈질기게 '그리스도교적 헬레니즘'을 주장하는 것이다. 그는 이 표현을 통해 서방의 중세 사상과는 대조되는 동방 교부들의 전통을 지칭하고자 했다.⁶⁾ 그러나 그는 그리스 철학 사상과 성서의 근본적인 양립불가능성, 특별히 창조와 자유와 같은 본질적인 주제에 대해 트레몽땅과 기본적으로 일치한다.⁷⁾

트레몽땅과 플로로프스키의 결론이 그 근본에 있어서 아무리

---

4) H.A. Wolfson, *The Philosophy of the Church Fathers* (Cambridge : Harvard University Press, 1956), I, VI.
5) Claude Tresmontant, *La Métaphysique du Christianisme et la naissance de la philosophie chrétienne* (Paris : du Seuil, 1961), p.23.
6) Georges Florovsky, "The Eastern Orthodox Church and the Ecumenical Movement", *Theology today* 7 (April, 1950), p.74-76.
7) Georges Florovsky, "The Idea of Creation in Christian Philosophy", *Eastern Churches Quarterly* 8 (1949), p.53-77.

정당하다해도, '그리스도교적 헬레니즘', 혹은 오해로부터 생겨난 '그리스도교의 헬레니즘화'나, 서방의 '아리스토텔레스주의'에 대립시킨 동방의 '플라톤주의'와 같은, 자주 교부들과 비잔틴 사상을 규정하기 위해 사용했던 이러한 상투적 문구들에 함몰되지 않도록 해야 한다.

보다 건설적인 방식으로 이 문제를 접근하고 보다 절제된 판단을 하기 위해서는, 플라톤주의, 아리스토텔레스주의, 신플라톤주의와 같은 고대 그리스 철학의 체계를 교부들이 사용한 개념들이나 용어들과 구별하는 것으로부터 시작할 필요가 있다. 교부들에게 이 개념들과 용어들은 불가피한 소통의 수단이었으며, 그 사용은 이제 막 소개되어 널리 퍼져 나가야만 했던 그리스도교의 복음을 세상에 이해시키기 위해서 필연적인 것이었다. 그리고 카파도키아 교부들이 삼위일체 교리에 사용하였고 또 칼케돈 시대와 그 이후의 그리스도론 논쟁에도 적용된 바 있는 용어들, 예를 들면 '본질'(*ousia*), '위격'(*hypostasis*), '본성'(*physis*)과 같은 개념들은 그 기원인 플라톤주의 혹은 아리스토텔레스주의의 맥락을 벗어나 사용되었을 때 전적으로 새로운 의미를 획득하게 되었다. 하나의 '본질' 안에 연합된 세 '위격' 혹은 하나의 '위격' 안에 연합된 두 '본성'은 플라톤주의나 아리스토텔레스주의에서는 논리적으로 불가능하며 헬레니즘과는 다른 전혀 새로운 형이상학적 전제들을 함축한다. 그러나 만약 카파도키아 교부들이 그리스에서 교육을 받지 않았고 또 그 청중들이 그리스인들이 아니었다면 삼위일체와 그리스도론에 대한 그들의 종합은 또 다른 범주의 문제들로 향했을 것이고 다른 개념들로 인도되었을 것이다. 그러므로 여기에는 그리스 철학의 논제에 대한 개방성이 존재한다. 하지만 이 개방성은 교부 전통이 헬레니즘 철학 체계들을 통합해 나가도록 인도하지는 않았다. 4세기 나지안조스의 성 그레고리오스로부터 14세기 성 그레고리오스 팔라마스에 이르기까지, 정교 전통의 모든 대표적 신학자들은 모든 이단은 그리스 철학을 그리스도교 신학에 무비판적으로 수용하려는 시도에 뿌리를 두고 있다는 확신을 피력했다.

이제 막 태동한 그리스도교의 대표적인 저술가들 중 오리게네스, 에메사의 네메시우스, 위(僞) 디오니시오스만이 그리스 철학의 그리스도교적 번안이라고 규정할 수 있을 사상 체계를 제출한다. 그러므로 니싸의 성 그레고리오스나 고백자 성 막시모스와 같은 다른 이들을 그리스 철학 체계의 확립자로 규정할 수는 없다. 비록 분명 철학적 풍모를 가지고 있었다할지라도, 그들은 창조와 자유와 같은 본질적인 문제에 있어서 이교 헬레니즘과 근본적으로 대립해 있었다. 앞으로 다룰 기회가 있겠지만 오리게네스와 위(僞) 디오니시오스가 사후에 매우 다른 운명을 맞이했던 반면, 네메시우스의 플라톤주의적 인간학 체계는 그의 작품의 라틴어 번역인 『인간의 본성에 관하여』(*De natura hominis*)가 니싸의 그레고리오스의 것으로 잘못 알려질 정도로 서방 중세 사상에 상당한 반향을 불러일으켰던 것과는 달리, 비잔티움에서는 아주 미미한 영향을 주었을 뿐이다.[8]

---

8) Etienne Gilson, *La Philosophie au Moyen Age*, 2ᵉ édition (Paris : Payot, 1952), pp. 72-77.

이렇게, 그리스도교의 경험적 현실과 철학의 관계에 대한 문제는 비잔틴 신학의 중심지에서 어떤 확실한 해결책도 발견하지 못한 채 다양한 유형과 경향으로 존재해왔으며, 아마도 비잔틴 신학자 대부분은 이를 인정할 것이 분명하다. 그러나 '이 세상'과 '세상의 지혜'가 하느님 나라의 현실과 실제적으로 끊임없는 긴장 관계 안에 있다면, 그와 같은 균형이 진정 가능한 것이긴 할까?

3. 오리게네스주의의 문제

최근 연구들은 5, 6세기 오리게네스주의의 역사에 대해 전적으로 새로운 빛을 던져주었다. 특별히 에바그리오스 저작의 간행으로, 이집트, 팔레스타인, 그리고 동방 그리스도교의 여러 다른 지역에서 상호 경쟁하는 수도원 진영들을 대립시켰던 불일치의 주제들이 분명하게 설명되었다. 비록 오리게네스의 삼위일체에 대한 입장이 4세기 아리오스 논쟁의 출발점 중의 하나이긴 했지만, 창조와 타락, 인간과 '인간-하느님'이신 그리스도의 관계에 대한 그의 관점은 초기 '그리스' 지성들을 매혹시켰고 그들을 수도원 운동과 결합시켰다. 금욕주의와 수도원 영성은 오리게네스의 체계 안에서 정당성을 뒷받침하는 논리를 발견했지만, 그 체계는 성서에 근거한 그리스도교의 기본적 전제들과 충돌했다. 그랬기에 오리게네스와 그의 제자 에바그리오스는 400년 알렉산드리아의 떼오필로스에 의해, 이어서 553년 제2차 콘스탄티노플 공의회(5차 세계 공의회)에서 정죄되었다. 하지만 이 정죄는 그 체계들이 고백자 성 막시모스의 통합적인 그리스도교적 철학의 밑바탕을 이루는 것에서 보듯 그 영향력의 확산을 막을 수는 없었다. 동방에서 오리게네스주의는 칼케돈 세계 공의회 이후 그리스도교 신학 사상의 중심부에 남아있었다. 영성과 신학 용어에 미친 그 영향은 오리게네스 체계에 대한 정죄에도 불구하고 멈추지 않았고 적어도 이콘파괴논쟁의 위기 때까지 계속되었다.

오리게네스가 초기 그리스도교 변증가들 중에서 가장 역량 있는 사람이었다는 점은 의심의 여지가 없다. 그의 체계는 그리스도교를 신플라톤주의자들에게 받아들여질 수 있도록 해주었다. 하지만 오리게네스의 개념으로 그리스도교를 받아들이는 것이 필연적으로 하느님과 세상에 대한 신플라톤주의의 기본적인 개념들을 거부하는 것은 아니었다. 예를 들어 카파도키아 교부들은 공부할 때 오리게네스를 읽었지만 결국 정교 신앙으로 방향을 돌렸던 반면, 폰티쿠스의 에바그리오스를 비롯하여 그들의 동시대 친구들은 전혀 다른 방향으로 오리게네스주의를 발전시켜나갔다.

『원리에 대하여』(De Principiis)라는 유명한 저작에서 오리게네스는 무엇보다도 먼저 창조가 하느님의 영원한 행위라고 주장했다. 하느님은 언제나 전능한 창조주이기에, "만약 하느님이 무언가 자신의 권능을 행사하고 보여줄 수 있는 것들이 존재하지 않는다면 우리는 결코 그 분을 전능하신 하느님이라고 부를 수조차 없다."[9]는 것이다. 하지만 물질의 영원성이라는 아리스토텔레스의

---

9) Origen, *De principiis.*, I, 2, 10 ; ed. Koetschau, p. 42.

이론을 반박하려 했던 그는 창조된 영원한 세상은 물질의 세계가 아니라 '지성의 세계'라는 주장을 견지했다. 금욕주의에 대한 형이상학적 정당화를 찾고 있었던 수도원들은 플라톤주의에 기운 이 영성주의(spiritualism)에 유혹 당했다. 두 번째로 오리게네스는 "모든 이성적 본질들, 즉 아버지와 아들과 성령, 천사들, 능품천사들, 주품천사들, 역품천사들, 영혼을 가진 존귀한 존재로서의 인간을 두루 포괄하는 '지성계'가 하나의 단일한 본질적 실체"[10]라고 생각한다. 이러한 사상에 대해, 이후의 교부 전통은 '부정(아포파틱) 신학'으로 표현된 하느님의 절대적 초월성을 대립시켰다. 오리게네스에 의하면 하느님과 모든 지성적 존재를 단 하나의 본질적 실체 안에 포괄시키는 일원적 구조는 타락에 의해서만 파괴된다. 자신의 '자유'를 악하게 사용함으로써 '지성적 존재'는 하느님을 반역하는 죄를 저질렀다. 어떤 존재는 아주 엄중한 죄를 지어서 악마가 되었고, 그보다 덜한 죄를 지은 존재는 천사가 되었고, 그보다 더 덜한 죄를 지은 존재는 대천사가 되었다. 각각의 존재는 이렇게 해서 자신의 잘못에 상응하는 몫을 받았다. 남은 영혼들은 악마보다는 가볍고 천사보다는 중한 죄를 지었기에 하느님은 벌로 그 영혼을 육체와 결합시켜 현재의 세상을 창조하였다.[11]

플라톤주의적으로 이해된 육체 안에 갇힌 영혼으로서의 인간을 포함하여 현재의 가시적 세상은 타락의 결과이다. 그것의 궁극

---

10) Jerome, *Ep. 124, ad Avit.*, 15에 인용됨.
11) F. Diekamp, *Die origenistischen Streitigkeiten in sechsten Jahrhundert und das fünfte allgemeine Konzil* (Münster, 1898), pp. 90-96 에 인용된 콘스탄티노플 공의회(553)의 정죄를 보라.

적인 운명은 물질적 형태를 벗고 다시 하느님의 본질적 실체와 연합하는 것이다.

에바그리오스는 오리게네스 사상 체계에 그리스도론적인 발전을 가져다주었다. 그에 따르면 예수 그리스도는 육체 안에 육화하신 말씀이 아니었다. 그는 단지 원죄를 범하지 않은 하나의 '지성'이었고 따라서 물질에 묶이는 재앙과는 무관한 존재였다. 그리스도는 단지 하느님과의 원초적인 연합을 회복해주는 길을 사람에게 보여주기 위해 육체를 취했다.[12]

한편 에바그리오스의 이러한 사상을 둘러싸고 여러 수도원 진영이 유스티니아노스 시대까지 서로 충돌했다. 논쟁의 중심 무대였던 팔레스타인의 성 사바스 대수도원에서는, 몇몇 수도사들이 기도와 관상을 통해서 그리스도에게서 회복된 하느님과의 원초적 관계를 자신들도 회복했다고 주장하며 스스로를 '그리스도와 동등한 자들'(*isochristoi*)이라고 자처했다. 이러한 극단적이고 이단적인 오리게네스주의의 형태는, 먼저 황제의 칙령으로 다음에는 553년 콘스탄티노플 세계 공의회에 의해 정죄되었다. 오리게네스와 에바그리오스의 글들은 다 청소되었다. 단지 몇몇 파편들만이 라틴어와 시리아어 번역 안에 또는 가명으로 포장되고서야 보존될 수 있었다. 고대 헬레니즘은 성서에 기초한 그리스도교의 근본적인 원리들 앞에서 다시 한 번 제거되지 않으면 안 되었다.

---

12) A. Guillaumont, *Les 'Kephalaia Gnostica' d'Evagre le Pontique et l'histoire de l'origénisme chez les Grecs et les Syriens* (Paris : du Seuil, 1962), pp. 156-160 에서 핵심적인 본문을 찾을 수 있다.

4. 위⁽僞⁾ 디오니시오스

오리게네스와 에바그리오스가 정죄되었지만 플라톤적 '세계관'이 비잔틴 그리스도교에서 전부 다 사라진 것은 아니었다. 질서와 품계서열로서의 세상, 지성계와 감각계 사이의 근원적인 플라톤적 분리, 존재들의 신플라톤주의적 삼중구조 안으로의 재편 등과 같은 그리스 사상들이 아레오파고의 디오니시오스라는 가명을 취한 6세기 초의 한 신비스런 저자의 유명한 글들 속에 다시 나타났다. 중세 내내 동방과 서방에서 이 익명의 저자는 사도에 버금가는 권위를 누렸다.

동방 그리스도교 사상을 연구하는 역사가들은 일반적으로 이 위⁽僞⁾ 디오니시오스가 니싸의 성 그레고리오스와 고백자 성 막시모스와 함께 부정 신학의 확산에 결정적인 역할을 했다고 생각한다. 블라디미르 로스끼는 위⁽僞⁾ 디오니시오스가 '그리스도교를 가장한 플라톤주의자'와는 거리가 멀며 그와는 정반대로 "신플라톤주의자로 가장한 그리스도교 사상가, 그 철학의 기교를 빼앗아서 신플라톤주의의 영역을 정복해야한다는 자신의 과제를 분명히 의식하고 있었던 신학자"[13]였다고 생각했다. 실제로 그의 사상의 많은 요소는 신플라톤주의나 오리게네스주의의 입장에 대한 아주 효과적인 반박으로 보인다. 예컨대 그는 '본질에 있어서'(kat' ousian) 하느님을 알 수 있다는 관념을 분명하게 거부했다. 현실적

---

13) Vladimir Lossky, *Vision of God* (London : Faith Press, 1963), pp. 99-100.

으로 하느님에 대한 '앎'은 있을 수 없다. 왜냐하면 '앎'이란 '존재들'에만 관련되는데, 하느님은 존재를 뛰어넘으며 '존재'와 '비존재' 사이의 모든 대립조차 초월하기 때문이다. 그러나 인간 존재의 궁극적 목표인 하느님과의 연합은 가능한데 그것은 차라리 무지(*agnôsia*)를 통해서일 뿐이다. 왜냐하면 이 연합은 창조된 존재에게만 적용될 수 있는 감각과 지각의 모든 활동으로부터 벗어날 것을 요구하기 때문이다. 그러므로 하느님은 절대적으로 초월적이며 존재 위에 있다. 이렇게 존재의 범주에 머물러있는 한 하느님은 단지 부정의 용어들로만 묘사될 수 있다.[14] 그러나 하느님은 자신의 초월적 본질조차 뛰어넘어 자신을 알리신다. "하느님은 자신의 통일성을 떠나지 않으면서 스스로를 다양화함으로써 그 능력들(*dynameis*)을 통해서 모든 존재 안에 발현하신다."[15] 이렇게 해서 아름다움, 존재, 선 등의 개념은 참으로 하느님을 나타내지만, 그것들은 하느님의 권능들과 에너지들이지 하느님의 본질은 아니다.[16] 그러나 하느님의 권능들과 에너지들은 신성의 축소된 형태도 그것의 유출도 아니다. 그것들은 그 자체로 충만한 하느님이며 모든 피조물은 능력에 따라 또 각각의 고유한 유사(類似)에 따라 그에 참여할 수 있다. 그러므로 디오니시오스의 하느님은 다시 한 번 성서의 살아 계신 하느님이지 플로티노스의 '일자'(the One)는 아니다. 이점과 관련하여 우리는 디오니시오스가 그리스도교 사

---

14) Pseudo-Dionysius, *Mystical Theology*, V, PG 3, 1045D-1048A.
15) Lossky, *Vision of God*, p. 102.
16) Pseudo-Dionysius, *On the Divine Names*, II, PG 3, 636를 보라.

상의 긍정적인 발전에 토대를 세워주었다고 말할 수 있다.

그러나 우리는 두 가지를 상기하지 않으면 안 된다. 한편으로 그의 신학, 다시 말해 하느님에 대한, 또한 하느님과 세상의 관계에 대한 그의 사상이 전적으로 독창적인 것은 아니라는 것이다. 이미 우리는 카파도키아 교부들의 글에서 그러한 사상의 본질적인 요소들을 발견한다. 다른 한편, 우주에 대한 그의 위계적 관점은 특별히 교회론과 성사론에서 아주 애매모호한 영향을 미쳤다는 것이다.

천사, 인간, 악마와 같은 피조된 존재의 위계가, 오리게네스에게서는 타락의 결과였다면, 디오니시오스에게서는 우리를 '하느님과의 동화와 연합'[17]에 이르게 해주는 하나의 고정된 신적 질서의 표상이었다. 세 개의 '삼중구조'(triades) 혹은 아홉 단계로 이뤄진 '천상의 품계', 두 개의 삼중직으로 된 '교회의 품계' 등은 본질적으로 하나의 매개 체계이다. 각각의 단계는 '자신의 능력'에 따라 하느님에 참여한다. 그러나 이 참여는 그것의 바로 위 단계의 매개를 통해서 부여된다.[18] 이 체계는 교회론에 직접적인 영향을 미쳤다. 디오니시오스에 의하면 '주교-사제-보제', '수도사-평신도-예비 세례자(죄인)'라는 두 개의 '삼중구조'을 담고 있는 '교회의 품계'는 천상의 질서가 지상에 반사된 것이다. 때문에 '교회'의 각 위계는 하나의 신분(personal state)이지 결코 공동체 안에서의 한 직무(function)이 아니다. 디오니시오스에게 "주교는 신적이고 신화되

---

17) Pseudo-Dionysius, *On the Celestial Hierarchy*, III, 2, PG 3, 165A.
18) R. Roques, *L'univers dionysien. Structure hiérarchique du monde selon le Pseudo-Denys*, (Paris : Aubier, 1958), pp. 98ff.

었으며 거룩한 앎 속에서 길러진 사람이다."[19] 주교가 근본적으로 '영지가'요 '입교 안내자'인 이상 그의 역할은 카리스마를 소유한 사람의 역할과 본질적으로 조금도 다르지 않다. 그것은 물론 다른 여타의 질서에도 마찬가지다.[20]

디오니시오스는 지성계와 그것의 단순한 반영과 상징에 불과한 물질계 사이의 플라톤주의적 분리를 너무나도 엄격하게 지지했기 때문에 성사에 대한 그의 교리는 순전히 상징적이고 개인주의적이다. 예를 들어 성찬은 영혼이 하느님과 그리스도와 연합되는 것을 상징하는 기능을 가진다.[21]

디오니시오스에 대한 이러한 간략한 평가로부터 우리는, 비록 신플라톤주의를 초월하는 영역 즉 신학(theologia)의 영역에서는 아주 독창적이지는 않았음에도 불구하고 그가 진정한 그리스도인이었다는 것은 확실하지만, 품계에 관한 그의 교리가 그리스도교 사상 안에 신플라톤주의적 세계관을 통합해내려는 진지한 시도였을지언정 그것은 하나의 명백한 오류이며 특별히 전례이해와 교회론에 커다란 혼란을 초래했다고 결론내릴 수 있다. 예를 들어 사제직의 '성격'에 대한 서방의 스콜라적인 교리, 그리고 그보다는 조금 유연하지만 동방 비잔티움에서 종종 나타나곤 했던 교회의 성직체계와 '성인'들의 역할에 대한 혼동 등이 결국은 디오니시오스에게 그 기원을 두고 있는 것은 아닐까?

---

19) Pseudo-Dionysius, *On the Ecclesiastical Hierarchy*, I, 3, PG 3, 373C.
20) Roques, *L'univers dionysien*, pp.172ff의 분석을 참고하라.
21) *Ibid*., pp.267-269.

5. 전례

연대기적으로 볼 때 디오니시오스 저작의 출현 시기는 그리스도교 전례 역사의 한 전환점과 일치한다. 유스티니아노스가 이교도 학교와 사원을 폐쇄하자 그리스도교는 명실상부하게 제국의 대중적 종교가 되었다. 박해받던 작은 공동체의 전례는 이제 콘스탄티노플의 성 소피아 성당과 같은 거대한 대성당에서 거행되었다. 성 소피아 성당은 유스티니아노스 치세의 영광스런 업적 중 하나였으며 그 규모는 수 천 명의 신자들이 한 번에 모일 수 있을 정도였다. 전적으로 새로운 이 상황은 전례 생활과 전례 신학에 영향을 미치지 않을 수 없었다. 예를 들어 성찬은 공동체의 식탁이라는 외적 특징을 더 이상 보존할 수 없었다. 회중의 상당수는 정규적으로 성찬에 참여하는 사람들에게 요구되는 여러 조건을 충족시키기 어려웠던 이름뿐인 그리스도인이었다. 성 요한 크리소스토모스를 비롯하여 훌륭한 사제들은 일정한 준비, 금식, 양심의 성찰 등을 성찬 참여에 필요한 전제 조건으로 설교하기 시작했다. 그들은 이런 설교에서 특별히 전례 성사의 신비적이고 종말론적인 요소를 강조했다. 8, 9세기의 발전의 결과, 지성소와 회중을 가로막는 성화벽(*iconostasis*)이 조성되기 시작했고, 평신도는 더 이상 성체를 손바닥으로 받아 모시지 않고 대신 사제가 수저를 이용해 성체 성혈을 베푸는 등, 일련의 변화들이 일어났다. 이 모든 혁신의 목적은 신비를 보존하는 것이었다. 그러나 그것들은 또한 사제를 회중으로부터 분리시켰고, 전례를 하느님 백성 전체의 공동 행위(*leitourgia*)이기보다는 하나의 구경거리로 만드는 결과를 초래했다.

위(僞) 디오니시오스의 글들은 이런 경향을 강화시켰다. 은총이 사제직의 위계적 매개를 통해서 위계의 아래 부분에까지 임하게 된다는 그의 생각은 비잔틴 전례 안에 새로운 형식들을 아주 광범위하게 불러들였다. 디오니시오스는 단지 이 형식들을 신자에게 '신비'를 계시해주는 하나의 상징들로 간주했을 뿐이다. 집전자는 나타났다가는 사라지고, 성체 성혈은 가려졌다가는 또 드러나며, 문들은 돌아가며 열리고 닫혔다. 성사를 둘러싼 이런 수많은 행위와 성직자들은 자주 디오니시오스가 묘사한 바 있는 '성직의 엄격한 위계적 역할 체계'에 그 기원을 둔다. 그것들은 이제 성당을 가득 메운 거대한 대중으로 인해 성사가 세속화되지 않을까 우려하여 전례의 신비적 성격을 보호하고자 했던 교회에 의해 쉽게 승인되었다.

아주 다행스럽게도 디오니시오스의 신학은 세례 성사 기도문들과 감사의 성찬 예배 기도문(Eucharistic canons)과 같은 핵심적인 전례 본문에는 사실상 아무런 영향도 미치지 못했다. 그것의 역할은 신앙의 주요 성사적 행위의 핵심을 변질시키지 않으면서 단지 그것을 둘러싼 기념적 요소를 풍부하게 발전시키고 설명해주는데 있었다. 이렇게 해서 그의 신학은, 비잔틴 영성의 주된 흐름에 계속해서 영감을 불어넣어주었던, 정통의 전례 성사 신학에 문을 열어 놓았다.

5, 6세기 헬레네 문화의 특징을 지닌 성가 체계가 대규모로 채택된 것 또한 비잔틴 전례 발전에서 매우 중요한 요소다. 초기 그리스도교 공동체에서는 대개가 시편성가와 성서에서 발췌된 몇몇 시가(詩歌)가 성가의 주종을 이루었을 뿐 새로운 성가는 아주 드물었다. 그러나 도시의 거대한 성당에서는 전례의 장엄함이 강조되어 궁정 예식을 모방하곤 했고 또 교회가 자연스럽게 헬레니즘에 토착화되면서, 새로운 성가들의 등장과 확산은 불가피하게 되었다.

　순전히 인간적인 영감을 통해 만들어진 성가가 전례의 성서 분문을 대체하는 것은 부적절하다고 생각했기에 수도원에서는 이를 강하게 반대하였지만 이러한 저항도 오래가지는 못했다. 실제로 8, 9세기에 이르자 수도사들은 성가 창작의 선두에 있게 되었다. 하지만 6세기 초만 해도 그 당시 로마노스(Romanos the Melode)가 지은 종교시들은 콘스탄티노플에서 여전히 혁명적인 것으로 간주되었다.

　그는 아주 자연스럽게 자신의 시와 음악의 모델을, 이미 시리아의 성 에프렘(✝373)에 의해 창작 종교시들이 대중화되어 있었던 시리아에서 찾았다. 그러나 전례 성가가 가장 큰 발전을 이룩한 곳은 그리스어 지역에서였다. 에메수스에서 태어난 로마노스는 아나스타시오스 치세(491-518) 때 콘스탄티노플로 갔다. 그 곳에서 그는 유명한 콘타키온(kontakion, 시기송)들을 창작함으로써 급속하게 커다란 유명세를 얻게 되었다. 성서 주제를 바탕으로 하거나 혹은 어떤 인물을 칭송하는 것이었기에, 콘타키온은 본질적으로운율이 들어간 설교였으며 성가대와 회중 전체는 주거니 받거니 하면서 이를 반복해서 노래하였다. 그것은 짧은 도입부와 그에 뒤따르는 일련의 연시(聯詩)로 구성되는 단일한 형식을 취했다.

로마노스의 성가들은 신학이 배제되거나 아주 적게만 가미된 드라마틱한 이미지와 사건들로 만들어졌다. 예를 들어, 콘타키온은 당시 그리스도론에 관한 논쟁을 전혀 반영하지 않는다. 대중적 그리스어로 작사된 콘타키온은 대중들이 성서의 다양한 주제들에 접근할 수 있도록 해주는데 큰 기여를 했으며, 비잔틴 사람들로 하여금 너무도 중요한 특징이 되어버린 '전례 중심의 그리스도교'를 더욱 깊이 이해할 수 있도록 해주었다. 로마노스의 몇몇 콘타키온은 전례 예식서들 속에 축약된 형태로 계속해서 남게 되었고, 비잔틴 성가의 가장 유명한 곡 중의 하나인 '기립찬양 성가'(Akathistos hymnos)는 그가 확립한 모델을 거의 그대로 따르고 있다. 그리고 앞으로 살펴보겠지만, 로마노스의 성가 체계와 그 이후 수도원에서 창작된 성가 체계의 커다란 차이에도 불구하고, 6세기에 창작된 위대한 멜로디는, 라틴 세계, 시리아, 이집트, 아르메니아와는 구별되는 아주 특별한 형식을 비잔틴 그리스도교에 제공하는 아주 근본적인 역할을 담당했다.

칼케돈 공의회 이후 비잔틴 신학의 문화적 배경은 점점 더 그리스어 지역으로 제한되었다. 제국의 수도 콘스탄티노플에서 활동하던 신학자들은, 특별히 시리아와 라틴 세계의 초기 그리스도교와 같은 비그리스어권의 풍부하고 다양한 전통을 점점 덜 고려하게 되었다. 그럼에도 12세기 서방 신학의 재부흥 시기까지, 콘스탄티노플은 그리스도교 세계의 명실상부한 지적 중심이었다는 사실을 상기하지 않으면 안 된다. 그러므로 우리는, 비록 유감스러운 일이긴 하지만, 콘스탄티노플에서는 자기만족감이 점점 더 증진되고 발전되어갔던 것을 이해하게 된다.

2장

그리스도론을 둘러싼 문제

칼케돈 세계 공의회(451)로부터 콘스탄티노플의 멸망(1453)에 이르는 천년 동안, 비잔틴 신학 사상은 그리스도론을 둘러싼 여러 문제에 의해 지배되었다. 성 키릴로스와 네스토리오스 간의 논쟁이 그러했으며 그 이후의 공의회 논쟁과 결정이 한결같이 이 문제와 관련되었다. 그러나 이 논쟁의 중심 주제는 '인간의 궁극적 목표가 무엇인가?'였다는 것을 상기해야 한다.

서방에서는 중세 초기부터 '만족을 통한 구속'(redemption through satisfaction)이라는 안셀무스의 개념이 그리스도론 사상에서 우위를 점하였다. 예수가 자기 자신을 인류의 모든 죄를 속죄하기에 충분하고도 완벽한 희생제사로 성부께 드렸다는 교리는 그리스도론의 중심 사상이었다. 심지어는 교부 시대에 관한 현대의 역사적 연구에서도 이는 여전하다. 그 결과 그리스도론은 성령론이나 인간론과는 분명하게 구별되는 별개의 영역으로 간주되었다. 그러나 교부들의 사상은 인간의 참된 본질을 '하느님 안에서의 삶'으로 이해했고, 인간 예수와 로고스가 성령을 통하여 단 한 번 모든 세대를 위해 위격적으로 연합함으로써 이 삶이 실현되었을 뿐만 아니라, 또한 성령을 통해서 그 삶이 그리스도의 새 인류이자 그의 몸인 교회 안에 있는 모든 사람에게 또한 가능해졌다고 설파한다는 것을 기억한다면, 그리스도론은 새롭고 보편적인 전망을 획득하게 된다. 그리스도론은 성령론과 인간론으로부터 더 이상 분리될 수 없으며, 이러한 사실은 복음 전체를 이해하는데 하나의 열쇠가 된다.

5세기, '하느님 생명에의 참여'(participation in God's life)와 '신화'(deification)에 관한 문제는 알렉산드리아와 안티오키아 사이에 벌어진 그리스도론 논쟁의 핵심을 보여준다. 알렉산드리아와는 반대로 역사적 예수의 충만한 인성을 강조한 타르수스의 디오도르스, 몹수에스티아의 테오도르스, 네스토리오스 그리고 씨로스의 테오도레토스와 같은 안티오키아의 대 주석가들은 예수의 인성을 단지 신성과 구별될 뿐만 아니라 '독립적이고'(autonomous) 또 인격화된(역자주 : 신성과는 별도의 인격적 실재를 갖는) 것으로 이해한다. 그들에게 '신화된'(deified) 예수는 더 이상 진정한 인간일 수 없었다. 반면 모르는 것이 있고 또 고통 받고 죽어야만 했다면, 예수는 오직 마리아의 아들일 뿐이다. 안티오키아 학파에 대해 현대 서방 신학자들의 호의를 불러일으킨 요소인, 그리스도의 인성의 독립적인 성격에 대한 이와 같은 강조는, 네스토리오스주의의 발흥을 도왔고 그래서 알렉산드리아와 다시 한 번 충돌하게 만들었다. 사실, '신화'(deification) 개념은 정확히 성 아타나시오스가 아리오스 이단에 맞서 사용했던 논증, 즉 "하느님이 인간이 되신 것은 인간이 신이 되게 하기 위해서다"라는 주장에서 비롯되었고, 카파도키아 교부들도 역시 이 논증을 사용했다. 처음에는 '동일본질'(consubstantial)에 대해 약간의 의혹을 가지고 있었지만 그들은 동방 주교 대다수와 함께 결국 이 논증을 통해서 니케아 신앙의 진리를 확신하게 되었다.

이렇게 신적인 것이기에 또한 지극히 인간적인 새로운 인간 생명의 도래를 선포하는 복된 소식의 본질은 보다 이성적인 설명을 지지했던 네스토리오스가 아니라 알렉산드리아의 키릴로스에 의해 표현되었다. 그럼에도 정확한 용어와 유연성의 부족으로 인해 키릴로스는, 예수에게서 인간이 아닌 하느님만 보고자 했던 단일본성론의 유혹을 걱정하는 사람들의 우려를 불식시키지 못했다. '육체를 취하신 하나의 본성(혹은 위격)'(one nature(or, *hypostasis*) incarnated)이라는 그의 표현은, 비록 신성 그 자체와 '육화한 신성'을 구별하는 정통 신앙의 가능성을 남겨놓았고 또 '육체'의 현실성도 승인하였지만, 여전히 논쟁의 여지가 있었고, 네스토리오스를 반대하기 위한 것이었다는 점에서 그리스도가 어떤 분이었는가에 대한 균형 잡힌 긍정적인 정의는 아니었다. 그러므로 "각각 고유한 특징들을 완전하게 유지하면서 하나의 위격 안에 연합된 두 본성"이라는 451년 칼케돈 공의회의 선언은 키릴로스가 사용한 표현에 꼭 필요했던 수정이었다. 그 필요성을 일깨워준 공로는 안티오키아 신학자들, 특별히 테오도레토스와 로마의 교황 성 레오에게 돌아간다. 왜냐하면 이러한 정확성이 없다면 키릴로스의 그리스도론은 실제로 유티케스와 그 후계자들이 그러했듯이 쉽게 단일본성론적인 방향으로 해석될 수 있었다.

하지만 칼케돈 세계 공의회의 선언은, 비록 균형 있고 아주 긍정적인 것이었지만, 키릴로스와 아타나시오스의 신학적 입장을 그토록 매력적인 것으로 만들어주었던 카리스마와 구원론적인 자극을 포함하지는 못했다. 정치 파벌 혹은 지역 교회 사이의 경쟁심, 개인적 야망, 칼케돈 세계 공의회를 강제로 수용케 하려 했던 제국의 압력, 키릴로스 저작에 대한 과도한 단일본성론적 경향의 해석, 공의회 선언에서 키릴로스의 패배를 읽어내고자 했던 안티오키아의 친(親) 네스토리오스파 신학자들의 왜곡된 해석 등이 그리스도교 안에 최초의 아주 중대하고도 오래도록 지속되어온 분열을 야기했다.

물론 비잔틴 황제들은 제국의 종교적 일치를 회복하려고 애썼다. 5세기 후반부에 그들은 여러 번에 걸쳐 문제의 본질을 회피하면서 이 분열을 치유해보려고 했다. 그러나 이 문제는 참으로 실제적인 것이었고 열정은 넘쳐흘렀다. 로마 제국 최후의 위대한 황제인 유스티니아노스(527-565)는 황제의 칙령으로 일치를 실현해 보려고 몇 번 시도해 본 다음 여의치 않자 다시 공의회 소집에 착수했다.

우리는 유스티니아노스 시대의 네 가지 신학적 입장을 구별할 수 있다.

1. 단일본성론자들(The Monophysites)

물론 단일본성론자들 대다수는 그리스도의 인성이 신성과 '혼합'(confused)되었다는 유티케스 일파의 주장에 대해 기꺼이 파문장을 던질 준비가 되어 있었지만, 여전히 알렉산드리아의 성 키릴로스의 신학과 용어에는 매우 집착했다. 4세기의 '구(舊) 니케아파'가 성 아타나시오스가 사용하지 않았다는 이유로 카파도키아 교부들이 도입한 '세 위격'(three *hypostasis*)에 관한 정식을 받아들이려 하지 않았던 것처럼, 알렉산드리아의 디오스코르스나 마북의 필록세노스, 안티오키아의 대(大) 세베로스와 같은 5, 6세기의 주요 단일본성론자들 또한, 키릴로스가 그 용어를 사용하지 않았다는 이유로, 또 그 용어들은 네스토리오스주의로의 회귀라고 이해했기에, 칼케돈 세계 공의회와 '두 본성을 가진 하나의 위격'(one *hypostasis* in two natures)이라는 그리스도론 정식을 거부했다. 그들은 그리 심각하지 않은 유티케스파의 위험 때문에 키릴로스의 용어를 포기하는 것은 정당화될 수는 없다고 주장했다. 연합 이후에도 두 본성은 "그 고유한 특성들을 유지한다"라는 생각을 그들은 격렬하게 반대했다. 바로 이런 점이 그들의 그리스도론이 칼케돈 세계 공의회의 정통 그리스도론과 대립되는 중대한 지점이다.

2. 엄격한 '두 본성' 지지자(The Strict Dyophysites)

'두 본성' 지지자들은 안티오키아의 그리스도론을 고집스럽게 견지한 칼케돈파였다. 그들은 "삼위일체 하느님의 한 분이 육체 안에서 고통 받았다."는 주장을 비롯하여 키릴로스의 몇몇 주장에 반대했다. 그들에게 고통 받은 주체는 마리아의 아들 예수였지 신적 로고스는 아니었다. 그렇다고 한다면 그리스도 안에 두 주체가 존재하는 것은 아닌가? 라고 질문할 수 있다. 칼케돈 공의회 지지 진영 안에 이들이 존재했다는 사실과, 씨로스의 떼오도레토스(†466), 콘스탄티노플의 게나디오스 총대주교(458-471), 그의 후계자 마케도니오스 총대주교(495-511) 등 이 입장의 대표자들이 공의회에 크게 영향을 미쳤다는 사실은, 단일본성론자들로 하여금 칼케돈 세계 공의회를 거부할 명분을 제공해주었다. 왜냐하면 그들은 이런 점에서 칼케돈 세계 공의회가 네스토리오스적이며 또 키릴로스를 인정하지 않는다고 이해했기 때문이다.

3. 키릴로스를 지지하는 칼케돈파

공의회에서 다수를 차지한, '키릴로스를 지지하는 칼케돈파'는 키릴로스와 칼케돈파 사이에 어떤 모순도 존재하지 않는다고 여겼다. 그들은 두 용어 사용법은 그 자체가 목적이 아니라 단지 각각 네스토리오스주의와 유티케스주의를 반대하기 위해 취해진 하나의 수단으로 간주했다. '엄격한 두 본성론'의 태도와 달리 "삼위일체 하느님의 한 분이 수난 받으셨다"는 키릴로스의 '하느님 수난설'(Theopaschite)의 수용이야말로 그들의 상징적 태도이다. '스키티아 수도사' 요한 막센티오스, 문법학자 요한, 안티오키아의 에프렘, 예루살렘의 레온티오스, 안티오키아의 아나스타시오스, 알렉산드리아의 에블로기오스, 라이투의 테오도르스 등 이 흐름의 대표자들은 6세기의 비잔틴 신학을 지배했고 황제 유스티니아노스의 지지를 얻었다. 조제프 르봉(Joseph Lebon), 샤를르 묄러(Charles Moehler) 등 최근의 역사가들은 이 흐름을 '신(新) 칼케돈파'(neo-chalcedonian)로 규정했다. 이 역사가들에 따르면 칼케돈 신학을 올바르게 이해한 유일한 분파는 '두 본성'지지자들이었고 안티오키아의 그리스도론은 키릴로스의 그것보다 더 바람직하다고 한다. 이 문제에 관한 논쟁은 그리스도론과 인간론의 영역 모두에서 '신화'(deification)의 개념에 매우 중요한 결과를 초래한다.

4. 오리게네스주의자들(The Origenists)

유스티니아노스 치세 초기 격렬한 논쟁에 휩싸였지만 궁정에 많은 영향력을 가지고 있었던 오리게네스주의자들은 에바그리오스의 완전히 이단적인 그리스도론에 기초해서 그들 고유의 해결책을 내놓았다. 그들에게 예수 자신은 로고스가 아니었다. 예수는 단지 최초의 타락에서 벗어났기에 위격적으로 또 본질적으로 로고스와 연합된 하나의 '지성'(intellect)이다. 그러나 콘스탄티노플에서 오리게네스의 그리스도론을 개진한 대표적 인물인 비잔티움의 레온티오스의 글은 친칼케돈파의 논쟁 한 복판에 놓이게 되었다. '위격 안에 있음'(enhypostaton)이라는 그의 관념은 고백자 성 막시모스와 다마스커스의 성 요한에 의해 채택된다. 물론 이들은 그의 주장들이 교묘하게 숨기고 있었던 오리게네스주의적 맥락은 거부했다.

칼케돈파와 단일본성론파를 화해시키려는 자신의 시도를 교회로 하여금 공식적으로 승인하도록 만들기 위해 유스티니아노스 황제가 소집했던 콘스탄티노플 제5차 세계 공의회(553)는 '키릴로스를 지지하는 칼케돈파'의 승리였다. 이 공의회는 몹수에스티아의 테오도르스, 에데스의 이바스, 씨로스의 떼오도레토스의 글들을 지칭하는 『3장』(The Three Chapters)에 대한 유스티니아노스의 정죄 선언을 승인하였다. 테오도르스는 이단으로 또 네스토리오스의 스승으로 그 사람 전체가 정죄되었지만, 이바스와 테오도레토스는 칼케돈 공의회가 공식적으로 그들의 신앙을 정통이라고 인정한 선례를 따라서 단지 키릴로스에 반대한 그들의 글만 정죄되었을 뿐 사람 자체가 정죄되지는 않았다. 이렇게 해서 칼케돈 세계 공의회의 권위는 공식적으로 승인되고 보존되었지만 공의회 결정에 대한 '엄격한 두 본성 지지자들'의 해석은 배척되었다. 공의회는 그리스도 안에 주체의 단일성이 존재한다는 것을 다시 한 번 확고하고 주장했고(파문 2, 3, 4, 5) "삼위일체 하느님의 한 분이 육체 안에서 고통 받으셨다"는 하느님 수난론 정식을 확립했다.(파문 10) 이 결정은 이어서 유스티니아노스 황제 자신이 지은 것으로 알려진 '하느님의 독생자'(monogenès hyios)[1]라는 성가를 통해 전례 때마다 불려졌다. 한편, 파문 13항은 네스토리오스에 반대한 키릴로스의 『12장』을 형식적으로 동의했다. 반면 파문 8항은 "육화하신 하나의 본성"이라는 키릴로스의 표현을 사용하는 사람들에게 이 때의 '본성'(nature, physis)은 '위격'(hypostasis)를 나타낸다고 분명히 못 박았다. 이렇게 단일본성론자들은 정교회와 다시 결합하는데 있어서 키릴로스 신학 모두를 거부하도록 요구받은 것은 아니었으며, 단지 칼케돈 공의회가 네스토리오스파를 지지한 공의회가 아니었다는 것을 받아들이기만 하면 됐다. 그러나 553년 이집트와 시리아에서는 불행하게도 분열의 골이 이미 너무나 깊었고 그래서 콘스탄티노플 공의회의 결정은 실천적으로 어떤 효과도 가져오지 못했다. 그러나 이 결정은 이전 공의회의 결정을 잘못 이해했던 '갈라진' 형제들에게, 장차 재결합을 시도할 때 필수적으로 요구되는 전제조건과 또 이미 이전의 한 공의회에서 결정된 신앙의 조항들을 새롭게 정식화한 의미 있는 선례를 제시한다.

553년 콘스탄티노플 제5차 세계 공의회는 오리게네스와 에바그리오스에 대한 일련의 파문을 채택했다. 최근 발견된 에바그리오스의 『영지에 관하여』(Chapitres Gnostiques)가 간행됨으로써 이 결정들이 오리게네스의 것으로 귀속된 존재하지도 않았던 이단 사상들이 아니라 당시 그리스도론 논쟁과 직접적으로 관계되었던

---

[1] 한국 정교회 전례에서는 "하느님의 말씀이시며 영생하시는 독생자시여"로 시작한다.

적극적인 에바그리오스 지지 그룹을 향한 것이었음을 이해할 수 있도록 도와주었다. 이러한 정죄에도 불구하고 오리게네스, 에바그리오스, 비잔티움의 레온티오스로 이어지는 신학 사상의 몇몇 요소들은 후대의 신학과 영성의 발전에 계속해서 영향을 주었다.

그러므로 553년의 오리게네스주의에 대한 정죄는 창조, 인간 중심의 우주관, 조화로운 영-육 단일체로서의 인간, 궁극적 목표 즉 종말(eschaton)을 향해 단선적으로 정향된 역사, 모든 형이상학적 필연으로부터 자유로운 살아계신 인격적 하느님 등에 대해 성서적 관점을 채택한 동방 그리스도교 신학에서 하나의 결정적인 단계였다.

그럼에도 553년의 결정은 그리스도론 논쟁에 종지부를 찍지 못했다. 사실, 에베소 공의회, 칼케돈 공의회, 제2차 콘스탄티노플 공의회 각각의 규정은 비록 몇몇 문제를 해결하기는 했지만 또한 새로운 문제를 야기하곤 했다. 단일본성론파와의 분열은 제국의 정치적 부담이었고 또 당시 페르시아의 조로아스터교와 좀 뒤이어 발흥한 이슬람교에 동시에 맞서야만 했던 동방 교회에 심각한 위협으로 남아있게 된다. 553년 키릴로스의 정통 신앙에 대한 재확인은 키릴로스 사상 안에는 두 단계가 존재한다는 점에서 계속 문제가 되었다. 하나는 『12장』에서 보이듯 네스토리오스에 반대하여 그리스도의 통일성을 선언한 것이요, 다른 하나는 그의 나중의 태도인데, 이것은 안티오키아 신학자들이 왜 불만을 가지게 되었는지 이해할 수 있게 해준다. 430년, 키릴로스는 그리스도의 행위 안에서 신적인 것과 인간적인 것을 구별하는 것은 절대 가능하지 않다고 보았다. 하지만 433년 안티오키아의 요한에게 보낸 편지에서 그는 이와 같은 구별을 불가피한 것으로 인정했다.

칼케돈 공의회 이후 단일본성론자들은 일반적으로 '초기의 키릴로스'을 '후기의 키릴로스'보다 선호했다. 단일본성론파의 대 신학자였던 세베로스는 그리스도의 존재 안에서 이중적 본성을 인정했지만 그것은 '상상으로만' 그러했을 뿐 '실제적으로는' 오직 하나의 본성 혹은 존재가 있었을 뿐이라고 주장했다. 이 입장은 세베로스가 "행위자도 하나이고 행위도 하나이다"[2]라고 말한 것처럼 곧바로 '단일에너지론'(monoenergism)으로 인도되었다. 그러나 단일본성론자들은 용어 사용의 문제로 인해 그리스도 안에 '하나의 의지'(one will)만 있다고 말하기를 꺼렸다. 이 용어는 네스토리오스의 주장과 연결될 소지가 있었기 때문이다. 안티오키아의 그리스도론에서는 두 본성이 하나의 공통된 '의지' 안에서 연합된다고 말할 수 있었다.

헤라클리오스 황제(610-641)의 페르시아 원정은 다시 한 번 비잔틴 정부를 단일본성론자들 특별히 아르메니아와의 일치 정책으로 기울게 했다. 헤라클리오스의 친구이자 신학 자문이었던 총대주교 세르기오스(610-638)는 일치를 위한 하나의 표현 방식을 알고 있었는데, 만일 '두 본성'(two natures)이 '하나의 에너지'(one energy)와 '하나의 의지'(one will) 안에 연합되었다고 말한다면 단일본성론

---

[2] J. Lebon, *Le Monophysisme sévérien ; étude historique, littéraire et théologique sur la résistance monophysite au Concile de Chalcédoine jusqu'à la constitution de l'Eglise jacobite* (Louvain, 1909), pp. 445-446.

자들도 '두 본성'에 관한 칼케돈의 표현 방식을 받아들일 것이라는 생각이었다. 이 해결책은 아르메니아와 이집트에서 약간 성공했고 지역적 일치를 이루었다. 그러나 단일에너지론(monoenergism)과 단일의지론(monotheletism)은 예루살렘의 총대주교 성 소프로니오스와 고백자 성 막시모스를 선두로 하는 몇몇 칼케돈파의 격렬한 반대에 부딪쳤다. 실제로 평범한 수도사에 불과했던 막시모스는 한 동안 제국에서 정통 신앙을 지켜낸 유일한 사람이었을 정도로, 헤라클리오스와 그의 계승자들이 보내준 대대적인 지지에도 불구하고 단일의지론은 680년 콘스탄티노플 제5차 세계 공의회에 의해 결국 정죄되었다. 6차 세계 공의회는 그리스도의 각각의 본성은 그 특징을 온전하게 보존하기에 그리스도 안에는 '두 에너지'(two energys)와 '두 의지'(two wills), 즉 신적인 에너지와 의지, 인간적인 에너지와 의지가 다 있다는 칼케돈의 선언을 재확인했다. 지적인 차원에서 보면, 이 시기는 여러 면에서 비잔틴 신학의 진정한 아버지라고 할 만한 고백자 성 막시모스에 의해 지배되었다. 사실 우리는 그의 신학 체계 안에서, 한편으로는 오리게네스적인 창조 이론에 대한 그리스도교 창조론의 반격과, 다른 한편으로는 키릴로스의 구원론과 칼케돈의 그리스도론에 기초를 두는, 그리스도교 영적 삶의 진정한 토대로서의 '신화(神化, deification) 교리'를 발견한다.

막시모스는 원하지도 또 그럴 기회도 없었기 때문에 자신의 사상에 대한 체계적인 분석을 내놓지 않았다. 그의 글은 나지안조스의 그레고리오스와 아레오파고의 위(僞) 디오니시오스의 모호한 구절에 대한 주석을 다소 무질서하게 모아놓은 『모호한 문제에 대하여』(Ambigua), 탈라시오스의 질문에 대한 대답을 모아 놓은 『질문과 대답』, 영적 혹은 신학적 질문에 대한 짧막한 글을 모아 놓은 여러 종류의 『단편집』(Chapitres), 그리고 단일의지론을 반박하는 몇몇 논쟁적인 글로 구성되어 있다. 그러나 우리는 그의 『흩어진 부분들』(Membra disjecta)에서 단일의지론 논쟁과는 별개로 형성된, 하나의 전체로서의 신앙에 대한 일관된 관점을 발견할 수 있다. 단일의지론을 반대한 막시모스의 입장은 더욱 강화된다. 그의 입장은 스스로 자신의 입장을 밝혀야만 했었고 결국은 고문과 순교의 길로 나아갈 수밖에 없었던 외적이고 역사적 환경보다 더욱 깊은 곳에 그 뿌리를 두고 있었기 때문이다.

오리게네스의 체계 안에서 부동성(immobility)은 참된 존재의 본질적인 특징 중의 하나로, 하느님뿐만 아니라 하느님의 의지에 부합한 상태로 존재하는 피조물에게도 나타난다. 다양성과 운동은 타락으로부터 나온다. 반대로 막시모스에게는 '운동'(movement)이나 '행위'(action)는 자연의 근본적인 특성이다. 각각의 피조물은 "만물이 그를 통해 나오는" 영원하고 신적인 로고스(eternal and divine Logos)를 반영하는 자신만의 고유한 의미와 목적을 가진다. 각 피조물의 이 로고스(logos, 의미와 목적)는 하나의 고정된 요소가 아니라 각 피조물이 성취하도록 부름 받은 영원한 목표요 목적으로 피조물에게 주어졌다.

막시모스는 모든 자연적 본질은 고유한 에너지(energy) 혹은 실존적 현현을 가진다는 아리스토텔레스의 개념을 사용한다. 카파도키아 교부들은 동일한 원리를 세 위격의 하느님에 관한 교리에 적용했다. 특별히 니싸의 성 그레고리오스는 '삼신론'(tritheism)이라는 비난에 맞서 스스로를 이렇게 방어했다. 즉 세 위격은 세 하느님이 아니다. 하느님에게 단 '하나의 에너지'만 존재한다는 사실에서 명백하게 도출되듯이, 세 위격은 단 '하나의 본질'을 가지기 때문이다. 우리는 이미 카파도키아 교부들의 사상 속에는 에너지 개념이 본질(physis) 개념과 결부되어 있음을 보았다. 막시모스는 이렇게, 에너지가 위격 즉 인격 혹은 행위자를 반영하고 따라서 그리스도는 단 하나의 에너지를 가진다는 단일의지론자들의 주장을 반박하기 위해 전통에 호소했다.

막시모스의 사상에서 인간은 모든 피조물 중 전적으로 예외적인 위치를 점유한다. 인간은 자신 안에 하나의 '로고스'를 지닐 뿐만 아니라 그에 더하여 신적 로고스의 '형상'(image)이기도 하다. 인간 본질의 목적은 '하느님과의 닮음'(similitude with God)을 얻는 것이다. 피조 세계 전체에서 인간은 만물을 하느님 안에서 통일시켜 분리, 분열, 해체, 죽음과 같은 악한 힘들을 정복해 나가야 할 임무를 갖는다. 하느님에 의해 확립된, 인간의 본성과 운동과 에너지와 의지는, 자신을 피조 세계로부터 고립시키지 않고 오히려 그 피조 세계를 본래의 상태로 복귀시키는 가운데, 하느님과의 친교 혹은 신화(deification)를 향하도록 정향되었다.

우리는 이제 어째서 막시모스가 단일에너지론이나 단일의지론이 그리스도의 충만한 인성에 관한 칼케돈 공의회의 신앙 선언을 배반하는 것이라고 그렇게 굳게 확신했는지 그 이유를 알 수 있다. 진정한 인간 본질의 의지나 운동이 없는 곳에는 진정한 인성도 존재할 수 없다.

하지만, 만일 인간 의지가 본질의 운동과 다르지 않다면, 인간의 자유는 어디에 있는가? 그리고 인간의 타락과 하느님에 대한 반역은 어떻게 설명될 수 있는가? 오리게네스가 중시했던 이 문제에 대해 막시모스는 하나의 새로운 대답을 제공한다. 이미 니싸의 성 그레고리오스에게 참된 자유는 독립적인 인간의 삶 안에 있는 것이 아니라, 인간에게 진정으로 본질적인 하나의 상황 즉 하느님과의 친교 안에서 발견된다. 하느님에게서 떨어져 있을 때, 인간은 자신의 정념과 자기 자신과 사탄에 종속된 존재가 된다. 막시모스에 따르면 인간은 하느님 안에서의 삶, 즉 하느님과의 협력과 친교 안에서만 참으로 드러나는 자신의 본성적 의지를 따를 때 비로소 자유롭다. 그럼에도 인간은 또한 본성이 아니라 각 인격 혹은 위격에 의해 결정될 또 다른 가능성을 소유한다. 즉 선택하고, 반역하고, 본질에 반하여 행위하고, 자기 자신을 파괴할 자유를 가진다. 아담과 이브는 이 인격적 자유를 사용했고, 타락 이후에는 하느님으로부터, 참된 앎으로부터, 본성에 따른 실존이 누릴 안전보장으로부터 벗어난 상황 속에서 이 자유가 행사되었다. 이 선택의 자유는 항상 주저함, 방황, 고통을 포함한다. 그것은 본성이 아니라 위격적 혹은 개인적 생명의 기능인 '선택적 의지'(gnomic will, *gnômè*, 지식이 아닌 '의견'을 뜻함)이기 때문이다.

그리스도 안에서 인간 본성은 온전히 그 자체로 머물면서 로고스(Logos)의 위격에 연합되었으며, 선택적 의지에서 비롯된 죄로부터 자유롭다. 인간 본성이 로고스(Logos)의 위격 안에 결합되었기에(en-hypostasized), 그리스도의 인성은 완전한 인성이다. 동정녀의 태 안에 잉태된 때로부터 시작된 신비스런 과정 속에서 예수 그리스도는 자연적 성장, 무지, 고통, 심지어 죽음에 이르기까지 그가 구원하러 온 타락한 인성의 모든 고유한 경험들을 통과했다. 예수 안에는 본성적 의지와 선택적 의지 사이에 아무런 모순도 존재할 수 없다. 위격적 연합을 통해서 예수의 인간적 의지는 항상 신적인 의지에 부합하였고 그로 인해 인간 본성의 본성적 운동을 완전케 했다.

막시모스의 신화 교리는 하느님과의 교제가 인성을 약화시키거나 파괴하는 것이 아니라 오히려 그것을 진정 인간적인 것으로 만들어준다는 교부들의 기본적인 주장에 기초하고 있다. 그리스도 안에서의 위격적 연합은 '속성들의 교류'(perichôrèsis tôn idiômatôn)을 함축한다. 신성과 인성의 특징은 "서로의 친교 안에서"(칼케돈 정식) 그 자신을 표현하고, 인간적 행위 혹은 에너지는 하느님 자신을 하나의 인격적 주체로 가진다. 그러므로 비록 탄생과 죽음이 순전히 인간적인 현실임에도 불구하고, "하느님께서 태어나셨다", "마리아는 '테오토코스'(Theotokos, 하느님을 낳으신 분)이다", "로고스가 십자가에 달리셨다"라고 말할 수 있다. 그러나 또한 불멸이나 영광과 같이 본질적으로 하느님에게만 속하는 특성을 획득했기에, 인간은 죽음의 왕국에서 건져지고 성부의 오른편에 앉는다고 말할 수 있고 또 말해야 한다. 로고스와의 위격적 연합을 통해 신화된 그리스도의 인성으로 말미암아, 그리스도의 몸인 교회의 모든 구성원도 교회 안에서 역사하시는 성령의 은총을 통해 '신화'(神化)에 이를 수 있게 된다.

막시모스의 그리스도론의 핵심적 요소들은 비잔틴 사상과 영성에 철학적인 틀과 전문 용어들을 제공해 주었다. 이러한 요소들은 카파도키아 교부들의 삼위일체 교리와 더불어 장차 비잔틴에서 교리 개론서로 사용될 다마스커스의 성 요한의 『정교 신앙에 대하여』에 사용되었다. 또한 그것은 중세 동방에서 분출할 대부분의 교리 논쟁에서 판단의 척도로서의 권위를 누리게 되었다.

이콘파괴론에 할애될 다음 장에서 우리는 그리스도론 문제가 간접적인 방식으로 8, 9세기에 재등장했다는 사실을 보게 될 것이다. 그후에도 특별히 콤네노스 시대에 그 논쟁은 매우 특수한 방식으로 또 다양한 계기를 통해서 재개되었고, 『시노디콘』(Synodikon)은 이 주제와 관련된 공의회의 결정들을 포함시켰다.

1087년 경, 아르메니아파와의 신학적 논쟁에 참여한 닐로스라는 이름의 한 수도사는 그리스도의 인성이 단지 "입양을 통해"(by adoption, thesei) 하느님과 연합되었다고 주장해서 정죄되었다.[3] 아르메니아 단성론파는 물론 "본성에 따른"(by nature, physei) 연합이라는 개념을 견지했다. 그들에 반대하여 닐로스는 "위격

---

3) Anne Comnena, *Alexiade,* X, 1 ; ed. B. Leib (Paris, 1943) 2, 187-188 ; *Synodikon,* éd. J. Gouillard, *Travaux et mémoires* (Paris : PUF, 1967), pp. 202-206. 비잔틴의 여러 신학적 사조와 아르메니아 바울로파의 이원론과의 관련성에 대해서는 다음을 참고하라. N. G. Gersoyan, "Byzantine Heresy : A Reinterpretation", *Dumbarton Oaks Papers* 25 (1971), pp. 87-113.

적"(hypostatic) 연합이라는 정통 교리를 명백하게 약화시켰고 그래서 네스토리오스파와 한 목소리를 낸 것처럼 되었다. 1117년 콘스탄티노플 시노드(주교회의)는 니케아의 대주교 에프스트라티오스를 정죄했는데, 그 또한 아르메니아파와의 논쟁에 참여하긴 했지만 닐로스와는 달리 몹수에스티아의 테오도르스가 사용했던 것과 아주 유사한 용어로 정통 그리스도론을 표현하고자 했었다. 그리스도에 의해 수용된 인성은 신성과 구별될 뿐만 아니라 또한 그것에 "종속된" 것이었다. 인성은 '예배'하고 '정화'되며, 바로 그런 점에 있어서 하느님께는 적당하지 않은 대제사장이라는 인간적 칭호가 따라붙는다. 에프스트라티오스의 견해를 정죄하면서 시노드는 『3장』의 그리스도론을 표적으로 삼은 5차 세계 공의회의 결정들을 되풀이했다.[4]

에프스트라티오스를 반박하는, 공의회의 키릴로스 경향의 결정들은 이번에는 감사의 성찬 희생 제사의 의미를 둘러싼 새로운 그리스도론 논쟁들로 이어졌다. 막 안티오키아의 총대주교로 선출된 보제 소테리코스 판테브게노스는 희생제사가 성 삼위 하느님께 드려지는 것일 수 없다고 주장했다. 그것은 동일한 그리스도가 제사를 드리는 인간의 행위와 제사를 받는 신적인 행위라는 서로 모순되는 두 가지 행위를 수행하는 것이 되기 때문이라는 것이다. 이것은 네스토리오스의 주장처럼 두 본성을 분리하고 각각의

---

4) 참고. P. Joannou, "Der Nominalismus und die menschliche Psychologie Christi : das Semeima gegen Eustratios von Nikaia (1117)", *Byzantinische Zeitschrift* 47 (1954), pp.374-368.

본성에 고유한 두 위격을 설정하는 것을 의미했다. 12세기의 중요한 비잔틴 신학자, 메똔느의 니콜라스는 비잔티움의 레온티오스와 막시모스의 위격 개념을 발전시킴으로써 소테리코스에게 답했다. '위격적 연합'이라는 개념이야말로 하느님이 본질로는 하느님으로 계시고 제사를 받으시지만, 동시에 제사를 바치는 행위 안에서는 인간적인 방식으로 행동하신다는 것을 이해할 수 있게 해주는 것이었다. 니콜라스는 알렉산드리아의 성 키릴로스의 것임이 거의 확실할 뿐만 아니라 성 대 바실리오스와 성 요한 크리소스토모스에게 각각 기원을 둔 두 비잔틴 전례에 공통으로 나타나는 헤루빔 기도(the prayer of the Cheroubikon)의 다음과 같은 결론으로 소테리코스에 맞섰다.

> "그리스도 우리 하느님이시여, 이 예물을 봉헌하시는 이도 주님이시오, 봉헌되시는 이도 주님이시며, 예물을 받으시는 이도, 우리에게 나누어 주는 이도 한 주님이기 때문이로소이다."

니콜라스의 관점은 1156-1157년 공의회에 의해 채택되었으며, 성찬 예배와 그리스도의 사역은 하나의 '교환'으로 이해된 희생 제사라는 법률적 개념으로 축소될 수 없음을 보여준다. 하느님은 그 어떤 것이라도 우리에게서 받으실 필요가 없다.

> "우리가 봉헌 드리기 위해 그 분께 가는 것이 아니다. 반대로 그 분께서 그 분의 긍휼 안에서 우리에게로 오시며, 화해의 조건으로서가 아니라 육체를 통해 공공연하게 우리와 만나

기 위해서 우리의 인간적 본성을 수용하셨다."5)

1157년 메똔느의 니콜라스가 선언한 "육체를 통한 직접적인 만남"은 1170년 은밀한 단일본성론자로 고발된 케르키라의 콘스탄티노스와 그의 친구 요한 이레니코스가 정죄됨으로써 더욱 힘을 얻게 되었다. 이들은 "아버지께서는 나보다 훌륭하신 분이니"라는 요한복음 14장 28절 말씀을 그리스도의 신성과 인성을 구별하는 데 적용하길 거부했다. 그들에게는 이 본문이 성 삼위 하느님의 위격적 특성들과 관계된 것이었다. 왜냐하면 그들은, 원칙적으로 아버지는 아들보다 '훌륭'하며, 553년 공의회에 따르자면 그리스도의 인성은 단지 "우리 마음 안에서만"(in our mind) 그 신성과 구별될 뿐, 신화되어 완전하게 신성과 하나가 되었다고 보았기 때문이다. 그러므로 그리스도의 인성은 어떤 방식으로든 신성보다 '더 작은' 것일 수 없다. 이러한 관점들을 거부하면서 1170년의 공의회는 다시 한 번 실제적이고 능동적이며 "창조되고 묘사될 수 있으며 죽을 수도 있는" 하나의 인성과 위격적인 방식으로 연합되었다고 이해된 그리스도의 신성이라는 칼케돈 공의회와 2차 콘스탄티노플 공의회의 결정들을 확언한다. 그러한 인성과 관련해서 볼 때, 신성은 의심할 것도 없이 더 '훌륭하다'.

실제로, 12세기의 아주 미묘한 그리스도론적 논쟁들은 5, 6, 7세기에 격파된 주요한 모든 논쟁거리를 다시 다루었다. 비잔틴 교회는, 조오지 플로로프스키가 언젠가 그리스도 안에서 하느님과

---

5) Nicolas de Methone, *Treatise Against Soterichos*, ed. A. Demetrakopoulos, *Bibliotheke Ekklesiastike* (repr. Hildesheim : Olms, 1965), pp.337-338.

인간의 '비대칭적 연합'(asymmetrical union)이라고 불렸던 것에 근본적으로 충실했다. 생명의 위격적 원천, 그 목표와 표본은 여전히 신적인 것인 반면, 인간은 이 연합에 의해 약화되거나 흡수되지 않고 반대로 이 연합 안에서 다시 한 번 더욱 충만하게 인간적이게 된다. 이것은 감사의 성찬 희생제사 안에서 표현되며, 이 성찬 희생제사 안에서는 그리스도의 어떤 행위도 고립적으로 표현되지 않으며 '교환'(exchange)이나 '만족'(satisfaction)과 같은 순전히 인간적인 개념으로 환원되지 않는 단 하나의 행위이다. 『시노디콘』이 '정교 승리 주일'(the Sunday of Orthodoxy)에 매년 그것을 선언하듯이, 그리스도는 "경륜의 신비 전체"(the whole mystery of the economy)를 통해서 그 자신과 우리를 화해시켰고, 또 그 자신을 통해, 그 자신 안에서 우리를 그분의 하느님 아버지와 거룩하고 생명을 주시는 성령과 화해시켰다."[6]

---

6) *Fifth Anathema Against Soterichos*, ed. J. Gouillard, p. 75.

3장

이콘파괴론 위기

주로 비잔틴 신학 세계 안에서 일어났던 오랜 이콘파괴론 논쟁은, 5-7세기까지 동방 그리스도교 세계를 분열시켰던 그리스도론 논쟁과 긴밀하게 결부되어 있었다.

1. 이콘파괴 운동의 출현

이콘파괴 운동은 8, 9세기 황제들에 의해 시작되고 지지되었다. 그들의 정책 속에는 신학적 문제가 마치 신학적이지 않은 것처럼 섞여있었다. 당시의 자료들과 현대의 역사적 연구들은 그 속에서 세 가지의 중요한 요소를 끌어낼 수 있게 해준다.

A. 종교 문화의 문제

그리스어권 그리스도인들은 이교적이었던 과거로부터 잘 발전된 종교적 형상물들을 유산으로 물려받았다. 초기부터 이것들은 교회에 의해 우상숭배로 정죄되었다. 하지만 그것들은 3차원적 예술로서는 거의 완전하게 사라져 버렸지만 2차원적인 예술로는 그리스도교적인 새로운 해석을 거치면서 지속되었다. 특별히 시리아와 아르메니아와 같은 다른 동방 그리스도인들은 형상을 이용해야할 만큼 과거 문화에 의해 강제되지는 않았다. 이콘파괴론을 비호했던 황제들이 아르메니아나 이사브리아(Isauria, 터어키 남부지역) 출신이었다는 점은 이 점과 관련하여 암시가 된다.

비그리스어권 동방 세계는 전통적으로 종교적 표상에 별 흥미가 없었을 뿐만 아니라 8세기에 이르러 대부분 단일본성론파가 되었다. 앞으로도 살펴보겠지만, 단일본성론은 이콘파괴론에 분명하게 혹은 암묵적인 방식으로 신학적 논거의 자료들을 제공해주게 된다.

B. 이슬람과의 충돌

팔레스타인, 시리아, 이집트가 아랍에 정복된 후, 비잔틴 제국은 끊임없이 군사적으로 이데올로기적으로 이슬람에 맞서야 했다. 각각 비잔틴 황제와 아랍의 칼리프로 대표되는 그리스도교와 이슬람교는 세계적인 종교를 자처했다. 이슬람교는 군사적 행동을 동반한 심리전에서 자신을 아브라함의 하느님이 주신 마지막 계시요 따라서 가장 높고 순전한 계시로 내세웠다. 이슬람교는 삼위일체 교리와 이콘 사용 등을 이유로 그리스도교를 다신교와 우상숭배로 비난했다. 동방 출신의 황제들은 8세기에 이 우상숭배 고발에 반응했다. 그들은 이슬람교의 도전에 더욱 잘 응전하기 위해서 그리스도교를 정화시키기로 결심했다. 이렇게 이콘파괴 운동은 이슬람교의 영향을 받았지만 그 영향은 이슬람과의 차가운 우위 경쟁의 한 차원이었지 의식적인 모방은 아니었다.

C. 헬레네 영성주의(Spiritualism)의 유산

레온 3세(717-741)와 콘스탄티노스 5세(741-775) 황제에 의해 시작된 논쟁은 처음에는 위에서 언급된 것처럼 신학적이지 않는 요소들에 의해 결정되었던 것으로 보인다.

그러나 이콘파괴론자들은 이미 정죄된 단일본성론이나 이국의 문화적 영향에 직접적으로 연관되지 않은 논거들을 그리스도교 전통 그 자체 안에서 어렵지 않게 찾아냈다. 초기 그리스도교로까지 소급될 수 있는 하나의 이콘파괴적 경향이 나중에 오리게네스주의와 결합되었다. 초기 변증론자들은 유대교인처럼 하느님을 어떤 식으로든 표상하지 말라는 구약성서의 금지계명을 문자 그대로 받아들였다. 하지만 신플라톤주의는, 그리스도교와의 논쟁에서, 그리스 이교의 우상을 중요하게 다루지 않았고, 또 형상을 신성 그 자체의 임재가 아니라 신적 원형에 접근할 수 있도록 해주는 한 수단으로 이해하는 관계 이론을 발전시켰다. 그들은 종교적 차원에서 그리스도교의 열등성을 보여주는데 이 논거를 사용했다. 그래서 신플라톤주의자 포르피리오스는 다음과 같이 쓸 수 있었다.

"어떤 헬레네 사람들은 신이 우상들 안에 살아있다고 믿을 만큼 소박하기는 하지만 그럼에도 그들의 사상은 신성이 동정녀 마리아의 태 안에 들어가서 태아가 되었고 탄생하여 옷가지, 피, 양막, 담즙, 또 그 이상의 불결한 것들로 뒤범벅되었다고 믿는 자들보다는 순수하다."[1]

신플라톤주의자 포르피리오스는 하느님의 역사적인 성육화를 믿으면서 동시에 이콘파괴론을 주장하는 것은 가능하지 않다고 여겼다. 반대로 역사적 예수는 분명히 사람이 볼 수도 그릴 수도 있어야했다. 실제로, 그리스도교의 이콘 전통은 3세기부터 꽃을 피웠다. 그렇지만 오리게네스주의자들 사이에서는, 하느님에 의해 창조된 물질계는 그 참된 현실을 지성계에서 찾아야 하고 그 자체로는 영속적이지 않다고 생각하는 플라톤주의적 영성주의로 인해 이콘파괴론적 경향이 강하게 남아있었다. 콘스탄티노스 황제의 누이인 콘스탄티아가 예루살렘에 가서 케사리아의 유세비오스에게 그리스도의 형상을 요구했을 때, 그녀는 로고스에 의해 예수 그리스도 안에 수용된 '종의 형상'은 참된 현실에 속하지 않으며 따라서 예수의 물질적 형상을 찾는 것은 참된 종교에 적합하지 않다는 주교의 대답을 들어야 했다. 즉 그리스도께서 영광을 받으신 후에는 오직 '영적으로만' 그를 볼 수 있다는 것이다.[2] 이콘파괴론을 지지한 레온 3세 황제의 신학 자문관들은 에브세비오스의 견해

---

1) Porphyry, *Against the Christians,* frag. 77, ed. A. Harnack, in AbhBerlAk (1916), p.63.
2) 에브세비오스의 편지 in Nicephorus, *Contra Eusebium,* ed. J. B. Pitra, *Spicilegium Solesmense* (Paris, 1852 ; repr. Graz, 1962), 1, pp. 383-386.

를 공유했던 오리게네스주의자들이었던 것 같다. 이렇게 동방과 이슬람의 이콘파괴론과는 철학적 관점에서 매우 다른, 전적으로 그리스적 기원을 가지는 이 이론은 이콘파괴 운동의 성공에 크게 기여하였다.

2. 이콘파괴론 신학

코프로니모스 콘스탄티노스 5세(741-775) 치하 이전에는 어떤 이콘파괴론 신학도 글로 기록되지 않았던 것 같다. 콘스탄티노스 5세 황제는 이콘 공경을 공격하는 신학적인 글들을 간행했고, 세계 공의회를 자처하는 하나의 공의회(754)를 이에리아(Hieria)에 소집했다. 이 공의회 의사록은 이콘파괴론을 공식적으로 반박 거부했던 니케아 제7차 세계 공의회(787) 보고서 안에 보존되었다. 콘스탄티노스 황제는 자신의 입장을 정당화하기 위해 이전의 6차에 걸친 세계 공의회의 권위에 호소했다. 그에게 이콘파괴론은 새로운 교리가 아니라 이전에 있었던 그리스도론 논쟁의 논리적 귀결이었다. 이에리아 공의회에 따르면 그리스도의 형상을 담은 그림은 신성과 분리하여 인성만을 그렸던지 아니면 인성과 신성을 모두 그렸던지 둘 중의 하나여야 했다. 전자의 경우 그것은 네스토리오스주의이고, 후자의 경우는 신성이 인성에 의해 제한되었다는 어리석은 주장이거나 그 둘이 서로 융합되어버렸다는 단일본

성론적 주장을 지지하는 것이 된다.³⁾

이 논증들은 힘이 있었고 그 시대 사람들을 동요시켰다. 그러나 그들은 "각각의 본질은 자신의 특성을 보존한다"는 칼케돈의 확신에 대답할 수 없었다. 이콘파괴론자들은, 비록 형식적으로는 단일본성론을 버리기는 했으나, 그리스도의 인성의 신화는 인성의 인간적이고 개인적인 특징들을 제거해 버린다고 생각했다. 그들은 또한 '본성'(nature)과 '위격'(hypostasis) 사이의 실제적인 구별을 내포하고 있는 위격적 연합(hypostatic union)의 진정한 의미를 알지 못했던 것으로 보인다. 로고스의 위격에 의해 수용된 인간 본성은 신성과 혼동되지 않았고 오히려 그 전체적인 정체성을 보존했다.

'형상'(image)에 대한 관념은 이콘파괴론 입장의 또 다른 측면을 구성한다. 그들은 형상을 그 원형과 동일하거나 혹은 '동일본질'이라고 생각했다. 결과적으로 하나의 물질적 형상은 이 동일성을 절대로 구현할 수 없고 그래서 언제나 부적절한 것이었다. 그들이 인정하고자 했던 그리스도의 진정 유일한 '형상'은 성사적인 것이었다. 위(僞) 디오니시오스에게서 끌어온 개념인 그리스도의 '형상'(image)과 '상징'(symbol)으로서의 성찬이 바로 그것이다.⁴⁾

---

3) Mansi, XIII, col. 252AB, 256AB.
4) *Ibid.*, col. 261D-264C. Pseudo-Dionysius, *Celestial Hierarchy*, PG 3, 125A.를 참고하라.

3. 형상에 관한 정교 신학 :
   다마스커스의 성 요한과 7차 세계 공의회

7세기 말부터 비잔티움에서 논란이 되었던 것으로 보이는 형상 문제는 트룰로 공의회(Council in Trullo)의 규범 82항에 등장했다. 이 본문의 중요성은 종교적 표상의 문제를 그리스도론적 맥락 안에 위치시켰다는 점에 있다.

> "공경스런 형상들을 표상한 몇몇 작품은 손가락으로 어린양을 가리키고 있는 선구자(세례 요한)를 보여준다. 이러한 표상은 은총의 상징으로 채택되었는데, 그것은 율법이 우리에게 계시해준 우리의 하느님 그리스도를 참된 어린양으로 표상하는 숨겨진 형상이었다. 오래전부터 있어온 이런 형상들과 그림자들이 지금까지는 교회에 전해진 진리의 상징들로 수용되어 왔지만, 오늘날 우리는 율법의 완성인 은총과 진리 그 자체를 선호한다. 그래서 우리는 그림을 통하여 완전한 것을 모든 사람의 눈에 보여주고자 할 때, 이제부터는 우리 하느님 그리스도를 옛날처럼 양의 모습이 아니라 인간의 모습으로 표상해야 한다고 결정한다."[5]

트룰로 공의회의 교부들에게, 그리스도의 형상은 역사적 성육화에 대한 신앙 고백을 내포하며 이 성육화는 어린양이라는 상징적 형상으로는 적절하게 표현될 수 없는 것이기에 '인간의 모습'으

---

[5] Mansi, XI, col. 977-980.

로 된 예수의 표상을 필요로 한다.

레온 3세 황제가 이콘에 반대하는 칙령들을 반포하기 전에, 게르마노스 1세(715-730) 콘스탄티노플 총대주교는 동일한 그리스도론적 논증으로 당시 궁정에서 일어나고 있던 이콘파괴론에 반대했다.

> "우리 주님 예수 그리스도께서 육신으로 사셨고 고통받으셨으며 우리의 구원을 위해 돌아가셨고 그로부터 세상이 구원받았음을 영원히 기억하기 위해, 우리는 그 분을 인간의 모습 즉 그의 가시적 현현을 표상하는 전통을 이어받았고, 그를 통해 우리는 말씀이신 하느님의 겸손을 찬양하고자 한다."[6]

게르마노스는 이렇게 비잔티움에서 이콘파괴론에 맞서 정교 신앙을 증언한 첫 번째 사람이었다. 황제가 압력을 가하여 노쇠한 총대주교를 강제로 사임시키자, 형상의 수호는 외롭고도 지리적으로 멀리 떨어져 있었던 다마스커스의 성 요한의 목소리를 통해서 계속되었다.

아랍 정복자들이 중동지역의 그리스도인 거주지에 부여한 상대적인 안전 속에서 살면서 저술활동을 한, 팔레스타인 성 사바스 수도원의 이 겸허한 수도사는 형상을 수호하기 위해 쓴 세 편의 유명한 글을 통해서 비잔틴 세계의 정교 주장들을 하나로 체계화하는데 성공했다. 첫 번째 글은 그리스도론적 논증에 대한 재확인으로부터 시작한다. "나는 보이지 않는 분, 하느님을 표상한다. 그

---

6) Germanus I, *De haeresibus et synodis*, PG 98, 80A.

것은 하느님이 보이지 않는 분으로서가 아니라 혈과 육으로 우리의 눈앞에 나타나셨기 때문이다."[7] 다마스커스의 요한은, 하느님이 인간이 되심으로써 하느님과 가시적 세상과의 관계에서 발생하게 된 변화를 강조한다. 자신의 의지로 하느님은 물질적 실존을 수용하심으로써 보이게 되셨고, 이 물질에 새로운 기능과 존엄을 부여하셨다. 요한은 이렇게 기록했다.

> "옛적에 하느님은 육체도 형체도 없었기 때문에 어떤 방식으로도 표상될 수 없었다. 그러나 오늘날, 하느님이 육체 안에 나타나셔서 사람들 가운데 사셨기 때문에, 나는 하느님의 보이는 것(to horaton tou theou)을 표상할 수 있다. 내가 공경하는 것은 물질이 아니다. 나를 사랑하셔서 물질이 되셨고, 육체 안의 생명을 수용하셨으며, 물질을 통하여 나의 구원을 완성하신, 물질의 창조주를 나는 공경한다."[8]

이 중심적인 논증에 더하여, 요한은 또한 이차적이고 결정적이지 않은 주제들, 예를 들어 구약이 전적으로 이콘파괴적이지는 않으며, 반대로 특히 성전 제의에서는 그리스도인에게 그리스도의 예형으로 해석되고 있는 다양한 형상들이 사용됐다는 사실을 부각시킨다. 또한 그는 이콘파괴론자들이 "형상은 하느님이다"라고 함으로써 형상과 원형을 동일시하는 우를 범했다고 비판했다. 이 점에서만큼은 비록 이콘파괴론자들도 그들을 인용하기 했지만, 신플라톤주의자들과 오리게네스주의자들도 정교편이었다. 즉, 오

---

7) John of Damascus, *Or.* I ; PG 94, 1236C.
8) *Ibid.,* PG 94, 1245A.

직 아들과 성령만이 아버지의 "본질적 형상"(natural images)이며 그래서 아버지와 동일본질이고 그 외의 나머지 것들은 본질적으로 그 원형과는 다르며 따라서 "우상"이 아니라는 것이다.

형상의 본질에 대한 이러한 논쟁은 787년 두 번째로 니케아에서 열린 제7차 세계 공의회에서 형상 공경 예식에 관하여 채택된 아주 중요한 결정의 기초가 되었다. 형상 혹은 이콘은 신적 원형과 구별되며 따라서 오직 상대적인 '공경'(relative veneration, *proskynesis*)과 '존경'(honor, *time*)의 대상이 될 뿐 오직 하느님께만 적용되는 예배(worship, *latreia*)의 대상은 아니다.[9] 세계 공의회의 이 권위 있는 주장은, 종종 비잔틴 그리스도교의 특징으로 잘못 간주되고 있는 '이콘에 대한 예배'를 명확하게 배제하고 있다.

이점에서 아주 오래된 오해가 부분적으로는 번역의 어려움 때문에 발생했다. 이미 이 공의회를 거부한 프랑크 왕국의 샤를만뉴는 공의회 의사록을 인용한 그의 책 『카롤랑의 서』(*Libri Carolini*)에서 그리스어 단어 '프로스키네시스'(*proskynesis*)를 라틴어 단어 '아도라치오'(*adoratio*)로 번역해 놓았다. 나중에 토마스 아퀴나스는 니케아 제7차 세계 공의회를 받아들이면서 형상에 대한 '상대적인 흠숭'(relative adoration)을 인정하기도 했다. 이것은 그리스 사람들이 라틴 사람들을 우상숭배자로 비판하는 계기가 되었다.[10] 이콘에 대한 '공경'에 있어서 아주 정확한 용어를 확립했던 니케아 제7차 세계 공의회는 이에리아 공의회가 이콘파괴론을 지지하면

---

9) Mansi, XIII, col. 377D.
10) Mansi, XXXII, col. 103. 15세기 말로 소급되는 반(反)라틴적 논쟁 본문.

서 제기한 그리스도론적 논증들에 대해서는 논의하지 않았다. 이 에리아 공의회의 그리스도론적 논증들을 반박하고 게르마노스와 다마스커스의 성 요한의 아주 일반적인 그리스도론적인 주장들을 발전시키는 과제는, 레온 5세(813-820)와 미카엘 2세(820-829)와 떼오필로스(829-842)의 치세로 이어지는 2차 이콘파괴 운동 시기의 주요한 두 신학자, 스투디오스 수도원 원장 성 테오도르스와 총대주교 성 니케포로스의 몫이 되었다.

4. 형상들에 대한 정교 신학 : 스투디오스 수도원의 성 테오도르스와 총대주교 성 니케포로스

스투디오스 수도원의 테오도르스(759-826)는 동방 그리스도교 수도원 운동의 주된 개혁자 중 하나였다. 789년 그는 당시 쇠퇴하고 있던 콘스탄티노플의 스투디오스(*Studios*, 창립자의 이름) 수도원의 수도원장이었다. 테오도르스의 지도하에 수도원 공동체는 수백 명의 수도사를 헤아리는 수도의 중심적인 수도원으로 빠르게 성장했다. 최종적인 형태의 스투디오스 규칙(*hypotypôsis*)은 테오도르스의 제자들이 만들었지만 그것은 그의 수도원 생활 원칙들을 적용 발전시킨 것이었고, 비잔티움과 슬라브 세계의 주요 공주(共住) 수도원의 모범이 되었다. 테오도르스 자신은 수도사들에 대한 두 개의 '교리입문서'(Catecheses, 『소교리입문서』과 『대교리입문서』)의 저자이기도 한데, 그 속에서 그는 수도원장에의 순종, 전례 생활, 쉼 없는 노동, 개인적 가난 등에 기초한 수도원 사상을 발전시켰다. 성 대 파코미오스와 성 대 바실리오스의 규칙으로부터 뽑아낸 그 원칙들은 은둔 전통 혹은 '헤지카스트'(hesychast) 전통과는 완전히 다른 것이었다. 비잔틴 그리스도교의 발전에 미친 테오도로스의 영향은 성가체계에 대한 그의 공헌으로도 표현된다. 『트리오디온』(Triodion, 『사순절 예식서』), 『파라클리티키』 혹은 『옥토이코스』(Parakletike 혹은 Oktoechos, 『8조 예식서』)의 수많은 금욕적 성가 구절들이 그와 그의 제자들의 것이라고 한다. 다음 장에서 우리는 교회와 국가가 충돌했을 때 그가 어떤 역할을 했는지에 대해 언급할 것이다. 동시대인들에게 보낸 편지들과 이콘파괴론자들에 대항한 세편의 『변증론』(Antirrhetics)과 다수의 소논문들에서 테오도로스는 '형상 수호'에 적극적으로 참여했다.

위에서 살펴보았듯이, 이콘파괴론에 맞선 정교신학자들의 주된 논증은 그리스도의 인성이 실재한다는 것이었다. 그러므로 이 논쟁은 다시 한 번 비잔틴 신학자들로 하여금 안티오키아 신학자들이 칼케돈 공의회의 그리스도론에 공헌했던 점들을 확인하는 계기가 되었다. 그것은 다행스럽게도 신약성서의 역사적 사실로 복귀하는 것이었다. 유스티니아노스 황제 시대 이래로, 그리스도의 인성은 '새 아담' 그리스도에 의해 수용된 '인간 본성'으로 표현되었다. 플라톤주의적이라고도 할 수 있는, 인성에 대한 이런 일반적 관점은 개별적이고 구체적이며 역사적 인간이었던 예수 그리스도의 형상을 정당화하기에는 불충분했다. 네스토리오스주의에 대한 두려움은 많은 비잔틴 신학자들로 하여금 그리스도 안에서 한 인간을 발견하는데 적지 않은 어려움을 제공했다. 그들에게는 '한 인간'은 개별적인 인간 의식을 포함하며, 그것은 하나의 분리된 인간 위격(hypostasis)을 암묵적으로 인정하는 것을 의미하는 것이었기 때문이다. 테오도로스는 이콘파괴론에 반대하는 글에서 부분적으로는 아리스토텔레스의 범주에 호소함으로써 이 어려움에서 벗어났다. 그는 이렇게 기록했다.

> "분명히 그리스도는 단순히 '한 인간'은 아니었다. 그리스도가 '사람 중의 어떤 한 개인'(ton tina anthrôpôn)을 수용했다고 말하는 것도 더 이상 정통이 아니다. 그는 전체, 본성 전체를 수용했다. 그러나 이 전체 본성은 한 개인 속에서 관상되었다. 그렇지 않다면, 우리가 어떻게 그 인간 본질을 볼 수 있겠는가? 또 어떻게 그 본성을 가시적이고 묘사할 수 있는 것으로 만들어주며 … 그 본성으로 하여금 먹고 마실 수 있도록 할 수 있었겠는가?"[11]

테오도로스에게 인성은 "베드로나 바울로로만 존재한다." 다시 말해 구체적인 인간 안에서만 존재하며 예수는 그 중 하나였다. 반대의 경우라면 예수의 상처에 손가락을 대었던 토마스의 경험은 불가능했다.[12] 이콘파괴론자들은 신성과 인성의 연합을 이유로 그리스도는 묘사할 수 없으며 그에 대한 어떤 형상도 가능하지 않고 주장했다. 하지만 테오도로스는 말한다.

---

11) Theodore the Studite, *Antirrhetic* 1, PG 99, 332D-333A.
12) *Ibid.*, III, PG 99, 396C-397A.

"예언자 이사야는 그를 '아들'(칠십인 역에는 *arsen*)이라고 묘사했고 오직 몸의 형태만이 남자와 여자로 구별할 수 있음에도 불구하고 그리스도가 묘사될 수 없다면 그는 단지 무형의 그리스도였을 것이다."[13]

인간으로서의 그리스도가 한 개인이었다는 입장은 다시 한 번 위격적 연합의 문제를 제기했다. 왜냐하면 칼케돈 공의회의 그리스도론에서 그리스도의 단 하나의 위격(혹은 인격)은 로고스의 위격이었기 때문이다. 따라서 위격이란 개념은 인간적 특성이나 신적인 특성과 동일시될 수 없으며 인간 의식과 동일한 것도 아니라는 점은 분명하다. 위격은 동시에 신적이기도 하고 인간적이기도 한 인격적 개인적 존재의 최종적인 근원이다.

테오도로스에게 형상은 위격에 대한 것일 수밖에 없다. 본질에 대한 형상은 생각도 할 수 없는 것이기 때문이다.[14] 그리스도의 이콘에 적히는 유일한 표시는 구약의 신성사문자(*tetragrammaton*)인 '야훼'(YHWH)의 그리스 번역어인 "스스로 존재하는 자"(He who is, *ho ôn*)로서, 그것은 인격적 하느님(Personal God)을 표현하는 용어이지, 성 삼위 하느님의 '신성'(divinity)이나 '왕권'(Kingship)과 같이 표상될 수 없는 용어들은 아니다.[15] 비잔티움의 고전적 이콘기법이 늘 충실하게 지켜왔던 이 원리는, 그리스도 이콘이 테오도로스에게는 '인간 예수'만이 아니라 '육화하신 로고스'의 형상이라는 점

---

13) *Ibid.*, 409C.
14) *Ibid.*, 405A.
15) Theodore the Studite, *Letter to Naucratius*, II, 67, PG 99, 1296AB. 또한 *Antirrh.*, III, PG 99, 420D.

을 보여준다. 왜냐하면 로고스는 묘사 가능성과 같은 인간의 모든 특성들을 수용했고, 그의 이콘은 이 수용의 영원한 증거이며, 그리스도교의 복된 소식은 이렇게 해서 그 충만한 의미를 획득하기 때문이다.

이콘을 가능케 해주는 그리스도의 인성은 하느님과의 교제 안에서 회복되고, '특성들의 교류'로 인해 신화되었으며, 그래서 다시 한 번 하느님의 형상을 충만하게 소유한 '새로운 인성'이다. 이것이 바로 예술이라는 형태로 이콘이 표현하고자 했던 것이다. 그래서 이콘 작가들은 거의 성사적인 기능을 부여받았다. 테오도로스는 그리스도교 예술가들을 자신의 형상에 따라 인간을 창조하신 하느님 자신에 비유한다.

> "하느님이 자신의 모양과 형상에 따라 사람을 지었다는 사실은 이콘 작업이 하나의 신적인 행위임을 보여준다."[16]

태초에 하느님은 사람을 그의 형상에 따라 창조하셨다. 그리스도의 이콘을 그리면서, 이콘 작가 또한 참으로 그리스도의 신화된 인성인 '하느님의 형상'을 만든다.

콘스탄티노플의 총대주교였던 성 니케포로스(806-815)는 상황, 기질, 성격에 있어서 테오도로스와는 반대였다. 그는 타라시오스와 포티오스처럼 아주 탁월한 사회적 경력을 거친 후 교회의 최고 자리에 오른 비잔틴 총대주교들의 계열에 속해 있다. 총대주교

---

16) *Antirrh.*, III, PG 99, 420A.

로서 그는 '경륜적 자비'(oikonomia)의 정책을 펼쳤고 콘스탄티노스 6세의 '간통' 결혼식을 주재했던 요셉 사제를 복권시켰다. 그 때문에 그는 테오도로스와 수도원의 열심가들과 격렬하게 대립하고 충돌하지 않으면 안 되었다. 815년 레온 5세에 의해 이콘 수호자라는 이유로 파면된 니케포로스는 815년의 이콘파괴론 공의회에 대한 『반박』(Refutation), 『변증론』(Antirrhetics), 『대변증론』(Long Apology), 이콘파괴론자들이 주로 의존했던 교부들이었던 『유세비오스와 에뻬파니오스을 반박하며』(Against Eusebius and Epiphanius)을 저술한 후 828년 사망했다.

성 니케포로스의 사상은 이렇게 에브세비오스가 콘스탄티아(Constantia)에게 보낸 편지에서 언급했던 오리게네스적 개념과 반대되었다. 그들에게 인성의 신화는 곧 물질에서 탈피하는 것이고 순전히 지적인 현존 형태로 흡수되는 것을 함축하는 것이었다. 총대주교는 끊임없이 신약성서가 증거하는 것처럼 예수가 피곤, 배고픔, 목마름 등 다른 사람들과 똑같은 것을 느끼고 경험했다는 것을 강조했다.[17] 니케포로스는 그 동안 여러 가지 이유로 동방 신학에는 친숙하지 못했던 방식을 통해 성서의 관련 구절과 위격적 연합을 조화시킴으로써 예수의 '무지' 문제를 다루었다. 에바그리오스의 오리게네스주의에서는, 무지가 죄의 상태의 동시적 외연이거나 혹은 죄 자체인 것으로 간주되었다. 타락 이전에 창조된 지성의 원 상태는 '신적 영지'(divine gnosis)의 상태였다. 예수는 타락하지 않은 지성이었고, 따라서 탁월하고도 필연적으로 '하느님

---

17) Nicephorus, *Antirrh.* I, PG 100, 272B.

에 대한 지식'과 여타 형태의 보다 낮은 영지를 가지고 있었다. 유스티니아노스 시대의 저자들과 고백자 성 막시모스, 다마스커스의 성 요한은, 위격적 연합을 이유로 또 일정정도는 잠재된 에바그리오스주의의 영향으로, 그리스도에게서 무지의 가능성을 완전히 부정했다.

그들은 예수의 무지와 관련된 복음서의 구절들을 실제적인 무지의 표현이 아니라 예수 자신이 하나의 단순한 사람이었음을 보여주고자 하는 목자의 배려이며 따라서 그것은 예수의 '경륜적 자비'(oikonomia)의 한 예일 뿐이라고 해석했다. 위격적 연합이 '속성의 교류'를 통하여 신적 지식을 인간 본성에 제공해 주었기에 예수는 모든 무지를 제거할 수 있게 되었음을 인정하면서도, 니케포로스는 여기서 전통과 반대되는 입장에 서있다. 그는 하느님의 경륜은 사실상 그리스도가 무지를 비롯한 인간 실존의 모든 측면을 수용하게 한다고 주장했다.

> "그는 인간으로서 자발적으로 행동했고, 열망했고, 무지했고, 또 고통 받았다."[18]

로고스가 육화함으로써 구원하려고 수용한 인성은 하나의 추상적이고 이상적인 인성이 아니라 타락 이후 역사 안에 존재해 온 구체적인 인성이었다는 것이다.

> "그는 죄로 인해 타락한 우리의 육체와는 다른 어떤 것을 가지지 않았다. 그는 그 육체를 수용할 때 그것을 변모시키지 않

---

18) *Ibid.*, 328BD.

앗다. 반대로 그는 비록 죄는 없을지라도 우리와 동일한 본성을 가졌고, 이 본성으로 인해 그는 죄와 죽음의 심판을 받았다."[19]

그러므로 이 충만한 인성은 묘사 가능성을 함축했다. 사실 그리스도가 묘사될 수 없다면, 그와 동일한 본성을 가졌던 그의 어머니도 역시 마찬가지였을 것이다. 니케포로스는 이렇게 썼다.

"어머니에게 지나친 영예를 돌리는 것은 오히려 그녀를 영예롭지 못하게 하는 것이 된다. 왜냐하면 본성에 있어서 로고스에 속하는 것이 은총으로 그를 낳으신 분에게 귀속되어야 한다면, 우리는 또한 부패하지 않고 불멸하며 정념이 없는 특성을 그녀에게도 귀속시켜야만 할 것이기 때문이다."[20]

동일한 논리가 성찬에도 적용된다. 우리는 이콘파괴론자들이 성찬을 그리스도의 유일하게 가능한 형상 혹은 상징으로 간주한다는 것을 보았다. 니케포로스를 비롯하여 형상을 수호하고자 했던 모든 정교인에게는 이러한 주장이 받아들여질 수 없었다. 왜냐하면 그들에게 성찬은 하나의 '형상'이 아니라 실제로 그리스도의 '혈과 육'이었기 때문이다. 형상은 '보이려고' 만들어진다. 하지만 성찬은 근본적으로 먹어야할 '음식'이다. 동정녀 마리아가 '하느님을 낳으신 분'(테오토코스, *Theotokos*)이 되면서도 여전히 인성을 전적으로 보존하고 있는 것처럼, 성찬 빵과 포도주도 그리스도 안에 수용되지만 이 세상과의 관련성을 잃어버리지 않는다. 니케포로

---

19) Nicephorus, *Contra Eusebium*, ed. Pitra, SpicSol, 1, 401.
20) *Antirrh.*, PG 100, 268B.

스는 이렇게 쓴다.

> "우리는 사제의 기도와 성령의 임재로 그리스도의 혈과 육이 신비롭고도 비가시적으로 현존하며 그 혈과 육이 우리를 구원해주는 음식이 된다고 고백한다. 하지만 그것이 음식이 된다 해서 몸이 몸 아닌 다른 어떤 것이 되는 것이 아니라 늘 몸으로 머물러 있고 또 몸으로 보존된다."[21]

그리스도의 인성의 진정성을 주장하면서, 니케포로스는 종종 키릴로스의 고전적인 그리스도론과 거리를 두기도 했다. "로고스가 수난을 겪었다, 혹은 육체가 기적을 만들어냈다. 우리는 각각 고유한 것을 각 본성에 귀속시켜야 한다"[22]는 주장을 받아들이길 거부함으로써 그는 '하느님 수난설'(theophaschism)을 피해갔다. 그는 또한 속성의 교류도 단지 '말' 조작이라고 함으로써 그 가치를 축소했다.[23] 분명 스투디오스의 테오도로스는 니케포로스보다는 네스토리오스주의에 빠질 위험이 적었던 것처럼 보인다. 어쨌든 그리스도의 인성을 재확인하고 그래서 그것을 묘사할 수 있는 가능성을 수호해야할 필요성은 비잔틴 신학자들로 하여금 칼케돈 공의회 신앙에 대한 충실성을 보여주면서도 안티오키아 전통의 요소를 다시 부여잡도록 인도했다.

---

21) *Ibid.*, 440, 447.
22) *Ibid.*, 252B.
23) *Ibid.*, 317B.

5. 이 문제의 영향

이콘파괴론 논쟁은 비잔티움의 지적 삶에 오래도록 영향을 미쳤다. 우리는 그중에서 특별히 신학 사상에 영향을 미친 네 가지 중요한 측면을 주목하고자 한다.

A. 7세기 헤라클리오스 황제의 대(對) 페르시아 전쟁 이후로 비잔티움은 과거의 로마 문화로부터 떨어져 나와 점차 동방을 향하게 되었다. 우리가 이콘파괴론의 기원과 특징에서 숙고해보았던 이슬람교와의 대규모 충돌은 이러한 경향을 더욱 강화시켰다. 교리적으로 비잔틴 황제들과 충돌하고 있었기에 그들의 보호를 받을 수 없었던 로마 교황들은 프랑크족으로 방향을 돌렸고, 이렇게 해서 그 운명은 태동 중이었던 중세 라틴과 연결되었다. 분열의 사회, 문화, 정치적 결과는 점점 더 분명해졌다. 그리스도교의 두 세계는 서로 다른 언어를 말하기 시작했고, 신학 사상 체계 또한 과거보다 훨씬 다양한 흐름들을 따랐다.

이러한 동향은 특별히 테오필로스 치세 동안 아랍 세계와의 일종의 문화적 상호침투로 표현되었지만, 그것이 비잔틴 그리스도교와 이슬람이 서로를 잘 이해하고 있었다는 것을 의미하지는 않았다. 충돌은 여전히 아주 적대적이었고 실제적인 대화는 불가능했다. 아랍이 지배하는 팔레스타인에 살았던 다마스커스의 성 요한은 마호메트를 '적그리스도의 선구자'로 취급했다.[24] 『코란』의 두 번째 책을 인용하면서, 그는 이 새로운 종교를 조잡하고 비도덕적인 미신에 지나지 않는다고 소개했다. 나중에도 비잔틴 저작들은 아주 가끔씩만 순전히 논쟁적인 수준 이상으로 올라갔을 뿐이다.

그러나 비잔티움은 수 세기 동안 여전히 그리스도교 세계의 수도로 남아있었다. 문화 영역에서는 서방의 카롤링거 문화를 능가했고, 군사적으로는 이슬람에 강고하게 저항했던 비잔틴 그리스도교는, 슬라브족과 다른 동쪽 나라들의 복음화로 표현되는 세계적인 선교 비전을 보여주었다. 그렇지만 이후의 신학적 발전은 전적으로 그리스적인 틀 안에서 이루어졌다. 비잔티움은 여전히 '콘스탄티노플의 위대한 교회 – 새 로마'라는 명칭을 간직했다. 하지만 그것은 라틴의 경쟁자들과 비잔티움의 슬라브 제자들에게는 오직 '그리스' 교회로만 알려지게 되었다.

B. 니케포로스 총대주교와 같은 교회 권위자와 신학자의 역할이 어떠했든 간에, 이콘파괴론자들에 대한 승리의 실제적인 공은, 황제들에게 저항했던 절대 다수의 비잔틴 수도사들에게로 돌아간다. 특별히 레온 3세와 콘스탄틴 5세를 비롯한 황제들은 그 이전의 어떤 황제보다 분명하게 황제교황주의(caesaropapism)를 주장했다. 이렇게 이콘파괴론 논쟁은 주로 국가와 수도원의 충돌이었고, 이 과정에서 수도원은 세상에 대한 복음의 독자성을 지지하는 예

---

24) John of Damascus, *De Haer*, PG 94, 764A.

언자적 역할을 떠맡았으며, 비타협적이고 완강하게 그 독립성을 지키고자 했다. 동방에서 이 역할이 교회 권위자가 아니라 수도사들의 몫이었다는 것은 논쟁의 핵심이 제도로서의 교회를 수호하는 것이 아니라 영원한 구원의 길로서의 그리스도교 신앙 그 자체의 수호였음을 확실하게 보여준다.

수도사들은 확실히 그 역할을 아주 진지하게 감당했고, 승리 이후에도 그들은, 스투디오스의 테오도로스가 그러했듯이, 그리스도교 신앙을 책임지고 있다는 특별한 책임감을 느꼈다. 신학적 측면에서 그들은 과거에 충실하고자 한 전통을 유지했을 뿐만 아니라 또한 신학 그 자체의 실존적 토대에 대한 감각 또한 잃지 않았다. 그들은 수세기 동안 비잔틴 신학에 결정적인 영향을 끼쳤다.

C. 신학적 관점에서 볼 때, 정교인들과 이콘파괴론자들 사이의 근본적인 문제는 그리스도 이콘 문제였다. 그리스도의 신성에 대한 믿음은 하느님 본성의 묘사불가능성이라는 치명적인 문제와 하느님을 볼 수 있게 해준 성육화(Incarnation)에 대한 입장을 요구했다. 그러므로 그리스도 이콘은 가장 탁월한 이콘이며 그것은 성육화에 대한 신앙 고백을 함축한다.

그럼에도 이콘파괴론자들은 신학적인 이유로 이 이콘에 반대했을 뿐만 아니라 십자가를 제외한 모든 종교 형상의 사용에 반대했다. 그들은 754년 이에리아 공의회가 선언한 바와 같이 '모든 이교주의'에 적대적이었기 때문이다. 그들은 형상에 대한 모든 공경

행위를 우상숭배와 동일시했다. 콘스탄티노스 5세가 형상에 대한 예식과 수도원 전통을 공격함으로써 비잔틴 그리스도교를 정화하려 했던 목표를 이루었다면, 동방 그리스도교의 신심과 기풍의 특징은 전혀 다른 방식으로 발전되어 갔을 것이다. 정교의 승리는 또한 신앙이 명제들, 책들 혹은 개인의 어떤 경험뿐만 아니라 물질에 대한 사람의 능력, 미적인 경험, 거룩한 형상들 앞에서의 몸짓들과 자세 등을 통해서도 표현될 수 있다는 것을 보여주었다. 이것은 하나의 종교 철학과 인간학을 요구했다. 흠숭(adoration, 예배), 전례, 종교심은 사람 전체와 관련되며, 영혼이나 육체의 그 어떤 기능도 무시하지 않고 그 어떤 것도 세속적 영역 안에 남겨두지 않는다.

D. 라틴, 시리아, 이집트, 아르메니아 등 그리스도교의 모든 문화 중에서도 유독 비잔티움에서 예술은 신학과 분리될 수 없는 것이 되었다. 8, 9세기의 논쟁은 성육화의 관점을 통해 예술이 '중립적'인 기능에 만족할 수 없으며, 신앙을 표현할 수 있고 또 그래야 한다는 것을 보여주었다. 이렇게, 그 유형들, 상징적 구성들, 비잔틴 성당의 벽들을 뒤덮고 있는 복잡한 예술 체계 전체, 성화벽(iconostasis) 구성의 고정된 체계 등을 통해서, 이콘은 하느님 인식의 한 표현이요 원천이 되었다. 인간이 되신 하느님이라는 복음, 영화로워지고 신화된 인성이 먼저는 그리스도 안에서 그리고 나중에는 동정녀 마리아와 모든 성인을 통해서 사람들 가운데 현존하게 되었다는 복된 소식, 이 모든 '교회의 거룩한 장식'이 이제 비

잔티움의 그리스도교 예술을 통해 표현되었다. 20세기 초 러시아 철학자였던 에브게니 트루베츠코이는 그것을 "색(色)을 통한 관상"이라고 말한 바 있다.[25]

---

25) E. Troubetskoi, *Umozrenie v Kraskakh* (Moscou, 1915-1916 ; repr. Paris : YMCA Press, 1965) ; trans. *Icons : Theology in Color* (New York : St. Vladimir's Seminary Press, 1973).

4장

수도사들과 인문주의자들

843년, 비잔틴 교회는 이콘파괴론에 대한 '정교의 승리'를 그때까지 그리스도교 세계를 분열시켰던 모든 이단들에 대한 승리로 축하했다. 이를 계기로 한 문서가 작성되었다. 그 유명한 『시노디콘』(Synodikon)이 그것으로, 『시노디콘』은 참 신앙의 승리자들을 기념하고, 이단들을 정죄했으며, 비잔틴 사회가 결정적으로 내부적인 안정에 이르렀다고 선언했다. 하지만 많은 새로운 위기와 충돌이 나타났고 『시노디콘』은 그때마다 새롭게 확대되었다. 역사 현실이 끊임없이 충격을 가했음에도 불구하고, 비잔틴 문명은 역사를 고정시켜버리고 또 제국과 교회를 하느님 계시의 영원하고도 변하지 않는 형식으로 간주하는 경향을 지니게 되었는데, 이러한 경향은 이후 비잔틴 문명의 지속적이고 신화(神話)적인 특징이 되었다. 하지만 9세기, 비잔틴 사회는 사실상 정치적으로만 아니라 지적이고 신학적인 차원에서도 분열되었었다.

이콘파괴론 논쟁 내내 비잔티움은 서방 문화로부터 단절되었고 이슬람의 군사적, 지적 도전에 매우 놀랐다. 787년과 843년에 로마 교회와의 교제가 회복될 즈음, 비잔티움에 적대적이었던 카롤링거 제국의 출현은 구(舊) '로마세계'(orbis romanum)의 회복을 막았다. 게다가 이콘 공경으로의 복귀는 이사브리아(Isauria)를 비롯한 그리스 이외의 동방지역에서 만연했던 문화적 이콘파괴론에 맞선 그리스 전통의 승리를 장식했다. 이렇게 이콘파괴론의 위기로부터 벗어난 비잔틴 교회는 그 어느 때보다도 '그리스적'인 교회가 되었다. 만약 비잔틴 제국이 9, 10세기 마케도니아 왕조의 황제들 치세 아래서 다시 한 번 확장되지 않았다면, 또한 그리스도교 역사의 주요 선교적 사건 중의 하나인 슬라브족의 복음화와 비잔틴 그리스도교의 동 유럽 전체로의 확장이 이루어지지 않았다면, 비잔틴 교회는 아르메니아 교회처럼 순전히 민족적인 교회가 될 뻔했다. 야만족들의 개종 후 교황권이 그들에게로 넘어가게 된 서방의 전개 과정과는 달리, '새 로마'인 콘스탄티노플은 1453년의 몰락 때까지 동방 그리스도교의 유일한 부동의 지적 중심으로 남아있었다. 이 새로운 '로마'는, 황제 미카엘 3세가 교황 니콜라스 1세에게 보낸 편지에서 라틴어를 '야만적'인 '스키티아'의 언어라고 규정했을 만큼, 문화적으로나 지적으로나 매우 '그리스적'이었다.

비잔틴 문명의 헬레네적인 성격은, 고대 '그리스' 정신과 그리스도교 복음의 관계에 대한 문제를 계속 반복해서 신학의 영역에 제기했다. 이 문제가 6, 7, 8세기의 수많은 신학 저작의 기저에 존재했었지만, 유스티니아노스가 이교도 대학을 폐쇄한 이후로는, 한 번도 명백한 방식으로 제기되지는 않았다. 9세기, 마지막 이콘 파괴론 황제였던 테오필로스(829-842)과 함께 시작된 지적 부흥에 영향 받은 비잔틴 학자들은 그 어느 때보다도 고대 이교 저술가들을 공부하기 시작했다. 콘스탄티노플 대학은 이 첫 번째 '르네상스'의 산실이 되었는데, 이 대학은 바르다스 군주에 의해 허가되고 보호되었으며 대(大) 포티오스가 이곳에서 가르쳤기에 더욱 더 유명해졌다. 포티오스, 아레타스, 미카엘 프셀로스와 같은 이들은 백과전서적인 호기심을 자극했고 고대 사본들을 필사하도록 격려했다. 고대 그리스에 대한 우리의 지식은 상당 부분 그들의 작업 덕분에 우리에게 전해졌다. 전체적으로 볼 때, 고대 철학에 대해 그들이 가진 관심은 상당히 학문적인 것이었다. 따라서 그것은 당시 공식적으로 교회 안에서 우세했던 학문적이고 보수적이었던 신학과 쉽게 공존했다. 하지만 11세기 요한 이탈로스가 플라톤주의와 그리스도교를 새롭게 종합하고자 했을 때, 그는 곧바로 교회의 제재를 받았다. 이렇게 비잔틴 인문주의는 서방의 스콜라 정신과 르네상스와는 달리 일관성과 역동성이 부족했다. "아테네와 예루살렘은 양립할 수 없다"는 비잔틴 사람들 사이에 널리 퍼진 확신을 깨기에는 역부족이었던 것이다. 수도원 운동의 대 지도자들은 이 점에서 완고하게 '세상의 지혜와 철학'에 맞서 깨어 있었던 수호자들이었다.

 인문주의자들과 수도사들의 대극성은 지적인 영역에서만이 아니라 교회 정치에서도 나타났다. 수도사들은 이콘파괴론자들, 황궁의 타락한 자들, 정치적 타협들, 나중에는 국가의 지지를 받은 서방 라틴 교회와의 교리적 타협 등에 대해 관용의 태도를 보인 교회의 '현실주의자들'에 대항해 끊임없이 일어섰다. 총대주교 타라시오스(784-806)와 메토디오스(843-847)가 과거 이콘파괴론을 지지했던 자들이 주교좌에 오르는 것을 공식적으로 승인했을 때, 또한 총대주교 타라시오스와 니케포로스가 첫 번째 아내와 이혼한 콘스탄티노스 6세의 재혼을 용서하였을 때, 또 총대주교 이그나티오스가 포티오스에게 총대주교좌를 물려주고 퇴임하도록 강요 받았을 때, 이러한 충돌이 일어났다. 이 모든 충돌은 비록 겉으로는 신학적이지 않았지만, 세상에서의 그리스도교 증언에 관한 문제를 숙고하도록 자극했고, 그를 통해 비잔틴 세계의 교회적, 사회적 윤리에 커다란 영향을 미쳤다.

1. 스투디오스 수도원의 성 테오도로스(759-826)

9세기 콘스탄티노플의 스투디오스 대수도원의 원장이었던 테오도로스는 비잔틴 그리스도교 전체에 결정적인 영향을 미친 엄격파의 모범이자 사상가였다.

앞 장에서 우리는 테오도로스가 칼케돈 공의회 정통 그리스도론의 연장선 위에 형상 신학을 확립하는 데 크게 공헌했다는 점을 언급했다. 그는 수도원의 역사에서도 중요한 역할을 했다. 이콘파괴롭히는자들의 박해로 위협 받았지만, 비잔틴 수도사들은 순교의 특권을 누렸고, 그래서 타협에 노출되어 있는 교회 성직자들보다 정교회 안에서 더 큰 권위를 누렸다. 테오도로스의 엄격한 지도 아래, 수도원은 교회법에 있어서나 도덕적으로나 엄격파의 잘 조직된 성채였다.

테오도로스에게 '수도적 삶'은 정통 그리스도교와 동의어였다. 그는 이렇게 썼다.

> "어떤 사람들은 세상을 등지고 수도사가 되는 전통이 어디서 왔느냐고 묻는다. 그러나 그들의 질문은 '그리스도인이 되는 전통이 어디서 왔느냐?'는 것이나 마찬가지다. 처음으로 사도 전통의 토대를 놓으신 분(그리스도)이 또한 여섯 가지의 성사를 정하셨기 때문이다. 세례를 통한 조명, 성찬 예배, 성령의 기름부음, 사제직 제정, 수도원 전통, 성덕 안에서 잠든 사람들을 위한 성사가 그것이다."[1]

이 인용문에서 중요한 것은 수도원 전통이 교회의 성사 대열에 포함되었다는 것만이 아니라(이 성사 목록은 트렌트 공의회 이후 다른 주장들을 압도해 버린 '7성사론'과 매우 다르다) 수도적 삶이 그리스도교적 완덕과 증언의 핵심적인 형태 중의 하나라는 테오도로스의 생각이다. 포기와 가난, 정결, 순명의 서약을 통하여 이미 주어진 현실로서의 하느님 나라를 온 몸으로 이루어가며 살기 때문에, 수도적 삶은 이미 '천사와 같은 삶'이 된다. 테오도로스에 의하면 수도사들은 교회 전체가 이루고자 하는 것을 보다 충만하고 완벽하게 실현

---

1) Theodore the Studite, *Ep. II, 165,* (to Gregory), PG, 1524B.

시키는 종말론적 공동체를 이룬다. 스투디오스 수도사들은 '세상'의 중심인 제국의 수도 한 가운데서 이 종말론적 삶을 증거했다. 그렇기 때문에 거의 항구적으로 이 '세상'과 또 이 세상이 표상하는 모든 것과의 충돌 속에 있게 되는 것은 너무나도 당연하다. 그들은 잘 조직된 공동체를 구성했다. 그들의 수도원장이었던 테오도로스는 초기 그리스도교 은둔수도자들의 영적 개인주의를 아주 싫어했고, 그래서 스투디오스 수도원을 성 대 바실리오스와 성 대 파코미오스에게서 물려받은 가장 이상적인 공주 수도 전통에 속한 활동적이고 전례적이며 일사불란한 공동체로 세우고자 했다.

테오도로스와 그 제자들에게 "다른 세상(하느님 나라)에 속하는 것"은 그리스도인의 행동이 이 땅에서 필요 없다는 것을 의미하지 않았다. 그와는 정반대로 수도사들은, 자신들이 보여주는 바와 같이, 이 세상이 하느님 나라의 엄격한 기준에 가능한 한 합당한 사회가 되게 하려고 도시의 여러 가지 일에 적극적으로 참여했고 또 참여하라고 설교했다. 수도사들은 이콘을 수호하려 했고 또 그리스도교 신앙을 가진 황제에게 초월적인 복음의 지상명령에 복종하라고 요구했기 때문에 이콘파괴론적 황제들에게 박해를 받았다. 이 황제들에 이어 권좌에 오른 정통 신앙의 황제들은 수도사들의 도덕적 승리를 인정하고 지지해 줄 것을 수도사들로부터 요청받지만 수도사들의 모든 요청을 다 들어주는 것은 매우 어려운 일임을 알아차렸다. 콘스탄티노스 6세(795) 황제의 두 번째 결혼은 총대주교 타라시오스와 니케포로스에 의해 용인되었지만, 테오도로스와 스투디오스 수도사들에게는 '간음 행위'로 간주되었고, 따라서 이 두 진영은 교회의 '경륜적 치리'(oikonomia)의 본질, 즉 교회의 궁극적인 선과 개인의 구원을 위해 교회법을 융통성 있게 적용시키는 범위에 관해 수십 년 동안이나 논쟁을 벌였다. 다음 장에서 더욱 상세하게 살펴보겠지만, 809년 공의회에서 선언된 이 원리는 그 자체로 혹은 적어도 콘스탄티노스 6세의 사태에 적용되는 경우에 있어서 테오도로스의 강력한 반대를 받았다.

> "오직 하느님만이 법에 구속받지 않는다는 점에서 황제가 하느님이던지, 아니면 우리 모두가 완전한 무질서와 폭동 속에 있든지 둘 중 하나이다. 실제로 모든 사람에게 예외 없이 적용되는 법이 존재하지 않는다면, 또 신민에게는 간음한 자나 이단과 교제하는 것을 금지하면서 황제에게는 자신의 욕망을 채우기 위해 간음을 저지르거나 이단을 받아들이는 일이 용인된다면 어떻게 평화가 존재할 수 있겠는가?"[2]

국가에 대한 테오도로스의 태도는 특별히 독창적인 것은 아니다. 그것은 성 대 아타나시오스와 성 요한 크리소스토모스, 고백자 성 막시모스, 다마스커스의 성 요한의 태도였으며, 이후 비잔틴 교회의 대부분의 사람이 가지게 될 태도이기도 했다. 이 태도는 비잔틴 사회가 유스티니아노스 법전 6항에서 언급하고 있는 두 권력의 "조화"와는 거리가 멀었다는 사실을 보여주고 있다. 여기서 수도사들의 행동과 증거는 하느님 나라와 이 "세상"의 조화는 빠루시아(*Parousia*, 그리스도의 재림)에서만 가능한 것임을 입증해주기

---

2) Theodore the Studite, *Ep. I, 36*, (to Euprepianus), PG 99, 1032 CD.

위한 것이었다.

사상적으로 또 실제적인 활동을 통해 테오도로스는 자연스럽게 제국과 교회의 정치 구조를 병행시키는 콘스탄티노스적인 방식으로부터 멀어졌다. 두 구조의 이러한 병행은 니케아 공의회에서 받아들여졌었고 그 대표적인 표현은 콘스탄티노플 주교가 '세계(ecumenical) 총대주교'의 서열에 올라선 것이었다. 테오도로스는 이를 언급하고 있는 교회법전에 형식적으로는 아무런 이의를 제기하지 않았지만 기꺼이 도시의 정치적 중요성보다는 사도적 계승성의 원리를 교회 안에서 권위의 기준으로 삼고자했다. 이콘 파괴 시기 로마 교회가 정통파를 지지한 사실과, 테오도로스가 레온 3세(795-816) 교황, 파스칼 1세(817-824) 교황과 주고받았던 애정 어린 서신들은, 이콘파괴론자이건 혹은 정통파이건 간에 총대주교와 테오도로스를 지속적으로 대립하게 만들었던 일련의 충돌 과정과 대비된다.

그 스스로 여러 차례 밝힌 바 있듯이, 이러한 요소들은 그가 구(舊) 로마의 "사도적 권위"를 얼마나 높이 평가했는지를 잘 설명해 준다. 그는 파스칼 교황에게 "교황은 가톨릭교회가 세워진 신앙의 반석"이라고 말했다. 그는 "당신은 베드로의 권좌에 오르신 베드로입니다."[3]라고 썼다. 비록 이러한 종류의 수많은 구절이 교황권을 옹호하고자 하는 현대의 많은 변호자에 의해 정성스럽게 수집되고 있긴 하지만[4], 그럼에도 로마에 대한 테오도로스의 견해가

---

3) Theodore the Studite, *Ep. II, 12*, PG 99, 11152C.
4) 예를 들어, S. Salaville, "La primauté de saint Pierre et du pape d'après saint

제1차 바티칸 공의회의 견해(교황 무오 교리 등)와 동일하다는 것을 입증하기에는 충분치 않다. 우리는 베드로와 교황을 교회의 지도자라고 말했던 그의 편지들에서 또한 "다섯 개의 머리를 가진 몸으로서의 교회"[5]를 언급하는 구절들을 발견한다. 이 구절들은 "펜타르키"(pentarchy, 수위권을 누리는 다섯) 총대주교들이라는 비잔틴적 개념과 상통한다. 마찬가지로 예루살렘 총대주교에게 보낸 편지에서, 그는 그를 "총대주교들 중의 첫 번째"라고 부른다. 주님께서 고난당하신 지역은 "모든 것 중에 가장 높은 존경"[6]을 요구받기 때문이다.

"이 세상" 것들에 대한, 국가에 대한 독립성만이 이 위대한 스투디오스 수도사 테오도로스의 관심사였다. 로마 교회의 사도성과 실제로는 이에 조금도 뒤지지 않지만 효력의 면에서는 확실히 조금 떨어지는 동방 총대주교좌의 사도성은, 테오도로스가 비잔틴 교회의 권위자나 비잔틴 정부 당국과 싸울 때 주요한 논거를

Théodore Studite (759-826)", *Echos d'Orient* 17 (1914), pp.23-42 ; A. Marin, *Saint Théodore* (Paris : Lecoffre, 1906), p.1. 이 책은 테오도로스를 "비잔티움의 마지막 가톨릭 신학자"라고 부른다. 하지만 교회의 권위에 대한 테오도로스의 실제적인 관점은 오히려 「사켈라리우스 레온(Léon le Sacellarius)에게 보낸 편지」(PG 99, 1417C)에 잘 나타나 있다. 여기서 그는 이렇게 쓰고 있다. "(사도들의) 계승자들은 누구인가? 로마의 권좌에 앉은 사람이 첫 번째이며, 콘스탄티노플 권좌에 앉은 사람이 두 번째이고 그들에 뒤이어 알렉산드리아, 안티오키아, 예루살렘이 뒤따른다. 이것이 바로 교회의 다섯 개의 기본이 되는(pentarchy) 권위이다. 신적인 교리에 관한 결정은 그들에게 속한다."(F. Dvornik, *Byzantium and the Roman Primacy,* (New York : Fordham University Press, 1966, p.101에서 재인용)

5) Theodore the Studite, *Ep. II. 63,* (to Naucratius), PG90, 1281B
6) Theodore the Studite, *Ep. II, 15,* PG 90, 1161AB.

제공해 주었다. 비록 체계적인 방식으로 발전시키지는 않았지만, 교회의 통일성에 대한 그의 견해는 그의 동시대인들, 특별히 총대주교 포티오스의 견해와 근본적으로 다른 것은 아니었다. 앞으로 살펴보게 되겠지만, 포티오스는 사도들 중에서도 베드로에게 부여된 특권적 지위를 언제나 승인할 준비가 되어있었다. 하지만 그는 로마 주교좌의 후계자들의 권위는 그들의 정통 신앙에 의존하는 것이지 주교좌의 권위가 정통 신앙의 토대인 것은 아니라고 생각했다. 스투디오스의 테오도로스는 로마 교회에서 참된 신앙에 대한 최선의 지지를 발견했다. 이와 같이 그는 비잔틴 전통의 최상의 방식 안에서 그의 견해와 희망을 표현했던 것이다.

테오도로스의 글들 속에서는 세속 철학에 대한 수도원의 오래된 반감이 쉽게 발견되지 않는다. 후에 이콘파괴론 총대주교가 될 인문주의자인 문법학자 요한에게 보낸 그의 첫 번째 편지에서 나타나듯이, 테오도로스는 변증론의 연습을 높이 평가하기까지 했다. 인문주의에 반대하는 경향은 다만 9세기 포티오스 총대주교에 반대했던 그의 제자들에게서 더욱 분명해졌다.

2. 포티오스(820-891)

9세기 비잔티움의 정치 사회 종교적인 삶의 지도적인 인물이었던 포티오스 역시, 소위 "비잔틴 인문주의"의 아버지였다. 문학 비평의 아주 독창적이고 중요한 모음집인 그의 유명한 『장서』

(Library)에서 그는 초기 그리스도교 저자들뿐만 아니라 세속 작가들까지 다루었다. 마찬가지로 철학적이고 신학적인 논고들의 모음집인 『암필로키오스에게 주는 답변』(Responses to Amphilocius)에서 포티오스는 세속 학문의 지식과 교부 신학에 얼마나 조예가 깊었는지 잘 보여준다.

이 모든 글에서 포티오스는 한 명의 대학 교수로 머물러 있다. 철학에서 그는 논리학과 변증론에 특히 관심이 많았다. 이것은 그가 플라톤보다는 아리스토텔레스에 훨씬 기울어 있었음을 보여준다. 신학에서 그는 초기의 세계 공의회들과 그 교부들의 견해와 문제의식에 충실했다. 고대 철학에 대한 그의 애정은 결코 그를 오리게네스나 알렉산드리아의 클레멘트와 같은 사람들에 대한 관용으로 이끌지는 않았다. 그는 5차 세계 공의회에서 선언된 오리게네스에 대한 정죄[7]를 조금의 의심도 없이 받아들였고 또한 클레멘트의 주요저작으로 남아있는 『요약』(Hypotyposeis)에는 플라톤주의의 "불경스런 신화"가 포함되어 있음을 알아차렸다.[8] 상세하고도 비판적인 분석과 정확한 주석에서 여실히 드러나는 그의 엄청난 학식은 그가 아니었다면 결코 알 수 없었던 수많은 저자를 우리에게 소개해준다. 포티오스는 5, 6세기의 그리스도론 논쟁에 매우 관심이 많았다. 그는 안티오키아 학파 신학자들의 주석[9]에 상당히 매력을 느꼈지만 유스티니아노스 치세 때 비잔티움에서 압

---

7) Photius, *Library*, codex 8, 18, etc.
8) *Ibid.*, codex 109.
9) Diodore of Tarsus에 대한 그의 긴 글을 참고하라. *Library*, codex 223. 또 Theodoret of Cyrus에 대한 그의 평가를 참고하라. *Ibid.*, codex 46.

도적인 우세를 차지한 칼케돈 공의회의 키릴로스적인 주석에 굳게 서 있었다. 그는 칼케돈 공의회의 중요한 몇몇 교부들을 아주 길고도 귀중한 설명과 함께 소개했다.[10]

다른 신학 논제들에 대해서도 포티오스는 교부들과 공의회의 전통적인 견해와 전적으로 일치한다. 하지만 그는 니싸의 성 그레고리오스의 절대적 아포파틱 신학의 모든 함축적 의미들을 전적으로 수용한 것은 아닌 것으로 보이며, 또한 창조와 관련하여 하느님에 대해 말할 때, 그의 교리는 "순수 행위"(actus purus)라는 스콜라 신학적 개념에 훨씬 가까워 보인다.[11] 그럼에도 이 문제에 대한 그의 정확한 견해를 정리해보기 위해서는 그의 사상 전체에 대한 보다 상세한 분석이 요구된다. 어쨌든 14세기 성 그레고리오스 팔라마스에 반대했던 사상가들은, 팔라마스가 주장하고 또 그 당시 공의회가 지지한 바 있는 '하느님의 본질과 에너지의 현실적인 구별'에 대해 반박할 때 종종 포티오스의 권위에 호소하곤 했다.[12] 게다가 그는 세속 학문을 가르치는데 많은 관심이 있었고, 또 '경륜적 치리'(oikonomia)를 너무 폭넓게 받아들였다는 사실 때문에 살아있는 동안에는 수도사들에게 그리 인기가 좋지 않았다.

포티오스는 역사와 전통의 발전에 대한 탁월한 감각을 가지고

---

10) 참고. Eulogius of Alexandria에 대한 codex들, 182, 208, 225-227, 이것은 사실상 이 저자에 대한 상세하고 전문적인 논문이다. Ephrem of Antioch에 대해서는 *Library,* codex 228를 참고하라.
11) "하느님은 에너지로서만이 아니라 본질로서 우주 안에 존재한다", *Amphil.,75* ; PG 101, 465BC.
12) Akindynos, *Against Palamas*, in codex Monacensis graecus, 223 foll, 283^v, 293^v, 298^v, 305^v, 311^v etc.

있었고, 그것을 통해 명실상부하게 그의 동시대인은 물론이고 일반적으로 중세 전반을 지배했다.『장서』의 각 요소들이 이를 잘 증언한다. 그래서 포티오스는 디오니시오스 저작들의 진정성을 주장한 사제 테오도로스의 책을 분석하면서 이에 반대되는 논거들로 세밀한 대조표를 만들면서 "저자는 이 반론들을 반박하려 노력했지만 단지 '그의 생각에만' 디오니시오스의 책이 진정한 것일 뿐"[13]이라고 간단하게 결론지었다. 비록 포티오스가 다른 경우에는 이 진정성을 받아들이기도 하지만 우리가 인용한 구절은 그의 지적 정직성을 분명히 보여준다. 그는 어떻게 디오니시오스가 "교회 안에서 점진적으로 형성되었고 또 오랜 세월에 걸쳐 발전해 온 전통들"[14]에 대해 예지적으로 말할 수 있었겠는지 그 방법을 설명하는 것은 불가능하다는 것을 정직하게 인정했다.

전통의 발전에 대한 승인, 교회 관습이나 규범의 다양성이 가능하고도 정당하다는 인식은 로마 교회와 교황 니콜라스 1세에 대한 포티오스의 태도에서 매우 중요한 역할을 한다. 포티오스는 6일 만에 평신도에서 총대주교의 자리까지 올라갔는데, 이런 일은 서방 전통에서는 금지되었지만 동방에서는 결코 공식적으로 거부된 적이 없었다. 그런데 이에 대해 교황이 비판하자 그는 이렇게 썼다. "모든 사람은 세계 공의회에서 함께 내린 결정을 수호해야만 한다. 하지만 교회의 어떤 교부의 특별한 견해나 어떤 지역 공의회의 이러저러한 결정은 몇몇에 의해서만 공유될 뿐 다른 사람

---

13) *Library*, codex 1.
14) *Ibid*.

들에게는 모르는 일일 수 있다. … " 포티오스는 여기서 사제가 수염을 기르는 관습, 토요일에 금식하는 전통, 사제의 독신 전통 등을 예로 들고 있다. 그는 계속해서 말한다. "신앙이 훼손되지 않을 때, 공통되고 보편적인 결정들은 수호된다. 하지만 지성적인 사람이라면, 다른 사람의 관습과 규칙을 존중하면서 그와는 다른 관습과 규칙을 지킨다하여 잘못된 것이 아니며 또 그것을 범한다 해서 불법적인 것도 아니라고 생각한다."15)

"공통의 신앙"과 "세계 공의회의 결정"에 대한 그의 애착은 "필리오케"(Filioque) 문제에서 잘 표현된다. 현대 역사적 연구들이 "그는 결코 라틴 사상을 모조리 반대하는 사람은 아니었다"는 것을 잘 보여주는 것처럼, 우리는 오직 그가 이 문제를 아주 진지하게 다루었다는 사실을 염두에 둘 때만 그가 이 논쟁에서 취한 입장을 설명할 수 있다. 그는 866년의 그의 총대주교 회람의 주된 강조점을 '필리오케'에 두었을 뿐만 아니라, 교황 요한 8세와 포티오스에 의해 다시 한 번 교회의 평화가 찾아 온 후에도, 또한 그가 총대주교좌에서 스스로 물러난 후에도, 그는 생애의 마지막에 적지 않은 시간을 『성령에 대한 신비한 가르침』(Mystagogy of the Holy Spirit)를 저술하는데 바쳤다. 이것은, 라틴 사람들이 '니케아-콘스탄티노플 신조'에 삽입한 '필리오케' 문제와 관련하여 그리스에서는 처음으로 행해진 상세한 반박이었다.

『성령에 대한 신비한 가르침』이 보여주듯이, 포티오스는 이미 보편적 합의를 획득한 본문에 나중에 어떤 문구를 첨가한 사실

---

15) *Ep. 2* (to Pope Nicholas), PG 102, 604D-605D.

뿐만 아니라 그 첨가한 문구의 내용에도 관심을 두었다. 그는 이 문제의 교회법적이고 신학적인 측면들을 결코 구별하지 않았으며, 레온 3세와 요한 8세와 같이 이러한 첨가에 반대했던 교황들을 "이중적 발생"(double procession, 성령이 아버지와 아들로부터 발생한다는) 교리에 대한 반대자로 언급하고 있다. 그의 논증의 약점은 그가 라틴 신학의 원저에 접근할 수 없었다는 사실에 있다. 그럼에도 그는 라틴 교부들이 '필리오케'에 호의적이었다는 것을 알고 있었으며 특별히 암브로시우스, 아우구스티누스, 히에로니무스(암브로시우스와 히에로니무스는 필리오케 지지자들로 보기엔 무리가 있을 수 있다) 등을 인용했다. 하지만 그가 그들의 글을 알지 못했다는 것은 분명하다. 라틴 교회의 입장에 대한 그의 반박은 그러므로 오직 구전으로 전해들은 정보에만 의존하고 있다.

이러한 미흡함과 더불어 신랄한 변증론으로 일관한 난해한 스타일에도 불구하고, 『성령에 대한 신비한 가르침』은 라틴 세계의 삼위일체 교리에 대한 비잔티움의 근본적인 반대를 분명히 해주었다. 라틴 세계의 삼위일체 교리는 하느님을 유일한 본질, 철학적으로 말하면 "단순한" 본질로 인식하며, 따라서 하느님의 "휘포스타시스"(위격)로서의 실존은 단지 세 위격 사이의 "상호 관계" 개념으로 축소된다. "동일본질"이라는 사상은 아버지와 아들이 함께 성령의 유일한 기원이어야 하고 또 하느님의 본질은 필연적으로 세 "휘포스타시스"로서의 위격적 실존에 앞서야 함을 요구한다. 하지만 포티오스에게 "아버지는 본질에 있어서만 아니라 또한 위격에 있어서도 (아들과 성령의) 기원이다."[16] 아버지와 아들을 성령의 기원으로 생각함으로써 아버지와 아들의 휘포스타시스로서의 특징을 혼동하는 것은 3세기 양태론 이단 사벨리우스주의 혹은 반(半) 사벨리우스주의에 빠지게 된다. 사벨리우스는 실제로 세 위격을 하나로 혼동했다. 라틴 신학자들은 신성이라는 본질을 아버지와 아들로 제한했고 따라서 성령을 신성으로부터 완전히 배제시키는 위험으로 내달았다.[17]

그러므로 포티오스는 필리오케 논쟁이 삼위일체에 대한 서로 다른 두 인식에 기인한다는 점을 분명하게 보여주었다. 즉 그리스 신학의 삼위일체 이해는 아버지와 아들과 성령이라는 위격적 계시를 출발점으로 삼았던 반면, 라틴 세계의 삼위일체 신학은 아우구스티누스적인 삼위일체 이해를 기반으로 해서 하느님을 내적 관계로서의 세 위격들을 포함하는 '단순 본질'로 이해하는 것이었다.

라틴 교회의 삼위일체론을 반박할 때, 포티오스는 "구원의 경륜"(economy of salvation) 차원에서는 성령이 그리스도의 신화된 인성을 교회와 피조세계 전체와 연결해주는 하나의 끈으로서, 아들을 통하여 세상에 보내졌다는 것을 부정하지 않는다.[18] 이런 의미에서라면 그는 성령이 아들에게서(from the Son) 혹은 아들을 통해(through the Son) 발생했다고 말하는 것을 반대하지 않는다. 포티오

---

16) *Mystagogy of the Holy Spirit,* 15, PG 102, 293A.
17) *Ibid.,* 9, 34, PG 102, 298B, 313BC.
18) *Ibid.,* 94 ; PG 102, 388-389.

스는 결코 서방 그 자체에 적대적이지 않았다. 여러 번에 걸쳐 그는 라틴 교부들과 로마 교회의 권위를 인정했다. 또한 그 당시까지만 해도 필리오케가 첨가된 신조는 로마 교회에서도 채택되지 않은 상태였다. 그는 이전의 세계 공의회에 의해 규정된 유일하고 보편적인 신앙 안에서 동방과 서방이 일치하기만을 간절히 바란다고 주장했으며, 이점에 대해서 우리는 그의 진실성을 의심할 이유가 전혀 없다. 포티오스 이후로 역사는 불행하게도 그리스도교의 이 두 진영을 계속해서 분리시켰다. 그리고 이 두 진영 각각은 포티오스의 너그럽고도 폭넓은 역사 인식을 결여하고 있었다.

3. 미카엘 프셀로스(1018-1078)

포티오스 시대 이후로, 비잔틴 지성들은 더욱 용이하고 완전하게 고대 그리스 철학의 원천들에 접근할 수 있게 되었다. 우리는 미카엘 프셀로스(Michael Psellos)에게서 비잔틴 중세 "르네상스"가 낳은 한 인물을 발견하게 된다.

정확히 말해서 프셀로스가 신학에 기여한 것은 매우 제한적이고 또 간접적이다. 그럼에도 비잔티움의 고전적 세계관 안에서는 종교와 철학이 결코 분리될 수 없었다는 점에서, 프셀로스는 비잔틴 그리스도교 역사의 주요한 표상 중 하나로 언급될 자격이 있다. 그는 이렇게 쓰고 있다.

"비록 하느님께 영광 돌리는 데는 실패하고, 신학에 있어서 믿을 만한 것이 못될지언정, 헬레네의 지혜가 '창조주가 만드신 자연은 잘 알고 있었다'는 점을 인정해야 한다."[19]

고대 현자들이 자연을 아는데 능력이 있었음을 인정하는 것은 피조물을 통해 창조주에 대한 지식을 얻을 수 있다는 자연 신학의 기초를 제공해준다. 이러한 사상적 요소들은 2, 3세기 변증가들에게서 이미 발견되며, 오리게네스와 카파도키아 교부들에 의해 다시 한 번 채택되었다. 하지만 무엇보다도 먼저 교회의 사람이었기에, 그들은 그리스도교를 헬레니즘으로부터 구별시켜주는 차별성을 강조했다. 그들에게 그리스의 지혜는 기껏해야 변증과 선교의 한 도구였을 뿐 그 자체가 목표는 아니었다. 프셀로스 자신도 종종 이러한 양립불가능성을 인정했다. 예를 들어 그는 신적 지성 안에서만이 아니라 그 자체로 존속하는 '이데아 세계'라는 플라톤주의 개념을 반박했다.[20] 이러한 신중함은 그 자신의 신념이라기보다는 교회의 공식적이고 명백한 결정들에 의해 어느 정도 강제된 것이었다. 그가 다음과 같이 썼을 때 그는 훨씬 진실해 보인다. "지식을 얻기 위해 나는 플라톤과 아리스토텔레스의 번민으로 만족한다. 그것들이 나를 낳았고 나를 형성해준다."[21]

사실 당시 교회를 공식적으로 대표하던 집단이 빠져있었던, 상당히 형식에 치우친 신학적 보수주의는, 프셀로스와 같은 이들에

---

19) Michael Psellos, *Address to His Negligent Disciples,* ed. J.F. Boissonade (Nuremberg, 1838 ; repr. Amsterdam : Hakkert, 1964), p. 151.
20) Ed. C. Sathas, *Bibliotheca graeca medii aevi* (Venise, 1872), 5, 442.
21) *Address to His Negligent Disciples,* ed. Boissonade, p.146.

게서 6세기의 신플라톤주의와 거의 유사한 사상이 다시 출현하는 것을 가능하게 만들었다. 그와 그의 동시대인들에게서 신학과 철학의 진정한 만남은 이루어지지 않았다. 프셀로스가 늘 그리스도인이었다는 점은 의심의 여지가 없다. 하지만 우리가 그에게서 어떤 감동적인 추진력을 발견하게 된다면, 그것은 아마도 플라톤주의와 그리스도교를 다시 결합시키는 방향에서이지 그것들을 대립시키는 방향은 아닐 것이다. 그 재결합이 작위적이었다 해도 그것은 그리 중요하지 않았다. 예를 들어, 프셀로스는 『호메로스』에게서 삼위일체 사상 뿐만 아니라 성서에 나오는 천사들과 성인들의 세계를 발견했고 이에 흡족해 했다.[22]

헬레니즘을 복음에 형식적으로 끼워 맞추려 했던 이러한 예는, 우리가 비잔틴 "인문주의"라고 부르는 경향의 한계를 보여준다. 분명히, 이것은 아리스토텔레스의 발견 이후의 서방의 스콜라 신학과, 또 중세 문명이 몰락한 후 이탈리아 르네상스를 탄생시킬 수 있었던 엄격함을 결여하고 있었다. 비록 이 비잔틴 인문주의가 플라톤과 아리스토텔레스에 대해서 서방 세계는 따라올 수 없는 풍부한 지식을 갖추었다 해도, 프셀로스는 여전히 중세 비잔틴 사람으로서 전통에 연결되어 있었고 적어도 형식적으로는 공식적 신학의 굳건한 규범에 충실했던 사람일뿐이었다. 그는 결코 위대한 신학자는 아니었으며 교리에 대한 그의 충성심은 그가 대(大)철학자가 되는 것을 가로막았다. 그의 사상은 근본적으로 절충적이다. 논리학과 자연철학에서는 아리스토텔레스, 형이상학에서는

---

22) B. Tatakis, *La philosophie byzantine,* (Paris : Alcan, 1949), p.199.

플라톤에 충실했던 신플라톤주의의 원리들은 그의 사고방식과 정확히 맞아 떨어졌다. 그는 이렇게 고백했다. "나는 관심 있는 모든 이들의 덕과 가능성을 취합했다. 나의 추론은 다양하다. 그것은 모든 단순한 사상들을 하나로 녹여낸 것이다. 나 자신도 실은 많은 것으로부터 나온 하나이다. 나의 책들을 읽는 사람은 그것들이 하나에서 나온 많은 것임을 발견하게 된다."[23]

표현이나 문체의 특별한 탐구도 이 절충주의를 하나의 창조적이고 독창적인 철학 체계로 변형시키기에는 역부족이었다. 진정한 창조성과 살아있는 사유는 오히려 프셀로스가 비합리적이고 불건강한 신비주의에 감염되었다고 비판했던 집단들 속에서 계속 이어져 나갔다. 그러나 우리는 프셀로스가 당시 그의 동시대인이었던 신(新)신학자 성 시메온(st. Symeon the New Theologian)과 같은 수도원 영성의 참된 대표자들과 접촉한 일이 있었는지 아니면 최소한 그들의 저작이라도 읽어보았는지 자문해 볼 수 있다. 어쨌든 어떠한 경우라도 그가 이 저작들을 잘 이해했으리라고는 생각되지 않는다.

4. 요한 이탈로스의 재판(1076-1077, 1082)

프셀로스의 제자이자 그의 뒤를 이어 대학의 수장이 된 요한

---

23) Michael Psellos, *On the character of Some Writings*, ed. J.K. Boissonade, p.52.

이탈로스("이탈리아 사람"이라는 뜻으로, 그는 아마도 이탈리아-그리스 혼혈이었을 것이다)는 이단 혐의로 재판에 붙여졌다. 고대 철학을 지나치게 남용했고 특별히 세상의 기원과 본질에 관해서 플라톤주의적인 견해를 지지했다는 이유로 그는 정죄되었다. 그에 대한 연이은 두 번의 재판은 843년 이후 처음으로, 매년 정교 주일에 읽히는『시노디콘』(Synodikon)에 짧지 않은 새로운 교리적 구절들이 추가되도록 했다는 점에서 더더욱 중요하다. 이탈로스를 정죄하면서 비잔틴 교회는 다음 세대에 하나의 선례를 만들었다.

출판된 그의 글에서 우리는 고발된 내용을 전부 발견하지는 못한다. 하지만 그가 그러한 내용을 구두로 가르쳤을 가능성을 완전히 배제할 수는 없다. 어쨌든 이 문제에 관한 주교회의(Synode)의 결정은 그것이 교회의 공식적인 태도를 표현한다는 점에서 이탈로스 개인의 문제를 넘어서는 중요성을 띤다.

이탈로스와 관련된『시노디콘』의 11개 정죄문 중 10개의 조항은 순전히 교리적인 것으로 1076-77년에 발표되었다. 마지막 조항은 1082년에 발표되었으며 이탈로스 개인에 대한 정죄이다.[24] 주교회의의 교리적 입장은 두 가지 중요한 주제에 기초해있다.

1. 고대 그리스 철학자들은 그리스도교의 주요 이단들에게 영향을 준 '이단의 뿌리'였다. 그러므로 이단들을 정죄하면서 일곱 번의 세계 공의회는 암묵적으로 이 철학자들을 정죄하였다.(정죄 5항) 실제로 테르툴리아누스 이래로 교부 문헌에서는 종종 모든 이

---

24) J. Gouillard, *Synodikon*, pp.56-60, 188-202.

단에 대한 책임이 철학에 있다고 말해지곤 했다. 그러므로 주교회의의 입장은 비록 그것이 전적으로 새로운 것이 아니지만 11세기에 다시 한 번 그것을 공식적으로 확인했다는 점에서 중세 비잔티움 세계에 엄청난 중요성을 가지는 것이었다. 그럼에도 이 정죄문은 철학자들의 '어리석은 견해'를 채택하는 사람과 단지 교육적인 목적으로 '헬레니즘의 학문'을 추구하는 사람을 구별한다.(정죄 7항) 후자는 자동적으로 오류 안에 있다고 할 수 없다. 주교회의의 이러한 태도는 여러 보수주의 진영의 관점과 맞아떨어진다. 또한 이러한 관점은 플라톤 연구와는 반대로 아리스토텔레스의 『오르가논』(Organon)에 대한 프셀로스 관점에서도 잘 드러난다. 아리스토텔레스는 무엇보다도 '교육적인 목적'에 크게 도움이 되는 논리학과 자연학의 스승으로 간주되었던 반면, 플라톤은 그리스도교와는 양립할 수 없는 형이상학적 견해를 가지고 있다고 판단되었다.

2. 정죄 선언은 이탈로스가 주장한 일련의 플라톤주의적인 주제들을 겨냥했다. 그것은 유스티니아노스와 553년 공의회에 의해 정죄된 바 있는 오리게네스의 주장과 거의 동일한 것이었다. 영혼의 선재(先在)와 이주(移住)에 관한 사상, 몸의 부활에 대한 부정, 물질의 영원성, 스스로 존재하는 이데아의 세계 등이 그 주제들이다.

물론 비잔티움의 학식 있는 사람들은 이탈로스의 정죄 이후에도 계속해서 고대 그리스 저자들을 읽고 필사하고 연구했다. 그러나 '어리석은 생각'을 따르려 했던 그들의 모든 시도는 불가피하게 참된 신앙 앞에서 하나의 범죄행위가 되었다. 1076-1077년의 결정은 확실히, 전통적으로 '헬레니즘'을 혐오해 온 수도사들을 격려하는 것이었지만 '인문주의'의 발전에는 아주 심각한 새로운 장애물이 되었다.

이렇게 언어와 문화에 있어서 그리스적이었던 비잔티움은, 서방에서는 결코 그랬던 적이 없을 만큼, 고대 그리스 철학에 대해 부정적인 입장을 취했다. 서방 세계가 고대 철학에 크나큰 관심을 보이고 그렇게 해서 위대한 스콜라 철학의 시대에 접어들었던 시대의 전야에, 비잔틴 교회는 장엄하게 그리스 사상과 그리스도교 사이의 어떠한 새로운 종합도 거부했고, 그렇게 해서 교부 시대의 입장을 굳게 견지했다. 그것은 서방보다 더욱 그리스적이어야 할 과제를 오히려 서방 세계에 넘겨준 것이었다. 분명하게도 이러한 선택은 신학의 미래뿐만 아니라 동·서방의 관계에도 매우 중요한 결과를 남기게 되었다.

5장

수도원 신학

　이콘파괴론에 대한 정교 신앙의 승리에서 수도사들이 큰 역할을 감당했다는 사실은 비잔티움에서 벌어진 신학 논쟁에도 그들이 깊이 개입하였을 것임을 암시해준다. 비잔틴 수도원들은 이렇게 '영적 완전의 학교'일 뿐만 아니라 신앙과 교회 전체의 운명에 무거운 책임을 진 하나의 주체로 나타난다. "하느님 나라는 이 세상에 속한 것이 아니다."라는 개념에 기초해서 이 세상의 요구와 조금도 타협하려 하지 않았던 수도원의 신학적 태도와 사상적 특수성은 우리가 진정 '수도원 신학'이라고 부를 수 있는 하나의 신학을 창출해냈다. 교회의 공식적이고 형식적인 보수주의와 대조될 뿐만 아니라 세속적 헬레니즘의 전통에도 강력히 맞섰던 이 신학은 비잔틴 사상 전체에 있어서 가장 창조적이고 역동적인 흐름을 대표한다.

수도원 운동이 초기부터 아주 다양한 운동이었다는 것은 잘 알려진 사실이다. 이집트의 성 대 안토니오스의 극단적인 은둔 수도 생활과 성 대 파코미오스 성인의 잘 조직된 공주 수도 생활 사이에는, 동방 세계의 도처에서 실천되고 또 서방에까지 점진적으로 확장된 다양한 중간 형태의 수도 생활이 존재했다. '헤지카스트'(hesychast)라고 불리기도 한 은둔 수도자들과 공주 수도자들 사이에는 자주 경쟁 관계가 조성되었고 때로는 충돌이 발생하기도 했다. 하지만 동방 수도원 운동 전체는, 이 세상과는 '다른 세계'로서의 '하느님 나라'라는 근본적인 개념을 공유하고 있었고 또 어떠한 형태로건 기도가 수도생활의 가장 핵심적이고 영속적인 내용이어야 한다고 확신했다는 점에서 언제나 일치해왔다. 콘스탄티노플의 스투디오스 수도원과 같은 몇몇 중심지는 사회적 활동, 연구, 사본 필사 등 여타의 실천적 작업에 참여함으로써 상대적으로 '활동적인' 모습을 보여주기도 했다. 하지만 그런 경우에도 전례주기에 따라 거행되는 예배는 공동체 생활의 절대적인 중심이었고 수도사의 하루 일과에서 적어도 절반이상을 차지할 만큼 큰 비중을 차지했다.

전체적으로 볼 때, 수도원들은 먼저 비잔틴 사람들에게 '기도의 법'을 가르쳤다. 공주 수도원은 점진적으로 교회 전체에 의해 수용되어 오늘에까지 이르게 되고 따라서 동방 교회에서는 유일한 전례 규범(typikon)이 되어버린 하나의 전례 체계를 발전시켰던 반면, 헤지카스트들은 끊임없이 행해지는 개인적이고도 관상적인 기도의 전통을 창조했다. 두 경우 모두 기도는, 그리스도교적 삶의 목표, 즉 성령을 통해 그리스도의 신화된 인성에 참여함으로써 이루어지는 하느님과의 교제 혹은 신화(神化, deification)에 도달할 수 있게 해주는 하나의 수단으로 인식되었다. 일반적으로 공주 수도사들은 하느님과의 교제의 성사적(sacramental) 혹은 전례적(liturgical) 본질을 더 강조한 반면, 헤지카스트들은 하느님과의 교제 경험이 개인의 노력을 통해서 도달되어야 한다고 가르쳤다. 이콘파괴론 이후 비잔티움에서는 이 두 전통이 그 어느 때보다도 깊이 상호 침투했다. 개인적 신비주의의 선구자였던 신(新) 신학자 성 시메온은 생애의 대부분을 콘스탄티노플의 한 공주 수도원에서 보냈다. 은둔 수도사들과 공주 수도사들은 신학적 차원에서나 영성적인 차원에서나 서로 대립되지 않았다. 그러므로 우리는 여기서 하나의 유일한 '수도원 신학'에 대해서 말할 수 있게 되는 것이다.

1. 수도원 사상의 기원들 : 에바그리오스와 마카리오스

20세기 초반의 역사가들은 폰티코스의 에바그리오스(+399)가 초기 수도원 영성의 형성에 크게 이바지했음을 인정했다. 최근 발견되어 그의 진정한 저작으로 인정받아온 『영지에 대하여』(Gnostic Centuries)는 완전히 이단적인 그리스도론을 보여주고 있으며 그가 왜 553년 공의회에 의해 정죄되었는가를 잘 설명해준다. 발전된 오리게네스주의인 그의 형이상학적 체계의 표현으로 인정되는 에바그리오스의 영적 교리는 분명 의심스럽다. 그럼에도 비잔틴 전통 전체는 이단적인 교리의 맥락 밖에서 그의 영적 교리를 이용했다. 특별히 그의 탁월한 심리학적 식견은 빠짐없이 사용되었다. 이후의 전통 안에 늘 녹아 있었다는 점에서 그의 사상의 두 측면이 특별히 중요한데, 정념들(passions)에 대한 가르침과 "순전한 기도"에 관한 가르침이 그것이다.

에바그리오스의 주장대로, 지성의 참된 본질이 하느님 안에 고정되어 있어야 한다면, 그 본질을 하느님으로부터 떼어놓는 모든 것은 악이다. 이렇게 해서, 타락 이후 지성은 '자기애'(自己愛) 안에 갇혀버렸고, 이 자기애는 다시 여러 가지 '생각들'(logismoi)을 만들어낸다. 에바그리오스에게는 분명 저열한 의미의 용어인 이 "생각들"은 우리가 감각적 사물에 관심을 빼앗겨 하느님을 놓치고 말았다는 것을 함축한다. 이 "생각들"은 영혼의 '정념적 부분'에 작용하여 영혼을 정념으로 이끌어간다. 이 정념들은 식욕과 같이 모든 인간적 욕구의 가장 불가피한 차원에서부터 악마적 소유욕이나 자기애에 이르는 아주 구체적인 위계를 구성한다. 이 위계를 구성하는 여덟 가지 악덕을 살펴보면 다음과 같다. 탐식, 간음, 인색, 슬픔, 분노, 나태, 허영, 교만.[1] 정념들에 대한 이러한 분류와 그것들이 전제하고 있는 인간 정신의 구조는 조금씩 차이는 있지

---

1) Evagre le Pontique, *Praktikos*, PG 40, 1272-1276 ; éd. Grillaumont Sources chr. 171 (Paris, 1971), pp.506-535 : 여덟 가지 악덕은 그리스말로 각각 다음과 같다. *gastrimargia, porneia, philargyria, lype, orge, akedia, kenodoxia, hyperephania.*

만 성 카시아누스, 성 요한 클리마코스, 고백자 성 막시모스 등 동방의 거의 모든 금욕 저술가들에 의해 차용되었다. 수도사의 '실천'(praxis)은 무엇보다도 먼저 정념들을 지배하고 감각이나 생각들로부터 벗어나 '정념이 없는 상태'(아파테이아, apatheia)에 도달하는 것을 목표로 해야 한다. 이러한 상태는 영혼과 하느님 사이의 본래의 참된 관계를 회복시켜주는 데로 나아간다. 수도사는 금식, 독신과 같은 가장 기초적인 수도 생활의 덕으로 시작해서 점진적으로 이러한 상태에 이를 수 있다.

하느님과의 연합은 기도를 통해 가능해진다. 에바그리오스는 비잔틴 헤지카즘에서 아주 통상적인 용어가 된 "지성의 기도"(prayer of the mind)라는 표현을 처음으로 사용한 사람이다. 기도는 "지성의 고유한 활동"[2]이며, "정념의 없는 상태"[3], "가장 높은 지성 작용"[4]이다. 이러한 기도의 '상태'에서 이성은 전적으로 모든 '분심'에서 해방되어 감각의 모든 지각에 대해 "소경과 벙어리"가 된다.[5] 우리가 알고 있듯이, 에바그리오스에게 기도는 인간의 영이 신성과의 "본질적 연합"안에 있는 상태이다. 그래서 6세기 에바그리오스를 따르던 수도사들은 자신들이 "그리스도와 동등한 자"(isochrist)라고 자랑할 수 있었다. 그럼에도 기도에 대한 에바그리오스의 가르침은 몇 세대를 이어 비잔틴 수도사들에 의해 가장 정통적인 신앙의 틀 안에서 수용되었다. 이렇게 재해석된

---

2) Pseudo-Nilus (Evagrius), *De Oratione,* 84, PG 79, 1185B.
3) *Ibid.,* 52
4) *Ibid.,* 34A.
5) *Ibid.,* 11.

그의 영성에 대한 비잔틴 세계의 신뢰는 또한 이집트의 성 마카리오스의 것으로 여겨지는 글들에 대해서도 폭넓게 적용되었다.

마카리오스는 에바그리오스와 동시대인이자 스케테(Skete) 광야에 살았던 그의 스승이었다. 5세기 초 한 무명 저자의 『50편의 설교』와 여러 글들이 마카리오스의 것이라고 주장되어 왔지만, 지금에서야 확실해진 것처럼, 그는 결코 저술가가 아니었다. 마카리오스라고 불린 이 익명의 저자는 엄청난 영향을 미쳤다.

에바그리오스는 인간을 '지성'과 동일시하고 그리스도교 영성을 '물질로부터의 탈피'로 인식한 반면, 마카리오스는 사람을 그 전체가 신화(神化)로 정향된 '정신-신체'(psychosomatic)의 통일체로 보았다. 에바그리오스의 오리게네스적이고 플라톤주의적인 인간학에, 그는 인간에 대한 성서적 사유를 대립시켰다. 이에 따르면 '영'이나 '영혼'의 궁극적 운명은 몸의 운명과 분리될 수 없다. 이러한 인간학으로부터 세례 성사와 감사의 성찬 성사의 현실에 기초를 둔 하나의 영성이 흘러나온다. 이때 세례와 성찬은 그리스도와 연합하는 길이요, 육체를 비롯하여 인간의 모든 측면을 포함한 인간 실존 전체를 신화시키는 방법으로 이해된다. "마음 안에 살아있는 불은 (마지막 날에) 공공연하게 나타나서 육체의 부활을 실현시킨다."[6]

그러므로 에바그리오스의 '지성의 기도'는 마카리오스에게서 '마음의 기도'(prayer of the heart)가 된다. 인간의 '정신-신체적 삶'

---

6) Macarius of Egypt, *Hom.*, 11, 1, ed. Dorries, pp. 96-97.

의 중심인 '마음(혹은 심장)'⁷⁾은 "하나님의 은총이 성령의 법을 새겨 놓는 판"⁸⁾이지만, 그것은 또한 "악의 두목과 그 졸개 천사들이 피신할 수 있는 무덤"⁹⁾이 될 수도 있다. 그러므로 인간의 마음(혹은 심장)은 하느님과 사탄이, 생명과 죽음이 맞붙는 전쟁터이다. 그러므로 자신의 실존 전체를 기도에 바치는 수도사는 아주 즉각적이고 의식적인 방식으로 이 전쟁의 최전선에 서있기를 바라는 사람이다. 하느님의 현존은 우리의 '속사람'이 "생생한 경험처럼"¹⁰⁾ 지각할 수 있는 실제적인 사건이다. 시편과 같은 구약 성서의 몇몇 책에서와 같이 마카리오스에게도, 마음(혹은 심장)의 역할은 부정할 수 없이, 하나의 생리학, 다시 말해 사람의 정신-신체적 삶의 중심을 인간의 특별한 신체 부위에서 찾으려는 생리학과 결부되어 있다. 그래서 마카리오스가 '카르디아' 즉 마음(혹은 심장)에 대해 언급할 때마다, 그것은 단지 신체의 장기만이 아니라 인간의 내밀한 인격, 심오한 '자아'을 의미한다. 어쨌든 이 '마음'(혹은 심장)은 결코 서방에서처럼 인간의 감정적인 측면만을 지시하지 않는다.

인간의 마음 안에 하느님과 사탄이 동시에 존재할 수 있다는 개념과 하느님의 은총을 의식적으로 경험해야 한다는 호소는, 현

---

7) 역자주 우리말에서는 심장과 마음이 구별되어 있어, 심장은 장기를 의미하고 마음은 심장과 결부되어 있는 감정적, 정서적 작용으로 이해되곤 하지만, 마카리오스의 저작에 나오는 '카르디아(καρδια)'는 영어의 heart, 불어의 coeur와 같이 우리말의 '심장'과 '마음'을 동시에 포함하고 있다. 그런 의미에서 마카리오스의 '카르디아'는 그의 정신신체적 통일체로서의 인간에 대한 인식을 여실히 보여주는 핵심적인 용어이다.
8) *Ibid.*, 15, 20 ; p. 139.
9) *Ibid.*, 11, 11 ; p. 103.
10) *Ibid.*, 1, 12 ; p. 12.

대의 몇몇 역사가들로 하여금 마카리오스의 『설교들』을 '메살리안'(messalian) 저자의 글이라고 생각하게 했다. 만약 그것이 사실이었다면, 마카리오스는 물론이요 그의 권위를 의심의 여지없이 받아들였을 뿐만 아니라 특별히 하느님에 대한 의식적인 경험과 같은 그의 사상을 항상 높이 평가해온 비잔틴 영성의 대부분에 대해서도 이러한 비판이 적용될 수 있을 것이다. 하지만 '메살리아니즘'에 대한 정확한 정의도 없을뿐더러, 마카리오스에게는 성사들을 반대하거나 무시하는 등 메살리안니즘의 기본적인 몇몇 주장들이 나타나지 않는다는 점을 생각해 볼 때, 이러한 가정은 거의 신빙성이 없다.

설령 마카리오스의 『설교들』을 저술한 익명의 저자가 정통 영성과 이단적 분파 사이를 위태롭게 오락가락 했던 하나의 전통에 속한다 해도, 그의 인간학과 인간의 운명에 대한 그의 개념 등은 오리게네스주의에 치우친 에바그리오스 추종자들보다는 신약 성서에 더욱 가깝다. 사실상 마카리오스의 영향력은 성서에 기초하여 신학적 수정을 제공함으로써 에바그리오스에게서는 조금 미심쩍었던 '순수 기도'(pure prayer) 전통이 후대에 보존되게 하는 데 간접적으로나마 기여하였다.

2. 위대한 영적 아버지들

동방 수도원에 불어 닥친 가장 큰 두 개의 유혹은 오리게네스주의적 신비주의와 메살리아니즘의 거짓 예언자주의였다. 이 두 흐름 속에서는 성사들이 기도와 관상으로 대체되었다. 에바그리오스와 마카리오스의 예를 통해 알 수 있듯이, 4, 5세기의 수도원에서 정통과 이단 분파를 분명하게 구별하는 것은 매우 어려운 일이다. 하지만 시데(Side, 390), 콘스탄티노플(426), 에페소(431) 등에서 개최된 여러 공의회가 메살리아니즘을 정죄했고, 이어서 553년의 콘스탄티노플 세계 공의회가 에바그리오스 사상을 정죄한 후에는 더 이상 이를 혼동하는 것이 용인되지 않았다. 실제로 공의회들에서 이 문제가 날카롭게 해부되자 수도원들은 이 문제를 보다 분명하게 인식하기 시작했다. 우리는 이제 에바그리오스와 마카리오스의 주요한 공헌을 소화시켜 동방의 영성에 하나의 고전적 형식을 제공한 세 명의 위대한 영적 저자에 대해 간략하게 언급하려 한다.

    5세기 에피로스 지역 포티키의 주교로 칼케돈 세계 공의회(451)에 참석한 바 있는 디아도코스 성인은 『영지에 대하여』(*Gnostic Chapters*)와 그외 몇몇 짧은 글의 저자이다. 그의 주된 저작의 제목이 에바그리오스의 영향을 잘 드러내주고 있지만, 기도에 관한 그의 교리는 마카리오스의 사상에 더욱 가깝다. 비록 그가 마카리오스보다는 더욱 분명하게 메살리아니즘과 거리를 두었지만 말이다.

    디아도코스에게 세례는 영적 삶의 유일한 토대이다. "우리가 세례를 받는 순간부터 은총은 우리의 마음 가장 깊은 곳에 감추어져서 영혼과 육체를 정화시킨다."[11] 인간의 총체성에 대한 이러한 관심은 에바그리오스의 '지성'과 대립되는 '마음'의 신비주의를 통해 드러난다. 실제로, 디아도코스는 마카리오스가 그랬듯이 지성이나 영혼을 '마음' 속에 위치시킨다.

> "은총은 영혼이 먼저 나서기를 기다리면서 세례 받은 사람 안에 숨겨진다. 사람 전체가 주님을 향하여 돌아설 때, 은총은 말로 다할 수 없는 경험을 통해서 마음에 자신의 현존을 드러낸다. … 그리고 만약 사람이 계명을 잘 지키고 끊임없이 주님이신 예수를 부름으로써 진보해나가면, 거룩한 은총의 불은 마음의 외적인 감각들까지도 꿰뚫는다. …"[12]

디아도코스는 『영지에 대하여』에서 마음 안에 하느님과 사탄이 "동시에 거주할 수 있다"고 주장한 마카리오스 전통의 애매모호함을 깨끗이 씻어버린다. 하지만 그는 그리스도인이 아주 의식적이고 심지어, 에바그리오스가 주장했던 '지성적 방식으로'만이 아니라, '외적인' 방식으로 마음속에 성령이 현존한다는 것을 경험할 수 있고 또 경험해야한다고 주장함으로써 마카리오스와 전적으로 일치한다. 디아도코스가 신앙을 하나의 개인적 경험으로 정의했던 것은 신(新)신학자 성 시메온과 여타의 비잔틴 영적 저자들에 의해 계승되었다. 디아도코스는 또한 마카리오스로부터 '예수 이름의 호칭'을 핵심으로 하는 '끊임없는 기도' 개념을 받아들

---

11) Diadochus, *Cap.* 77, 78, ed. E. des Places, SC 5 bis (Paris : Cerf, 1955), pp. 135-136.
12) *Ibid.*, 85 ; pp. 144-145.

였다.[13] 이렇게 디아도코스에 의해서, 매우 추상적이고 영지적인 에바그리오스의 개념은 육화하신 로고스의 위격을 중심 내용으로 하는 영성 전통으로 대체되었고, 이 흐름 안에서 하느님의 '이름'이라는 개념은 성서적 신학 안에서 새롭고도 중대한 역할을 획득하게 되었다.

'예수 이름'의 호칭 기도에 기초한 수도원 영성의 또 다른 위대한 증인은 바로『낙원의 사다리』(The Ladder of Paradise)의 저자이자 시나이 수도원의 원장이었던 성 요한 클리마코스인데, 그는 중세부터 서방에도 잘 알려졌을 뿐만 아니라 동방에서는 대사순절 다섯 번째 주일이 그의 축일로 기념될 만큼 서방보다 더욱 큰 칭송을 받아왔다. 우리는 그의 생애에 대해 거의 아는 것이 없으며 그의 사망일자(670-680년경)조차 확실히 알지 못한다.

그의 유명한 책『낙원의 사다리』는 디아도코스의『영지에 대하여』보다 훨씬 에바그리오스적이다. 우리는 정념들에 대한 그의 상세한 분류와 그가 수도사들에게 요구했던 극단적 금욕주의의 형태들을 - 그것은 분명 오리게네스적인 정신주의와 상통한다 - 통해서 이를 확인할 수 있다. 이러한 극단주의는 17세기 프랑스의 얀센주의자들의 구미에 딱 맞아떨어졌고, 그들은 서방에서『낙원의 사다리』가 유명세를 얻는데 크게 기여했다. 하지만 마카리오스와 디아도코스의 가르침처럼, 기도에 대한 요한의 가르침도 예수의 위격과 이름에 초점이 맞추어져 있다. 이렇게 그의 가르침은

---

13) *Ibid.*, 31, 32, 61, 88.

성육화의 참된 교리에 기초해 있어서 '지성'만이 아니라 인간 전체를 함축한다.

"예수의 대한 기억이 당신의 호흡과 일치하게 하라. 그러면 당신은 헤지키아(hesychia)의 유용성을 이해하게 될 것이다."[14] 요한에게 '헤지키아'(침묵, 고요)나 '헤지카스트'라는 용어들은 특별히 '예수 기도'를 실천하는 독(獨)수도사의 관상적인 삶을 지칭한다.

> "헤지카스트는 이렇게 말하는 사람이다. '내 마음이 든든합니다.'(시편 58:8) 헤지카스트는 이렇게 말하는 사람이다 : '나는 비록 잠들지만 내 마음은 깨어 있도다.'(아가 5:2) 헤지키아는 하느님에 대한 예배요 끊임없는 봉사이다. 헤지카스트는 몸이 없으신 하느님을 육체의 거처 안에 모시기를 열망하는 사람이다. …"[15]

요한의 용어 사용은 특별히 호흡과 연계된 지성적 기도를 많이 실천했던 13, 14세기의 비잔틴 헤지카스트들에게 매우 인기가 좋았다. 이러한 실천이 요한의 시대에 이미 시나이 수도원에 유행했을 것이라는 점은 충분히 추측 가능하다. 어쨌든 요한은 인간의 실존 전체가 변모되신 그리스도와 교제하는 것이 신화(神化)라고 이해했다. 이것이 바로 역사적 예수나 그의 생애의 어떤 에피소드에 대한 단순한 '묵상'을 넘어서는 '예수에 대한 기억'이 의미하는 내용이다. 동방의 영적 전통은 끊임없이 상상으로 '마음'에 어떤 외적인 모습을 떠올리는 것을 경계해왔다. 수도사는 항상 그 자신

---

14) John Climacus, *The Ladder of Paradise*, Degree 28, PG 88, 1112C.
15) *Ibid.*, Degree 27, PG 88, 1097AB.

안에, 즉 자신의 '마음' 안에 객관적으로 현존하시는 변모된 그리스도를 알아차리도록 부름 받았다. 변모된 그리스도는 어떤 이미지나 상징이 아니라 모든 유형의 상상과는 상관없이 성사들을 통해 드러나는 하느님 현존의 현실 그 자체이다.

바로 이 지점에서 우리는 이 전통 안에 존재했던 영성과 신학 사이의 필연적이고 불가피한 연관성을 이해할 수 있게 된다. 이 연관을 표현하는데 성공한 저자가 있다면 그는 다름 아닌 고백자 성 막시모스이다.

우리는 2장을 통해 그리스도론 논쟁에서 그가 차지한 영웅적이고도 고독한 역할과 그가 당시 정통파와 단일의지론자 간에 논쟁되었던 문제들을 하나의 그리스도론적이고 인간학적인 체계 안에 통합시킨 방식에 대해 살펴보았다. 또 한 번 아주 탁월한 방식으로 그는 그 당시 제기된 영적 삶의 문제들을 에바그리오스와 마카리오스로부터 물려받은 유산과 함께 정통 그리스도론에 비추어서 조명했다.

오리게네스와 에비그리오스는 확실히 막시모스의 독서와 지적 형성과정에서 첫 번째 자리를 차지했다. 영적 삶에 대한 교리에서 막시모스는 에바그리오스에게서 '정념들의 위계'와 금욕적 실천의 목표로서의 "정념이 없는 상태"(아파테이아)라는 개념을 차용했다. 그렇지만 에바그리오스에 있어서 정념의 초탈(detachment)은, 지성이 자신의 신적 본질을 성취하기 위해 또 영지를 통해 하느님과의 '본질적 연합' 안에 들어가기 위해, 영혼이나 몸의 모든 감각

작용을 없애버려야만 가능해지는 부정적 결과이다. 분명 이러한 인식은 지성이 영혼이나 몸과 맺는 모든 관계를 타락의 결과로 이해하는 오리게네스적 인간학을 함축한다. 그러므로 에바그리오스에게 참된 초탈은 또한 덕들의 초탈이기도 하다. 능동적인 사랑조차도 영지에 자리를 빼앗긴다. 반대로 막시모스는 사랑을 가장 높은 덕일 뿐만 아니라 초탈을 통해 얻게 되는 유일한 참된 결과로 인식했다. "정념이 없는 상태"에서 사랑은 모든 것에 대해 완전히 동일하게 주어진다. 왜냐하면 인간의 선호는 인간의 불완전의 결과이기 때문이다.[16] 결국 필연적으로 욕망의 요소(에로스)를 포함할 수밖에 없는 인간의 사랑은 하느님의 은총을 통해 변모되어야 하고 그렇게 해서 아가페가 되어야 한다.[17]

막시모스는 에바그리오스의 영성을 이렇게 환골탈태시키고 오리게네스적인 창조 교리들을 극복함으로써 인간에 대한 긍정적인 개념을 제시해주었다. 이에 따르면 인간의 궁극적인 운명은 하느님의 본질에 흡수되어 버리는 것이 아니라, 하느님께서 주신 능동적 사랑으로 가능하게 된 '인간의 본성적 활동' 안에 위치하게 된다. 막시모스에게 하느님 본질의 완전한 초월성과 접근 불가능성은, 니싸의 성 그레고리오스와 비잔틴 신학에서와 마찬가지로, 영

---

16) 에바그리오스와 막시모스에 대해서는 L. Thunberg, *"Microcosme and Mediator"* : *The Theological anthropology of Maxime the Confessor*, (Lund : Gleerup, 1965), pp. 317-325.
17) 참고. P. Sherwood, in Maximus the Confessor, *The Ascetic Life,* Ancient Christian Writers 21 (Westminster : Newman, 1955), p. 83.

적 삶에 있어서 근본적인 신앙의 문제가 되었다.[18] 영적 삶의 가장 높은 목표가 '본성에 대한 영지'가 아니라 사랑이라면, 하느님과 연합된 인간 또한 전적으로 그 자신의 인간적 본성과 활동 안에 머물러 있게 된다. 하지만 인간은 하느님의 활동(에너지)에 참여하게 되는데, 이 하느님의 활동(에너지)이야말로 인간을 정념으로부터 해방시켜 줄 수 있고 또 인간의 에로스를 아가페로 변모시켜 줄 수 있는 유일한 힘이다. 그러므로 비잔티움의 수도원 영성 안에서 '계명을 따르는 것' 즉 능동적인 사랑은, '하느님을 보기'(vision of God) 위한 하나의 조건이자 또 그것의 필연적인 측면으로 남아있게 된다.

이렇게 영적 삶의 균형 잡힌 개념에 도달하기 위해서, 막시모스가 수도원 전통에만 귀 기울인 것은 아니다. 무엇보다도 그는 칼케돈 세계 공의회의 전폭적인 지지자였기에 그리스도의 두 본성(신성과 인성)이 각각 본성으로서의 특징과 활동성을 유지 보전한다는 깊은 확신을 가지고 이 문제에 접근했다. 신화는 인성을 제거하기는커녕 그것을 진정 더욱 인간적인 것으로 만들어 준다.

3. 세속 철학에 대한 반대

중세부터 우리 시대까지 지속되어온 비잔티움에 대한 서방 세

---

18) Vladimir Lossky, *Vision of God*, pp. 108-109.

계의 전통적인 무지는 최근에 와서 조금은 완화되었다. 사람들은 비잔틴 학자들이 고대 그리스의 보화들을 잘 보존하여 이탈리아 르네상스에 전해주었다는 점을 인정했다. 고대의 고전적 저자들의 현존하는 대부분의 사본들은 대개가 비잔티움에서 그것도 종종 수도원에서 만들어진 것이라는 사실에 비추어 볼 때 이것은 의심할 수 없는 사실이며, 또한 비잔티움의 지적 전통 안에서 이교도 철학에 대한 긍정적인 관심이 지식인들 사이에서 끊임없이 재등장하곤 했음에도, 교회와 수도사들이 줄기차게 이교도 철학에 대한 긍정적인 관심을 강력하게 거부해 왔다는 것 또한 잊어서는 안 될 진실이다. '헬레네 세계의 신화들'을 거부하는 결정들은, 그 본질에 있어서 주되게는 플라톤의 형이상학을 겨냥하는 것으로서, 유스티니아노스 치하 553년 콘스탄티노플 제5차 세계 공의회와 이탈로스에 대한 정죄 선언 그리고 14세기 팔라마스의 교리를 승인했던 공의회들에 의해 강력하게 선포되었다. 오리게네스주의에 대한 점진적인 극복 또한 세속 학문에 대한 성서의 승리를 미묘하면서도 결정적인 방식으로 보여주었다.

사람들은 습관적으로 '플라톤주의적인' 동방 그리스도교 사상과 아리스토텔레스적인 서방 그리스도교 사상을 대립시키곤 하지만, 플라톤주의의 다양한 형태에 대한 정죄가 대사순절의 첫 번째 주일인 '정교 승리 주일'에 모든 동방 교회에 의해 매년 반복적으로 선포된다는 것을 주목해야 한다. 이 정죄 선언은 정교 『시노디콘』의 한 부분이기 때문이다. 대학에서 아리스토텔레스의 논리학은 18세 이하의 학생을 위한 '교양 학과목'에 포함되었다. 하지만 플라톤에 대해서는 읽을 필요는 인정되었지만, 신심이 깊은 가정은 자식들이 그 이상으로 학업을 계속하는 것을 원하지 않았다. 이런 까닭에 성인전 작가들은 성인들, 특별히 수도성인들이 수도원에 들어가기 위해 18세에 그들의 학문을 중단했다는 사실을 반복적으로 강조하고 있는 것이다.

수도원에서는 '세속 철학'이 끊임없이 거부되었다. 하지만 9세기에 있었던, 스투디오스 수도원의 성 테오도로스의 제자들을 비롯한 '열성파' 수도자들과 고위급 재속 성직자들 사이의 대립은 지적일 뿐만 아니라 또한 정치적인 것이었다. 수도사들은 국가와의 타협에 반대했을 뿐만 아니라 세속적인 인문주의의 발흥도 거부했다. 포티오스의 경쟁자였고 수도원 진영의 지지를 받았던 이그나티오스 총대주교가 세속 철학의 진흥을 억누르려 했다는 것은 이미 잘 알려진 사실이다.[19] 또 신(新)신학자 성 시메온은 세속 철학에 반대하는 격렬한 글을 썼고[20], 성 그레고리오스 팔라마스(1296-1359)는 칼라브리아의 발람에 맞서서 '헬레네의 지혜'를 둘러싸고 격렬한 논쟁을 벌였다. 팔라마스는 이 '헬레네의 지혜'야말로 발람이 저지른 모든 오류의 원천이라고 생각했다.

그리스도교와 그리스 철학의 문제가 비잔티움에서 항상 뜨거운 감자로 남아있었던 이유는 비잔티움이 '그리스'적 사유와 언어를 가지고 있었기 때문이었다. 어쨌든 수도원의 사상은 비잔티움이 유대의 메시아에 의해 설교된 신앙으로 회심했다는 것과 그 결

---

19) Anastasius Bibliothecarius, *Preface to the Eighth Concile*, Mansi, XVI, 6.
20) I. Hausherr, ed., in *Orient Chr.* XII (1928), 45 .

과 이제 비잔티움은 "새로운 예루살렘"이 되었다는 것을 헬레네 세계에 끊임없이 상기시켜 주었다.

4. 경험으로서의 그리스도교 신앙 : 신(新)신학자 성 시메온

마카리오스와 디아도코스는 그리스도교 신앙 자체를 하느님에 대한 의식적 경험(conscious-experience)과 동일시했다. 신(新)신학자 성 시메온(949-1922)은 중세 비잔티움에서 이러한 사상을 대변했던 예언자였다.

한 스투디오스 수도원 수도사의 제자였던 '신(新)신학자'는 수련자로 스투디오스 수도원에 들어갔다. 그에게 부여된 '신(新)신학자'라는 칭호는 그를 복음사가 성 사도 요한과 비잔틴 문헌에서 자주 '신학자'라는 호칭으로 불렸던 나지안조스의 성 그레고리오스와 같은 대열에 올려놓길 원했던 그의 추종자들에 의해 붙여졌다. 분명 대(大)수도원의 엄격한 규율은 그의 기질과 잘 맞지 않았다. 그래서 그는 콘스탄티노플에 있던 규모가 작은 성 마마스(St. Mamas) 수도 공동체로 옮겨갔다. 그리고 거기서 곧 수도원장으로 선출되었고 사제로 서품되었다. 그는 25년 이상을 이 수도원의 수도원장으로 있었지만 결국 수도원의 일부 수사들뿐만 아니라 교회 당국과 갈등을 일으키게 되었다. 그리고 유배되었다가 복권된 생애의 마지막 몇 년을, 시메온은 신비스런 특징과 시적 격조와 후대 비잔티움에 미친 영향 등에 있어서 유일무이한 영적 저작들을 저술하는데 바쳤다. 그의 저작에는 성 마마스 수도원의 수도사들에게 들려준 『교리 문답 강론』(Catechetical Discourses)과 『신학과 윤리 논고』(Theological and Ethical Treatises), 58편의 성시(聖詩)와 여러 편의 소론 등이 포함된다.

시메온은 종종 비잔틴 '헤지카스트' 전통의 주요 대표자로 분류되어 왔고, 에바그리오스와 마카리오스의 계승자이자 그레고리오스 팔라마스의 선구자라고 여겨져 왔다. 이러한 견해에는 얼마간의 유보가 필요하다. 왜냐하면 시메온은 결코 '지성의 기도'나 '예수 기도'를 특별히 언급하지 않았고 또한 하느님 안에서의 본질과 에너지의 구별에 대해서도 단 한 번도 명백하게 말하지 않았기 때문이다. 그럼에도 그에게 그리스도교 신앙은 근본적으로 하느님과의 인격적 교제이며 하느님을 보는 것이었다. 이점에서 그의 사상은 헤지카스트뿐만 아니라 교부 전통 전체와 일치한다. 모든 예언자가 그랬듯이, 시메온 또한 굳이 정확한 용어에 구애받지 않으면서 자유롭게 그리스도교적 경험을 표현하고자 했다. 이런 까닭에 그는 이미 확립된 전통이나 신학적 체계와 곧잘 상충하곤 했다. 확고한 전통을 간직한 비잔틴 사회의 중심부에서 시메온은 개인적 신비주의의 거의 유일한 예였고, 모든 형태의 제도와 성령의 자유 사이의 긴장, 그리스도교 안에서 언제나 불가피하게 존재해 왔던 이 긴장의 살아있는 증인이었다.

시메온의 글들은 대개 자전적인 것으로 그리스도와의 의식적인 만남이 어떤 것이었는지에 집중되어있다. 이점에서 그는 분명 마카리오스를 뒤따르고 있다. 그는 수도사들에게 이렇게 말한다.

> "나는 여러분들이 이 생애에서 그분을 보고, 그분을 관상하기를 진심으로 바랍니다. 왜냐하면 감각을 통해서 그분을 볼 수 있게 된다면 우리는 죽지 않을 것이고, 죽음은 우리를 더 이상 지배하지 못할 것이기 때문입니다(로마 6:1.9)."[21]

'감각을 통해 봄'(sensible vision)이라는 주장은 마카리오스처럼 시메온에게도 메살리아니즘이라는 혐의를 덧씌운다. 하지만 경험을 교회의 성사들과 대립시켰던 이 분파의 사상과 시메온의 주장이 근본적으로 다른 것이었다는 점은 오늘날 대체적으로 인정되고 있다.[22] 시메온은 단지 하느님 나라는 참으로 도달할 수 있는 현실이 되었으며, 그것이 '다가올 미래의 삶'에만 속하는 것이 아니라 이미 이승에서 시작되는 것이고 또 인간의 '지적이고' '영적인' 차원뿐만 아니라 인간의 실존 전체와 관련된 것이라는 점을 강조하고자 했다. 그는 이렇게 쓰고 있다.

> "모든 이의 부활은 성령에 의해 실현된다. 나는 단지 몸의 최종적 부활에 대해서만 이야기하는 것이 아니다. 성령을 통해서 그리스도는 지금도 하느님 나라를 우리에게 선사해 주고 계신다."[23]

이 하느님 나라 경험은 어떤 경우에도 인간의 '공로'나 금욕적 실

---

21) Symeon the New Theologian, *Cat.* II, ; ed. Krivochéine, Syméon le Nouveau Théologien, *Catéchèses,* SC 96 (Paris : Cerf, 1963), pp. 421-424.
22) J. Darrouzès, SC 122, Introduction, p. 26.
23) Symeon the New Theologian, *Cat.* VI ; ed. Krivochéine, pp. 358-368.

천에 대한 단순한 보상이 아니라는 것을 주장하기 위해서, 시메온은 그 경험의 '갑작스러움'과 '예기치 못함'을 특징으로 강조한다. 자신의 회심을 되돌아보는 글에서 그는, '누가' 자신을 이 '진흙탕' 같은 세상에서 빼내어 하느님 나라의 지복을 보여주었는지 알지 못한다고 숨김없이 고백하곤 했다.[24]

그리스도교 신앙은 결국 살아 계신 그리스도를 경험하는 것이라는 시메온의 예언자적 주장은 많은 저항을 불러일으켰다. 신앙을 몇몇 '의무 조항'으로 제한하고자 했던 율법적이고 최소주의적인(minimalistic) 개념은 수도사들이나 평신도들에게는 더욱 현실적인 것으로 보였다. 그러나 시메온에게 이 최소주의적 태도는 현대화된 이단이었다. 그는 자신의 수도원에서 행한 한 설교에서 이렇게 선언한다.

> "내가 이단이라고 명명하는 사람들을 보십시오. 복음의 계명을 준수하고 성 교부들처럼 될 수 있는 사람은 오늘날 우리들 중에 아무도 없다고 말하는 사람, … 이것은 불가능하다고 주장하는 사람. 이와 같은 사람은 이런 저런 특별한 이단에 빠진 것이 아니라 모든 이단에 한꺼번에 빠진 것입니다. 왜냐하면 이런 사람은 불신앙에 있어서 그 모든 것을 능가하는 가장 최악의 상태이기 때문입니다. 이런 식으로 말하는 사람은 성서의 모든 가르침을 파괴합니다. 이 적그리스도들은 이렇게 주장합니다. '그것은 불가능해, 불가능하단 말이야!'"[25]

---

24) Symeon the New Theologian, *Euch*. 2 ; ed. Krivochéine, pp. 47-73.
25) *Cat*. 29 ; ed. Krivochéine, pp. 166-190.

생애의 마지막에 시메온은 자신의 영적 아버지의 시성과 관련하여 니코메디아의 전(前) 대주교였다가 총대주교의 비서가 된 스테파노스와 격렬한 논쟁에 빠져들었다. 그는 교회 당국의 적절한 평가와 허락 없이 자신의 영적 아버지였던 '경건한 자 시메온'(Symeon the Pious)을 그의 수도원에서 시성했다. 신(新)신학자 시메온은 여기서 카리스마 충만한 한 성인을 제도와 대립시키면서 교회의 진정한 권위는 어디서 오는가라는 문제를 제기할 기회를 발견했다. 이 문제에 관한 그의 견해는 원칙상 교회의 위계적 권위 체계에 반대하는 것처럼 해석될 소지가 많다. 시메온에 따르면 만약 어떤 사람이 그리스도에 대한 체험도 없이 주교직을 받아들인다면 그는 주교로서 무자격자일 뿐이다.[26] 여기서 시메온은 그리스도교 안에 언제나 존재해왔던 하나의 영적 태도를 보여준다. 이러한 영적 태도는 초대 교회와 비잔틴 교회에서, 또 위(僞) 디오니시오스에게서, 그리고 마카리오스의 수도원 전통 안에서 확연하게 드러난다. 하지만 이러한 해석에 포함될 수도 있는 주관주의는 그 자체로 하나의 교회론적 문제이다.

항상 그랬듯이 시메온은 이 문제들을 합리적인 체계로 만들려 하지 않았다. 그는 단지 하느님 나라와 '이 세상' 사이의 긴장을 드러내고, '제도'와 '사건' 사이의 긴장이 역사 속에서 교회 안에 항상 존재해왔다는 것을 주장하고자 할뿐이다. 신(新)신학자의 실재적 성사주의(realistic sacramentalism)는 그가 이 긴장에 관심이 있었지 교회의 성사적 본질을 부정하고자 했던 것은 아님을 분명하게

---

26) *Cap. Eth.*, 6 ; ed. J. Darrouzès, pp. 406-454.

보여준다. 비잔틴 교회는 신(新)신학자 시메온을 시성했고, 후대 동방 그리스도교인들은 그를 중세의 가장 위대한 신비가로 존경해왔다. 이렇게 함으로써 비잔틴 그리스도교는 오직 성령만이 진리의 궁극적인 척도이며 교회의 최종적 권위임을 인정했다.

5. 헤지카즘 신학 : 성 그레고리오스 팔라마스

14세기 비잔틴 세계를 뒤흔든 논쟁들은 수도원 영성의 여러 가지 형태를 포함하는 일련의 문제들에 대한 것이었다. 그러나 논쟁은 근본적으로 신학적인 것이었다. 헤지카스트의 기도 방법은 하느님 인식, 그리스도론, 인간론에 관한 이전의 전통적 교리에 비추어 검토되었다. 비잔틴 교회가 헤지카스트 신학자들에게 보여준 지지와 동의는 또한 이와 같은 신앙의 근본 문제에 대한 입장을 정립했다는 것을 함축한다. 논쟁은 아토스 성산의 수도사였던 성 그레고리오스 팔라마스(1296-1359)과 이탈리아-그리스 혼혈인 칼라브리아의 발람의 충돌로 시작되었다. 원래 문제는 하느님 인식과 신학의 본질에 관한 것이었다. 팔라마스에 따르면, 그리스도 안에서 가능해진 하느님에 대한 즉각적인 인식은 모든 세례 신자에게 가능한 것이고 그래서 참된 신학의 척도요 실제적인 토대였다. 반대로 발람은 성서, 피조물을 통한 추론, 피조물이라는 간접적인 수단, 혹은 예외적이고 신비적인 계시를 통하지 않고서는 하느님을 결코 알 수 없다고 주장했다. 사실상 이 문제는 하느님을 직접 볼 가능성을 부정했던 몇몇 수도사들과 신(新)신학자 시메온을 대립시켰던 문제와 크게 다르지 않은 것이었다. 이어서 발람은 비잔틴 헤지카스트들이 행하고 있던 정신-신체적인 (psychosomatic) 기도 방법을 공격했다. 이 방법에는 메살리아니즘의 영향을 받은 물질주의적 사고가 깃들어 있다는 것이다.

비록 어떤 이들은 이 기도 방법을 수도원이 처음 태동했던 시기로까지 소급시키곤 하지만, 그것은 8세기 말과 9세기 초 문헌에서야 비로소 명확하게 등장한다. 특별히 우리는 헤지카스트 니케포로스, 몇몇 사본에는 신(新)신학자 시메온의 것으로 표기된 『거룩한 기도와 집중의 방법』이라는 책의 익명의 저자, 그리고 슬라브 국가들에서 대단한 명성을 누린 시나이 산의 성 그레고리오스 (1255-1346)에게서 이 기도 방법에 대한 묘사를 발견한다. 이 방법이 폭넓게 알려졌다는 것은 의심의 여지가 없다. 성 그레고리오스 팔라마스는 이 방법을 사용한 사람의 명단에 총대주교 아타나시오스 1세(1289-1293, 1303-1309)와 필라델피아의 대주교였던 테오렙토스(1250-1321/6) 등과 같이 당시 교회의 비중 있던 사람들의 이름을 인용한다.[27]

지성을 '마음'에 집중시키고 호흡을 통제하고 "주 예수 그리스도 하느님의 아들이시여 나를 불쌍히 여기소서"라는 짤막한 기도를 생각으로 반복하는 이 방법은, 참된 기도의 첫 번째 조건인 '집중'(attention)을 목표로 한 것이다. 우리는 사람들이 이 방법을 동

---

27) Gregory Palamas, *Triads*, I, 2 ; ed. Meyendorff, *Défense des saints hésychastes*, Spesilegium Sacrum Lovaniense 30 (Louvain, 1959), p. 99.

방 종교의 몇몇 영적 실천과 비교하게 될 것이라는 점을 안다. 또한 비잔틴 수도사들이 지나치게 '물질적'인 방법에 빠질 위험도 없지는 않았을 것이다. 그럼에도 14세기 헤지카즘의 주요 대표자들은, 이 정신-신체적 방법이 그 자체로 목표가 아니라 단지 "계명을 준수함으로써" 하느님의 은총을 받기에 합당하게 된 사람으로 하여금 그 은총을 받을 준비가 된 '집중된 상태' 안에 머물게 해주는 유용한 도구일 뿐이라고 한 목소리로 주장한다. 발람은 이 방법에 인간에 대한 플라톤적인 관점을 대립시킨다. 기도에 몸을 동원하는 것은 어떤 방법이든지 참된 '지성적' 만남에 장애가 될 뿐이라는 것이다. 1341년 공의회는 수도사들을 공격한 발람을 정죄했다. 하지만 그레고리오스 아킨디노스, 니케포로스 그레고라스, 좀 더 후에 토마스주의자인 프로코로스 키도네스 등과 같은 여러 비잔틴 신학자들은 팔라마스의 신학적 입장을 계속해서 반대했다. 하지만 팔라마스의 신학은 1347년, 1351년 공의회와 그의 사후 그의 시성을 결정한 1368년의 공의회에 의해 연속적으로 지지되었다.

그레고리오스 팔라마스 성인의 신학적 입장은 다음과 같은 세 가지 주장으로 요약될 수 있다.
1. 하느님 인식은 세례를 통해 그리고 감사의 성찬 안에서 그리스도의 몸의 생명에 지속적으로 참여함을 통해 모든 그리스도인들에게 주어지는 경험이다. 그것은 또한 인간의 전존재가 하느님과 이웃에 대한 사랑으로 기도하고 섬길 것을 요구한다. 이렇

게 해서 우리는 마음의 '지성적인' 경험 안에서만이 아니라 순전히 '지적'이지도 순전히 '물질적'이지도 않은 신묘한 지각을 가능케 해주는 '영적인 감각'을 통해서 하느님을 인식할 수 있다는 것을 인정할 수 있다. 그리스도 안에서 하느님은 영혼과 육체 모두를 포함한 인간 전체를 수용하셨으며, 또 그리스도 안에서 인간의 전 존재가 신화(神化)되었다. 기도와 성사와 교회 공동체의 삶 전체를 통해서, 인간은 하느님의 생명에 참여하도록 부름 받았다. 이 참여는 참된 하느님 인식이기도 하다.

2. 하느님은 이승에서나 저승에서나 그 본질에 있어서는 전적으로 도달할 수 없는 분이시다. 실제로 하느님의 세 위격만이 '본질에 있어서 하느님'이시다. 신화된 인간은 '은총에 의해서만' 혹은 '신적인 에너지를 통해서만' 신이 될 수 있다. 하느님의 본질이 공유될 수 없는 것이라는 점은, 에우노미오스와 좀 다른 맥락이긴 하지만, 오리게네스에 맞서서 카파도키아 교부들이 주장했던 근본적인 신학적 견해 중의 하나이다. 하느님의 절대적 초월성을 말하는 것은 하느님이 '무(無)로부터'(*ex nihilo*) 만물을 창조하신 창조주라고 말하는 것과 같다. 하느님 이외의 모든 존재는 바로 하느님의 '의지'와 '에너지'를 통해서만 실존할 수 있으며 또한 하느님의 '의지'와 '은총'을 통해서만 그분의 생명에 참여할 수 있다.

3. 하느님은 절대 가까이 갈 수 없는 초월적인 분이시며, 인간 존재의 첫 번째 이유이자 궁극적 목표는 인간의 신화(deification)와 하느님의 생명에의 참여(participation)라고 동시에 강력하게 주장하려면, 우리는 불가피하게 하느님 안에서 본질과 에너지를 구별

해야 한다. 팔라마스는 이 구별을 철학적인 논증으로 정당화하려고 하지 않았다. 왜냐하면 그의 하느님은 초월적이시면서 동시에 자발적으로 피조 세계 안에 내재하시는 살아 계신 하느님이시며, 이러한 하느님은 이미 확립된 그 어떤 철학적 범주 안에도 들어갈 수 없기 때문이다. 팔라마스는 자신의 교리가 제6차 세계 공의회가 선포한 그리스도의 두 본성과 두 의지와 두 에너지 교리를 '발전시킨' 것이라고 생각했다.[28] 그리스도의 인성 그 자체는, 비록 로고스 안에 위격적으로 결합되어 충만한 하느님의 인성이 되었지만, 실제로 '그 본질에 있어서 하느님'이 된 것은 아니며, 단지 '속성의 교류'(circumincessio idiomatum)를 통해 하느님의 에너지로 관통되었을 뿐이다. 그리고 바로 이 그리스도의 인성을 통해서 우리 각자의 인성도 하느님의 에너지 안에서 하느님께로 갈 수 있는 길을 발견한다. 그러므로 이 에너지들은 결코 '신성의 유출'이나 축소된 하느님으로 간주되지 않는다. 그것은 하느님의 생명이며, 하느님은 바로 이 생명을 피조물들에게 주셨다. 그것은 또한 하느님이다. 왜냐하면 생명이신 하느님이 그 아들을 통해서 우리의 구원을 위해 자신을 내어주셨기 때문이다.

그러므로 14세기 성 그레고리오스 팔라마스 신학의 승리는 하느님에 초점을 둔 그리스도교적 휴머니즘의 승리이며, 그리스 교부 전통은 인간을 독립적이고 '세속적인' 존재로 만들어 버리는 모든 인간 개념에 반대해서 항상 이 그리스도교적 휴머니즘을 수호했다. 신화는 인성을 제거하지 않고 반대로 인간을 더욱 인간답게

---

28) Synodal Tome of 1351 ; PG 151, 722B.

만든다는 그레고리오스 팔라마스의 중요한 통찰은, 인간은 오직 잃어버린 하느님과의 교제를 회복할 때만 진정 충만한 인간성에 도달할 수 있다는 우리들의 현대적 성찰과 맞닿아 있다.

6장

교회론 : 교회법의 원천

　　비잔틴 시대 전체가 교회 전통의 최종적인 표현으로 인정했던 그리스 교부 문헌들에서 "교회론"은 단 한 번도 체계적으로 다루어진 바 없다. 그렇다고 해서 이러한 사실이 전례, 성사, 전통과 같은 그리스도교적인 삶의 다양한 측면들이 비잔틴 사람들에게 일차적으로 중요한 것이 아니었다고 말하는 것은 결코 아니다. 교회론에 관한 그들의 생각을 알려주는 정보의 가장 중요한 원천은 공의회 칙령들, 이후 시노드(주교회의)의 주석과 법 적용 사례들을 포함한 고대 교회법 문헌들을 통해서 우리에게 제공된다. 교회 체계의 지도적인 원리로 받아들여진, 교회와 관련된 제국의 몇몇 법령도 공의회 규범의 원리와 본질적으로 동일한 교회론적 인식을 증거해 준다.

　　법률적 관점에서 바라볼 때 비잔틴 교회법의 원천 자료 전체는 일관된 하나의 전체를 구성하지 않는다. 앞으로 인용하게 될, 법제화를 위한 여러 시도들은 조금도 완전하지 못하며 중대한 모순들을 제거하지 못했다. 또 그러한 시도들은 교회에 하나의 완벽한 '법전'(Corpus juris)을 제공하겠다고 자임하지도 않았다. 서방의 많은 논쟁가들은 이런 점이 동방 그리스도교의 고유한 약점이라고 생각한다. 즉 하나의 독립되고 일관된 교회법을 갖출 수 없었기 때문에 동방 그리스도교는 국가 권력에 종속될 수밖에 없었다는 것이다. 하지만 이런 판단은 일반적으로 교회 또한 하나의 신적 '제도'이며 그 내적 실존은 법률적 방식으로 정의될 수 있다는 원리에서 출발한다. 바로 그렇기 때문에 이러한 전제는 비잔틴 세계의 관념에 항상 낯선 것이었다. 비잔티움에서 교회는 무엇보다도 그리스도와 성령 안에서 하느님과 성사적으로 교제하는 것이었고, 이 교제에는, 법의 지배 아래 있는 지상 세계의 존재만 아니라 천군 천사들과 성인들을 포함하는 그리스도의 몸 전체가 참여한다. 지상의 교회를 치리하는 것은 분명 법률적 용어와 관념 없이는 가능하지 않은 필수적인 과제이다. 하지만 이 법률적 용어와 관념이 하느님의 교회의 궁극적인 현실을 다 담아낼 수는 결코 없다. 교회법은 경우에 따라 공의회를 통해 결정되거나 아니면 황제의 그리스도교에 대한 호의적인 관심에 따라 제정되기도 했다.

그럼에도 비잔틴 세계의 이런 태도가 그들이 교회법에 무관심했거나 법률적인 문제에 무능했다는 것을 의미하지는 않는다. 그와는 정반대로 그들은 일반적으로 교회법이, 특히 몇몇 중요한 교회법이 교회의 영원하고 신적인 본질을 반영하며 따라서 그러한 법에 복종하는 것은 그리스도인의 절대적 의무라는 것을 분명하게 인식하고 있었다. 게다가 황제가 교회와 관련된 칙령을 내릴 때 조언을 해주고 교회법의 적용과 판단에 있어서 로마법의 원리를 도입해야 하는 이중의 과제를 아주 훌륭하게 수행했던 교회법 학자들의 계보가 거의 단절 없이 유지될 수 있었을 만큼, 로마 전통들은 비잔티움에서도 언제나 아주 확고하게 확립되어 있었다. 어쨌든 비잔틴 교회법 학자들은, 자신들의 역할이 언제나 교회의 신적이고 근본적인 본질에 종속되어 있다고 이해했다. 그리고 그들에게 교회의 본질은 언제나 성사적이고 교리적인 일치를 통해 표현되고 또 하늘과 땅을 연합시켜주는 것이었다. 그들은 "만일 사람이 율법을 통해서 하느님과 올바른 관계를 맺을 수 있다면 그리스도의 죽음은 헛일이 될 것"(갈라디아서 2:21)이라 했듯이 하늘에서는 교회법적 치리가 존재하지 않으며 따라서 그들의 역할은 언제나 제한적인 것임을 기꺼이 인정했다.

1. 공의회와 교부

비잔틴 교회 규범의 고전적 법전은 『14장으로 된 노모카논』(Nomocanon in XIV Titles)이라 불리는데, 모든 슬라브 국가의 교회법 체계와 현재 정교회의 법체계는 이 법전을 토대로 삼고 있다. 우리는 나중에 이 법전의 기원과 발전에 대해 이야기하게 될 것이다. 순전히 교회의 삶에서 기원한 교회법 문헌인 『노모카논』은 다

음과 같은 규범들을 포함한다 :

A. 『사도 규범』(The Apostolic Canons)

4세기 전반기에 시리아에서 기초적인 교회 규범으로 사용되던 85개 조항의 규범집이다. 여러 가지 점에서 이 규범집은 니케아 이전 시기의 교회 관습을 반영하고 있지만 진정으로 사도적 기원을 가진 것은 아니다. 50개 조항으로 된 축약판이 5세기 말경 디오니시오스 엑시구스에 의해 라틴어로 번역되어 서방에 폭넓게 보급되었다. 총대주교 스콜라스티코스 요한(565-577)이 이 '85개 규범집'을 콘스탄티노플 법전에 도입했고, 퀴니섹스툼 공의회(혹은 펜텍티 공의회, 5-6차 공의회, 692)가 이를 인준했다. 원본과 축약본의 차이는 이후 그리스와 라틴 세계의 논쟁에서 적지 않는 역할을 했다.

B. 세계 공의회의 규범들

1. 니케아 제1차 세계 공의회(325) - 20개 조항의 규범
2. 콘스탄티노플 제2차 세계 공의회(381) - 7개 조항의 규범
3. 에페소 제3차 세계 공의회(431) - 8개 조항의 규범
4. 칼케돈 제4차 세계 공의회(451) - 30개 조항의 규범
5. 퀴니섹스툼 공의회(펜텍티 공의회, 5-6차 공의회) - 102개 조항의 규범 : '트룰로 공의회'(Council in Trullo)라는 이름으로도 알려진 공의회로 몇몇 비잔틴 공의회에서는 '6차 공의회'(692)로 인용되기도 하는데, 왜냐하면 이 공의회의 의사록 전체가 553년 5차 세계 공의회와 680년 6차 세계 공의회의 연

장선상에 있다 해서 사후적으로 '세계 공의회'의 위상을 부여받았기 때문이다.

   6. 니케아 제7차 세계 공의회(787) - 22개 조항의 규범

C. 지역 공의회의 규범

   1. 앙키라 공의회(314) - 25개 조항의 규범

   2. 네오케사리아 공의회(314-325) - 15개 조항의 규범

   3. 안티오키아 공의회(341) - 25개 조항의 규범

   4. 사르디카 공의회(343) - 20개 조항의 규범

   5. 강그라 공의회(4세기 전반기) - 21개 조항의 규범

   6. 라오디게아 공의회(4세기 말) - 60개 조항의 규범

   7. 콘스탄티노플 공의회(394) - 1개 조항의 규범

   8. 카르타고 공의회(419) - 133개(혹은 147개) 조항의 규범 : 『아프리카 교회 법전』(Codex Canonum Ecclesiae Africanae)이라는 이름으로 알려졌으며, 이 규범집은 3, 4세기 아프리카 주교회의의 치리 행위를 반영하고 있다. 419년에 와서야 최종적으로 취합되었다.

   9. 콘스탄티노플 공의회(859-861) - 17개 조항의 규범 : 859년과 861년의 두 공의회가 여러 실제적인 이유로 인해 단 한 번의 공의회로 간주되었기 때문에 '1-2차 공의회'라는 이름으로도 알려진다.

   10. 콘스탄티노플 공의회(879-880) - 3개 조항의 규범 : 종종 '8차 세계 공의회'라 불리기도 한다.

D. 성 교부들의 규범

이 범주에 포함된 교부 문헌의 대부분은 그 내용에 있어서 권위가 인정되는 그때그때의 편지이거나 특정인에게 보내진 답변이다. 우리는 이것들이 종종 '카논'으로 구별 범주화되어 있음을 발견한다. 『노모카논』에 포함된 교부들은 다음과 같다.

1. 알렉산드리아의 디오니시오스(+265)
2. 네오케사리아의 그레고리오스(+270)
3. 알렉산드리아의 베드로(+311)
4. 알렉산드리아의 아타나시오스(+373)
5. 케사리아의 바실리오스(+379) : 92개 조항의 규범집은 커다란 권위를 지닌다.
6. 니싸의 그레고리오스(+395)
7. 나지안조스의 그레고리오스(+389)
8. 이코니움의 암필로키오스(+395)
9. 알렉산드리아의 디모테오(+355)
10. 알렉산드리아의 테오필로스(+412)
11. 알렉산드리아의 키릴로스(+444)
12. 콘스탄티노플의 게나디오스 1세(+471)

이후의 교회법 선집은 때때로 콘스탄티노플의 총대주교인 타라시오스(+809), 금식가 요한(+595), 니케포로스(+818)와 니콜라스 3세(1086-1111)의 문헌도 포함한다. 이들 문헌은 슬라브 법전인 『코름차이아 크니가』(Kormtchaya Kniga)에도 포함된다. 분명히 이 교회법 문헌 전체는 무엇보다도 종류와 중요도에 있어서 다양한 차이를 지닌, 참고와 표준의 기본적인 틀로 이해되었다. 그중 가장 큰 교회법전은 아마도 유스티니아노스 2세가 소집해서 이전의 공의회 규범들을 처음으로 법전화하려 했던 '트룰로 공의회'(692)의 규범집이다. 실제로 『사도 규범』과 교부 문헌들을 포함해서 이 문헌들 대부분은 이 공의회에서 교회법으로 승인되었다. 이 공의회는 비잔틴 교회 전통에서 세계 공의회에 버금가는 권위를 부여받았지만 서방에서는 결코 그렇지 않았다. 사실상 이 공의회는 분명 라틴 교회의 여러 가지 전례적 교회법적 관습들을 정죄했고 전통과 교회의 권위와 관련하여 서방교회와는 다른 해석을 내놓았다.

2. 제국의 법치

교회 안에서 법은 언제나 상대적이고 일시적인 의미를 가질 뿐이라고 말했던 것을 상기한다면, 동방교회가 교회의 행정에 있어서 제국의 법을 왜 그렇게 쉽게 아무런 이의도 없이 받아들였는지를 이해할 수 있다. 왜냐하면 황제 또한 교회의 한 구성원으로서 제국의 법치의 토대가 되는 교회의 교리적 성사적 원리들을 보호할 의무를 받아들였기 때문이다. 하지만 어떤 문헌도 황제에게 교회의 원리들 자체를 정의하거나 정식화할 권리를 부여하지는 않았다. 다만 이 원리들을 역사의 경험적 현실에 적용하고, 필요한 경우 가시적 교회의 실제적인 문제들을 처리할 권리가 황제에게 맡겨졌다. 그러므로 콘스탄티노스의 것이라고 전해지는 "하느님에 의해 나는 교회 외적인 일들을 감독할 권한을 부여받았다"는 유명한 선언은 이와 같은 맥락에서 이해되어야 한다.[1] 이 원리는 유스티니아노스의 법치에도 계속 적용되었다. 유스티니아노스는 이전이나 이후를 막론하고 그 어떤 공의회 규범도 다 포괄하지 못했던, 교회의 기능과 활동에 대한 수많은 법을 『법전』(Codex)과 『신법』(Novellae)에 포함시켰다. 그의 스타일을 묘사하기 위해 우리는 주교의 후보 자격과 선출 방식에 관해 528년에 발표된 그의 칙령의 한 구절을 인용해보자.

> "모든 거룩한 교회를 위한, 또 우리와 우주 전체의 구원이 나오는 거룩하고 흠 없으며 공동 본질을 지니신 성 삼위 하느님의 존귀와 영광을 위한 모든 염려를 받아들여, 거룩한 사도들의 가르침에 따라, 우리는 이 법을 통해 한 도시의 주교좌가 공석이 될 경우 바른 신앙, 거룩한 삶 그리고 여타의 덕을 보여주는 세 사람 중에서 한 명을 주교로 선출하게 될 것이다. 이것은 가장 합당한 사람이 주교좌에 선택되도록 하기 위한 것이다."[2]

유명한 『신법』 6항은 또한 로마 제국 안에 있는 교회와 관련된 일련의 배려들을 포함하고 있다.

원칙적으로 교회법과 제국법 사이에는 아무런 모순도 생겨나

---

1) *De vita Constantini,* 4, 24 ; PG 20, 1172AB.
2) *Codex Justinianus,* I, 3, 41 ; English text in P. R. Coleman-Norton, *Roman State and Christian Church,* III (London : SPCK, 1966), no. 579, p.1017.

지 않을 줄 알았다. 유스티니아노스 자신도 실제로 교회법이 '법적 능력'(legum vicem)을 가진다고 선포했다.[3] 하지만 비잔틴 주석가들은 나중에 이 둘 사이의 모순과 충돌 가능성을 인정하게 된다. 그러므로 우선권이 교회 규범에 주어져야 했다.[4] 사실상 황제가 교회의 일에 대해 여러 가지 권한을 가지고 있음에도 불구하고 교리와 교회법 위에 있지 않다는 것을 상기하는 것은 매우 중요하다. 많은 예들이 이러한 사실을 보여주는데, 그 중에서도 특별히 다마스커스의 성 요한과 스투디오스의 성 테오도로스 등 이콘파괴론에 항거했던 저자들이 교리에 관한 황제의 월권을 강력하게 거부했던 것이나, 총대주교 '신비가' 니콜라스(901-907, 912-925)가 교회법에 어긋나는 레온 6세 황제(886-912)의 네 번째 결혼에 반대했던 예들을 들 수 있다. 하지만 어떤 경우에도 이러한 유보적 태도가 비잔틴 교회의 체계나 정신이 제국의 법치를 고려하지 않고는 잘 이해될 수 없다는 사실을 제거하지는 않는다. 『유스티니아노스 법전』(Code of Justinien) 이외에 가장 큰 규범집은 이를 보충하는 『신법전』(Leges Novellae)이다. 이 법전은 유스티니아노스와 레온 6세(886-912) 등 그의 후계자들이 선포한 법령들을 모아놓은 것이다.

    739-741년에 편찬된 이사브리아 왕조의 『엑클로가』(Ecloga)는 특별히 결혼과 이혼에 관한 유스티니아노스 법률을 수정하였다. 바실리오스 1세(867-886) 황제는 새로 만든 법과 이전 법을 수정한 법전을 선포했다. 870-878년에 등장한 『프로케이론』(Procheiron)은

---

[3] *Novella* 131, 1.
[4] Balsamon, *Commentary on Nomocanon*, I, 2 ; PG 104, 981c.

법률가들의 참고서였다. 『엑클로가』와 마찬가지로 『프로케이론』 또한 결혼과 교회의 여러 가지 일에 대한 법률을 포함하고 있다. 이 법전의 7장은 금지된 결혼을, 11장은 이혼을, 27장은 성직자의 자격과 임명 절차를 다루고 있다. 『바실리오스 법전』(Basilics) 일부는 바실리오스 1세 때 또 다른 일부는 그의 후계자인 레온 6세 때 입안되었다. 그것은 중세 비잔티움과 슬라브 교회에 필요한 법률들을 취합한 것이었는데, 이 때 유스티니아노스 법률의 어떤 것은 계승되었고, 또 어떤 것은 제외되었다. 마케도니아 왕조 때 아마도 총대주교 포티오스가 저술했을 것으로 여겨지는 또 하나의 문헌인 『에파나고게』(Epanagoge, 법률의 총화)의 특징은 분명하지 않다. 그것은 특별히 콘스탄티노플의 황제와 총대주교를 "가장 존귀하고 필요한 사회 구성원"으로 묘사한 것으로 잘 알려져 있다. 또 이 법전은 성직자 규율에 관한 법(8, 9항), 교회 재산의 합법적 지위에 관한 법(10항), 혼인에 관한 법(17, 21항) 등을 포함한다. 『에파나고게』가 공식적으로 선포되었는지, 또 그것이 법으로서의 효력을 부여받았는지는 확실치 않다. 하지만 그것은 이후의 법전에 자주 인용되거나 재등장하곤 한다. 교회와 국가의 '조화'(symphony)라는 유스티니아노스의 이론과 일치할 뿐만 아니라 특별히 제국의 고위 관료로서 콘스탄티노플의 '세계 총대주교'가 가지는 고유한 위상을 칭송하는 등, 이 법전이 주창하고 있는바 '하느님이 세우신 황제와 총대주교'라는 '두 개의 머리 사상'(dyarchy)은 제국의 이콘파괴론에 대한 승리 이후 비잔티움에서 가장 유행했던 이데올로기와 매우 가깝다. 이런 사상은 각 민족의 '총대주교들'이 지역의 다양한 권력자들과 이 '두 권력'을 분유했던 슬라브 국가들에서도 하나의 표준이 되었다.

3. 교회법의 법제화

유스티니아노스 시대에는 『법전』 말고도 별도로 편찬된 교회법전이 자연스럽게 등장했다. 물론 그 이전에도 다양한 형태의 연대기적이고 체계적인 교회법전이 존재했었다. 콘스탄티노플의 총대주교이자 법률학을 공부한 요한 스콜라스티코스(565-577)는 유스티니아노스 때부터 그의 사후까지 이 교회법전의 편찬에 크게 공헌했다. 공의회 규범들을 주제별로 분류하여 편찬한 『50장의 모음집』은 그의 공적으로 돌려진다. 그는 또한 87장으로 구분된 비슷한 양식의 제국 법전의 저자이기도 하다. 6세기 말, 요한 스콜라스티코스의 것과 유사하지만 저자를 알 수 없는 14개의 장으로 나뉘어진 또 다른 교회법전인 『신타그마』(Syntagma)가 등장했다. 이 교회법전은 동일한 형태로 제국 법률을 모아놓은 선집을 포함하고 있다. 이 저자는 그와 동시대인이자 동료요 서방 수도사였던 디오니시오스 엑시구스를 알고 있었는데, 이 디오니시오스가 라틴어로 된 최초의 공의회 규범집을 편찬했고 이 익명의 저자는 이 규범집에서 『아프리카 교회 법전』을 빌려왔다. 이 『아프리카 교회 법전』은 비잔티움에서 『카르타고 공의회 규범』으로 폭넓게 수용되었다. 요한 스콜라스티코스와 이 익명의 저자의 모든 업적은 이후『노모카논』이라는 형태로 보충되었고 재편찬되었다. 분명히 이 새로운 형태의 교회법의 원리는 비잔틴 법률학자, 교회법학자, 교회 봉직자들이 절감했던 요구, 즉 교회 생활의 다양한 문제에 적용되어 온 모든 법과 제도들을 체계적으로 분류해서 법전의 형태로 만들어 사용해야 한다는 필요성을 반영하였다.

아마도 포티오스의 감독 하에 883년에 최종적으로 완성된『50개 항목의 노모카논』은 수많은 중요한 문헌을 포괄하고 있고 수세대에 걸쳐 교회법학자들에 의해 사용되었다. 그밖에도 그것은 자주 이후의 교회법 주석의 주된 원천이 되었다. 두『노모카논』이 슬라브어로 번역되었는데 그 중『14개 항목의 노모카논』은『코름차이아 크니가』라는 슬라브 교회 법전의 다양한 판본의 기초가 되었다. 비잔틴 세계는『노모카논』들과 병행하여 몇몇 참고 문헌들을 사용했다. 6세기경에 등장한 이래 재검토되고 보충된 에페소의 스테파노스의『교회법 대조』는 아리스테노스에 의해 주석되었다. 14세기 테살로니키의 두 명의 유명한 교회법 학자는 교회법을 제국의 법과 분명하게 구별한 체계적인 법전을 편찬하였다.『헥사비블론』(Hexabiblon)으로 서방의 로마법 사가들에게 잘 알려진 콘스탄티노스 아르메노풀로스는 그의 시민법 요약에 부록으로 첨가한 교회법『에피토메』(Epitome)의 저자이기도 하다. 사제이자 수도사였던 마태오 블라스타레스는 교회법 외에도 최신의 비평 문서들과 논문들을 포함하는 교회법전인『신타그마』(syntagma)를 저술했다.

4. 권위 있는 주석과 비평

콤네노스 요한 2세의 치세(1118-1143) 때에 비잔틴 학자이자 백과사전적 역사가였던 요한 조나라스는 14항목으로 된 익명의 교회법전에 관한 주석을 저술했다. 체계적인 정신을 가진 조나라스는 본문을 중요도에 따라 분류했다. 이 목적을 위해 그는 논리적인 관점에서는 일관되지만 역사적 관점에서는 작위적인 방법을 따랐다. 이 방법은 『사도 규범』을 공의회 규범들보다 훨씬 권위 있는 것으로 삼았고, 공의회 규범들 중에서는 에큐메니칼 공의회의 결정들을 지역 공의회의 결정보다 우월한 권위를 가지는 것으로 간주했다. 결국 그는 '교부' 개인들의 규범을 가장 낮은 단계에 놓았다. 조나라스의 동시대인이었던 알렉시스 아리스테노스는 이 논리적인 원칙을 체계적인 방식으로 적용하는 것이 어렵다는 것을 간파하였다. 그는 보다 짧은 교회 규범집인 『에피토메』에 근거한 보다 간략하고 문자적인 주석의 저자이기도 하다. 비록 에큐메니칼 공의회는 조나라스가 '부차적인' 것으로 간주하기도 했던 교리적이고 교회론적인 주요 결정들을 포함하고 있지만 실제로는 자주 이차적이고 잠정적인 칙령들을 선포하기도 했다. 아리스테노스는 특별히 규범들 상호간의 관계나 각각의 중요성에 따라 판단하기보다는 그 본문들의 역사적 정황들을 설명하는데 더 심혈을 기울였다.

12세기의 셋째 가는 유명한 주석가 테오도로스 발사몬은 포티오스의 『노모카논』 전문에 기초하여 저술된 그의 가장 대표적인 저작에서 황제 콤네누스 마누엘 1세(1143-1180)와 세계 총대주교였던 앙키알로스의 미카엘(1170-1178)이 그에게 맡긴 구체적인 작업에 착수했다. 그것은 교회법과 제국법을 상호 조화시키는 것이었다. 이것은 실제로 교회에 대한 태도에 있어서 상호 모순적인 내용을 포함하고 있던 제국 법을 일관된 법전으로 체계화해야 할 필요성을 제기했다. 예를 들어 발사몬은 『노모카논』에 포함된 유스티니아노스의 어떤 법이 『바실리오스 법전』에는 빠진 문제라든가 아니면 이 법과 모순되는 경우를 조정하고 처리해야만 했다. 일반적이고 원칙적인 면에서, 발사몬은 유스티니아노스 법보다 그리고 몇몇 경우에는 포티오스의 『노모카논』보다 『바실리오스 법전』를 더 선호했다. 가장 최근의 제국 법 제도에 중점을 두면서도 발사몬은 "교회법이 일반 법률보다 더 효력이 있다"[5]고 주장함으로써 교회법이 제국법보다 우위에 있다고 서슴치 않고 주장했다. 하지만, 실제적으로는 제국법에 조회함으로써 공의회의 명백한 결정들을 약화시키기도 했다.[6] 이렇게 황제의 역할을 강조함으로써 그는 또한 교회의 일반적인 사무에 있어서 세계 총대주교의 권위도 강조하게 되었다. 그는 항상 이상적이고 보편적인 그리스도교 제국이라는 틀 안에서 집중화된 교회를 보여주려 했다.

---

5) *Ibid.,* ed. *cit.* I, 38.
6) 사저(私邸)에서 성사를 거행하는 것을 금지한 라오디게아 58항과, 5-6차 공의회 59항에 대한 주석에서 그는 이 조항들을 레온 6세의 네 번째 '신법'으로 덮어버렸다. ed. *cit.* II, 440 ; III, 224. 참고. P. Noailles et A. Dain, éd., *Les novelles de Léon VI,* (Paris : Belles Lettres, 1944) pp. 20-21.

여기서 교회법, 제국의 법제, 법주석가들이 제기한 문제들을 다룬 수많은 문헌들과 저자들을 다 인용할 수는 없다. 흔히 아주 논쟁적인 특징을 띠는 이 저작들은 사실 한 번도 체계적인 방식으로 다루어진 적이 없었던 중세 비잔틴 교회론을 이해하는데 아주 중요한 원천들이다.

뜨거웠던 문제들 중의 하나는 총대주교와 지방의 수좌대주교들(metropolitan)의 교회법 상의 관계이다. 이 논쟁들은 암시적인 방식으로 교회 사무에서의 황제의 역할을 문제 삼았다. 실제로 '세계' 총대주교는 교회 성직자이자 국가의 관료처럼 여겨졌다. 10세기에는 이것이 세계 총대주교가 황제를 대관할 권리를 소유했었고 필요한 경우 섭정을 행할 수도 있었던 사례들을 통해 표현되었다. 관료이기 때문에 주교회의(시노드)에서 세 명의 후보자 가운데서 선출된 주교를 총대주교에 임명하는 것은 형식적으로는 황제의 서임에 의존했다.[7] 다른 한편, 법조문들은 황제가 지역 수좌대주교 선출에서는 어떠한 개입도 하지 못하도록 하고 있으며, 어떤 규범들은 심지어 그것을 엄격하게 정죄하기도 했다. 이렇게 해서 대주교들이 시민의 봉사자로서의 총대주교에 대해 독립해 있는지 의존해 있는지의 여부는 그들이 황제와 맺는 관계에도 영향을 미쳤다.

10세기에, 한 논쟁에서는 주교회의에 의해 제출된 세 명의 후보 중에서 대주교를 선택할 수 있는 권한은 총대주교의 것이라고

---

7) Constantine Porphyrogenetos, *De ceremoniis*, II, 14, PG 112, 1044A ; Symeon of Thessalonica, *De sacris ordinibus*, PG 155, 440D

주장했던 사르디스의 대주교 에프티미오스와, 반대로 동일한 규범에 대해 총대주교는 대주교에게 서품을 줄 뿐 대주교를 선택할 권한은 없다고 해석했던 익명의 저자가 서로 대립하였다. 아마시아의 대주교 니케타스는 그때 총대주교의 권한을 옹호하는 글을 썼다.[8]

이 논쟁은, 특별히 칼케돈 공의회 규범 28항에 대한 주석을 비롯하여 발사몬의 여타 주석들이 표현해 주는 바와 같이, 황제와 총대주교에게 권한이 집중되는 것을 옹호하는 방향으로 결말이 난 것으로 보인다. 하지만 13, 14세기에 와서, 황제의 권력이 약화되자 총대주교는 제국과는 독립적으로 더욱 커다란 특권을 획득하게 되었다. 팔레올로고스 왕조 하에서 총대주교는 국가에 대한 더욱 증대된 독립성과 대주교들에 대한 보다 큰 권위를 획득하게 된다. 총대주교 아타나시오스 1세(1289-1293, 1303-1309)는 주교회의 전체를 해산시키기도 했다. 아직 비간행된 그의 총대주교 회람와 서신들은 교회법과 교회론 영역에서 지대한 관심거리를 제공한다.[9] 특별히 칼리스토스나 필로테오스와 같은 14세기의 총대주교들은 그의 예를 뒤따르게 되는데, 이들은 '세계적 지도력'(*kèdemonia pantôn*)이라는 개념을 전면에 내세우고 그것을 콘스

---

8) 모든 원문과 프랑스어 번역은 다음을 참고하라. J. Darrouzès, *Documents inédits d'ecclésiologie byzantine,* (Paris : Institut français d'études byzantines, 1966).
9) R. Guillard, "Correspondance inédite d'Athanase, patriarche de Constantinople", *Mélanges Diehl* 1, (Paris, 1930), pp.131-140 ; M. Banescu, "Le Patriarche Athanase I et Andronic II", *Académie roumaine, Bulletin de la section historique* 23 (1942), pp.1-28.

탄티노플의 총대주교에게 귀속시켰다. 당시의 총대주교『행장』들은 이를 잘 보여준다.

5. 주교회의의 칙령과 총대주교의 칙령

비잔틴 시대에 콘스탄티노플 총대주교는 사실상 동방 교회 전체의 수장이었다. 그의 권위는 먼저 콘스탄티노플 제2차 세계 공의회 규범 3항에 의해 "로마 주교 다음에 오는 명예적 특권"으로 규정되었다. 칼케돈 제4차 세계 공의회는 그 유명한 규범 28항에서 로마의 주교와 '동등한' 특권을 언급하면서 로마 제국의 수도를 관할하는 주교에게 중대한 법률적 권한을 부여했다. 또한 이 조항은 지방 수위주교의 심판에 불복할 경우 콘스탄티노플 총대주교에게 상소할 수 있도록 했다. 이러한 특권과 권한은 오로지 '제국의 수도'라는 특권에 기반을 둔 것이지 총대주교의 '무오류성'같은 개념과는 아무 상관이 없었다. 물론 지역의 중요한 교리적 문제들이 콘스탄티노플에서 총대주교와 총대주교를 중심으로 구성되는 '상임 주교회의'(permanent synod)의 일원인 주교들에 의해 해결되는 것은 불가피했다. 동방의 다른 총대주교나 그의 특사들이 출석하고 종종 황제가 주재하기도 했던, 보다 대표성 있는 공회의가 예외적인 경우에 아주 중요한 문제를 다루기 위해서 소집되었다. 이 상시적 교도권의 주요한 결정은 정교회의『시노디콘』에 포함된다. 이『시노디콘』은 아주 중요한 전례 본문이 되었고, 843년부터 이콘파괴론의 종말을 기념하여 모든 교회에서 대사순절 첫 번째 주일에 낭독된다. 여러 판본으로 존재하는 이 『시노디콘』과 총대주교청 주교회의에 의해 간행된 문서들은 비잔틴 사람들이 교회론을 어떻게 인식해 왔는지를 이해할 수 있도록 해주는 중요한 자료이다.

장엄한 감사의 기도를 시작으로 '모든 이단'에 대한 승리를 선언하는 『시노디콘』 본문은 특별히 이콘 논쟁 시기에 이콘파괴운동에 맞서서 참된 신앙을 수호했던 사람들을 기념한다. 이어서 이후 정교회 총대주교들에 대한 찬양이 뒤따르고 마지막에는 다양한 이단들에 대한 정죄가 선언된다. 9세기말부터 사람들은 콘스탄티노플 주교회의의 결정으로 결판난 새로운 교리 논쟁들과 관련된 본문들을 이 문서에 추가해왔다.

715-1416년까지의 총대주교들을 나열하는 것 자체가 다양한 내외적 문제들이 해결된 방식에 대한 중요한 증언이다. 여기서 연속해서 이그나티오스, 포티오스, 스테파노스, 안토니오스, 니콜라스, 에프티미오스를 "영원히 기억될 정교 총대주교"[10]라고 언급하는 것은, 9세기와 10세기 이그나티오스와 포티오스, 니콜라스와 에프티미오스 총대주교들 간 상호파문과 출교처분을 주고받았던 반복과 대분열이 마치 있지도 않았던 것처럼 간주되고 있음을 보여준다. 반면에 13세기 후반의 총대주교 명단에서 니케포로스 2세(1260-1261), 게르마노스 3세(1265-1267), 요한 베코스(1275-1282), 키프러스의 그레고리오스(1283-1289)와 요한 코스마스(1275-1282)의 이

---

10) *Synodikon,* ed. J. Gouillard, II, 103.

름들이 제외된 것은 1274년 리용 일치 공의회에 대한 거부, 1310년 "아르세니오스파"와 교회 당국과의 화해의 문제 등을 반영하고 있다. 아르세니오스파는 1260년 총대주교 아르세니오스의 파면을 인정하길 거부했고, 1310년 그의 완전한 복권과 그의 후계자들 몇몇에 대한 부분적인 정죄를 얻어냈다.[11]

또한 『시노디콘』에서 우리는 비잔틴 교도권이 요한 이탈로스(1076-1077)의 플라톤주의와 그와 동시대인인 깔라브리아의 닐로스의 그리스도론적 오류, 그리고 니케아의 에프스트라티오스(1117), 소테리코스 판테브제노스(1156-1157), 꼬르푸의 콘스탄티노스와 요한 이레니코스(1169-1170)의 그리스도론적 오류에 반대해서 일어섰다는 것을 발견할 수 있다. 마지막으로 우리는 『시노디콘』에서 14세기 신화(神化)와 '에너지' 교리에 관한 뜨거운 교리 논쟁에서 확인된 교회의 답변을 발견한다. 우리는 불행하게도 모든 시대의 총대주교청 주교회의 의사록을 가지고 있지는 못하다. 비잔틴 제국의 마지막 두 세기 동안의 의사록만이 부분적으로 보존되어 온다. 그것은 교회와 국가의 관계, 교회법적 절차, '교회의 경륜적 법적용'의 실제 등에 대한 정보의 풍부한 원천이며 비잔틴 사람들이 교회 안에서 율법과 은총의 관계를 어떻게 이해했는지를 알려주는 중요한 예들을 제공해준다.

---

11) Arsenites(아르세니오스파)에 대해선 다음을 참조. I. Troitsky, *Arseny i Arsenity* (St. Peterburg, 1874 ; repr. London: Variorum, 1973. [J. Meyendorff에 의한 서문과 참고문헌]).

6. 이코노미아

신학 저술만큼이나 역사적 저술들이, 자주 '이코노미아'(oikonomia)의 원리를, 정치적 혹은 개인적 목적에 따라 법을 자의적으로 해석하는 비잔틴 사람들의 특별한 경향을 보여주는 예로 들곤 한다. 이러한 해석은 명백한 오류이고, 그 원리 자체와 그것의 참된 적용에 대한 공정치 못한 판단이다. 원래, 이코노미아는 법률 용어가 아니었다. 그것은 '가정의 경영'을 의미했고, 또 신약성서에서는 하느님의 '구원 계획'을 지칭하는 것이었다.

> "우리에게 온갖 지혜와 총명을 넘치도록 주셔서 당신의 심오한 뜻을 알게 해 주셨습니다. 이것은 그리스도를 시켜 이루시려고 하느님께서 미리 세워 놓으셨던 계획(oikonomia)대로 된 것으로서 때가 차면 이 계획이 이루어져서 하늘과 땅에 있는 모든 것이 그리스도를 머리로 하고 하나가 될 것입니다."(에페소 1: 9-10, 참고 3: 2-3)

그러나 역사와 세상을 이끌어 가시는 하느님의 이 계획은 사람들에게 맡겨졌다. 성 사도 바울로에게 복음을 전하는 것은 하느님이 우리에게 맡기신 '이코노미아'였기에(I 고린도 9: 17), 따라서 우리는 "그리스도의 일꾼이며 하느님의 심오한 진리를 맡은 관리인(oikonomous)"(I 고린도 4:1)으로 간주되어야 한다. 특별히 '지도' 혹은 '관리인의 역할'은 교회를 이끄는 사역을 맡은 사람들에게 속한다.

"하느님이 맡기신 사명(oikonomia)을 따라 여러분에게 하느님

의 말씀을 남김없이 전하기 위해서 교회의 일꾼이 되었습니
다."(골로사이 1:25)

사목서신에서 '이코노미아'는 특별히 감독(episcopos, 주교)에게 속한다.

"감독자는 하느님의 집안일을 관리하는 사람(oikonomos)으로
서 흠 잡힐 데가 없어야 합니다."(디도 1:7)

그리스 교부들에게, 특별히 5세기 그리스도론 논쟁의 시기에, '이코노미아'는 일반적으로 '성육화의 사역'이라는 의미로 사용되었다. 보조적으로 이 용어는 또한 교회법 문헌에도 사용되었는데, 이때 이 용어는 분명, 교회에 부여된 사목적 '지도'와 인류를 구원하시려는 하느님의 계획을 결부시키는 맥락 안에서 사용되었다. 비잔틴 교회법전 안에서 권위가 인정되는 문헌인 『암필로키오스에게 보내는 편지』에서 케사리아의 성 대 바실리오스는 이단에 의해 행해진 세례가 효력이 없음을 주장한 성 키프리아누스의 원칙을 재확인한 뒤 다음과 같이 썼다.

"하지만 만약 이것이 (하느님의) 보편적 '이코노미아'에 장애가
될 경우, 우리는 다시 한 번 관습에 맡겨야 하고 (교회를) 이끌
어 온 교부들을 따라야 합니다."

여기서 언급된 '관습'은 아시아 지역과 관련된 것으로 이곳에서는 '신자 대중에 대한 지도'가 이단의 세례를 거부하는 방향으로 나아갔다. 어쨌든 바실리오스는 지나친 엄격함이 어떤 사람에게는 구

원의 장애가 될 수도 있다는 염려로 '이코노미아'를 정당화했다.[12] 후대의 용어법에서처럼 라틴어 신약성서 안에서도 '이코노미아'라는 용어는 체계적으로 '디스펜사티오'(*dispensatio*)로 번역되었다. 그런데 이 라틴 용어는 서방 교회법에서 "자격 있는 권위에 의해 부여된 법의 예외적인 적용"이라는 매우 구체적인 의미를 획득한다. 우리는 위에서 인용한 바실리오스 성인의 편지와 이코노미아를 다루고 있는 수많은 비잔틴 교회법 문헌들에서 이 용어가 훨씬 넓은 의미로 해석되었다는 것을 분명히 알 수 있다. 그것은 법의 예외적인 적용만이 아니라 세상의 구원을 위한 하느님의 계획이라는 일반적인 틀 안에서 개인적인 문제들을 다루어야 할 의무와 관련된 것이기도 했다. 교회법의 엄격한 적용은 때때로 복음의 충만하고 보편적인 현실에 부응하지 못하기 때문에, 교회법대로 처리하는 것 그 자체로는 우리가 하느님의 의지를 따르고 있다는 보장을 줄 수가 없다. 총대주교였던 신비가 니콜라스(901-907, 912-925)의 표현에 따르면, 이코노미아는 "인간을 향하신 하느님의 사랑을 모방하는 것"[13]이지 단순한 "규칙의 예외"는 아니다.

경우에 따라 '이코노미아'는 이 용어가 사용되든 안 되든 간에 규범 자체에 통합된 부분이 되기도 했다. 예를 들어, 니케아 공의회 규범 8조항은 지역 주교좌가 공석일 경우에는 노바티아누스파 주교도 주교로 받아들여지지만 이미 정통 교회 주교가 있을 경우

---

12) Basil of Caesarea, *Ep. ad Amphilochium*, PG 32, 669B.
13) Nicholas Mystikos, *Ep 32, to the Pope,* ed. A. Mai, *Spicilegium Romanum* 10 (1844), 300 PG 111, 213A.

에는 사제로 남든지 아니면 보좌주교(chorepiscopos)가 된다고 명시하고 있다. 이 경우 교회의 일치와 안녕은 교회의 교회법적 경계 밖에서 행해진 서품의 "효력"에 대한 모든 관념을 대체하는 개념이다. 그리고 이코노미아, 즉 교회를 위한 하느님의 계획은 성사의 효력에 대한 법적 해석을 넘어서는 살아 움직이는 유연성을 보여준다.

동시에, 이코노미아는 비잔틴 혼인법에서도 중요한 역할을 했다. 앞으로 살펴보게 되겠지만, 비잔틴의 혼인법은 한 번 뿐인 그리스도교의 결혼성사가 영원한 하느님 나라에서 "그리스도와 교회가 맺게 될 관계"(에페소서 5: 32)에 비추어 이해되어야 한다는 관념을 표현하고 보호하기 위한 것이다. 그러므로 결혼은 단순히 두 당사자가 이 땅에 살아있을 경우에는 해지할 수 없게 되는 하나의 계약이 아니라 죽음조차도 갈라놓을 수 없는 영원한 관계이다. 사도 바울로의 말처럼(I 고린도 7:8-9), 부부 중 한 명이 사망하였거나 이혼한 후에 행해지는 재혼은 허용되지만 그렇다고 그 자체가 '적법한' 것은 결코 아니다. 이 두 경우 재혼은 차악으로서 '이코노미아에 의해서' 두 번까지만 허용된다. 하지만 네 번째 결혼은 완전히 배격된다.

뜻 자체로 볼 때도 이코노미아는 법적 규범처럼 간주될 수 없다. 그리고 실제로 사람들은 이 용어를 종종 남용해 왔다. 역사 속에서 비잔틴 교회는 수도원을 배경으로 하는 '엄격파'와 이코노미아를 특별히 국가와 관련하여 폭넓게 적용하도록 권장하는 교회 당국의 관용적인 경향이라는 두 극으로의 분리를 경험해왔다. 실제적인 면에서 복음을 성취하는 다양한 방식들을 허용해주는 한, 이코노미아는 조정, 토론, 때론 불가피하게, 긴장을 수반할 수밖에 없다. 스투디오스의 테오도로스, 총대주교 타라시오스, 니케포로스, 메토디오스, 이그나티오스, 포티오스등, 이 두 경향의 대표자들이 모두 성인품에 올랐는데, 정통 신앙을 지켜나가려는 공동의 열의가 확인되는 한 교회는 그들 모두를 인정해 주었기 때문이다. 실제로, 비잔티움에서는 누구도 이코노미아의 원리를 부정하지 않았다. 그리고 모두가 "우리는 신앙의 교리가 순전하게 보존되는 한 정당하게 이코노미아를 실시할 수 있다"[14]고 말한 알렉산드리아의 총대주교 에블로기오스(581-607)에게 동의해왔다. 다시 말해, 이코노미아는 그리스도교 신앙의 실천적인 함축과 관련되는 것이지, 결코 진리를 놓고 타협하지는 않는다.

---

14) 포티오스가 그의 저작(*Library*, 227 ; ed. R. Henry (Paris : Belles Lettres, 1965), 4, 112)에서 인용한 에블로기오스의 말.

7장

동방과 서방의 분열

위에서 살펴보았듯이, 5세기 그리스도론 논쟁은 비잔틴 그리스도교 세계와 시리아, 이집트, 아르메니아 등 동방의 다른 오래된 영적 가족과의 결정적인 단절을 야기했다. 그리스인들과 라틴인들은 칼케돈 공의회에 대한 공동의 지지를 표명함으로써 로마 세계의 품안에 남아있는 그리스도교의 주된 문화적 표현들이 되었다. 그리스와 라틴이라는 두 세계를 갈라놓게 된 분열에 있어서, 역사상의 어떤 특별한 사건이나 구체적인 시기를 정확히 지적할 수는 없다. 비잔티움과 프랑크 제국의 정치적 대립, 사상과 실천에 있어서의 점진적인 괴리, 교회론과 같은 영역에서의 신학적 차이 등이 이 과정에서 커다란 역할을 했다. 그리스도교의 두 진영을 서로 멀어지게 했던 이러한 역사적 요인들과 병행해서 또한 일치를 위해 노력했던 정치적 힘들이 있었다. 예를 들어 13세기에서 15세기까지 비잔틴 황제들은 투르크 제국에 대항하려면 서방의 원군이 필요했기에 로마 교회와의 일치를 이루기 위해 아주 체계적으로 노력했다.

실제로 분열도, 일치를 위한 시도들의 실패도, 단지 사회 정치적인 혹은 문화적인 요인들만으로 설명할 수는 없다. 만약 동방과 서방을 대립하게 했던 신학적, 교회법적, 전례적 문제들을 해결할 수 있게 해줄 공동의 교회론적 척도만 있었어도, 역사의 풍랑이 만들어낸 어려움들은 충분히 극복될 수 있었을 것이다. 중세에 와서 더욱 발전된, 신앙의 최종적인 판단 준거로서의 로마 교회의 수위권(primacy) 교리는 분명 교회에 대한 동방의 개념과 모순되는 것이었다. 그 결과, 교회 안에서의 권위에 대한 개념의 차이가 존재하는 한, 그 어떤 문제도 또 그것을 해결할 방법도 합의를 이룰 수가 없었던 것이다.

1. 필리오케

'필리오케'(*Filioque*, 또한 아들로부터) 문제는 비잔틴 사람들에게 불일치의 중심으로 간주되어왔다. 필리오케가 삽입된 신조를 채택함으로써 라틴 교회는, 세계 공의회에 의해 승인된 보편적 그리스도교 신앙의 표현을 반대했을 뿐만 아니라, 잘못된 삼위일체 교리에 권위를 부여했다. 동료였던 콘스탄티노플의 미카엘 케룰라리오스의 체계적인 반(反) 라틴주의를 거부했던 안티오키아의 총대주교 베드로와 같은 가장 타협적인 비잔틴 사람들조차 이 삽입을 "하나의 악, 아니 심지어 최고의 악"[1]이라고 생각할 정도였다.

일반적으로 비잔틴 사람들은 서방이 필리오케를 채택하기에 이른 복잡한 역사적 정황을 알지 못했다. 6세기 스페인에서 아리오스주의에 대한 투쟁을 강화하기 위한 방편으로 이 표현이 신조에 도입되었고, 이렇게 수정된 신조가 프랑크 왕국에 보급되었으며, 샤를마뉴는 그리스와의 논쟁에서 이 삽입 신조를 원용했고, 비록 아우구스티누스 자신은 단 한 번도 이를 언급한 적이 없음에도 불구하고, 프랑크 신학자들은 이 수정의 정당화 근거를 사후적으로 아우구스티누스의 『삼위일체에 관하여』(*De Trinitate*)에서 찾고자 했으며, 마지막으로 아마도 1014년 경 로마 교회가 결국은 이 필리오케를 채택하게 되었다는 것, 이것이 필리오케의 복잡하고도 기나긴 역사적 과정의 개략이다. 그리스인들 중에서는 866년에 포티오스가 첫 번째로 이를 분명하게 반박했다. 그는 수정된 이 필로오케 신조가 멀리 서방의 몇몇 '야만적인' 프랑크 신학자들의 왜곡일 뿐만 아니라 더 나아가 불가리아 민족에게 반(反) 비잔티움을 선전하는 유력한 무기로 사용하고 있다고 보았다. 불가리아 민족은 이제 막 그리스인들에 의해 그리스도교로 개종되었기에 직접적으로는 비잔틴 총대주교의 관할 아래 있다고 느끼던 차였다.

동방의 총대주교들에게 보내는 회람(866)에서 포티오스는 필리

---

1) Peter of Antioche, *Letter to Michel* ; ed. Cornelius Will; *Acta et Scripta quae de controversiis ecclesiae graecae et latinae extant* (Leipzig, 1856), p. 196.

오케를 프랑크 선교사들이 불가리아에 도입한 '악의 절정'[2]이라고 규정했다. 앞에서 보았듯이, 신조 수정에 대한 그의 주된 반박은 이 수정이 하느님의 세 위격 각각의 고유한 위격적 특징에 대한 혼동을 전제하며, 그래서 새로운 형태의 양태론 이단 혹은 '반(半)사벨리우스주의'에 빠져있다는 것이다. 879-880년 공의회가 신조의 원래 본문을 엄숙하게 선언하면서, "새로운 신앙 고백을 작성"하거나, "부당한 용어 사용, 다른 내용의 추가 혹은 원래 내용의 삭제"[3] 등을 통해 신조를 왜곡하는 사람은 누구를 막론하고 정죄한다고 규정한 것에 대해 포티오스는 아주 만족했다. 그는 이것을 정교의 결정적인 승리라고 간주했고, 이를 기념하기 위해 필리오케의 "이중 발출"(double procession) 교리를 상세하게 반박하는『신비한 가르침』(Mystagogy)을 저술했다. 이 유명한 저서에서 그는 이 승리를 가능케 해준 교황 요한 8세를 '나의 요한'[4]이라고 친근하게 부르며 칭송했다.

필리오케가 로마 교회와 전 서방 세계에 의해 결정적으로 채택된 후로, 논쟁을 위해서건 친선을 도모하기 위해서건 그리스 사람들과 라틴 사람들이 만날 때마다, 불가피하게도 이 문제는 늘 새롭게 제기되곤 하였다. 이 주제와 관련된 꽤 많은 비잔틴 문헌들이 마르땡 쥐지, 한스 게오르그 벡을 위시한 여러 학자에 의해 연구되었다. "필리오케는 부당한 삽입이다", "필리오케는 성부 단

---

2) Photius, *Encyclical,* 8, PG 102, 725C.
3) Mansi, xvii, 520E.
4) Photius, *Mystagogy,* 89 ; PG 102, 380-381.

일 기원(monarchy)을 파괴한다", "필리오케는 성 삼위 하느님의 인격적 혹은 위격적 실존을 상대화시킨다" 등과 같은 포티오스의 주된 논거들은 논쟁의 중심에 서있었다. 그러나 이 논쟁은 두 진영이 각각 자신의 입장에 유리하다고 생각되는 교부 문헌들을 끊임없이 취합해 열거하는 양태를 벗어나지 못했다.

고대의 권위에 의지하려는 이 싸움은 자주 아타나시오스, 알렉산드리아의 키릴로스, 특별히 키프러스의 에피파니오스 등과 같이, 아리오스 논쟁 혹은 네스토리오스 논쟁에서 이단들에 대항하여, 영원하고 선재하시는 신적 로고스로서의 그리스도의 동일성을 확립하려고 했던 교부들을 서로 자기편으로 삼으려했다. 성령에 대해 말할 때, 교부들은 자연스럽게 필리오케가 처음으로 등장했던 6세기 스페인에서 사용된 것과 유사한 표현을 사용했었다. 예를 들어 "예수께서는 그들에게 숨을 내쉬시며 말씀을 계속하셨다. '성령을 받아라.'"(요한 20:22) 등의 몇몇 성서 본문들은 그리스도의 신성에 대한 증거로 간주되었다. 만약 "하느님의 영"이 "그리스도의 영"(로마 8:9)이기도 하다면, 그리스도는 분명 하느님과 '동일한 본질을 가진'(consubstantial) 분이시다. 따라서 성령은 성자의 '고유한' 영이며[5], 성부와 성자 "두 분으로부터 본질적으로 발생한다"[6]고 말할 수 있을 것이다. 이 본문들을 주석하면서 이 본문들이 라틴 교부들의 사상과 상통함을 인정한 고백자 막시모스는 정당하게도 "오직 성부만이 성자와 성령의 기원"이고 따라서

---

5) Athanasius, *To Serapion*, III, 1, PG 26, 625B.
6) Cyril, *Thesaurus*, PG 68, 148A.

이 본문들은 "성자가 성령의 기원이다."라는 의미가 아니라 단지 "성령은 본질의 통일성을 유지하면서 아들을 통해서(through the Son) 발생한다."[7]라는 의미로 해석했다. 다른 말로 하면, 성육화 이후 성령의 지상 사역은 우리로 하여금 성령과 성자의 위격적이고 영원한 관계에 있어서의 인과 관계가 아니라 다만 성 삼위 하느님의 세 위격이 동일한 본질을 가진다는 것을 추론할 수 있도록 해준다.

그럼에도 비잔틴 사람들이 친(親)라틴주의자라고 불렀던 사람들, 특별히 리옹의 일치 공의회가 내린 결정을 비잔티움이 받아들이게 해야 할 명백한 임무를 띠고 팔레올로고스 미카엘 8세 황제에 의해 총대주교가 된 요한 베코스(1275-1282)와 같은 사람들은, 성령이 "아들을 통하여"(through the Son) 발생한다고 언급하고 있는 그리스 교부들의 분문을 라틴의 필리오케 교리에 호의적인 방식으로 사용하려고 대단히 노력했다. 그들에 의하면, "아들을 통하여"(through the Son)와 "아들로부터"(from the Son)라는 두 표현 모두 삼위일체 신앙의 정당한 표현이었다.

정교인들이 즐겨 쓰는 반대 논거는 "아들로부터" 혹은 "아들을 통하여" 발생한다는 것은 교부 신학에서 성령의 은사들을 지시하는 것이지, 성령의 위격적 존재 자체를 지시하는 것은 아니라는 주장이었다.[8] '프네브마'(pneuma, 성령)라는 용어는 실제로 은사의 수여자와 은사를 동시에 지칭할 수 있다. 그리고 후자의 경우 "아

---

7) Maximus the Confessor, *Letter to Martinus*, PG 91, 136AD.
8) Photius, *Mystagogy*, 59, PG 102, 337.에서 이러한 논거를 발견할 수 있다.

들로부터" 혹은 "아들을 통하여", 다시 말해 육화와 역사적 그리스도를 통하여 "시간 안에서" 이루어진 것이며 따라서 "신성의 유일한 원천"이신 성부의 위격으로부터 성령이 영원히 발생하는 것과는 동시적인 것이 아니다.

하지만 13, 14세기의 주요한 비잔틴 정교 신학자들은 이 논거가 충분하다고 생각하지 않았다. 베코스에 이어서 총대주교좌에 올라 리용 공의회의 일치를 공식적으로 거부한 공의회(1385)의 의장이었던 키프러스의 그레고리오스는, 이 공의회를 통해서 '필리오케'를 정죄하는 한편, 성령이 아들을 통하여 "영원히 발현하신다"(eternal manifestation)는 사상을 승인했다.[9] 공의회의 입장은 성령의 은사들이 창조된 일시적 현실들이 아니라 하느님의 '에너지'인 창조되지 않은 은총이라고 하는 관념을 배경으로 한다. 인간은 육화하신 로고스의 몸 안에서 이 창조되지 않은 신적인 생명에 참여한다. 이 신적인 생명은 실제로 "그리스도로부터" 혹은 "그리스도를 통하여" 우리에게 주어진다. 하지만 우리에게 전해지는 것은 성령의 위격 그 자체도 또 창조된 일시적 은총도 아니다. 그것은 위격이나 본질과는 구별되는 하느님의 외적 "발현"이다. 이 논거는 14세기의 위대한 신학자 성 그레고리오스 팔라마스(1296-1359)에 의해 계승되고 더욱 발전되었다. 그는 키프러스의 그레고리오스처럼, 에너지로서의 "성령은 그리스도의 영이며 그리스도의 숨을 통해 지상에 주어졌고 보내졌고 발현되었기에 그리스도를 통해 온다. 하지만 그 존재 자체 그 실존에 있어서 성령은 '그리

---

9) Gregory of Chypre, *Tome de 1285,* PG 142, 240C.

스도의 영'이지만 '그리스도로부터'가 아니라 '성부로부터' 비롯된다."[10]라고 말한다.

시간이 흐름에 따라 필리오케 논쟁이 단순히 용어상의 논쟁이 아니었다는 점은 점점 더 분명해졌다. 어떤 의미에서 두 진영은 사실상 성령이 "아들로부터" 나온다고 말하는데 일치했다. 따라서 논쟁은 성 삼위 하느님의 위격들의 위격적 실존을 아우구스티누스 이후 서방이 주장했던 것처럼 이 위격들 간의 내적 관계로 환원할 수 있는지, 혹은 원시 그리스도교의 경험이 결코 공통의 본질로는 환원될 수 없는 세 위격들에 대한 경험이었는지에 대한 것이었다. 다시 말해 그것은 이 종교적 경험의 최우선적이고 근본적인 내용이 세 위격이었는지, 아니면 공동 본질이었는지를 결정하는 것이었다. 어쨌든 이 논쟁을 이러한 수준에 위치시키고 또 이 주제의 핵심에 대한 실제적인 대화에 착수하기 위해서는 각 진영이 상대방의 입장을 이해하는 것이 필요했다. 하지만 불행하게도 이렇게 되지는 않았다. 필리오케 문제에 대해 지루한 논쟁이 전개되었던 플로렌스 공의회에서조차 사람들은 그리스와 라틴의 주장을 화해시킬 방법에 대해서만 토론했다. 결국 플로렌스 공의회는 삼위일체에 대한 아우구스티누스적인 정의를 채택했고, 이것과 그리스 교회의 주장은 전혀 모순되지 않는다고 확인했다. 하지만 이것은 이 근본적인 문제에 대한 해결책이 될 수 없었다.

---

10) Gregory Palamas, *Apodictic Treatise,* I, 9 ; ed. B. Bobrinskoy, in P. Chrestou, *Palamas Syggrammata* (Thessalonique, 1962) 1, 37.

2. 여타의 논쟁들

포티오스는 866년의 회람에서 이미 프랑크 선교사들에 의해 불가리아에 도입된 여러 가지 전례적, 교회법적 관습들, 예컨대, 사제의 독신, 주교에 의해서만 거행되는 견진성사, 토요일 금식 등을 비판했다. 그러나 그의 비판은 선교사들이 세례 받은 불가리아인들에게 그리스의 관습들을 포기할 것을 요구했던 사실에 초점을 맞춘다. 그는 여전히 관습과 규율이 다양할 수 있다는 원칙을 교회 일치의 장애물로 생각하지 않았다. 그에게 있어서 분열로 이르게 한 유일한 신학적 문제는 라틴 사람들의 신조 수정과 그것이 전제하는 교리였다.

일반적으로 비잔티움의 대표적인 신학자들은 동일한 태도를 취했다. 안티오키아의 베드로(1050년경), 불가리아의 테오필락토스(1100년경) 같은 이들도 오직 '필리오케'만이 동방과 서방을 갈라놓는다고 확언했다. 나중에 이 두 신학적 경향의 개별적인 발전이 불가피하게 새로운 문제들을 만들어냈지만, 비잔티움의 중요한 신학자들은 라틴 신학을 반대하는 저술에서 오직 성령의 발생 문제만을 주요한 문제로 삼았다.

대중적 신심의 수준에서는 논쟁들이 더욱 날카로운 분위기를 띠었고 자주 매우 주변적인 문제를 둘러싸고 전개되었다. 포티오스 때 불가리아에서, 또 미카엘 케룰라리오스 때 이탈리아에서, 프랑크의 개혁주의자들은 의도는 좋았지만 제대로 알지 못하고 그리스 교회의 관습들을 공격했다. 또 그리스 교회는 라틴 교회의 규율과 예식을 비판하면서 반격했다. 그렇게 해서 11세기의 분열은 전적으로 예식에 관한 논쟁의 결과였다. 포티오스가 제기한 문제들에 더하여 미카엘 케룰라리오스는 성찬에서 누룩 없는 빵을 사용하는 것, 라틴 교회가 엄격하게 금식을 시행하지 않는 것, 세 번이 아니라 한 번의 침례로 축소된 세례 관습 등의 문제들을 '라틴의 이단적 행태' 목록에 포함시켰다.[11]

케룰라리오스의 목록은 이후 논쟁가들에 의해 자주 인용되었고 또 종종 보충되기도 했다. 그럼에도 그리스인들에게는 이 모든 문제 중에서도 오직 '아지모스'(azymos)의 문제, 즉 성찬에서 '누룩 없는 빵'을 사용하는 문제만이 참으로 신학적인 문제로 간주되었고, 심지어는 종종 필리오케 문제와 거의 동일한 중요성을 갖는 문제로 생각되었다. 이렇게 해서 그리스인들과 슬라브인들은 중세 내내 라틴인들을 '아지미트'(Azymites), 다시 말해 "누룩없는 빵을 사용하는 자들"이라 불렀다.

오크흐리드의 레온이나 니케타스 스테타토스와 같은 케룰라리오스의 동료들이 발전시켰고, 또 그 후계자들이 계승한 논거들은 다음과 같은 세 가지 내용으로 요약될 수 있다. 1) 누룩 없는 빵의 사용은 유대교적인 것이다. 2) 그것은 공관복음서의 역사적 내용과 모순된다. "예수께서 빵(artos)을 취하사"라고 했지 "누룩없

---

11) Michael Cerularius, *Letter to Peter of Antioche* ; ed. C. Will, *Acta et Scripta quae de controversiis ecclesiae graecae et latinae extant*, pp. 179-183.

는 빵"(*azymon*)이라고 하지 않았다. 3) 누룩 없는 빵은 생명이 아니라 '죽음'을 상징한다. 왜냐하면 반죽 안에 있는 누룩은 육체 안에 있는 영혼과 같은 의미를 가지기 때문이다. 이 논거들의 취약성은 따로 증명해 보일 필요가 없다. 특별히 두 번째 사항은 몇 가지 다른 주석적 역사적 문제를 포함한다. 예를 들어 주님의 마지막 만찬이 유월절 식사였는가? 라고 질문할 수 있다. 그렇다면 이 경우 실제 사용된 것은 누룩 없는 빵이었을 것이다. 그렇지 않다면 예수가 '새' 언약을 제정하기 위해 고의적으로 율법을 범하였는가? 또 보통 일반적인 빵을 지칭하는 단어 '아르토스'가 '누룩 없는 빵'을 의미할 수도 있는가?

세 번째 논거 또한 아르메니아인들과의 그리스도론 논쟁 과정에서 그리스인들이 발전시킨 것이다. 니케타스 스테타토스는, 10세기 마케도니아 왕조의 황제들에 의해 정복된 이후 비잔티움과 밀접한 접촉을 가지고 있던 아르메니아인들과의 논쟁에 끼어들었다. 아르메니아인들은 성찬에 누룩 없는 빵을 사용했고, 그리스인들은 이 관습을 '단일본성론적' 그리스도론 더 구체적으로 '아폴리나리우스적인' 그리스도론이라고 주장했다. 그리스도의 인성을 상징하는 빵은 '살아있고' 역동적이어야 하며, 인성의 생생한 에너지를 충만하게 소유하고 있어야 했다. 그래야만 칼케돈 세계 공의회의 정통신앙에 충실하게 머물러 있을 수 있었다. 라틴인들은 아르메니아의 '단일본성론자들'을 모방하여 '죽어버린' 아지모스를 사용했기에 스스로 '아폴리나리우스 이단'에 빠졌고, 그리스도가 인간의 영혼을 가지고 있었다는 것을 부정하게 되었다고 그리스인들은 주장했다. 이렇게 해서 중세 이후까지도 그리스와 슬라브 국가들에서 라틴인들은 '아폴리나리우스 이단'으로 간주되었다. 예를 들어 이 논거는 16세기 "모스크바는 제3의 로마이다"라는 러시아 이데올로기를 확립한 수도사 필로테오스의 저술 속에 다시 등장했다.

13세기 말부터 그리스와 라틴 신학자들의 다양한 만남은, 당대 라틴 신학 안에 등장하여 점점 더 확산되어 갔던 스콜라적인 구체화를 반영한다. 이 스콜라적 구체화는 "사후 영혼의 운명"이나 "연옥의 불" 등에 대한 것이었다. 팔레오로고스 미카엘 8세 황제(1259-1282)가 억지로 서명해야만 했던 플로렌스 공의회의 일치 신앙 고백은, 낙원에서 참회의 열매를 맛보기 전에 영혼은 "사후에 연옥의 불로 정화"되어야 하고 죽은 자들을 위한 기도는 그들의 '벌'을 완화시킨다는 장황한 결론을 포함하고 있다.[12] 비잔틴 전통은 죽은 자들을 위한 기도가 정당하고 또 필요한 것이고, 그리스도의 몸의 모든 지체의 연대는 죽음으로도 단절되지 않으며, 교회의 중보를 통해서 죽은 자들은 하느님께 가까이 나아갈 수 있다고 항상 인정한다. 그럼에도 "연옥의 벌"이라는 법률적 개념으로 표현되는 "보속'을 통한 구원"이라는 관념은 거부했다. 이점에서 비잔틴 신학자 대부분은 라틴인들에게서 감명을 받기보다는 도리어 황당해 했다. 또 라틴인들은 이를 반박하고 타당한 해결책을 발견할 수 있는 유일한 토대인 구원 교리의 보다 넓은 틀 안에 이 문제를 위치시키는 데 실패했다. 처음으로 이 주제를 진지하게 다룬

---

12) Mansi, XXIV, 70A.

플로렌스 공의회조차 토론은 세부적인 것들로 제한되었고 구원의 개념 그 자체에 대해서는 조금도 논의되지 못했다.[13] 대다수의 그리스인들은 논쟁에 지쳐 이 문제에 대한 세부적이고 순전히 라틴적인 정의에 동의하고 말았다.

플로렌스 공의회 이전 수 십 년 동안, 비잔틴 사람들이 라틴의 전례 관습들에 대해 많은 지식을 얻게 되면서 또 다른 문제가 대두되었는데, 감사의 성찬 예배 봉헌 기도문(Eucharist canon)에서 성찬 제정의 말씀(the words of institution)과 성령 초대 기도(epiclesis) 사이의 관계가 바로 그것이었다. 비잔틴 논쟁가들은 로마 교회의 성찬 기도문에 성령 초대 기도가 없다는 것을 발견하고 이를 질책하면서 모든 성사 행위는 성령을 통해서 완성된다고 주장했다. 유명한 영적 저자인 성 니콜라스 카바질라스(+1380년 경)는 이를 확증하기 위해 그의 『거룩한 성찬 예배에 대한 설명』(Explication of the Divine Liturgy)[14]에서 라틴 예식 자체의 권위를 상기시켰고, 따라서 라틴 예식의 그리스도교적 정통성을 분명하게 인정했다. 그는 성령 초대 기도가 라틴 교회의 서품 성사 예식의 한 부분이며, 로마 교회 미사의 "전능하신 이여 당신께 간구하오니…"(Supplices te rogamus)라는 기도에도 성찬 제정의 말씀에 이어지는 '봉헌물을 위한' 기도가 포함되어 있다는 것을 일깨워주었다.

---

13) 이 논쟁의 주요 문서들은 다음을 참고하라. L. Petit dans la *Patrologia orientalis 15 (*Paris, 1903), pp.1-168.
14) Nicolas Cabasilas, *Explication of the Divine Liturgy*, chs. 29-30 ; ed. Périchon, SC 4 bis (Paris : Cerf, 1967), pp. 179-199 ; trans. J. M. Hussey and P. A. McNulty (London : SPCK, 1960), pp.71-79.

카바질라스에 따르면, 성찬 제정의 말씀이 그 자체로 축성을 의미하는 것은 아니다. 이 논거의 설득력이 어떠하건 간에, 성령 초대 기도에 대한 그리스인들의 강조가 성사에 대한 교부 신학 전통 안에서 언제나 완벽하게 존재해 왔다는 사실만은 분명하다. 특별히 교부들이 성령 초대 기도를 라틴 교회 예식의 축성 형식과 대립되는 하나의 축성 '형식'이 아니라 성찬 제정의 말씀을 중요한 부분으로 포함하고 있는 성찬 기도 전체의 일반적이고 필수적인 완성으로 제시한다는 점에서 그러하다.

3. 교회 안에서의 권위

중세에 그리스인들과 라틴인들을 대립시켰던 문제들 대다수는, 다양한 문화와 역사적 상황이 만들어낸 불가피한 다툼들을 처리할 수 있는 공통의 권위를 이 두 진영이 인정하기만 했어도, 아마 쉽게 해결될 수 있었을 것이다. 불행하게도 전례와 규율에 대한 논쟁들 배후에는 교회론의 차이가 있었다. 오늘날 역사가들은 중세 교황제도가 오랜 세월에 걸친 교리적 제도적 발전의 결과물이라는 사실, 그리고 이 발전 과정에서 기회가 없어서건 열의가 부족해서건 간에 결과적으로 동방 교회는 참여하지 않았다는 것을 인정한다. 로마 가톨릭 교회와 정교회는 그러한 발전의 타당성을 놓고 그리스도교 계시의 관점에 입각해서 서로 치열하게 다투었다.

11세기의 개혁된 교황제도는 베드로의 역할과 관련된 복음서 구절들, 특별히 마태오 16:18, 루가 22:32, 요한 21:15-17 등을 체계적이고 법적인 방식으로 로마 주교에게 적용해온 서방의 전통적인 주석에 호소했다. 비록 이 주석이 동방에서는 크게 공감을 얻지 못했지만, 비잔틴 사람들조차도 특별히 교황의 호의를 얻을 요량으로 보낸 문서들에서 이 주석을 종종 인용할 만큼 이에 대해 완전히 무지하지는 않았다. 하지만 비잔틴 사람들은 이 주석에 결정적인 신학적 의미를 부여하지는 않았다.

교회가 세워진 '반석'인 베드로의 개인적 역할은 비잔틴 교회 저자들에 의해 기꺼이 인정되었다. 오직 전체적으로 라틴교회에 적대적인 논쟁가들만이 나중에 그 역할을 애써 축소하려 하였다. 하지만 보다 명석한 비잔틴 신학자들은 적어도 이들과는 달랐다. 포티오스는 베드로가 "사도 집단의 대표이며, 교회의 반석으로 세워졌고, 진리 그 자체이신 분에 의해 하느님 나라의 열쇠를 가진 사람으로 선언되었다"[15]고 말했다.

비잔틴 교회 문헌들과 성가집에는 이런 종류의 수많은 구절이 발견된다. 하지만 신앙의 본질과 그 본질이 교회 안에서 유지되고 영속된다는 보다 일반적인 사고 밖에서는 이 구절의 의미 전체를 파악할 수 없다.

교부들의 주석 전통의 공통되는 원천인 오리게네스는 이 유명한 마태오복음 16장 18절을 베드로의 신앙 고백에 대한 예수님의

---

15) Photius, *Hom.*, 1 ; trans. in C. Mangom The Homilies of Photius (Cambridge : Harvard University Pressm 1958), p. 50.

응답으로 해석하면서 주석한다. 시몬은 교회가 세워지는 "반석"이 되었다. 왜냐하면 그는 그리스도의 신성에 관한 참된 신앙을 고백했기 때문이다. 오리게네스는 계속해서 이렇게 주석한다.

> "만약 우리가 '당신은 그리스도요, 살아계신 하느님의 아들이십니다'라고 말한다면, 우리들도 베드로가 된다. … 왜냐하면, 그리스도와 연합되는 사람은 누구나 베드로가 되기 때문이다. 그리스도가 진정 다른 복된 사람들은 다 제쳐두고 오직 베드로에게만 하느님 나라의 열쇠를 주셨겠는가?"[16]

그러므로 오리게네스에 따르면, 베드로는 첫 번째 "신자"일 뿐이며 그가 받은 열쇠는 그에게만 하늘 문을 열어준다. 만약 다른 사람이 그를 따른다면 그는 베드로를 "닮을" 수 있고 또 똑같은 열쇠를 받을 수 있다. 이렇게 그리스도의 말씀은 제도적 가치가 아니라 구원론적 가치를 지닌다는 것이다. 이 말씀은 단지, 필립보의 카이사리아로 가던 길에 베드로가 표현한 바로 그 신앙이 그리스도교 신앙이라는 것을 확인해줄 뿐이라는 것이다. 전체적으로 교부들의 주석에서, '베드로의' 말은 이런 의미로 수용되었고, 비잔틴 문헌들 또한 이러한 전통에 머물러 있다. 12세기 테오파니스 케라메오스의 것으로 추정되는 이탈리아-그리스어 설교들에서 다음과 같은 내용이 발견된다. "주님은 하느님 나라의 문이 이단에게는 닫히고 신실한 자에게는 쉽게 열리도록 베드로와 그를

---

16) Origène, *Hom. sur Matt.,* XII, 10 ; éd. Klostermann GCS 40 (Leipzig, 1935), pp. 85-89.

본받는 모든 사람에게 열쇠를 주신다."[17] 그러므로 베드로에게 말씀하실 때, 예수님은 교회 조직을 신앙의 수호자로 강조한 것이라기보다는 오히려 '신앙의 의미'를 교회의 토대로 강조한 것이다. 그러므로 동방과 서방의 그리스도론 논쟁 전체는 신앙이 베드로에게 의존하고 있는지 아니면 베드로가 신앙에 의지하고 있는지에 관한 문제로 환원된다. 우리는 베드로 계승에 대한 서로 다른 두 인식을 비교함으로써 이 문제를 더 잘 이해할 수 있다.

비록 많은 비잔틴 교회 저자들이 오리게네스를 따라 각 신자들에게서 이 계승을 인정하지만, 일군의 저자들은 그리스도교에 대해 이보다는 덜 개인주의적인 시각을 가지고 있다. 그들에 따르면 신앙은 성사 공동체 안에서만 충만하게 실현될 수 있고, 이 성사 공동체 안에서 주교는 특수한 방식으로 그리스도의 가르침의 사역을 완성하고 이렇게 함으로써 신앙을 보존한다고 생각했다. 이런 의미에서 "형제들에게 힘이 되어다오"(루가 22:32)라는 그리스도의 부탁을 받은 베드로와 지역 교회에서 신앙의 수호와 계승의 역할을 담보하는 주교 사이의 구체적인 관계가 존재한다. 비잔틴 사람들에게는, 3세기 카르타고의 키프리아누스[18]가 가장 잘 표현했

---

17) Theophanes Kerameus, *Hom.,* 55 ; PG 142, 965A. 마태오 16:18에 대한 교부 주석의 보다 일반적인 관점에 대해서는 다음을 참고하라 : J. Ludwig, *Die Primatworte Mt. 16:18-19 in der dltkirchlichen Exegese* (Münster, 1952) ; J. Meyendorff, "St Pierre, in Byzantine Theology", *The Primacy of Peter in the Orthodox Church*, ed. J. Meyendorff (London : Faith Press, 1963), pp. 7-29.
18) 키프리아누스에 대해서는 다음을 보라. A. d'Alès, *La théologie de St Cyprien* (Paris, Beauchesne, 1922) ; P. Th. Camelot, "St Cyprien et la primauté",

듯이, "베드로의 권좌"는 각 지역 교회 주교들에게 계승된다는 초기 그리스도교적 인식이 가장 명백하고 전통적인 모델로 남아있다. 예를 들어 니싸의 성 그레고리오스는 예수님은 "베드로를 통해서 주교들에게 하늘나라의 영예의 열쇠를 주셨다[19]"고 말했다. 또 위(僞) 디오니시오스는 '최고 성직자', 즉 지상 교회의 주교에 대해 언급하면서 베드로의 이미지와 연결시킨다.[20] 우리는 이 시기 이후에도 라틴 교회와의 논쟁과는 상관없이 사용된 이런 표현들의 예를 수없이 열거할 수 있다. 베드로 계승은 올바른 신앙이 보존되는 곳이면 어디서나 볼 수 있으며, 따라서 그것은 지리적으로 고정되지도, 한 지역 교회나 한 개인에 의해 독점될 수도 없다. 그러므로 비잔틴 사람들이 로마의 수위권에 대한 중세적 개념의 발전을 이해할 수 없었던 것은 너무나 자연스럽다. 13세기 십자군이 콘스탄티노플을 함락한 직후, 니콜라스 메자리테스는 라틴인들에게 이렇게 말했다.

> "당신들은 베드로를 로마만의 스승으로 보여주고 싶어 한다. 하지만 거룩한 교부들은 구세주께서 그에게 주신 약속이 보편적인(catholic) 의미를 가지고 있으며 구세주를 믿었던 그리고 믿고 있는 모든 사람들에게도 해당한다고 말했다. 이 약속을 로마에게만 귀속시킴으로써 당신들은 아주 편협하고 잘못된 해석을 저지르고 있다. 만약 그것이 사실이라면, 로마

Istina 4 (1957), 421-434 ; M. Bévenot, introduction and notes for Cyprien, *De catholicae ecclesiae unitate* in ACW 25 (Westminster, Newman, 1957).
19) Gregory of Nyssa, *De castigatione*, PG 46, 312C.
20) Pseudo-Dionysius, *Eccl. hier.*, VII, 7, PG 3, 561-564.

교회를 제외한 다른 모든 교회들이 구세주를 주님으로 모시는 것도, 또한 각 교회가 약속에 따라 반석 위에, 즉 베드로의 교리 위에 세워지는 것도 불가능할 것이다."[21]

분명히 메자리테스의 이 글은, 예를 들어 사도적 교부들이 "고린토에 있는 '가톨릭' 교회"라고 말함으로써 각 '지역' 교회에 귀속시켰던, '지역' 교회의 완전하고도 충만한 '가톨리시티'(Catholicity, 보편성)를 승인하는 교회 개념을 함축하고 있다. '가톨리시티'(보편성)와 진리와 사도성은 이렇게 해서 하느님이 성찬 예배를 핵심으로 하는 성사 공동체 각각에 주신 속성이 된다. 그리고 이 성사 공동체들은 모두가 하나의 참된 주교직과 참된 성찬, 따라서 그리스도의 충만하고도 참된 현존을 소유한다. 비잔틴 사람들은 신학적인 차원에서 어떤 특별한 교회가 다른 교회보다 베드로의 신앙을 더 잘 보존할 능력을 부여받았다는 생각에 전적으로 낯설다. 가장 높은 진리의 징표는 주교들의 합의에 의해 형성되지 그들 중 어떤 한 주교에 의해 그렇게 되는 것은 아니다. 이로부터 비잔틴 사람들은 끊임없이 공의회의 권위를 주장해 왔고 그렇기 때문에 로마의 교황 수위권 주장을 이해할 수 없었다. 비잔틴 사람들에게 낯설었던 것은 수위권(primacy) 사상 자체가 아니다. 오히려 그들은 이것을 하느님이 어느 한 특별한 지역 교회에 주신 기능이 아니라 공의회 규범에 종속되는 것으로 간주해왔다.

---

21) Nicolas Mesarites, in A. Heisenberg, ed., *Neue Quellen zur Geschichte der lateinischen Kaisertums und der Kirchenunion*, II. *Die Unionverhandlungen von 30 Aug. 1206,* in *AbhMunchAk*, Phil. Klasse (1923) 2 : 34-35.

4. 수위권에 대한 두 가지 인식

"동방과 서방의 중대한 차이가 특별히 주목받을 가치가 있다. … 비록 로마 교회가, 신생 그리스도교 공동체들이 베드로 사도에게 표하는 공경심에 의지하여, 또 로마의 주교야말로 베드로의 계승자라고 자처하면서, … 이탈리아와 서방의 여타 지방에서 자신의 특권을 요구하였지만, … 동방의 지역에서는 '사도성'(apostolicity)이란 사상이 교회를 세우는데 있어서 매우 제한된 역할만 했다."[22]

역사가들은 자주, 로마 교회가 서방에서는 유일하게 '사도들에 의해' 세워졌다고 내세울 수 있었고 그래서 '베드로와 바울로의 묘소'에 수많은 순례자들을 불러들일 수 있었다는 사실을 인용해왔다. 동방에서는 수많은 대도시들과 그보다 작은 지역에 있는 교회들이 정당하게도 베드로, 바울로, 요한, 안드레 혹은 그 밖의 사도들에 의해 세워졌다고 주장할 수 있다. 하지만 이 다양한 '사도성'에 어떠한 법률적 관할권(juridictional)도 부여하지 않았다. 일례로 4세기 예루살렘의 주교는 여전히 팔레스타인의 수도였던 케사리아 대주교구의 보좌주교였다.

니케아 공의회가 그 유명한 규범 6항에서 모호하게, 알렉산드리아, 안티오키아, 로마 교회의 예외적인 특권을 인정하는 '고대

---

[22] François Dvornik, *The idea of Apostolicity in Byzantium* (Harvard University Press, Cambridge, Mass., 1958), p. 39.

의 관습들'에 대해 언급했을 때, 이 도시들의 선택은 그 교회가 사도들에 의해 세워졌기 때문이 아니라 단지 그 도시들이 제국의 가장 중요한 도시들이기 때문이었다. 왜냐하면 나중에 서방의 주석가들이 주장하는 대로, 만약 기준이 사도성에 있었다면, 권위가 덜한 성 마르코 사도에 의해 세워졌다고 알려진 알렉산드리아 교회는 신약성서 자체가 보증해주듯이 베드로가 있었던 안티오키아 교회보다 더 우월한 위상을 누릴 수 없었을 것이다.

여러 교회들에 미치는 보편적 혹은 지역적 수위권을 정의할 때, 동방은 항상 실용적이었다. 그래서 로마가 '사도성'이라는 수위권의 기준에 절대적이고 교리적인 의미를 부여하자마자, 이 수위권 문제는 필연적인 충돌로 이어질 수밖에 없었다. 비잔틴 제국 안에서 이 '실용주의'는 사실상 국가의 구조에 따라 교회를 조직하는 것에 있었다. 이것이 바로 칼케돈 세계 공의회(451) 규범 28항이 밝혀주는 바이다.

> "교부들은 정당하게도 '옛 로마' 주교좌에 특권들을 부여해왔다. 왜냐하면 옛 로마는 제국의 수도였기 때문이다. 그리고 동일한 생각을 가진 (콘스탄티노플 세계 공의회로 모인) 150명의 거룩한 주교들은 똑같은 특권을 '새 로마'(콘스탄티노플)의 거룩한 주교좌에 부여했다. 새 로마는 황제와 의회가 위치해 있는 영예를 누리고 있고 또 제국의 옛 로마와 동등한 특권을 누리듯이, 이를 따라서 새 로마의 교회도 옛 로마의 교회처럼 칭송되고 옛 로마 다음으로 첫 번째 자리를 차지해야 옳다고 정당하게 판단했기 때문이다."

이것은 어떤 경우에도 로마의 특권을 약화시키기 위한 것이 아니었다. 본문은 오히려 칼케돈 세계 공의회에 의해 해임된 알렉산드리아의 디오스코로스의 야망을 겨냥한 것이었다. 게다가 "이것은 콘스탄티노스 황제 시대부터 교회의 행정을 제국의 행정 구조와 일치시켜왔던 전통적인 원칙을 수용했던 비잔틴 시대 교회 조직의 논리적 발전에 전적으로 부합한다."[23] '베드로의 권위에 기반한' 로마의 수위권 주장과 해석은 여기서 분명하게 배제되었다. 앞에서 살펴보았듯이 베드로 계승은 오히려 각 교회에 존재하는 주교직 안에서 확인되며, 로마의 주교를 포함해서 모든 '베드로의 계승자'들이 그 계승에 있어서 실패할 수도 있는 하나의 책임성으로 이해되었다.

그래서 15세기의 신학자 테살로니키의 시메온은 이렇게 기록했다.

> "우리는 라틴인들이 로마의 주교가 첫 번째라고 말할 때 그들에게 반박해서는 안 된다. 이 수위권은 교회에 해를 주지 않는다. 단지 그들이 베드로의 신앙과 베드로의 계승자들이 보여준 신앙에 충실하다는 것을 스스로 증명해주기만을 바랄 뿐이다. 만약 그렇게만 된다면, 그가 베드로의 모든 특권을 누리게 하자. … "[24]

---

23) J. Meyendorff, *Orthodoxy and Catholicity* (New York : Sheed & Ward, 1965), p. 74.
24) Symeon of de Thessalonique, *Dialogus contra haereses,* 23, PG 155, 120AB.

5. 분열의 의미

문화적 역사적 차이들은 쉽게 신학적 차이에 이른다. 하지만 이 차이는 모순이나 양립불능으로 치닫지 않을 수도 있다. 4세기부터 실제로 동방과 서방 사이에선 다양한 논쟁과 때로는 격렬한 충돌이 있어왔다. 하지만 매번 새롭게 되살아나는 긴장에도 불구하고, 11세기까지는 두 진영 모두에서 문제를 해결하고자 하는 시도들이 있어왔다. 공의회 제도가 바로 그것이었다. 주로 동방 지역에서 황제의 소집으로 열렸고 로마의 특사들은 항상 영예의 자리를 차지했던 공통의 공의회들은 분쟁의 최후 단계였다. 9세기 동방의 포티오스와 로마의 니콜라스 1세 교황을 대립시켰던 위기는, 바로 이런 방식으로, 즉 이러한 절차를 적용한 마지막 공의회이며 또 정교회가 이전의 세계 공의회와 거의 같은 권위를 부여하는 879-880년 공의회를 통해서, 해소될 수 있었던 것이다.

11세기 신흥 게르만족에게 편향되어 개혁된 교황권은 더 이상 이러한 형태의 공의회성(conciliarity)을 채택하지 않았다. 이에 더하여 십자군 전쟁은 동방과 서방의 두 문명을 서로 적대하게 만드는데 크게 기여했다. 서방의 대분열로 동요된 교황권과 터어키에 의해 위협받던 비잔티움이 결국 플로렌스에서 일치를 위한 공의회를 열기로 합의했지만, 진정한 신학적 대화를 가능하게 해줄 상호 존경과 신뢰의 분위기를 만들어 내기에는 이미 너무 늦었다.

8장

서방과의 만남

칼라브리아의 발람을 제외하면, 1351년에 결말이 난 신학논쟁의 당사자 그 누구도 서방 신학에 대해 잘 알지 못했다.(4장을 참고하라) 그리스인들과 라틴인들의 논쟁은 각자가 확연히 다른 맥락 안에서 사용해온 신앙의 정식 주위를 맴돌았다. 게다가 이중의 신학 교육에도 불구하고 발람 자신도 서방 신학 사상의 위대한 대변자라기보다는 아마도 유명론(nominalism)에 영향 받은 책략가였다.

하지만 인간이 하느님에 실제적으로 '참여'할 수 있다는 신학을 승인했고, 하느님의 '본질'과 '에너지'를 분명하게 구별 정립한 1341년과 1351년 공의회의 공식적인 결정들은 분명 그 시대의 라틴 신학과는 양립할 수 없는 것이었다. 이 결정의 내용에 대해, 또한 이 결정들이 교부 전통과 라틴 교회의 스콜라신학 각각과 맺는 관련성에 대해 풍성한 대화가 이루어지려면 많은 시간과 폭넓은 역사적 지식과 진정 개방적인 정신이 필요했다. 이 조건들은 두 진영 모두에게서 충족되지 못했지만, 비잔티움에서는 제국의 마지막 세기에 거의 충족되어가는 과정에 있었다. 이 장에서는 이에 대해서 살펴보자.

1. 요한 칸타쿠제노스의 써클

적법한 황제인 팔레올로고스 요한 5세의 장인이자 그 자신도 1347년-1354년 동안 황제를 역임했던 요한 칸타쿠제노스는 비잔티움에서 팔라마스 신학 사상이 승리하는데 결정적인 역할을 했다. 양위 후에도 그는 약 40년 동안 비잔틴 사회에서 정치적 지성적 힘을 과시했다. 1354년 삭발례를 받고 수도자가 된 후에도 그는 지식인들에게 아주 관대한 문예학술 옹호자로 통할만큼 깊은 풍모와 영향력을 가지고 있었다. 그는 콘스탄티노플과 펠로폰네소스의 미스트라를 오가면서 그의 두 저택에서 사본 필사와 학문사업의 진흥을 고무시켰다.

신학자였던 그는 팔라마스 신학사상에 대한 아주 박식한 변증론과 이슬람에 대한 긴 반박문을 쓴 저자이기도 하다. 하지만 그는 생애 내내 서방 그리스도교를 시야에서 놓치지 않았고 여러 번 교황 특사들과의 토론에 참여했다. 로마 교회와의 일치는 터키의 위협을 물리칠 십자군 원정의 조건으로서 계속해서 그 시대의 가장 주요한 외교 현안이었다. 요한 5세 황제를 비롯하여 비잔틴 사람들은 즉각적인 군사적 도움을 얻기 위해서 로마의 모든 조건을 당장이라도 들어줄 준비가 되어있었다. 특별히 성직자들 중에서 핵심적인 위치를 차지하고 있던 팔라마스의 제자들을 비롯하여 교회 성직자 대다수의 지지를 바탕으로 반드시 공동의 공의회를 소집해 동방과 서방을 갈라놓았던 신학적 문제들을 해결해야만 교회의 일치가 가능하다고 칸타쿠제노스는 주장했다. 그는 서방의 원조의 실효성에 회의적이었고, 대부분의 백성들과 마찬가지로 정통 신앙(Orthodoxy)을 배신하느니 차라리 터키에 정복되는 편을 더 선호했던 것 같다.

어쨌든, 그는 서방과 만나는 것을 결코 반대하지 않았다. 오히려 그는 여러 차례 진지한 신학적 대화를 제안했고 그러한 만남을 위해 아주 세밀하게 준비하도록 적극 격려했다. 라틴 신학 사상에 대한 지식은 만남의 필수적인 조건이었기에 칸타쿠제노스 주변에서는 서방의 신학 저술들이 체계적으로 그리스어로 번역되기 시작했다. 황제 자신도 이슬람과의 논쟁에서 그 중 몇몇을 사용하기도 했고 그의 비서이자 친구인 디미트리오스 키도네스는 칸타쿠제노스의 승인과 지지 속에서 자신의 전 생애를 토마스 아퀴나스 신학의 번역과 연구에 바쳤다. 그와 병행해서 그의 또 다른 친구인 니콜라스 카바질라스는 그리스 교부들의 가장 훌륭한 전통 안에서 성사적 신비주의를 되살려냈다. 1367년, 칸타쿠제노스는 교황 특사 바오로에게 교회 일치는 결코 황제의 칙령으로 이뤄지지 않을 것이라는 신념을 피력했다. "우리 교회에서 그것은 불가능하다. 왜냐하면 신앙은 결코 강요될 수 없기 때문이다."[1] 이 시기 정교회의 대다수가 비잔틴 황제의 영향권 밖에 있었다는 점에서 그의 상황인식은 아주 현실적이었다. 그리스의 대다수는 이미 터키 수중에 들어갔고, 발칸 반도의 슬라브 민족들은 정치적 교회적으로 이미 독립한 상태였으며, 러시아 교회가 자신들을 배제하고 이루어진 일치 결정을 쉽게 받아들일 가망은 거의 없었다. 비잔티움은 교회와 관련해서 포티오스 시대와 같은 대대적인 제도 정비를 희망할 수 없었고, 단지 이미 예고된 대화에 당시 지식인들 중 지도적 인사들을 내세울 수밖에 없었다. 동료들과 함께 칸타쿠제노스는, 하나의 공통 공의회에서 서방에 대한 동방의 신학적 승리가 이루어진다면 실제로 교회 일치가 가능해 질 것이라고 판단하고, 이 공의회에 필요한 개념 체계들을 완벽하게 제공하기 위해 자기의 모든 권한을 다 동원했다.

칸타쿠제노스 진영은 당시 주류의 신학적 관점과는 근본적으로 다른 태도를 종종 채택하기도 했던 하나의 지성적 흐름을 낳았고, 이 흐름은 그 후 2-3 세대 동안 지속되었다. 최근에 와서야 그들의 글이 연구되기 시작했는데, 지금 우리가 알고 있는 수준에서만 보아도 비록 몇몇 개인이 잘못된 방향으로 나갔고 또 몇몇 중대한 오류들을 범했지만, 서방 신학과의 '깊이 있는' 만남을 싹틔울 준비를 하고 있었다는 것만은 분명해 보인다.

---

1) J. Meyendorff, "Projets de Concile OEcuménique en 1367 un dialogue inédit entre Jean Cantacuzène et le légat Paul", *Dumbarton Oaks Papers* 14 (1960), 174.

2. 인문주의자들과 토마스주의자들

칸타쿠제노스는 백과사전적 관심으로 말미암아 모든 형태의 지식, 특히 몇몇 귀족과 지식인 사이에 살아남았던 세속 철학 연구 전통에 전폭적인 지지를 보냈다. 11, 12세기의 주교회의 칙령은 인문주의자들이 그리스 철학을 신학 사상의 척도로 삼을 위험이 있다고 경고했지만, 초기에 칸타쿠제노스의 보호를 받았던 칼라브리아의 발람은 허용된 경계를 훨씬 넘어서 신학을 지성적 지혜와 사변적 지식의 수준으로 축소시키기에 이르렀다. 1341년 주교회의는 그의 잘못된 주장들과 그를 정죄했다. 1347년 칸타쿠제노스의 권력 승계는 팔라마스와 헤지카스트 진영의 승리와 동시적인 것이었다. 이들의 승리는 반대 진영 대다수에게 하나의 모태이기도 했던 인문주의 전통에 하나의 재앙처럼 여겨졌다. 비잔틴 교회는 플라톤주의적 인문주의를 분명한 태도로 거부했고 서방이 막 채택하고 있었던 인문주의 문화의 틀을 따라가려 하지 않았다.[2] 인문주의의 선구자였던 포티오스, 미카엘 프셀로스, 테오도로스 메토키테스 등은 라틴사람들을 '야만적'이라고 무시했었지만 이 시기의 여러 탁월한 인문주의자들은 서방에서, 특별히 이탈리아에서 참된 헬레니즘의 마지막 피신처를 발견했다.

칸타쿠제노스의 정치 자문으로 친분이 돈독했던 디미트리오

---

[2] J. Meyendorff, *Introduction à l'étude de Grégoire Palamas* (Paris : du Seuil, 1959), p. 194.

스 키도네스(1324-1398)도 분명 그들 중 한 사람이었다. 젊은 시절 확고한 정교신앙의 소유자였던 그는 교황을 "복되신 분", "거룩하신 분", "공통의 목자", "아버지" 그리고 "그리스도의 대리자"라고 부르지 않을 수 없는 교황청 황제 대사로서의 의전적 의무가 혹 자신의 신앙을 해치지나 않을까 염려하기까지 했다.[3] 그러다가 그는 돌연 토마스 아퀴나스의 신학을 발견했다. 외교 업무 때문에 페라의 한 도미니크 수도사에게서 라틴어를 배우게 되었을 때, 그는 토마스 아퀴나스의 『이교도 대전』(*Summa contra Gentiles*)을 어학교재로 삼았다. 발람의 친구였던 그는 헤지카스트들의 승리(1347)에 실망했고 넋이 나갈 정도였다. 비록 비잔틴 사람들은 라틴인들이 기껏해야 군인이나 상인 이상을 넘어설 수 없다고 믿어왔지만, 그들은 놀랍게도 그리스 철학을 잘 알고 있었다.[4] 반면 "비잔틴 사람들은 자신들의 지혜(그리스 철학)에 대해 관심이 없었고, 라틴 사람들의 생각을 그저 그들의 발명품에 지나지 않는다고 여겼다." 실제로, 외국어라는 장벽에 막힌 라틴 서적의 의미를 드러내고자 하는 노력을 조금만 기울였어도 "이 서적들이, 비록 미로와 같은 형국에서나마, 당시 비잔틴 사람들의 관심조차 얻지 못했던 아리스토텔레스와 플라톤을 따라가려고 얼마나 애썼는지"[5] 알아차릴 수 있었을 것이다.

---

[3] Demetrios Cydones, Letter 1 in *Demetriun Cydonès, Correspondance,* ed. G. Camelli, (Paris : Belles Lettres, 1930), p. 2.
[4] Demetrios Cydones, *Apology I,* in G. Marcati, "Notizie di Procoro e Demetrio Cidone …", *Studi e Testi* 56 (1931), 365.
[5] *Ibid.,* 366.

칸타쿠제노스에 의해 고무되고 지지를 받은 디미트리오스는 자신의 번역 작업을 계속 해나갔다. 그는 이렇게 토마스 저작의 그리스어 번역본을 제공함으로써 동시대인들과 미래의 비잔틴 신학자 세대에 『이교도 대전』 전체와 『신학 대전』(Summa Theologica) 대부분을 비롯해서 아우구스티누스와 안셀무스의 주요 저작들을 접할 수 있도록 해주었다. 이슬람을 반박하는 글에서 칸타쿠제노스 자신도 도미니크회 수사인 몬테크로스의 리콜디가 지은 『코란에 대한 반박』 번역본에서 많은 영감을 받았다.

이 번역 작업들, 라틴인들과의 접촉 그리고 이탈리아에서의 거주 등은 디미트리오스 키도네스로 하여금 토마스주의가 팔라마스 사상보다 더 '그리스적'이라는 확신을 더욱 굳히게 했으며, 이 점에서 그의 생각은 전적으로 일리가 있다. 스콜라 학문과 이탈리아 르네상스가 보여준 지적 역량에 대한 그의 열광으로 인해 그는 요한 5세 황제의 교회 일치 정책에 대한 주된 조언자가 되었다. 1363년 경, 그는 비밀리에 로마 가톨릭 교회로 돌아섰다. 토마스주의적 관점을 채택하면서 그는 필리오케를 변호하는 여러 편의 글을 발표했다. 그와 마찬가지로 토마스 아퀴나스의 번역자이자 확신에 찬 팔라마스 반대자였던 그의 형제 프로코로스가 필로테오스 총대주교 시절 1368년 주교회의에 의해 정죄되자, 그는 비잔티움에서는 세속적 헬레니즘의 미래에 대한 희망이 사라졌다고 생각했다. 하지만 그는 죽을 때까지 확신을 가지고 진지하게 일치 추진자로서 정치적 역할을 다했다. 어쨌든 그의 개종의 의미를 잘 이해하려면, 그에게 지혜의 궁극적 기준이 되는 것은 로마도 콘스탄티노플도 아닌 고대 그리스였다는 것을 잊지 말아야 한다. 예를 들어 1365-1369년 경 『철학자 게오르기오스에게 보낸 편지』[6]에서 그는 토마스주의를 좋아하게 된 이유가 플라톤에 대한 토마스의 탁월한 지식이라고 토로하고 있고, 또 소논문 『죽음을 멸시함에 대하여』(De contemnenda morte)[7]에서는 그리스도교 신앙을 단 한 번도 언급하지 않고 순전히 플라톤주의적인 용어로 영혼의 불멸성을 논하기도 했다. 물론 디미트리오스는 직접적인 철학적 인용이 없는 신학적 논문들과 설교들도 썼다. 이러한 이중적인 지적 삶은 키도네스를 전후로 한 비잔틴 인문주의자들의 특징이었다. 14, 15세기 대부분의 친(親)라틴주의자들도 이와 유사한 종교 사상적 발전의 길을 따라갔다.

　키도네스 형제의 번역은 그 자신들을 훨씬 뛰어넘어, 그들 개인의 관점이나 확신보다 더욱 큰 영향을 미쳤다. 이 번역들로 인해 어떤 그리스인들은 로마 가톨릭 신앙을 채택했고, 심지어는 도미니크 수도회에 입회하는 사람도 생겨났다. 마누엘 칼레카스(+1410)와 막시모스 크리소베르게스(1430년경) 같은 이가 그 경우이다. 이들의 개종에 미친 그리스 인문주의의 영향은 디미트리오스의 경우보다는 덜했다. 또 학식가인 마누엘 크리솔로라스(+1415)와 같은 사람은 토마스 아퀴나스에게서 '신학적' 진리보다는 라틴인들의 지적 능력의 증거를 발견했다. 마누엘은 플로렌스에서 그

---

[6] Demetrios Cydones, Letter 33, ed. R.J. Loenertz, *Studi e Testi* 186 (1956), 66.

[7] Demetrios Cydones, *De contemnenda morte*, PG 154, 1169-1212.

리스어를 가르쳐달라는 제안을 받아들였고 나중에는 콘스탄츠 공의회(Council of Constance)에서 자신이 교황 후보자가 될 만큼 비중 있는 역할을 차지했다. 다음 세대의 유명한 추기경 베사리온도 이와 비슷한 개별적이고 지적인 경력을 따라갔다. '그리스 철학'에 푹 빠진 이 지식인들에게 팔라마스 사상은 세속 인문주의에 대한 거부를 상징했다. 프로코로스 키도네스는 토마스주의적인 논거를 이용해 팔라마스 사상을 반박한 첫 번째 인물이었다. 팔라마스 사상에 반대해 일어섰던 소그룹의 지식인들에게는 이와 같이 토마스주의와 친(親)라틴주의가 분명한 하나의 돌파구였다.

그럼에도, 팔라마스 진영의 신학자들도 이 번역에서 유익함을 얻었다. 어떤 사람들은 팔라마스 사상과 토마스 사상의 딜레마를 해결해보려 했다. 그레고리오스 팔라마스를 이어 테살로니키의 대주교가 된 닐로스 카바질라스는 그의 스승이기도 했던 디미트리오스 키도네스에 의해 "토마스 아퀴나스의 책에 열광한"[8] 사람으로 묘사되기도 했다. 닐로스는 라틴 신학을 깊이 있게 알면서도 팔라마스를 지지하고 필리오케에 반대하는 글을 쓴 첫 번째 사람이다. 요셉 브리에니오스(+1439)의 경우도 어떤 면에서는 동일한 경우였는데, 그는 라틴어를 잘 알고 있었기에 콘스탄츠 공의회의 대사로 보내졌지만 라틴인들과의 교리적 타협에 대해 항상 완강하게 반대했다. 또 다른 토마스주의적 팔라마스 추종자였던 게오르기오스 게나디오스 스콜라리오스도 터키 점령하의 첫 번째 총대주교가 되기 전에 플로렌스에서 적극적인 역할을 했던 사람이었다.

---

8) Demetrios Cydones, *Apology III* ; in Mercati, "Notizie …", 391.

3. 팔라마스주의 신학자들 : 니콜라스 카바질라스

궁지에 몰린 지식인들의 팔라마스 사상에 대한 계속된 반대와 동방과 서방의 관계에 대해 벌어진 논쟁의 결과들은 이 시기 팔라마스 진영의 수많은 글의 의미를 밝혀준다. 이미 인용된 닐로스 카바질라스와 요셉 브리에니오스의 글들과 함께 요한 칸타쿠제노스와 총대주교 필로테오스 코키노스(1353-1354, 1364-1376)의 이름이 특별히 중요하다.

또한 황제의 측근 중 하나로 평신도 신학자였던 니콜라스 카바질라스(1320년경-1400)라는 특출한 사람을 주목할 필요가 있다. 닐로스 카바질라스의 조카인 니콜라스는 디미트리오스 키도네스와 서로 편지 왕래를 할 정도로 친한 친구였다. 그의 성장 과정은 디미트리오스와 거의 유사했고 칸타쿠제노스 후견 아래서의 그의 정치 경력 또한 흡사했다. 칸타쿠제노스의 양위(1354) 후에 키도네스는 라틴인들과의 일치를 위한 대화에 전념했지만 카바질라스는 전통적이고 교부적인 성사 신학의 독창적인 변호자가 되었다.

니콜라스 카바질라스의 주요 신학 저술로는 성사들에 대한 영적이고 교리적이며 폭넓은 주석인 『그리스도 안에서의 삶』(Life in Christ)과 『거룩한 성찬 전례에 대한 설명』(Explanation of the Divine Liturgy) 그리고 마리아에 대한 세 편의 설교가 있다. 또한 여러 성인들에 대한 그의 찬양사에서도 중요한 사상을 발견할 수 있다.

어떤 사람은 그의 신학과 팔라마스의 신학은 아무런 관계도 없다고 생각한다.[9] 그러나 실제로 그들의 신학적 영감과 의향은 전적으로 일치한다. 그들은 모두 그리스도 안에서 성령을 통해 하느님과 교제하는 것이 인생의 유일하고 참된 의미임을 주장하고자 했다. 카바질라스는 실제로 반(反) 팔라마스주의자인 니케포로스 그레고라스를 반박하는 짧지만 격렬한 소책자를 쓰기도 했으며 이 논쟁에서 분명하게 팔라마스 진영에 서있었다. 함축적인 의미로 볼 때, 그의 주요 저작 또한 그의 여러 친구들이 속해있었던 인문주의 진영의 사상에 대해 반대를 표명하고 있다. 그의 사상은 시급한 문제들 앞에서 슬쩍 신비주의로 도피하는 것과는 전혀 다른 것이었다. 그는 공공연하게 팔라마스를 인용하지는 않지만 『그리스도 안에서의 삶』의 많은 구절은 팔라마스의 『트리아드』(Triads)에 나오는 구절이다. 그는 구체적으로 교부들을 인용하지 않는다. 그러나 『그리스도 안에서의 삶』의 거의 모든 쪽에서 성 요한 크리소스토모스나 알렉산드리아의 성 키릴로스의 성사 신학 본문과 흡사한 구절이 발견된다. 카바질라스의 위대성은 그가 비록 극단적이지는 않았지만 긴장된 논쟁의 시기에 '하느님과의 교제의 신학'을 수호하는데 성공했다는 점에 있다. 팔라마스가 개념을 통해 보여주었던 것을 카바질라스는 헤지카스트 수도사뿐만 아니라 모든 그리스도인을 위한 실존적인 현실로 표현한다. 따라서 14세기 비잔티움에서 완성된 신학적 성과를 이해하기 위해서는 이 둘을

---

9) 예를 들어, H. G. Beck, *Kirche und theologische Literatur im Byz. Reich*, Munich, 1959, p. 781.

같이 읽지 않으면 안 된다.

『거룩한 성찬 전례에 대한 설명』에서 카바질라스는 이따금 여전히 위(僞) 디오니시오스와 그의 상징주의에 의존한다. 하지만 아레오파고의 디오니시오스나 중세의 전례 신학 저자들과 비교해 보면, 그는 초기 그리스도인들이 성사들을 인식했던 것에 부합되는 성사적 실재론(sacramental realism)에 훨씬 더 근접해 있음을 알 수 있다. 이 실재론은 『그리스도 안에서의 삶』에도 깊이 녹아있으며, 여기서 저자는 예식의 특별한 세부 사항들보다는 성사적인 신학과 영성에 보다 큰 관심을 두고 있다. 첫 장에서부터 카바질라스는 종말(eschaton)에 "완성될" 신적인 생명은 이 세상에서도 가능한 살아있는 경험이라는 것을 보여주기 위해 심혈을 기울인다.[10] 세례는 이 새로운 생명으로의 탄생이다. 특별한 방식으로, 또 초기 그리스 교부들이 그랬던 것처럼, 세례에 관한 그의 신학은 '죄 사함'의 신학이라기보다는 '새로운 탄생'의 신학이라 불리는 것이 더 적절한, 하나의 긍정적인 개념에 의해 지배된다. 세례를 통해 들어서는 이 새로운 생명 안에서 인간은 하나의 "경험"을 획득한다. "인간은 그 전체가 빛을 바라보는 눈이 된다."[11]

세례가 새로운 생명을 준다면, 견진성사(chrismation, 성령의 날인)는 '에너지'와 '운동'을 마련해 준다. 즉 각 개인이 세례 은총을 자유롭게 누릴 수 있게 해준다.[12] 마지막으로 성찬을 통해서 그리스

---

10) Nicolas Cabasilas, *Life in Christ*, PG 150, 496D.
11) *Ibid.,* ; PG 150, 560C-561A.
12) *Ibid.,* ; PG 150, 596A-580C.

도는 인간에게 "그분의 어떤 것이 아니라 그 자신을 통째로" 내어주신다. "그것은 신랑(되시는 그리스도)이 동정 신부인 교회를 맞이하는 가장 귀중한 혼인식이다. … 우리가 그의 몸의 살이 되고, 그 뼈의 뼈가 된다."[13] 교회의 실존적 역설은 "아이들처럼 우리는 자유롭지만 또한 그 몸의 지체로서 그분께 의존한다"[14]는 점에 있다. 성화(sanctification)는 그분에게서만 온다.[15] 하지만 거룩성(sanctity)은 우리의 '의지'를 하느님의 의지에 맞추는 것에 있다. 카바질라스는 교회 안에서의 '거룩성'을 다룰 때 이런 생각을 분명하게 표명한다. 즉 기적은 거저 주는 하느님의 선물이지만 그것이 거룩성을 가져오는 것은 아니다. 거룩성은 인간이 자유롭게 성취하는 것이다.[16]

사도 바울로가 그리스도를 교회의 머리로 표현했다면, 카바질라스는 그것을 포함하여 그리스도 예수를 그 몸인 교회의 '심장'이라고 말한다.

> "부활하신 그리스도가 결코 죽지 않으시는 것처럼, 그리스도의 지체들도 결코 죽음을 맛보지 않을 것이다. 어떻게 죽음이 살아있는 심장과 연결되어 있는 지체들을 통과할 수 있겠는가?"[17]

---

13) *Ibid.*, PG 150, 593D.
14) *Ibid.*, PG 150, 600A.
15) 이를 위해서는 전례문에 나오는 "이 거룩한 몸과 피는 거룩한 이들에게 합당하나이다"에 대한 카바질라스의 주석을 보라. *Life in Christ*, PG 150, 613A.
16) Cabasilas, "On St. Theodora", PG 150, 753-772.
17) *Life in Christ, ibid.*, 621B.

이런 구절들은 그리스도교의 신비를 묘사하는 카바질라스의 매우 개성적인 방식을 보여준다.[18] 여기서 우리는 그가 마카리오스에게 진 빚을 가늠해 볼 수 있다. 실제로 인간의 복잡한 정신-신체적 존재의 중심을 심장(마음)에서 찾는 마카리오스의 인간론은 헤지카스트들의 사상을 지배했다.

성찬을 - 카바질라스에게 성찬은 그저 여러 성사들 중의 하나가 아니라 모든 성사들의 '완성'으로 이해된다[19] - 매개로 이해된 교회론과 그리스도에 대한 살아있는 경험에 기초한 영성과 하느님 중심적인 인간학이야말로, 인문주의자들의 사상과 극명하게 대비되는 카바질라스의 유산이다. 그렇다고 해서 이것이 카바질라스가 한번이라도 논쟁에서 서방에 대한 어떤 체계적인 편견들을 조장했다고 말하는 것은 결코 아니다. 우리는 이미 7장에서, 성찬 기도문에서 성령초대를 빼버린 라틴인들을 비판할 때조차, 그는 라틴 전례 자체의 권위에 호소했고 따라서 라틴 전례의 정당성을 전적으로 인정했다는 것을 확인한 바 있다.

서방 교회에 대한 그의 태도는 분명 칸타쿠제노스나 심지어 총대주교 필로테오스의 태도와 유사했다. 칸타쿠제노스는 교황 특사 바오로에게 팔라마스 신학을 설명하려고 무진 애를 썼고 공통 공의회를 통해 자유로운 대화가 이루어지길 원했으며, 필로테오스 또한 "공의회에서 우리의 교리가 라틴 교리보다 더 좋은 것임

---

18) 이 주제에 관한 아주 훌륭한 주석으로 다음을 참고하라. M. Lot-Borodine, *Nicolas Cabasilas* (Paris : l'Orante, 1958), pp. 114-116.
19) Cabasilas, *Life in Christ*, PG 150, 585B.

이 드러나서 라틴인들이 우리에게로 다시 돌아와 공통의 신앙을 고백하게 될 것"[20]이라는 희망을 표명하면서 이 계획을 지지했고 다른 총대주교들에게도 이 계획에 참여하라고 독려했었다. 다음 세기에 결국 교황이 공의회 계획을 수용하자, 팔라마스주의자 에페소의 마르코스는 똑같은 열망과 희망을 품고 페라라(Ferrara)로 가는 배를 탔다.

4. 페라라 - 플로렌스 공의회

비록 여러 가지 비신학적인 요소가 덧붙여진 상황에서 열리긴 했지만, 페라라 - 플로렌스 공의회는 그 자체로 신학에 있어서 엄청나게 중요한 계기였다. 공의회가 소집되었다는 것은 로마의 입장에서 보면 비잔티움의 여러 번에 걸친 요구에도 불구하고 한사코 양보하길 거절했던 13, 14세기의 교황들과는 달리 일대 양보를 단행한 셈이다. 심지어 로마에서는 이미 사장되어 버린 문제들까지 포함해서 모든 차이가 다시 한 번 자유롭게 토론될 일치 공의회를 소집하는 것은 어떤 점에서는 서방의 교리적 발전을 검증하는 것으로 귀결될 것이었다. 교황의 이러한 양보는 콘스탄츠 공의회와 바젤 공의회에서 등장했던 '공의회주의자들의 도전'을 계기로 가능할 수 있었다. 교황 없이는 공의회가 열릴 수 없다는 것을

---

[20] Patriarch Philotheos, *Letter to the Patriarch of Bulgaria,* PG 152, 1412B.

보여주기 위해서라도 에우게니우스 4세 교황 역시 공의회가 필요했다.

    비잔틴 진영에서는 일군의 친(親) 라틴주의 인문주의자들이 교황의 교리를 있는 그대로 간단하게 수용함으로써 일치로 나갈 준비가 되어있었지만, 팔라마스주의자들을 비롯한 보수주의자들과 대다수의 비잔틴 사람들은 이 공의회를 '정통 신앙'(정교 Orthodoxy)을 중심으로 일치를 이룰 수 있는 정상적인 수단으로 간주했다. 페라라에 갔던 비잔틴 특사들은 쟁쟁하고 공식적 대표성을 지니는 사람들이었지만 아주 심각한 '장애'에 부닥쳤다. 먼저 그들은 '하느님에 대한 앎'이라는 주제에 있어서 내부적으로 분열되어 있었다. 주교좌에 오를 때는 형식적으로 팔라마스 사상에 동조했지만 핵심인사들 중 여럿이 사실은 발람에 동조하는 주교들이었다. 다시 말해 그들은 하느님의 진리를 실제적으로 알 수 있는 가능성을 의심했다. 둘째로, 이미 몇 십 년 전부터 서방과 접촉해 왔음에도 불구하고, 아마도 교황을 서방 전체의 총대주교로 인정하는 '다섯 개의 총대주교구'(pentarchy) 이론에 영향을 받아서, 비잔틴 사람들은 정작 서방교회가 갈라져 나갔던 교회론적 문제의 깊은 함축을 이해하지 못했던 것 같다. 그들은 전혀 이런 상황을 이용하지 못했다. 그들은 교황이 모든 라틴인들을 대표해서 말할 수 있을 것이며 그래서 신속하게 터키에 대항할 원정군을 소집할 수 있을 것이라고 잘못 생각하면서 교황과 협상하고자 했던 것이다. 셋째로, 비잔틴 특사들의 대표성은 아주 형식적이었다는 점이다. 비잔틴 대표들은 사실상 인구 5만도 안되고 에게 해에 산재한 몇몇 속령을 거느린 보잘 것 없는 도시였던 콘스탄티노플에서 활동하는 일군의 엘리트들 중에서 선발되었다.[21] 중동과 소아시아와 발칸의 수백만에 이르는 동방 그리스도교인(주교, 성직자, 평신도들)들은 이미 터키에 정복되었고, 벌써 새로운 상황에 적응했으며, 따라서 라틴인들의 십자군 원정에 대해 대부분 강하게 의심하고 있었다. 또 모스크바의 러시아인들은 이미 전통적으로 서방에 곱지 않은 감정을 가지고 있었다.

이러한 불리한 요소들이 있었지만, 페라라-플로렌스 공의회가 유용하고 흥미진진하며 자유로운 신학적 토론의 기회를 제공하는 것을 막을 수는 없었다. 이 공의회의 최종적인 결과는 1439년 7월 6일에 서명된 『하늘들아 기뻐 환호하여라』(*Laetentur caeli*)라는 문헌이었다. 그것은 칸타쿠제노스 그룹이 기대한 신학적 '승리'와는 아주 거리가 먼 것이었다. 이 문헌은 그리스인들과 라틴인들이 일치에 도달하지 못한 하나의 중요한 주제를 얼버무려버렸다. 성찬 빵에 관한 차이가 그것이었는데, 문헌은 '누룩 없는 빵'과 '누룩이 든 빵'이 모두 성찬용으로 가능하다고 선언했다. 또 문헌은 성령의 발생, 연옥, 로마의 수위권이라는 세 가지 교리에 대한 정의를 포함했다.

필리오케와 관련하여 문헌은 삼위일체 신학에서 그리스와 라틴 교부 사이에는 아무런 근본적인 차이도 존재하지 않는다고 주

---

21) A.M. Schneider, "Die Bevölkerung Konstantinopels im XV Jahrhundert", Göttingen Akademie des Wissenschaften, *Nachrichten Phil.-Hist. Klasse* (Göttingen, 1949), pp. 235-237.

장하면서도 성령의 발생을 서방 전통의 아우구스티누스적인 용어들로 정의해 놓았다.[22] 게다가 문헌은 필리오케라는 단어가 적법하게 신조에 추가되었다고 공공연하게 다시 주장했다. 어쨌든 이 문헌은 그렇다고 해서 그리스인들이 자신들의 신조를 수정할 필요는 없다는 의미로 받아들여졌다.

성령의 발생에 대한 본문만큼이나 길고 상세한, 연옥에 대한 정의는 사후 영혼의 운명에 대해 동방에서 일반적으로 받아들여진 인식들과는 완전히 다른 것이었다. 문헌은 사후 정화에 대한 중세 라틴 교리를 그대로 보여주었다. 또 문헌은 또한 세례 받지 못한 영혼은 "즉각적으로 지옥에 떨어진다"(*mox in infernum descendere*)는 형식적 주장을 포함했다.

수위권에 대한 구절은 로마 교황이 "그리스도의 참된 대리자"로서 "모든 교회의 머리이고 모든 그리스도인의 아버지요 스승"이며, 복된 베드로 안에서 오직 교황에게만 "보편적 교회를 먹이고 이끌며 감독할 완전한 권한"이 주어졌다고 주장했다. 이 정의는 명백히 그리스인들보다는 서방의 공의회주의자들을 겨냥한 것이었으며, 이점에서는 목표를 달성했다. 이것이 사실 플로렌스 공의회의 주요한 결과였다.[23] 비잔틴 사람들은 "교황의 권한은 세계 공의회의 의사록과 거룩한 교회법에 합치되게 행사되어야 한다"는 아주 제한적이고 애매모호한 맺음말을 얻어냄으로써 가까

---

22) "ex utroque aeternaliter tanquam ab uno principio et unica spiratione procedit."

23) J. Gill, *The Council of Florence* (Cambridge : Harvard University Press, 1959), p. 411.

스로 안도하였다.

정교의 변호자들은 그리스인들이 강요에 못 이겨 이 본문에 서명했다고 자주 주장하곤 했다. 그러나 한 사람의 그리스 대주교, 에페소의 마르코스는 이 본문에 서명하길 거부했지만 아무런 문제도 없이 집으로 돌아갈 수 있었다는 점에서 이 주장은 지지하기 어렵다. 그러므로 서명의 순간에 다른 대표들은 신학적 관점에서 혹은 정치적 관점에서 그렇게 하는 것이 옳다고 판단했다고 가정할 수 있다. 그들 중 대다수가 고향에 돌아오자마자 생각을 바꾼 것은 사실이다. 자신이 서명한 것에 지조를 지킨 사람들은 이탈리아 르네상스와 교황 정치의 세계에 완벽하게 통합되었고, 그래서 그들은 더 이상 조국의 동포들에게 신학적 영향을 미칠 수 없게 되었다.

그리스의 특사들 중 네 명이, 페라라-플로렌스 공의회에서 그리고 뒤이은 몇 년 동안 아주 중요한 역할을 했다. 에페소의 대주교 마르코스, 니케아의 대주교 베사리온, 두 명의 평신도 집정관 게오르기오스 스콜라리오스와 게미스토스 플레톤이 그들이다. 베사리온은 결국 일치 칙령에 서명한 다수 그리스인들을 이끌었다. 다른 세 사람은 이에 반대하는 서로 다른 세 형태를 대표한다.

공의회가 열리기 1년 전 에페소의 대주교가 된 마르코스 에브게니코스(1392-1444)는 게미스토스 플레톤으로부터 당시 수도원의 일반적 수준을 훨씬 뛰어넘는 철저한 철학 교육을 받았다. 신학에 있어서 그는 요셉 브리에니오스의 제자였다. 라틴 서방에 대한 그의 견해는 이전 세기 칸타쿠제노스 그룹이 가지고 있던 견해와 거의 동일했다. 그는 공의회에서 진리가 우위를 점할 것이라는 희망을 잃기 전까지만 해도 이 공의회의 '세계적'(에큐메니칼) 성격을 인정하려 했다. 페라라 공의회 회기가 시작될 때 그는 추기경 세자리니의 권고로 교황 에우게니우스에게 보내는 편지를 낭독했는데, 여기서 그는 교황을 "매우 거룩한 아버지"라고 부르면서 "그 품에 안기기 위해" "동방에서 온 자녀들을" 받아달라고 호소했다. 하지만 그는 또한 라틴인들이 공통의 신조에 일방적으로 삽입한 것을 삭제하는 것이 참된 일치의 첫 번째 조건임을 서슴없이 강조했다.[24] 토론이 정반대의 방향으로 흐르면서 그의 태도가 점점 신랄해졌다는 것은 이해할만하다. 논쟁에서 그는 일반적으로는 그리스인들의 주된 대변인이었던 베사리온과 함께 했다. 그의 가장 큰 약점은 연옥, 필리오케, 성령초대 등의 문제들을 형식적 검토 대상 이상으로 밀고 나가서 '의화'(justification)에 대한 안셀무스의 법적 개념이나 카파도키아 교부들과 아우구스티누스의 삼위일체 신학의 차이 등과 같은 진정한 문제에까지 도달하기에는 역부족이었다는 점이다. 두 진영은 교부들이 언제나 서로 일치했을 것이라고 확신할 만큼 역사적 전망을 결여하고 있었고, 이것은 두 진영 모두에게 출구 없는 벽이 되어버렸다. 이 지점에서는 라틴 신학의 입장을 받아들이든지 아니면 거부하든지 선택하는 문제만 남았다. 마르코스 대주교가 서명하길 거부하자 교황은 "우리는 아

---

24) *Ferrariae gesta*, ed. J. Gill (Rome, Pontificium Institutum Orientalium Studiorum, 1952), vol. 5, fasc. 1, p. 28-34.

무 것도 이루지 못했다."25)고 선언했다고 한다. 에우게니우스 4세 교황은 동방의 실제 상황에 대해 잘 알게 되었고, 따라서 마르코스 대주교가 동방의 특사 그 누구보다도 동방의 정신을 잘 대변하고 있음을 알고 있었다는 점은 분명하다. 사망하기까지 마르코스 대주교는 콘스탄티노플의 반(反) 일치주의자들의 지도자로 남았다. 그는 정교회의 성인으로 시성되었다.

오래 전부터 토마스주의를 칭송해왔고 그 자신 토마스주의 신학자였던 게오르기오스 스콜라리오스는 아직도 비평적 연구를 기다리고 있는 수수께끼와도 같은 지성인이다. 그는 한 논고의 서문에 이렇게 쓰고 있다.

> "오 탁월한 토마스여, 어찌하여 하늘은 당신이 서방에서 태어나게 했는가? 동방에서 태어났다면 당신은 성령의 발생, 하느님의 본질과 에너지의 구별 등과 같은 문제에 있어서 서방 교회의 일탈을 변호하지는 않았을 것이다. 당신은 지금 우리의 윤리적인 스승이듯이 교리에 있어서도 흠잡을 데 없는 우리의 스승이 되었을 것이다."26)

이렇게 그는 닐 카바질라스처럼 성령의 발생과 팔라마스주의에 대한 견해를 제외하고는 토마스주의를 수용하는 태도를 가지고 플로렌스에 갔으며 거기서 공의회가 결론을 맺기 직전까지는 일

---

25) Syropoulos, *Mémoire,* X. 15 ; ed. V. Laurent, *Les "Mémoires" du Grand Ecclésiastique de l'Eglise de Constantinople Sylvestre Syropoulos* (Paris : Centre National de la Recherche Scientifique, 1971), p. 496.

26) G. Scholarios, *OEuvres Complètes,* ed. L. Petit et M. Jugie (Paris : Bonne Presse, 1928-1936), VI, 1.

치의 열렬한 지지자로 활동했다. 그는 이렇게 콘스탄티노플로 되돌아 왔고, 임종을 기다리던 에페소의 마르코스 대주교가 그에게 정교 진영을 이끌어달라고 부탁했던 1444년까지만 해도 명확한 태도를 유보했다. 결국 그는 이 부탁을 받아들였고, 게나디오스라는 이름으로 수도 서원을 했으며, 1453년 콘스탄티노플이 함락된 직후 마호멧 2세에 의해 총대주교로 인정되었다. 만약 비잔틴 신학이 1453년 콘스탄티노플의 함락과 함께 아주 비참한 죽음을 겪지만 않았어도, 스콜라리오스와 같은 사람들을 통해서, 플로렌스에서 이루지 못한 참된 일치를 가능케 할 유일한 방법으로서의 심층적인 신학적 대화가 준비되고 진행될 수 있었을 것이라고 가정하는 것은 충분히 가능하다.

 스콜라리오스처럼 평신도였으며 '플라톤'을 연상시키는 플레톤이라는 이름으로 더 잘 알려진 게오르기오스 게미스토스(1360-1452)는 공의회에서 그리스인들의 대변인으로 활약하도록 선발된 연설가였다. 그는 공의회 회기 중에는 이 특권을 잘 발휘하지 못했지만 그리스인들끼리 회랑에서 토론할 때는 매우 적극적이었다. 많은 사람이 눈치 채지 못했지만 나중에 스콜라리오스에 의해 들통 나고 폭로된 바에 의하면, 그는 이미 그리스도교의 본질적인 가르침을 내던져버렸고 자신과 제자들을 위해 플라톤주의적인 이교를 채택했다고 한다. 오늘날 플레톤에 대한 가장 훌륭한 연구에 따르면, 그리스도교 신학 논쟁에 대한 그의 참여는 "완전히 위선적"이었다고 한다.[27] 플로렌스에서 그는 마르코스 에브게니코스

---

27) F. Masai, *Pléthon et le platonisme de Mistra* (Paris : Belles Lettres, 1956),

를 지지했지만, 일치가 선언되기 전에 스콜라리오스와 함께 떠났다. 하지만 그는 나중에 이 일치를 받아들인 것 같다. 어쨌든 그의 행위는 그 어떤 것도 깊은 의미를 가지지 못했다. 역사철학에 있어서 확신에 찬 결정론자였던[28] 그는 서방의 원조나 정통 신앙에 대한 신념이 이미 결판난 헬레니즘의 운명을 바꿀 수 있다고는 믿지 않았다. 그 결과 플레톤의 '세속적 인문주의'는 극단적 결론으로 인도되었다. 그는 실제로 역사의 현실들을 피하려고만 했다.

플레톤의 패배주의는 모든 비잔틴 인문주의자가 받아들일 수 있는 것은 분명 아니었다. 이러한 경우의 가장 좋은 사례가 플레톤의 제자이자 절친한 동료였던 니케아의 베사리온이다. 1429년에 이미 수도사가 된 베사리온은 공의회가 준비 중이었던 1436년에 대주교가 되었다. 하지만 교회에서 대주교로 일했다는 경력도 그가 인문주의 풍토와 관심사에 많은 영향을 받는 것을 막지는 못했다. 플로렌스에서 그의 종교적 노선이 정확히 스콜라리오스와 반대되는 방향으로, 다시 말해 정통 신앙의 대변자였다가 나중에는 일치주의자 진영으로 옮겨가는 방향으로 발전해 나간 것은, 특별히 칼라브리아의 발람과 매우 유사했던, 신학적 인식에 대한 그의 태도로부터 잘 설명된다. 필리오케와 같이, 그리스인들과 라틴인들을 분리시켰던 본질적인 문제에 대해 어떤 근본적이고 '경험적인' 지식도 얻지 못했다면, 서방의 라틴 신학이 헬레니즘의 영원한 가치를 구원해줄 구세주 역할을 하지 못할 이유도, 적어도

---

p. 321. 26.
28) *Ibid.*, p. 98.

그 피신처가 되지 못할 이유도 없었다. 베사리온의 모든 문학 저술이, 페라라-플로렌스 공의회의 논쟁에서 요구된 몇몇 신학 논고를 제외하고는, 거의 모두가 그리스 철학을 다루고 있다는 점은 매우 의미심장하다. 그의 기념비적 저작인 『플라톤에 대한 모독을 반박함』은 그의 스승 플레톤의 철학을 구성하는 제 원리들을 보여주는 것이었다. 매우 이교주의적인 냄새를 풍기는 하나의 편지가 플레톤 사후 플레톤의 아들에게 보내졌는데, 이 편지는 그가 플레톤의 이교주의 써클의 비밀 회원이었음을 알려준다.[29] 그의 서가에 이 이교집단의 『규율』(ordo)과 함께 플레톤의 자서전이 소장되어 있었다는 것은 이 사실을 더욱 확증해준다. 그리고 이 사실은 15세기 후반기 인문주의로 기운 교황청에서 추기경 베사리온이 행한 지속적이고도 감탄할 봉사에도 불구하고 조금도 부정될 수 없는 것이다. 확실히 그의 정신은 그리스적이었고 동방의 그 누구보다도 많은 성공을 누렸지만, 과연 어떤 점에서 그를 그리스도교 신학자라고 말할 수 있겠는가?

베사리온의 인격적 지적 변화의 과정은 다음과 같은 사실에 대한 최고의 예증이다. "교황 수위권에 대한 플로렌스 공의회의 정의가 공의회주의에 치명적인 일격을 가했고"[30] 또 그렇게 해서 서방교회 역사의 물줄기를 돌려놓아 종교개혁을 불가피하게 만들기는 했지만, 이 공의회는 동방과 서방을 갈라놓은 문제들을 우회

---

29) L. Mohler, ed., *Kardinal Bessarion* (Paderborn : Schoningh, 1942) 3, 468-469 ; 참고로 F. Masai, *Pléthon* … , pp. 306-307에 나와 있는 프랑스어 번역의 주석들을 보라.
30) J. Gill, *The Council of Florence* (Cambridge, Mass., 1949), p. vii.

했고 그리하여 두 진영의 입장을 더욱 경직되게 만들어 버림으로써, 분열을 이전보다 훨씬 더 심각한 현실로 만들어 버렸다는 사실이 바로 그것이다.

9장

기도의 법

    비잔틴 전례는 보통 신학적, 특별히 교회론적 개념을 풍부하게 반영하는 것으로 잘 알려져 있다. 비잔틴 사람은 전례 안에서 그리스도의 몸에 속해있음을 깨닫고 경험해왔다. 서방에서는 그리스도인이 일반적으로 자신의 신앙을 교도권 혹은 성서와 같은 외적인 권위에 의해 확인 받아왔지만, 비잔틴 사람은 전례를 신학의 표현일 뿐만 아니라 원천으로 간주해왔다. 이것은 비잔틴 시대와 그 이후 시기까지 강력하게 이어져온, 전례 전통과 관습들에 대한 뿌리 깊은 보수주의를 잘 설명해준다. 전례는 변화하는 세상 속에서 교회의 동일성과 연속성을 보전해주는 것이었다.

    하지만 이것은 비잔틴 교회의 전례 구조가 실제로 변화의 과정을 전혀 겪지 않았다고 말하는 것은 아니다. 신학이나 신앙심 그 어떤 것도 완전히 역사적 논쟁들 밖에 머물러 있을 수는 없었다. 그러므로 비잔틴 종교 사상의 발전을 이해하기 위해서는 신학과 신앙심을 역사적 논쟁이라는 배경 속에서 연구해야만 한다. 보수적 태도에도 불구하고, 전례는 살아있는 전통으로 남아 있었고, 역사의 변화에 아주 창조적인 방식으로 반응했다. 교회의 '기도의 법'(Lex orandi)은 불가피하게 연속성과 변화, 통일성과 다양성, 원형에 대한 신뢰와 지역적 주체성의 상호작용을 반영한다. 비잔티움의 '신앙의 법'(Lex credendi)를 이해하려면 바로 이러한 것을 연구해야만 한다.

1. 콘스탄티노플의 '대성당'

유스티니아노스 황제에 의해 건축되어 그리스도께 봉헌된 유명한 '하느님 지혜'의 성당 즉 성 소피아 성당은 여러 세기 동안 그리스도교 세계를 통틀어 가장 웅대한 종교적 건축물이었다. 이 성당은 또한 '새 로마의 대주교'인 '세계'(에큐메니칼) 총대주교의 주교좌 성당이었다. 이 성당은 전 세계인의 감탄을 자아냈고 너무도 아름다워서 그 아름다움 자체로 엄청난 선교적 영향을 미쳤다. 988년 키에프의 블라디미르 왕의 대사들이 이 성당을 방문했을 때 그들은 "지상에 있는 것인지 낙원에 있는 것인지" 자문하지 않을 수 없었다고 고백했다. 『러시아 연대기』는 이 대사들의 보고로 러시아 사람들이 비잔틴 그리스도교를 받아들였다고 밝히고 있다.[1] 성 소피아 성당을 가리키는 '대(大)성당'의 영향력은 '야만인들'에게만 해당되지 않았다. 그 영향력은 저마다 고유한 전통을 간직해온 다른 그리스도교 공동체에까지 미쳤다. 비잔틴 사람들이 이탈리아를 점령하고 있었을 때(6-7세기), 로마 교회는 많은 비잔틴 성가를 채택했다.[2] 시리아의 야곱파(Jacobites)들은 비록 그리스도론에 있어서 정통 신앙으로부터 갈라져 나갔지만 마케도니아 왕조(867-1056)가 중동 지방을 재정복했을 때 비잔틴 성가의 대부분을 번역하여 채택하였다.[3] 또 아르메니아에도 유사한 영향을 미쳤다.

콘스탄티노플의 이 같은 명성은, 교회나 제국의 정책이, 법률이나 행정적 조치를 통해 어떤 관습들을 강제하지 않았다는 점에서 더더욱 놀라울 뿐이다. 비록 테살로니키의 시메온 대주교가 봉직하던 15세기까지만 해도 전례의 다양성이 인정되긴 했지만, 콘스탄티노플에 직접 연결되어 있었던 정교 세계는 전례적인 측면에서 로마 교회에 비해 훨씬 강한 통일성을 보일만큼 집중화되었다. 이 집중화는 중앙 권력의 정책에서 온 것이 아니라 제국의 도시인 콘스탄티노플의 놀라운 문화적 광채로부터 나온 것이었다. '대성당'이 어떤 전례적 관습이나 전통을 채택하면 그것은 곧 최종적인 인가가 되었고 따라서 보편적으로 수용되는 것을 보장했다.

궁정 의식에서 차용된 비잔틴 예식의 몇몇 표피적인 요소를 제

---

1) *The Russian Primary Chronicle*, trad. S. H. Cross, *Havard Studies in Philology and Literature* 12 (1930), p. 199.
2) A. Baumstark, *Liturgie Comparée* (Chevetogne, 1953), pp. 109-113.
3) *Ibid.*, pp. 104-106.

쳐둔다면, 대성당의 전례는 독창적인 창조였다기보다는 여러 가지 흩어져 있던 요소들을 종합한 것이었다.[4] 그것의 종합적이고 '보편적인'(catholic) 성격은 콘스탄티노플이 신학적이고 정치적인 차원에서 감당한 역할을 잘 반영한다. 비잔틴 제국은 제국을 구성하는 다양한 문화 전통을 통합해야했고, 또 콘스탄티노플은 제국 교회의 중심으로서 4세기 이후 그리스도교 세계를 갈라놓았던 서로 다른 지역의 다양한 신학 경향들 사이에서 균형을 발견하기 위해 끊임없이 노력해야만 했다.

비잔틴 전례와 신학의 형식은 다음과 같은 중요한 요소들에 의해 결정되었다.

1. 그리스도교의 첫 번째 씨앗인 콘스탄티노스 황제 이전 시기

동방 그리스도교의 다른 모든 위대한 전통들과 마찬가지로 비잔틴 교회는 다른 모든 신비들을 '총괄'하는[5] 두 가지 신비성사, 즉 세례와 성찬을 거행함에 있어서, 이 시기의 전통에 확고히 기반하고 있다. 매우 다양한 그리스도교적 삶의 조건들과 유아 세례의 일반적 채택에도 불구하고, 세례 예식은 2, 3세기에 확립된 본질적 표현과 형식을 보존해왔다. 완전 침례로 완성되는 세례는 옛 사람에서 새 사람으로의 '통과'요, 사탄의 종살이로부터의 단절이

---

4) 참고. A. Schmemann, "The Byzantine Synthesis", *Introduction to Liturgical Theology* (Londres : Faith Press, 1966), pp. 116-166.
5) Gregory Palamas, *Hom*., 60, ed. S. Oikonomos (Athens, 1861), p. 250.

요, 그리스도와의 연합이라는 '빠스카 신비'의 세련되고 장엄한 재현이었다. 실제로 세례 예식은 이후 유행하게 될 상징주의의 다양한 형태로부터 자유로웠고, 지나친 성사 신학적 발전에도 영향 받지 않았다. 사제가 주교에 의해 축복된 '성유'(holy chrism)를 발라주는 견진성사는 세례와 분리되지 않았다. 심지어 어린아이일지라도 새롭게 입교한 신자에게는 즉각 성찬 참여가 허용되었다.

콘스탄티노스 이전 시기의 씨앗은 비잔틴 성찬 전례에서는 보다 덜 분명하게 나타난다. 왜냐하면 발전된 비잔틴 성찬 전례는 상징주의로 겹겹이 둘러싸이게 되었고, 그 자체가 그리스도의 생애를 신비스럽게 재현하는 것으로 해석되었기 때문이다. 하지만 성찬 전례의 중심인 성찬 봉헌 기도문(Eucharistic canon) 자체는 원래의 형태와 함께 성찬의 유대교적 기원을 잘 간직하고 있다. 이것은 보다 오래된 팔레스타인의 '성 야고보 전례'를 대체한 대표적인 비잔틴 성찬 전례인 성 바실리오스 성찬 예배와 성 요한 크리소스토모스 성찬 예배의 두 성찬 기도문을 살펴보기만 해도 금방 드러난다. 이 성찬 봉헌 기도문의 핵심적인 내용은 4-5세기로 거슬러 올라간다. 케사리아의 성 대 바실리오스가 그의 이름이 붙여진 성찬 기도문의 직접적인 저자라는 점은 거의 확실하다. 하지만 바실리오스는 사도들의 것이라고 밝힌 보다 오래된 전통에 의지했다.[6] 그의 성찬 기도문은 "분명 고대 그리스도교가 우리에게 물려준 가장 아름답고 조화로운 기도 형식 중 하나. 우리는 여기

---

6) Basil of Caesarea, *On the Holy Spirit*, 27, ed. B. Pruche, SC 17 (Paris : Cerf, 1945), p. 233.

서 이 기도문이, 여전히 유대교 기도와 매우 유사한 표현들을 가지고 있었던 가장 고대적인 그리스도교 기도에 매우 근접해 있다는 것을 인정하지 않을 수 없다."7)

12세기 교회법 학자인 발사몬에 의해 전해져온 중세 비잔틴 전례 규칙(ordo)에 따라8) 성 요한 크리소스토모스 성찬 예배는 전통적으로 사순절을 제외한 연중 내내 거행된다. 성 바실리오스 성찬 예배는 단 10번만 장엄하게 거행된다. 또한 성 야고보의 성찬 예배도 예루살렘이나 다른 몇몇 지역 공동체에서는 결코 완전히 잊히지 않았다.

교회론의 차원에서 볼 때, 중요한 것은, 비잔티움에서는 성찬 예배가 언제나 원칙적으로는 지역 그리스도교 공동체 전체가 주님의 식탁을 중심으로 모이는 것을 전제하는 장엄한 축제 의식이었다는 것이다. 이 점에 있어서 중세 서방에서의 발전과는 다소 충격적으로 대비된다. 비잔틴 교회에는 가톨릭 교회의 평미사(low mass)나 지향 미사(mass of intention)9)가 존재하지 않을 뿐만 아니라, 수도원의 경우를 제외하면 매일 성찬 예배를 거행해야 한다는 원칙도 없었다. 게다가 사제는 하루에 한 번만 성찬예배를 거행할 수 있었으며, 하나의 제단에서는 하루에 단 한 번의 성찬예배만 거행될 수 있었다. 이 규칙은 '단 한 번의 성찬예배'를 통해 실현되

---

7) Louis Bouyer, *Eucharist* (Notre Dame : University of Notre Dame Press, 1966), pp. 302-302.
8) Balsamon, PG 119, 1033.
9) **역자주** 평미사 : 사제(司祭)가 미사의 모든 부분을 창하지 않고 읽는 보통 미사. 지향미사 : 사제가 본인 혹은 신자의 특별한 의도와 지향을 가지고 드리는 미사.

는 '하나의 교회'라는 교회론적 고백을 모든 사목적 편의와 실용적 사고보다 앞세우는 것이었다. 초대 교회에서처럼, 성찬 예배는 결코 특별한 신자 그룹의 행위가 아니었고, 어떤 부분적이고 일시적인 목적을 위해 이용되지 않았다. 그것은 언제나 교회 전체에 의해 "모든 것 중에서" "모든 은혜에 대한 감사로서" "모든 곳에서" 봉헌되었다.

2. 바움스탁이 수도원 공동체와 구별하여 주요 도시의 대성당에서 행해진 전례 관습을 지칭한 용어인 "대성당 예식"(cathedral rite)의 전례적 발전.[10]

한 필사본은 이 예식을 802-806년 간 성 소피아 대성당에서 행해진 대로 묘사하고 있다.[11] 테살로니키의 시메온(+1429)도 같은 전통에 속하는 '노래로 부르는 대만과'에 대해 말하고 있지만 그 당시에는 심지어 성 소피아 성당에서조차 더 이상 그것이 순수한 형태로 거행되지 않고 있었음을 인정했다.[12]

이 '대성당 예식'은 성서와 시편 낭독에 상대적으로 적은 시간을 할애했으며, 6세기부터는 성가가 많아지고 전례가 하나의 '신비' 혹은 '드라마'처럼 발전되는 것을 도왔다. 수천 명의 신자들을 수용할 수 있는 엄청난 바실리카 성당에서 이 전례를 거행하기 시작하면서, 그리스도교 예배의 공동체적 개념과 식사 교제로서의

---

10) Baumstark, *Liturgie Comparée*, p. 124.
11) Mss. Patmos 266, published by A. Dmitrievsky, *Opisanie Liturgitcheskikh Rukopisei* (Kiev, 1901), 1, pp. 1-152.
12) Symeon of Thessalonica, PG 155, 556D.

성찬 예배의 의미를 보존하기란 매우 어려웠다. 게다가 성 요한 크리소스토모스가 콘스탄티노플에서 행한 그의 유명한 설교들에서 이를 비극이라고 묘사했던 바, 초대 그리스도교 공동체가 명목상의 수많은 그리스도교 군중으로 변모된 후부터, 교회는 성찬 예배가 세속적인 방식으로 모독되는 것을 방지하기 위해 그리스도교 성사들의 '신성한' 특징을 강조하게 되었고 그래서 그 성사들을 베일과 칸막이 등으로 둘러싸지 않을 수 없었다. 실제적으로 교회는 성가를 부르는 사람들을 제외한 대다수 평신도 무리들이 성찬 예배 거행에 적극적으로 참여하는 것을 배제해왔다.

순전히 실용적이고 사목적인 특징을 띠며 또 그런 이유로 정당화된 이 발전은 나중에 하나의 신학적 차원을 획득하게 되었다. 바로 위(僞) 디오니시오스의 『교회의 품계』가 이에 대한 가장 분명한 증거이다. 우리는 앞에서, 디오니시오스가 개별 그리스도인과 하느님 사이에 존재하는 변화될 수 없는 존재들의 위계에 대한 상징적 표상으로 '지상의' 전례를 설명하는 방식에 대해 살펴보았다. 전례는 영지로의 입문으로 역할하기 시작했고, 그리스도 안에서의 공동의 삶이라는 개념은 사실상 사라져 버렸다. 하지만 성사적 실재론과 전례에 대한 가장 전통적인 관점은 이 예식 안에서도 보존되었다. 니콜라스 카바질라스와 같은 신학자들은 그들의 저작에서 6세기 디오니시오스가 들여온 개인주의와 영지적 상징주의의 모호한 전통을 극복할 수 있었다.

3. 수도원 운동

콘스탄티노스 시대 초기에 막 태동한 '대성당' 유형과 병행해서 수도원 전례 유형이 또한 존재해왔고, 그것은 곧바로 '대성당' 유형과 경쟁하게 되었다. 수도원 유형은 만과, 석후대과, 심야과, 조과, 또 예루살렘에서 '중간의 시과들'로 보충된 4번의 시과[13] 등 전례의 수많은 독립적인 단위들을 가지고 있었으며, 거의 배타적으로 시편 음송을 강조한 반면 성가는 원래 거부되었다는 점이 특징이다.[14] 수도원의 어떤 예식은 실제로 낮부터 밤까지 계속 이어지기도 했는데, 예를 들어 콘스탄티노플의 '아키미토스'(잠자지 않는 수도사들) 수도원의 경우가 그랬다. 이 예식은 거의 전적으로 시편 음송으로 구성되었다. 대사순절 절기 예식, 참회의 절 기도, 금식 등과 같이, 이후 비잔티움에서 통합된 전례의 참회적 성격이 처음으로 태동된 것도 수도원 공동체에서였다. 콘스탄티노플의 스투디오스 수도원과 팔레스타인의 성 사바스 수도원의 『티피콘』(Typikon, 전례 규칙서)의 가장 오래된 전례 규칙 설명은 10세기의 이 두 중심적 수도원의 전례 규칙을 잘 보존하고 있다. 이 시기 이 두 수도원은 수도원 전례 본래의 소박함을 모두 잃어버렸다. 성가에 대한 반대를 포기했을 뿐만 아니라 오히려 성가들의 중요한 요람이 되었다. 스투디오스의 성 테오도로스와 성 사바스 수도원의 다마스커스의 성 요한이 그 대표자들이다. 동시에 위(僞) 디오니시오스의 상징적 영

---

13) 역자 주 만과(저녁 기도 예식), 석후대과(저녁 식사후 기도 예식), 심야과(자정 기도 예식), 조과(아침 기도 예식), 4번의 시과(1시과, 3시과, 6시과, 9시과로 주간(晝間)에 네 번 드리는 시간경 기도 예식).

14) Baumstark, *Liturgie Comparée*, p. 114.

지주의는 수도원에 대단한 영향을 미쳤다. 지상 교회의 목표가 '천상의 품계'를 본받는 것이라면, 수도사의 목표 또한 '천사의 삶'에 도달하는 것이라고 생각했다. 실제로 디오니시오스의 전례 이해가 공통적으로 수용되었다는 것은 전례의 '수도원' 유형과 '대성당' 유형이 서로 수렴되는 것을 의미하는 것임에 틀림없었다.

콘스탄티노플에서 이 통합이 시작된 것은 아니었다. 성 소피아 '대성당'의 『티피콘』과 스투디오스의 『티피콘』은, 사실상 총대주교 알렉시오스에 의해 개정된 스투디오스 규칙이 키에프에 도입되고 동굴 수도원의 성 테오도로스에 의해 채택된 11세기까지만 해도 아직은 분명하게 구분되었다. 두 유형의 일체화는 11세기경 수도원의 전례 관습을 원래의 '대성당' 예식에 받아들인 예루살렘에서 이루어졌다. 라틴인들의 콘스탄티노플 점령(1204-1261)과 그로부터 비롯된 스투디오스 수도원의 쇠락은 성 소피아 대성당으로 하여금 예루살렘에서 통합된 『티피콘』을 수용하게 했고 이어서 비잔틴 세계 전체에 확산되도록 했다.[15] 특별히 필로테오스 코키노스(1353-1354, 1364-1376)와 같은 14세기의 위대한 헤지카스트 총대주교들은 이러한 종합을 추진한 주요한 인물들이었다.

재속 성당과 수도원 성당이 단 하나의 체계를 채택하게 되자 교회 전체의 전례적 일치가 촉진되었다. 실제로 동방 그리스도교 안에서의 비잔티움의 우월성은 서방에서의 로마도 따라가지 못할 정도의 전례의 집중화로 표현되었다. 그럼에도 로마와 비잔티움의 차이는, 비잔티움에서는 성 소피아 '대성당'의 놀라운 문화적

---

15) M. Skaballanovich, *Tolkovyi Typikon* (Kiev, 1910), pp. 410-416.

명성에 기인하는 이 집중화를 조금도 교회론적 의미와 결부시키지 않았다는 점에 있다. 사실상, 비잔틴 전례의 기원은 콘스탄티노플이 아니었다. 그 전례의 첫 번째 형태는 시리아에서 왔고 두 번째는 팔레스타인에서 왔다. 다른 한편 새롭게 개종한 민족들이 고유한 언어로 전례를 번역할 수 있었다는 점은 이 집중화의 여러 부작용들을 줄일 수 있게 하는 반작용을 가능케 했고 중대한 선교적 의미를 가지는 것이었다. 어쨌든, 정교회 안에서 전례는 통일성의 주된 표현으로 남아있다.

비잔틴 교회가 수용한 수도원『티피콘』이 모든 그리스도교 공동체의 전례 생활을 지배하게 되었다는 것 역시 아주 중요하다. 이점에서는 콥트 교회, 야곱파 교회, 아르메니아 교회 등과 같은 동방의 다른 영적 가족들도 매한가지였다. 수도원 영성을 예배의 일반적 모델로 받아들임으로써 동방 그리스도교 전체는 그리스도교 메시지가 지니는 종말론적 의미를 표현할 수 있었다.『티피콘』에 묘사된 전례적 요소들의 확장, 일반적인 공동체는 이를 다 따라 할 수 없었다는 점, 그리고 전례 본문들이 내포하고 있는 참회 규율의 엄격성 등은, 교회를 지나치게 현세와 연결시키려는 모든 시도에 대한 안전판이요, 다가올 하느님 나라의 예표처럼 작용했다. 정확히 이해하면, 동방의 전례는 교회를 지속적인 종말론적 긴장의 상태 안에 위치시킨다.

2. 전례 주기들

가장 발전된 비잔틴 예식은 14세기의 것인데, 그것은 여전히 그 핵심에 있어서 초대 그리스도교의 메시지였던 '빠스카' 주제에 의해 지배된다. 그리스도 안에서 인간은 노예상태에서 자유인으로, 어둠에서 빛으로, 죽음에서 생명으로 나아간다. 비잔틴 전례가 빈번히 개념적 정의들, 정식화된 교리적 고백들, 그리고 성가에 할애한 장(章)에서 살펴보게 될 시적인 주제들을 사용하지만, 옛것에서 새것으로 나아가는 빠스카의 역동적 측면을 이해하지 못한다면 이 전례 주기의 구조와 내적인 논리를 결코 이해할 수 없다. 사실 빠스카의 역동성은 거의 모든 전례 단위의 중심 주제이다. 이 주제의 다양한 형태가 도처에 나타난다. '옛 아담' 안에 있는 인간 실존의 비참이 강조되는 만큼, 또한 새로운 생명의 지복은 이미 현존하는 실재이며 동시에 도달해야할 목표로 간주된다.

각 주기는 원칙적으로 하나의 특별한 전례서에 대응된다. 확장된 혹은 축소된 형태의 시편서인 『오롤로기온』(*Horologion*, 『매일예식서』)에 나타나는 매일 주기(daily cycle)는 빠스카 주제를 낮과 밤의 주기적 교차와 연결시킨다. 일반적으로 성가를 피했던 고대 수도원 모델을 따라 고정된 형식을 가지는 만과와 조과는, 거의 배타적으로 성서 본문만을 사용해서, 저녁을 인간의 타락과 하느님으로부터의 분리에 연결시키고 또 일출을 '참 빛이신' 그리스도의 강생과 연결시킨다. 만과는 시편 104편을 읽음으로써 하느님의 창조사역을 기억하는 것을 시작으로 해서, 타락 이후의 인간의 비참을 시편 140편, 141편, 129편, 116편으로 표현하고, 이어서 메시아의 오심을 기다리는 자들에게는 밤과 죽음도 복된 휴식이 될 수 있다는 신앙을 구원의 희망과 함께 노래하는 '시메온의 찬가'(루가 2:29-31)로 끝을 맺는다. 조과는 참회와 희망의 주제들이 서로 반복 교차하게 함으로써 빛과의 만남을 향한 상승을 표상한다. 탁월하게 빠스카의 주제를 담고 있는 '모세의 찬가'(출애굽기 16:1-19, 신명기 32:1-43)와 바빌론에 잡혀간 '다니엘의 세 친구의 찬가'(다니엘 3:26-56, 67-88)를 포함해서 구약 성서에 나오는 10편의 찬가가 '성모님의 찬가'(Magnificat, 누가 1:46-55)와 '구복단 성가'(Benedictus, 루가 1:68-79)를 정점으로 하는 카논(canon) 성가에 포함된다. 새벽에 읽히는 승리의 시편들(148-150), "우리에게 빛을 보여주신 당신께 영광 돌리나이다"라는 선언, 영광송(doxology) 등은 그리스도인의 기쁨과 하느님께서 주신 구원의 확신을 나타낸다. 분명 만과는 인간의 '옛' 조건을 암시하고자 한다. 발전된 비잔틴 전례는 구약성서 낭독을 오직 만과에서만 하게 했다. 어떤 날의 조과는 반대로 복음서 낭독으로 특징지어진다.

주간 주기(weekly cycle) 역시 '옛 것'과 '새 것'의 주제를 사용해서 이 주제를 '제 8 요일'[16]이요 '주님의 날'인 일요일로 집중시켜 간다. 또 주간 주기는 주님의 재림(묵시록 1:10), 주님의 부활, 성찬에서의 주님의 현존과 같은 주제를 사용한다. 하지만 유대인들의

---

16) Basil of Caesarea, *On the Holy Spirit*, 27, Pruche ed., p. 237.

'옛' 안식일이 완전하게 무시된 것은 아니다. 그 날은 기다림의 날이요, 부활을 기다리는 죽은 자들을 기억하는 날이요, 또한 그리스도가 무덤에 묻히시고 지옥까지 내려가셔서 곧 다가올 해방의 부활로 죽은 자들을 안심시키신 날이다. 그러므로 토요일은 일요일과 마찬가지로 대사순절 기간에도 성찬예배의 날로 간주되었다.

연중 주기(yearly cycle)에서 비(非)고정 주기의 중심은 부활축일이다. 부활축일 앞에는 대사순절이라는 기간이 있고, 뒤로는 성령강림 축일로 이어지는 50일이 있다. 부활축일은 연중 전례를 시작하고 또 결정한다. 연중 주기의 세 시기에는 각각 그 시기의 특별한 성가들을 포함하는 하나의 전례서들이 대응한다. 대사순절에는 『트리오디온』(Triodion, 『대사순절 예식서』), 부활축일에서 성령강림축일까지는 『펜테코스타리온』(Pentecostarion, 『오순절 예식서』), 성령강림축일 이후 두 번째 주일부터 다음 대사순절 전까지는 8주 주기로 반복되는 『옥토이코스』(Oktoekhos, 『8조 예식서』)가 있다.

마지막으로 12권으로 된 『미네온』(Menaion, 『월별 예식서』)은 1년 365일 각 날짜에 고유한 내용들을 제공해준다. 다양한 시대를 거치면서 『미네온』에 도입된 수많은 성가들은 매우 불균등한 특징을 가지고 있다. 하지만 주요 축일과 대 성인들의 축일 전례는 일반적으로 비잔티움의 가장 탁월한 전례 작가들이 지은 성가들로 거행된다. 서방의 '성인축일'(sanctoral)과 마찬가지로 『메네온』 역시 콘스탄티노스 대제 이후 전례가 과거 사건들에 대한 역사적 관심, 특별한 성인이나 그 성인의 성해 공경과 관련된 지역의 대중적 신심, 팔레스타인의 성지 순례 등에 기초하여 뒤늦게 확장되었음을 보여준다. 하지만 이 모든 경우에도 전례는 그리스도교 신앙의 중심 내용인 빠스카와의 관련성을 확립했다. 예를 들면 주님의 탄생 축일(12월 25일)과 신현 축일(1월 6일)은 준비기간을 가지는데, 이 준비기간의 성가와 음악은 성대주간의 전례 모델에 기초해서 지어졌다. 이러한 되새김을 통해서 십자가와 부활은 성육화의 궁극적 목표로 제시된다.

연중 축일의 중요한 세 주기는 그리스도, 동정녀 마리아 그리고 세례자 요한의 생애를 기념한다. 그리스도의 축일 주기는 성모 희보 축일(3월 25일), 주님의 탄생 축일, 신현 축일, 주님의 할례 축일(1월 1일), 주님의 입당 축일(2월 2일, 시메온과의 만남)과 주님의 변모 축일(8월 6일)로 구성된다. '십자가 현양 축일'(9월14일)도 이에 속한다. 동정녀 마리아의 축일 주기는 성모 잉태 축일, 성모 탄생 축일, 성모 입당 축일과 성모 안식 축일로 구성된다. 성서적 근거를 가지고 있는 세례자 요한 성인의 축일 주기는 마리아 축일 주기의 모델이 된 고대 팔레스타인의 작품으로, 잉태 축일, 탄생 축일 그리고 그의 참수 순교 기념일이 있다.

성화벽 중간에 위치한 이른바 '데이시스'(*Deisis*, '기도' 혹은 '간구'라는 의미)라고 불리는 이콘 체계는, 마리아와 세례자 요한에 둘러싸인 그리스도의 이미지를 보여줌으로써 그의 어머니와 선구자 사이의 어떤 병행주의를 암시한다. 이 두 사람은 예수님과 가장 가까웠던 분들이었다. 12월 26일에 예수님의 다른 '선조들'과 함께 소박하게 기념되는 것을 제외하면 요셉 성인은 특별하게 전례적으로 기념되지 않았다.

하지만 『미네온』에는 예언자, 왕 등 수많은 구약 성서의 인물들도 기념된다. 이것의 신학적 함의는, 마치 새로운 언약 안에서 하느님이 흡족해 하신 사람들이 그러하듯이, 그리스도가 지옥에 내려가신 후 그들도 그리스도 안에서 살아있는 존재가 되었다는 것이다.

3. 성가학

'대성당' 예식에 성가가 대규모로 도입된 것은 일반적으로 로마노스 멜로드라는 이름과 관계있다.(1장을 보라) 비잔틴 전례 주기 안에서 로마노스와 그의 모방자들의 '콘타키온'(시기송)들이 나중에 여러 다른 유형의 성가들로 대체된 이유를 설명해 주는 역사적 문헌들은 매우 적다. 아마도 '콘타키온' 성가가 수도원의 반대에 부딪혔을 것이라고 짐작해 볼 수 있다. 비록 '콘타키온'이 그 핵심에 있어서 성서의 주제들을 사용하거나 혹은 종종 그 본문들을 그대로 옮겨놓았다 할지라도, 그것은 시편과 성서의 찬가들이 차지할 자리를 빼앗아버리곤 했다. 또 '콘타키온'은 수도사들에겐 너무 세속적이라고 생각됐던 음악 요소들의 사용을 분명히 장려했다. 마지막으로 로마노스의 긴 성가집들은 수도원의 『티피콘』에서 정립된 만과와 조과 그리고 여타 전례 단위의 점점 더 강고하고 엄격해진 성서적 구조 안에서 어떠한 자리도 차지할 수 없었다. 다른 한편 비록 로마노스의 시들이 분명 키릴로스 사상과 칼케돈 공의회의 정신을 반영하고 있었지만 일반적인 의미에서 볼 때, '콘타키온'이 5, 6세기의 그리스도론에 관한 대 논쟁의 맥락 밖에 있었다는 사실은, '콘타키온'보다 더욱 분명하게 신학적이고 교리적인 성가들이 등장할 수 있도록 해주었을 것이다.

초기에는 금욕적인 이유로 성가 창작을 반대했던 수도원의 태도는 그리 오래가지 않았다. 5세기에 이미, 성 아푹센티오스(470년경 비티니아에서 사망)는 시편 음송의 모델을 따라 시편이나 찬가들과 함께 결합되어 불린 두 세 구절로 된 짧은 성가 '트로파리아'를 창작했다.[17] 이런 종류의 성가는 로마노스의 길고 독립적인 콘타키온과 경쟁하게 되었다. 짧은 '트로파리아'나 '스티히라'는 보통 만과나 조과에 포함된 성서 본문 구절이 읽히는 사이사이에 불리도록 창작되었다. 여러 편의 트로파리아 시리즈들이 조과의 10개의 찬가에 동반되기 위해 만들어졌는데, 이것들은 '카논'(canon) 혹은 '규칙'(rule)이라는 이름으로 불렸다. 종종 이 카논의 여섯 번째 오디(ode) 다음에 로마노스의 콘타키온의 흔적이 발견되기도 한다. 이 콘타키온의 여러 부분들이 또한 다른 스티히라와 트로파리아 안에 옮겨져 있다.(참고로 주님의 탄생 축일 전례에서) 이렇게 9, 10세기에 새로운 유형의 성가가 결정적으로 채택된 후에도, 로마노스의 몇몇 짧은 시가들이 전례서 안에 보존되었다. 나중에 주교가 된 크레타의 성 안드레아, 다마스커스의 성 요한, 마이우마의 성 코스마스 등과 같은 팔레스타인 성 사바스 대수도원의 몇몇 수도사

---

17) the Life of Auxentios, ActSS. 55, Feb. 11, 770ff.

들이 7세기 초에 있었던 개혁에서 결정적인 역할을 했던 것 같다. 이 개혁은 사실 성서만을 고집했던 초기 수도원 규칙의 경직성과 로마노스의 서정시적 자유함의 타협이었다.

9세기에 확립된 최종적인 형태에서 - 보다 나중에 덧붙여진 것들은 그저 주변적인 것들일 뿐이다 - 비잔틴 성가 체계는 교부 영성과 신학을 시적으로 표현한 백과사전이다. 비잔틴 종교 사상을 이해하고자 할 때 이 성가 체계의 중요성은 아무리 강조해서 지나치지 않는다. 중세 비잔티움은 어떤 학파나 지적 사유 전통 심지어 교회의 교도권에도 서방에서와 같은 중요성을 부여하지 않았다. 오래된 성가 전통은 정교의 확실한 척도요 교회 전통의 탁월한 표현으로 간주되었다. 예를 들어 성 그레고리오스 팔라마스는 발람을 반박할 때 이 성가들을 자주 인용했다. 비잔틴 그리스도교가 전파된 슬라브 국가들을 비롯한 여타 국가들에서도 이는 마찬가지이다.

성가의 풍요함과 다양성은 성가들을 신학의 자료로 사용하기 곤란하게 만든다. 다른 한편 성가에 나타나는 성인들에 관한 많은 전설들과 시적 과장은 그것의 원래 맥락에 비추어서만 사용될 수 있다. 분명히 비잔틴 사람들 자신도 교리적 선언들과 시들을 구별했다. 어떤 성가들은 '교리적 트로빠리아'(*dogmatika troparia*)라는 명확한 이름을 지닌다. 칼케돈 세계 공의회의 정의에 따라 성육화의 의미를 조명해주는 토요일 만과의 트로빠리아들이 그 대표적인 예들이다.

"누가 동정녀를 복 받지 않았다고 하리까. 누가 동정의 출산을 찬양치 않으리까. 주님은 태초에 아버지로부터 외아들로 나셨고, 순결하신 당신으로부터 육화되어 나셨나니, 신성으로 계셨음에도 우리를 위하여 인성이 되셨고 두 개의 실체로 분리되거나 혼동됨 없이 두 가지 본성을 나타내셨도다. 복되시는 이여, 주님께서 우리에게 자비를 베풀어 주시도록 중보하소서."[18]

분명히 이 성가는 하나의 기도나 종교시로서만 아니라 또한 신앙 고백으로도 이해되었다. '테오토코스'(Theotokos)이신 마리아에게 바친 매우 감성적인 여러 성가의 경우는 확실히 이와 다르다.

"보소서, 씨 뿌리지 않은 토양이시여! 보소서, 불타지 않은 가시떨기 나무시여! 보소서, 생각할 수조차 없는 심연이시여! 보소서, 하늘로 가는 가교시며 야곱이 보았던 숭고한 사다리시여! 보소서, 만나를 담으신 하느님의 그릇이시여! 보소서, 저주에서 해방시키시는 이여! 보소서, 아담을 부르시는 이여! 주님께서 당신과 함께 하시나이다."(성모 희보 축일 만과)

어떤 곳에서는 가장 엄격한 신학적 용어들을 사용하기도 하는 비잔틴 성가의 이러한 마리아론적 감상주의는 자주 공통된 전례적 지혜와 의미를 표현했다. 인간 전체가 동원되는 거룩한 행위인 교회의 전례는 인간의 모든 감성을 수용하고 변화시켜야 한다.

---

18) 역자 주 한국 정교회 『매일 예식서』 28쪽에서 재인용.

전례는 단지 지적인 기관들만 만족시키면 되는 것이 아니다. 종교 경험의 다양한 측면들이 서로 교차하고 연관되는 것은 아마도 비잔틴 성가가 여러 세대를 거쳐 영혼들에게 미쳐온 비밀스러운 효과일 것이다.

그 대부분이 스투디오스의 성 테오도로스와 그의 직제자들에 의해 만들어진 대사순절을 포괄하는 전례서 『뜨리오디온』에서도 우리는 이러한 차원을 발견한다. 수도원 영성의 기념비적 작품인 『뜨리오디온』은 먼저 교부들의 인간론을 담고 있다. 그것에 의하면 인간은 오직 하느님과의 실제적인 교제 안에 있을 때만 참으로 인간다울 수 있고 참으로 자유로울 수 있다. 반대로 타락한 상태에서의 인간은 사탄의 포로이다. 인간의 해방과 구원은 무엇보다도, 에바그리오스의 영적 교리에서 보았듯이, '정념들' 다시 말해 하느님보다 피조물을 더 사랑하게 하는 것들을 제거하는데 있다. '정념이 없는 상태'(apatheia)로 가는 길은 반드시 회개를 거친다.

> 오, 불행하도다. 내게서 달아난 온갖 선한 것들이여!
> 내 정념들로 인해 잃어버린 그 아름다운 나라여!
> 계명을 어겨서 내가 받은 모든 풍요를 다 날려버렸구나!
> 한탄스럽구나, 정념으로 가득 찬 영혼아!
> 그대는 영원한 불로 저주받았구나.
> 마지막 날이 오기 전에 우리 하느님 그리스도께 호소하여라.
> 탕자처럼 호소하여라.
> '오, 하느님, 나를 받아주소서, 나를 불쌍히 여기소서.'
> (돌아온 탕자의 주일, 만과)

절제, 깨어있음, 금욕주의 등은 정념과 맞서 싸우기 위해 제시된 수단들이다. 하지만 금욕주의적 언급이 어느 정도는 과장되었다 할지라도 그리스도교적인 삶과 희망의 진정한 차원을 완전히 잃어버린 것은 아니다. 대사순절 첫 번째 주간의 스티히라는 "하느님 나라는 먹고 마시는 것에 있지 않나니, 그것은 성령 안에서의 기쁨이다"라고 선언한다. 또 "가난한 사람들에게 자선을 베풀라. 고통 받는 사람들과 함께 아파하라. 이것이 바로 하느님을 기쁘시게 하는 참된 금식이다." 수도원 유형의 금욕주의에도 불구하고 저자들은 결혼, 가정생활, 사회적 책임 등을 시야에서 놓치지 않았다.

"혼인은 영예롭고, 혼인의 침실은 순결하도다. 우리의 육신을 입고 가난의 혼인잔치에 참석하시어 물을 포도주로 변화시키셨을 때, 그리스도께서는 이 모든 것을 강복하셨도다. 잠자리를 같이 하는 것은 결코 부끄러운 일이 아니다. 왜냐하면 그리스도께서는 가나의 혼인잔치에서 음식을 드셨고 물을 포도주로 변화시키셔서 이미 이 둘을 다 복되게 하셨기 때문이다. 오 내 영혼아, 그것은 네가 변화될 수 있게 하기 위해서였도다." (크레테 성 안드레아의 참회의 대카논, 9오디)

하지만 회개와 변화에 대한 모든 호소도 만일 복되고 기쁨에 넘치는 하느님 나라를 미리 맛보지 못한다면 아무 의미가 없을 것이다. 다마스커스의 성 요한이 나지안조스의 성 그레고리오스의 부활축일 설교를 원용하여 지은, 부활 축일 밤, 승리의 기쁨으로 넘치는 성가들은 그리스도교적인 기쁨을 표현한 불후의 명작이다.

부활의 날이 되었도다!
백성들이여 기쁨으로 빛날지어다!
주님의 부활, 부활!
죽음에서 생명으로
땅에서 하늘로,
하느님이신 그리스도께서 우리를 인도하시는구나,
그러니 다 함께 승리의 찬가를 부르자.

오 그리스도시여, 경탄스럽고 거룩한 부활이시여,
오 지혜자시여, 하느님의 말씀이시고 능력이시여!
당신 나라의 끝이 없는 광명에
우리가 더욱 충만하게 참여할 수 있도록 하소서.

2부
비잔틴 신학의 주요 교리

앞 장들에서 다룬 역사적 연구는 비잔티움에 있었던 신학적 논쟁, 신학 사상의 다양한 경향, 그것들의 기본적인 자료들을 제시해보려는 시도였다. 어떤 비잔틴 신학자도 『대전』(大典, Summa)을 쓰려고 시도하지 않았다. 하지만 이것은 비잔틴 신학 사상이 근본적인 통일성과 동일한 신앙 전통을 가지지 못했다는 것을 의미하지 않는다. 확실히 동방은 서방과는 달리 이러한 전통의 통일성을 개념화하고 교리화하려고 애쓰지 않았다. 오히려 동방은 교회의 전례 안에서, 거룩성(holiness)의 전통 안에서, 또 진리에 대한 살아 있는 영적 지식 안에서, '그리스도의 영'을 전적으로 신뢰하는 편을 선호했다. 그러므로 비잔틴 신학을 체계적으로 보여주고자 하는 모든 시도는 신학을 그것의 본질에도 낯설 뿐인 이성적 범주의 틀 안에 억지로 밀어 넣는 위험을 포함하고 있다. 18세기부터 동방 정교회 안에 나타나기 시작한 수많은 교리 신학 교재들은 비잔틴 교부들의 신학에 충실하다고 자처했지만 결국 이러한 오류에 빠지게 되었다. 조오지 플로로프스키는 그 속에서 정교 사상의 '서방 유배'(western captivity)가 표현되고 있음을 정확하게 간파했다. 실제로 고대와 비잔틴 시대의 교부를 많이 인용해서 자신의 말을 정당화한다고 해서 그것으로 충분한 것은 결코 아니다. 진정한 연속성은 방법의 통일성과 공통의 관점을 요구하기 때문이다.

이러한 원칙들로 인해 나는 다음 장들에서 그리스도교 경험 그 자체의 내용과 조응하는 글의 순서를 채택했다. 글의 대강은 창조되고 타락한 인간이 그리스도와 만나고 성령의 사역을 받아들이며 이렇게 해서 삼위일체 하느님과의 교제 안으로 인도된다는 것이다. 독자들은 과연 이 순서가 스콜라 신학의 『대전』들이 취하는 고전적인 체계보다 더 적절한 것인지를 스스로 판단할 수 있을 것이다.

비잔틴 신학의 교리적 주제들을 체계적으로 서술하기 위해서는 이 저서의 서론에서 밝힌 연대 범위 밖에 있는 글들을 자주 참고하지 않을 수 없었다. 예를 들어, 오리게네스나, 비잔틴 사람들이 가장 탁월한 스승들로 인정하는 4세기 교부들의 교리를 참고하지 않는다면 결코 비잔틴 신학의 인간론이나 삼위일체론을 말할 수 없다.

다른 한편, 비잔틴 저자들에 대한 나의 접근은, 나 자신 정교회 신학자로서, 분열 이전 교회의 위대한 전통이 비잔티움에서 계속 이어져 왔으며 또 비잔티움을 통해서 오늘날까지 전해졌다는 나의 신학적 관점에 영향을 받을 수밖에 없었다.

10장

창조

창조에 관한 교부들의 사상은 오리게네스주의에 맞선 백여 년에 걸친 논쟁의 틀 속에서 발전되었다. 영원한 코스모스라는 그리스적 개념과, 창조를 낳은 긍정(*fiat*)으로부터 시작된 단선적인 역사라는 성서적 전망이 논쟁의 중심에 있었다. 오리게네스는 창조 행위는 하느님 본질의 표현이며 이 본질은 변화할 수 없는 것이기에 하느님이 창조하지 않았던 '때'란 있을 수 없다는[1] 사상에서 출발했다. 그 결과 세상은 항상 존재해왔다. 왜냐하면 하느님의 선하심은 항상 어떤 대상을 필요로 하기 때문이다.[2] 오리게네스주의에 따르면 창조의 영원성은 존재론적 차원에서 로고스의 영원성

---
1) 역자 주 다시 말해 하느님이 영원하시듯, 창조 또한 영원한 행위이며, 창조로부터 나오는 세상 또한 영원하다.
2) Origen, *De principiis*, I, 2, 10 ; ed. Koetschau, CGS, pp. 41-42 ; trans. Butterworth, p. 23.

과 분리될 수 없다. 창조와 로고스는 영원히 하느님으로부터 발생한다. 이러한 동일화는 아리오스로 하여금 창조의 영원성을 포기하자마자 로고스조차 시간 안에서 태어난 분으로 인식하도록 만들었다. 알렉산드리아의 성 아타나시오스는 아리오스를 반대하는 신학에서 비잔틴 저자들이 계승하게 될 범주들을 정의했다. 즉 발생(generation)과 창조(creation)의 구분이 그것이다.

1. 창조주와 피조물

성 아타나시오스에게[3] 창조는 하느님의 의지(will) 행위이고 하느님의 의지는 존재론적으로 본질(nature)과 구별된다. 성부는 성자를 본질 안에서 낳는다. 창조는 하느님의 의지에 의존하지만 (성자의) 발생은 진정으로 시간 밖에 있다. 이것은 하느님에게 창조는 절대적으로 자유로운 결정이며 하느님은 세상을 창조하신 후에도 이 세상을 초월해 계신다는 것을 의미한다. 오리게네스도 아리오스도 사실 하느님의 본질과 의지를 구별하지 않는다. 하지만 이것을 구별해야 한다는 것이 성 아타나시오스의 핵심적인 주장이었다.

성부를 성자 없이 인식하는 것은 절대 불가능하다. 왜냐하면 "성자는 존재 여부가 어떤 의지 행위에서 비롯된 피조물이 아니

---

3) 참고. Florovsky, "The Concept of Creation in Saint Athanasius", *Studia Patristica* VI, part IV, TU 81 (Berlin : Akademie Verlag, 1962), pp. 36-37.

라 성부의 본질의 고유한 아들이기 때문이다."⁴⁾ 이렇게 성자는 본질에 있어서 하느님이시지만, "'무로부터 피조된 존재의 본질'은 변하고 무능력하고 사멸할 수밖에 없고 또 혼합적이다."⁵⁾ 로고스가 세상을 위해 창조되었다는 아리오스의 사상을 반박하면서 아타나시오스는 "그분이 우리를 위해 창조된 것이 아니라, 우리가 그분을 위해 창조되었다"⁶⁾고 주장했다. 하느님 안에서 본질의 차원은 의지의 차원에 앞선다.⁷⁾ 전자는 후자보다 탁월할 뿐만 아니라 후자에 대해 독립적인 것이다. 왜냐하면 하느님은 '스스로 존재하시는 분'이시기에, 그가 행하시는 것에 의해, 심지어는 그 자신의 본질과 고유한 존재에 의해서조차 결정되거나 제한받지 않으시기 때문이다.

그러므로 하느님의 '본질'과 피조된 '본질'은 서로 구별되는 존재 양식이며, 근본적으로 다른 것이다. 전자가 후자와 관련해서 전적으로 자유로운 반면, 피조물은 하느님에 의존한다. 피조물은 "하느님의 은총과 의지와 말씀을 통해" 실존하며 "그렇기 때문에 창조주의 의지가 어떠한가에 따라서 더 이상 존재하지 않을 수도 있다."⁸⁾ 우리는 여기서 하느님의 본질과 하느님의 선하심은 동일한 것이고 코스모스는 하느님의 선하심의 필연적인 표현이라는 오리게네스 사상과는 아주 다른 창조 신학을 발견하게 된다. 그러

---

4) Athanasius, *Contra Arianos*, III, 60, PG 26, 448-449.
5) *Contra Gentes*, 41, PG 25, 81CD.
6) *Contra Arianos*, II, 31, PG 26, 212B.
7) *Ibid*., II, 2, PG 26, 149C.
8) *Ibid*., I, 20, PG 26, 55A.

므로 아타나시오스가 주장한 창조 개념은 하느님 안에서 다시 한 번 이 초월적인 본질을 '전능하심'이나 '선하심'과 같은 하느님의 속성들과 구별하도록 해준다. 이 속성들은 하느님의 본질을 표현하는 것이 아니라 하느님의 '외적'(ad extra, '밖으로의') 실존과 행위를 나타낼 뿐이다.

알렉산드리아의 성 키릴로스[9]와 다마스커스의 성 요한[10]은, 하느님과 피조물은 "본질에 있어서" 다르고, 또한 성부로부터 성자의 "본질적인" 발생과 "의지의 행위에 의한" 창조는 구별된다고 역설했다. 이 차이는 그리스도의 "두 본성"(신성과 인성)에 대한 칼케돈 세계 공의회의 정의가 왜 필요했는지를 잘 보여준다. 그리스도의 두 본성은 "교류 안에 있는 것으로" 또는 "위격적으로"(hypostatically) 연합된 것으로 이해될 수 있지만, 결코 "혼합될 수는" 없다. 다시 말해 '하나의 본질'인 것처럼 간주될 수 없다.

피조물의 덧없음에 대한 아타나시오스의 강조 때문에 오류에 빠져선 안 된다. 사실 그가 보여주고자 했던 것은, 하느님의 본질은 아무 부족함이 없다는 사실과 모든 피조된 본질은 하느님께 의존할 수밖에 없다는 사실, 이 두 가지 사실의 극명한 대비였다. 그의 관심은 결코 피조된 실존을 단순한 하나의 '현상'으로 축소하는데 있지 않다. 하느님의 창조 행위는 '피조된' 새로운 질서, 하느님과 구별되는 또 다른 '본질'을 만들어 냈다. 이 새로운 '본질'은 하느님께 귀중한 것이고, 그분의 사랑과 관심을 받아 마땅하

---

9) 예를 들어, *Thesaurus*, 15, PG 75, 276B ; 18, PG 75, 313C.
10) *De fide orth.*, I, 8, PG 94, 812-813.

며, 하느님 또한 그것을 기본적으로 '아주 선하다'고 간주하신다. 오리게네스의 사상은 하느님이 지성적 존재 전체를 동등하게 창조했고, 이 지성적 존재들의 존재 이유는 하느님의 본질을 관상하는데 있었으며, 지성적 존재들이 다양하게 된 것은 타락의 결과일 뿐이라고 주장했지만, 그와는 반대로 하느님은 단지 동등한 지성적 존재들만 창조하신 것이 아니다. 어떤 유령이나 신기루가 아니라 하나의 본질로서의 피조 세계는 어떤 의미에서는 자기 자신 안에 존재의 의미를 가진 것이기도 하다. 왜냐하면 하느님조차 세상을 사랑하시기 때문이다. 다시 말해 하느님은 이 세상을 자기 앞에 마주보고 선 하나의 실재로 삼으신다. 칼케돈 세계 공의회 정의를 따르면, 피조된 본질은 그것이 로고스에 의해 위격적 연합 안에 수용되었을 때조차 "자기의 속성들을 보존한다". 고백자 성 막시모스와 특별히 이콘파괴론 시기의 정교 신학자들은 이 피조 세계의 자율성이 가지는 함축된 의미를 발전시켰다. 여기서는 다만, 세상을 향한 창조주의 행위를 반영하는, 섭리, 사랑, 친교와 같은 개념들은 하느님과 피조 세계의 차이와 구별을 전제한다는 사실만을 지적하고자 한다.

2. 하느님의 계획

시간 속에서의 창조, 다시 말해 피조세계가 존재의 시작을 가진다는 주장은, 그리스적 사유와 성서의 계시 사이에 존재하는 불일치의 핵심이다. 하느님이 시간 안에서 세상을 창조하심으로써 그의 영원한 계획을 실현시켰다는 생각은, 유대 지혜 문학의 개념들과, 또한 더 구체적으로는 사도 요한의 로고스 신학과 관련이 있다. 이러한 생각은 적어도 그리스 철학의 몇몇 주제에 대한 답변이었다.

성서적이면서 동시에 그리스적인 비잔틴 신학은, 그 역사적 과정 내내, 세상에 관한 신적 "이데아" 이론을 창조에 관한 그리스도교의 일관된 전망 안에 통합시키기 위해 노력했다. 플라톤의 "지성 세계"(kosmos noetos)는 거부되어야 했다. 플라톤에게 이 "지성 세계"는 비인격적이고 "실체적이며"(substantial) 또한 하느님의 외부에 존재하는 영원한 실재를 표상한다. 따라서 그것은 창조 행위의 절대적 자유를 제한하고 "무로부터의"(ex nihilo) 창조를 배제하며 가시적 피조세계를 영원한 실재들의 그림자일 뿐이라고 간주함으로써 그것의 실체적 현실을 약화시킨다. 플라톤적 사유에 대한 거부는 553년 오리게네스의 정죄를 통해 함축적으로, 또 1081년 요한 이탈로스를 반대하는 공의회의 결정을 통해 공공연하게 선언되었다. 그 사이, 교부들과 비잔틴 신학자들의 사상은 오리게네스주의에 대한 반작용을 통해 발전해 나갔다. 나지안조스의 성 그레고리오스는 이미 "하느님의 사유들"(thoughts of God)로서의 "세상의 형상들"(images of the world)에 대해 말한다.[11] 이 "사유들"은 위격적 하느님의 자유를 제한하지 않는다. 왜냐하면

---

11) 특히 Gregory of Nazianzus, *Carm. theol. IV de mundo*, V, 67-68, PG 37, 421.를 참고하라.

그것들은 하느님의 본질과 구별되어 존재하기 때문이다. 하느님이 시간 안에서 창조하시자 비로소 "사유들"은 "현실"이 된다.[12] 이 "사유들" 역시 "하느님 의지"[13]의 표현이지, 그 본질의 표현은 아니다. 그렇지만 이 사유들은 "영원한 하느님의 완전하고도 영원한 사유들"이다.[14] "하느님 안에는" 어떤 것도 창조된 것이 없기 때문에, 세상에 관한 이 사유들 혹은 이데아들은 하느님 자유의 무제한적 가능성을 표상해주는 신적 생명의 창조되지 않은 표현들이다. 하느님은 "이 사유들로부터"가 아니라 "무로부터" 세상을 창조한다. 세상의 시작은 전적으로 새로운 현실이다. 하느님에게서 비롯되고 또 하느님의 영원한 계획에 부합하는 창조 행위를 통해 이 새로운 현실은 등장한 것이다.

하느님의 본질도 아니고 세상의 본질도 아니며, 창조와 관련해서는 일종의 우연성을 통해 나타나는 바의 영원하고 창조되지 않은 어떤 '가능성'이 하느님 안에 있다는 것은, 비잔틴 신학이 여러 방식으로 표현해온, 하느님에 관한 모순적 개념을 전제한다. 이 모순적 개념을 설명하기 위해 조오지 플로로프스키는 이렇게 썼다. "우리는 두 가지 형태의 영원성을 구별해야 한다. 하나는 삼위일체 하느님만이 그 안에 사시는 본질적 영원성이요, 다른 하나는 하느님 은총의 자유로운 행위들의 우연적 영원성이다."[15] 이점에

---

12) John of Damascus, *De Fide orth.*, II, 2, PG 94, 865.
13) *Ibid.*, I, 9, PG 94, 837.
14) Maximus the Confessor, *Schol.* ; PG 4, 317.
15) Georges Florovsky, "The Idea of Creation in Christian Philosophy", *Eastern Churches Quaterly* 8 (1949), 67.

있어서 비잔틴 신학은 절대자로서의 하느님에 대한 철학적이고 비인격적 개념과 인격적이면서 초월적이고 자유로우신 하느님이라는 성서적 개념 사이의 차이에 대한 하나의 직접적인 통찰을 반영한다.

창조주와 피조물의 이러한 관계를 표현하기 위해서, 고백자 성 막시모스는 "로고스"(*Logos*)를 피조세계의 "로고스들"(*logoi*)의 살아있는 통일성의 중심으로 바라보는 고대의 신학을 사용한다. 이러한 용어들은 이미 필론과 오리게네스에게서 발견된다. 하지만 오리게네스에게서는 "로고스들"이 유일 "로고스"와의 본질적 통일성 안에 존재하는 반면, 막시모스에게서는 "로고스들"의 실제적이고 적절한 실존이 그 다양성 안에서도 표현된다. 막시모스의 개념과 오리게네스의 개념의 차이는, 근본적으로 가시적 피조 세계는 오직 타락에 의해서만 다양성을 띠게 된다는 오리게네스의 관점을 막시모스가 거부한다는 점에 있다. 막시모스에 의하면, 피조세계는 (오리게네스가 말하듯이) 하느님의 본질과 통일되어 있기 때문이 아니라 오히려 창조 그 자체로 인해 "선한 것"이다. 그럼에도 피조세계는 하느님의 "사유들"과 "의지들"로 선재해온 이 다양한 "로고스들"이 하느님 안에 고정되고, 또 "초자연적이고" 유일한 신적 로고스와의 교제 안에 머물러 있을 때만 참으로 "선한 것"일 수 있다.[16] 그러므로 피조물들은 "로고스들로서"만, 또는 하느님이 그들을 영원히 알고 있다는 사실에 의해서만 실존하는 것은 아니다. 피조물들은 하느님이 그 예지를 행동으로 옮겨놓으

---

16) 참고. Lars Thunberg, *Microcosme and Mediator* (Lund, 1965), pp. 76-84.

신 이래로 "그 자체로" 실존한다.

하느님의 사유 안에서는 피조물이 단지 가능태로 영원히 존재하는 반면, 현재적인 피조물의 실존은 시간 안에 있다. 피조된 존재의 구체적이고 시간적인 실존은 독립되어 있지 않다. 이 실존은 유일 "로고스" 안에 그 중심을 두고 있으며 이 로고스와의 교제 안에 있다. 그러므로 어떤 의미에서는 이렇게 말할 수 있다.

> "'유일 로고스'는 '로고스들'이고 또 '다자'(多者)는 '일자'(一者)이다. '일자'(一者, l'Un)는 '다자'로 존재한다. 왜냐하면 일자는 발생을 통해서 다자를 창조하고 연합시키기 때문이다. 다자는 또 일자이다. 왜냐하면 섭리가 다자를 그것의 전능한 원리로서의 일자를 향해 돌아서게 하기 때문이다."[17]

피조물들은 유일 로고스 안에서 하나이다. 하지만 역설적이게도 이 유일 로고스는 '초본질적이고' '참여할 수 없다'.[18] "이렇게, 막시모스에게는, 로고스들이 하느님의 본질과 동일한 것도 또한 피조된 세상 만물의 실존과 동일한 것도 아니다. 그의 부정신학적 경향은 범신론에 반대되는 경향과 결합된다. 이것은 특별히 로고스들을 하느님의 의지의 결정들로 이해하는 관념에 기인한다."[19]

막시모스는 본질과 의지를 구별한 아타나시오스에 충실함으로써 창조에 관한 참으로 그리스도교적인 존재론을 정립할 수 있었고, 또 전체 비잔틴 사상사에서 실제적으로 명실상부한 모범과 권

---

17) Maximus the Confessor, *Amb.* 7, PG 91, 1081.
18) *Ibid.*, PG 91, 1081B.
19) Thunberg, *Microcosme and Mediator*, p. 81.

위가 될 수 있었다.[20] 이 존재론은 하느님 안에서 '본질'과 '에너지'의 구별을 전제한다. 이 구별은 나중에 '팔라마스주의'라 불리게 될 것인 바, 인격적이고 역동적인 하느님 개념과 또한 역동적인 피조 본질 개념을 제기한다.

3. 피조 세계의 역동성

오리게네스에 의하면 원래의 지성적 피조세계는 정태적이다. 이 피조세계는 자신의 참되고 필연적인 실존을 하느님 본질에 대한 관상 안에서 발견한다. 그런데 이 피조세계의 첫 운동은 하느님 본질에 대한 반역의 형태가 되었다. 피조세계 안에서, 변화와 다양성은 타락의 결과이고 그래서 근본적으로 악한 것이다. 반면 비잔티움의 전체 신학 전통, 특별히 성 막시모스에게, 피조물들의 "운동"은 하느님의 창조에서 비롯된 필연적이고 본질적인 결과이다.[21] 이렇게 세상을 창조함으로써 하느님은, 끊임없이 변화하고 또 하느님을 향해 움직인다는 점에서 하느님과는 근본적으로 다른 하나의 역동적 존재들의 체계를 자기 외부에 위치시키셨다.[22] 그러므로 각 피조물의 로고스는 본질적으로 "활동적"이라는 것에

---

20) 참고. S. L. Epifanovich, *Prepodobnyi Maksim Ispovednik I vizantiiskoe bogoslovie* (Kiev, 1915), pp. 136-137.
21) 참고. J. Meyendorff, *Christ in Eastern Cristian Thought* (Washington : Corpus, 1969), pp. 100-102.
22) 참고. Maximus the Confessor, *Ad Thal.*, 60, PG 90, 621A.

있다.[23] "에너지"나 운동이 없는 피조 "본질"은 존재하지 않는다.

피조본질에 대한 이 역동적 이해는 7세기에 성 막시모스가 "단일에너지론"에 맞서 논쟁할 때의 핵심적인 논거였다. 단일에너지론자들은 그리스도의 인성은 신성과 연합됨으로써 인간적인 에너지나 의지를 상실해버렸다고 생각했다. 하지만 막시모스에게는 피조본질이 만약 에너지, 목표, 역동적인 정체성을 빼앗겨 버린다면, 그것은 자신의 실존까지 잃어버리는 것임을 의미했다. 어쨌든 피조본질의 이 운동은 오직 자신의 고유한 본래적 목표를 향해 나아갈 때만 충만하게 자기 자신일 수 있다. 그리고 그 목표는 하느님을 향해 나아가는 것, 하느님과의 교제 안에 들어가는 것, 그래서 창조의 수단이자 동시에 목표인 로고스와 하느님의 계획을 실현하는 것이다. 그러므로 창조의 참된 이유는 하느님의 본질에 대한 관상이 아니라(그것은 다가갈 수 없는 것이기 때문에), 하느님의 에너지와의 교제, 변화, 그리고 세상 안에서의 하느님의 행위를 투명하게 받아들이는 것이다.

우리는 나중에 이 창조 개념의 인간론적이고 그리스도론적인 함축을 살펴볼 것이다. 그러나 이것은 또한 우주론적인 함축도 포함한다.

전체적으로 볼 때, 비잔틴 사람들은 성서나 고대로부터 물려받은 우주론적 개념들을 채택했다. 그들은 과학적 지식을 밀고나가는 데는 너무 소극적이어서 "비잔틴 사람들이 자연 과학에서 별 성과를 올리지 못한 것이야말로 중세 그리스의 수수께끼들 중의

---

23) Maximus the Confessor, *Amb.*, PG 91, 1057B.

하나이다"[24]라고 말해질 정도였다. 어쨌거나 비잔틴 신학이 이 실패의 원인이었던 것 같지는 않다. 반대로, 비잔틴 신학은 자연의 역동성을 주장했고 따라서 자연을 연구하고 이용하고 통제함에 있어서 근본적인 열의를 가지고 있었다.

중세 비잔틴 내내, 『6일간의 창조』(Hexaemeron)라는 성 대 바실리오스의 설교는 세상의 기원, 구조, 발전에 관한 고전적 교재였다. 세상의 영원한 주기적 반복이라는 관념 안에서 창조를 이해했던 그리스적이고 오리게네스적인 개념에 반대한 아타나시오스 성인을 지지하면서 성 바실리오스는 시간 안에서의 창조를 주장했다. 그는 또한 피조물 안에 있는 운동과 역동성의 현실을 옹호했다. 피조물들은 하느님으로부터 단지 형식과 다양성만을 부여받지 않는다. 피조물들은 또한 하느님이 주신 것이고 또 진정 그 자신의 것이 된 고유한 에너지를 소유한다. 바실리오스는 이렇게 말한다.

> "'땅은 온갖 것을 내어라.'(창세기 1:24)라는 이 간단한 명령은 곧 자연의 힘(법) 즉 솜씨 있는 로고스가 되어 우리가 생각하는 것보다 훨씬 신속한 운동으로 수천수만 가지의 특별한 식물들을 일구어 낸다. … 이렇게 자연의 질서는 이 첫 명령 안에서 자신의 원리를 발견함으로써 총체적인 완성에 이를 때까지 시간 여행을 계속한다."[25]

---

24) Milton V. Anastos, "The History of Byzantine Science : Report on the Dumbarton Oaks Symposium of 1961", *Dumbarton Oaks Papers* 16 (1962), 411.

25) Basil of Caesarea, *In Hex.*, hom 5, PG 29, 116CD ; éd. Giet, SC 26 bis

당대의 과학 지식과 "종자 이성들"(seminal reasons)이라는 스토아 철학의 용어를 이용하면서도, 바실리오스는 신학에 있어서 성서 이외의 자료들에는 의존하지 않았다. 예를 들어 그는 피조물들의 "로고스들"이야말로 존재의 참되고 영원한 본질이라는 스토아 철학 사상을 거부했다. 이것은 "세상이 파괴된 후에"[26] 다시 영원한 복귀를 향해 나아갈 것이라는 개념을 포함한다. 성 아타나시오스와 성 막시모스처럼 성 대 바실리오스도 창조 행위에 있어서 하느님은 절대적으로 자유롭고 초월적이라는 성서적 관념을 충실히 지켜나갔다. "로고스들"을 통해서 세상의 존재를 만들어낸 하느님의 섭리는, 또한 창조 계획의 한 부분이기도 한 세상의 고유한 역동성을 해치지 않으면서 그 실존을 유지해 나가신다.

역동적 "본질"로서의 세상의 실존(말하자면 "하느님 외부에 있는" 현실로서 하느님의 사랑과 섭리의 대상이지만 자신의 고유한 진보를 따라가는 세상)은 인간 정신이 피조물들을 순전히 과학적이고 객관적인 방식으로 연구할 수 있다는 것을 함축한다. 하지만 이것은 창조된 본질이 존재론적으로 '독립적'이라는 것을 뜻하지 않는다. 첫 번째 동력과 목표일뿐만 아니라 존재의 궁극적 의미인 하느님에 참여하도록 세상은 창조되었다. 막시모스는 이렇게 썼다.

> "수동적이지 않고 행동하신다는 점에서 하느님은 원리, 중심, 목적이시다. 하느님은 원리요, 창조주시다. 하느님은 섭리이기에 중심이 되신다. 하느님은 결론이며 목적이시다. 왜냐하

(Paris, 1968), pp. 320-323.
26) *Ibid.*, 3 ; PG 29, 73C.

면 '만물이 그로 말미암아, 그를 통하여 그를 위하여 존재'(로마 11:36)하기 때문이다."[27]

이렇게 해서, 창조의 궁극적인 의미를 모르는 과학 지식은 위험하게도 편향될 수 있다.

4. 자연의 성화

현재의 타락한 상태에서, 피조 본질의 세계는 아주 부적합한 방식으로 자신의 운명을 성취한다. 성서의 세계관인 "인간 중심적 세계관"은 교부들의 글 속에서도 보존된다. 자연은 "소우주"(microcosm)인 인간의 타락으로 인해 고통 받는다. 하느님은 인간에게 자연을 다스릴 권리를 주셨지만 반대로 인간은 자연의 지배를 받아들였다. 그 결과 자연은 피조 세계에 대한 하느님의 계획을, 또 피조 세계의 내적인 의미(logos)와 궁극적 목표(skopos)인 하느님 자신을 드러내는 대신 사탄의 영역과 도구가 되어버렸다. 하느님의 본래 계획에 부응하도록 피조 세계 안에 부여된 "자연의 에너지"는 죽음이라는 파괴적 힘에 사로잡혀 버렸다. 비잔틴 신학자들은 현존하는 피조세계의 비극적 특징을 인정한다. 하지만 그것은 전례와 영성 안에서 보다 더 분명한 방식으로 표현된다.

고대 그리스도인들이 구마(驅魔)의식에 부여한 위상은 비잔티

---

[27] Maximus the Confessor, *Cap. gnostica*, I, 10, PG 91, 1085D-1088A.

움의 세례식 속에 보존되었다. 자발적으로 사탄을 거부하는 것, 또 성사를 통해 세례 후보자의 영혼 밖으로 악의 힘들을 축출하는 것은, "이 세상 왕"의 종살이에서 그리스도 안에서의 자유로 나아가는 것을 함축한다. 하지만 전례의 구마의식이 단지 인간의 영혼을 지배하는 악마적인 힘만을 겨냥하는 것은 아니다. 실제로 신현 축일(Epiphany)의 '대 성수식'(Great Blessing of Water)은 우주 전체에서 사탄을 쫓아낸다. 이 때 물은 우주를 이루는 가장 기본적인 요소이지만 동시에 용의 피신처요 보금자리로 간주된다. 전례와 교부 문헌들이 자주 우주의 악마적 권능에 대해 언급하는 것은 '신학적' 틀 안에서 이해되어야 한다. 즉 이 악마적 권능은 성서나 중세의 신화에 나오는 이야기로 축소되어서는 안 된다. 비록 그 신화들이 조금은 그리스도교 신앙을 반영하고 있다 해도 말이다.

'악마성'은 피조 세계가 원래의 의미와 방향에서 벗어나 타락함으로써 자연 안에 들어온다. 하느님은 자신의 "형상과 모양"으로 창조된 인간에게 세상의 지배를 맡겼다. 그러나 인간은 도리어 세상의 지배를 받으려고 했고, 그래서 세상에서의 자유를 잃어버렸다. 인간은 이제 우주의 결정론에 종속되어 버렸고, 그의 '정념들'은 이 결정론과 연결되며, 그래서 궁극적 권력은 죽음에 속하게 되었다. 니싸의 성 그레고리오스와 성 막시모스는 창세기 3장 21절 타락한 아담과 이브에게 주어진 "가죽 옷"을 이런 의미로 해석했다. 영혼의 선재(pre-existence of souls) 사상에 기초하여 '옷'을 인간의 물질적 몸과 동일시하는 오리게네스의 해석을 거부하면서, 막시모스는 인간의 실존 안에 일어난 이 변화를 오직 인간이 세상의 동물적 측면에 새롭게 의존하게 되었다는 사실로 설명한다. 인간은 스스로를 또한 모든 피조세계를 하느님께로 봉헌하기 위해 자신의 본성의 가능성을 사용하는 대신, 자신의 물질적 감각의 욕망에 종속되어 버렸다.[28]

그 결과 하느님이 원래 "참 좋게" 창조하신 세상은 인간에게 감옥이 되었고 "이 세상의 왕"이 죽음의 통치를 확립하는 데 끊임없이 이용해 먹는 미끼가 되었다.

물, 음식, 식물, 예술 작품, 기계 등 창조적 인간 노동의 모든 산물을 축성함으로써(비잔틴 전례는 성사 예식들과 축성식이 정말로 많고 풍부하다), 교회는 이 모든 것을 하느님과의, 또 하느님의 "형상"인 인간과의 참되고 본래적인 관계 안으로 되돌려 놓는다. 신현 축일의 대성수식에서와 같이 하느님의 우주 통치를 선언하는 것은 사실상 인간은 더 이상 우주적 힘들의 노예가 아니라고 주장하는 것과 같다.

> "주여 당신의 대전에는 모든 신령한 능력이 두려워 떨며, 태양이 당신을 찬송하고, 달이 당신께 영광 드리며, 별들이 당신 앞에서 제 길을 도나이다. 빛이 당신께 순종하고 심연이 무서워 떨며 샘들이 복종하나이다. 당신은 하늘을 천막처럼 치시고 땅이 물 위에 고정되게 하셨나이다. … 주여, 당신은 자비하심 때문에 인류가 악마에게 시달리는 것을 보다 못해 친히 오시어 우리를 구원하셨나이다. 당신은 우리의 본성을 근원에서부터 해방하시었고 …" (신현축일, 대성수식 기도문)

---

28) 참고. Maximus the Confessor, *Thal.* 61 ; PG 90, 628AB.

그러므로 자연의 성화는 탈신화화(demystification)를 함축한다. 그리스도인에게 자연의 힘은 신적인 것도, 어떤 결정론적 형태에 종속된 것도 아니다. 그리스도의 부활은 자연의 법칙을 깨뜨림으로써 인간을 자연의 노예상태에서 해방시켰다. 인간은 하느님의 이름으로 자연의 주인으로서의 목표를 완성하도록 부름 받았다.

우주의 성화를 선언할 때 비잔틴 전례는 이 세상 권력을 찬탈한 악마적 권능만 아니라 세상을 본래의 본질에 따른 질서로 회복하기 위해 하느님과 인간을 돕는 '하늘의 영적 권세'도 자주 언급한다. 하지만 비잔티움에서는 위 디오니시오스의 『천상의 품계』(Celestial Hierarchy) 말고는 보편적으로 받아들여지는 천사 세계에 대한 체계적인 설명이 존재하지 않는다. 이 『천상의 품계』는 9품계 천사들 각각을 보다 열등한 품계와 우월한 품계 사이의 매개로 간주한다. 이 저서의 목적은 신플라톤주의에서 차용한 우주의 품계적 인식을 그리스도교 사상 체계 안에서 보존하는 것이었다.

비록 주변적이었지만 폭넓게 영향을 미친 디오니시오스의 이러한 개념도 훨씬 고대의 성서적인 사상들을 제거하지는 못했다. 특별히 디오니시오스가 '대천사'(밑에서 두 번째 품계에 위치한다)에 부여한 미미한 역할과, 미카엘과 가브리엘 대천사를 천상군대의 "대장"으로 간주하는 다니엘서, 유다서, 묵시록 등의 유대 묵시적 개념의 대립은 주목할 만하다. 이런 관점은 전례 안에 잘 보존되었다. 이렇게 해서 전례는 비잔틴 '천사론'의 가장 중요하고 믿음직한 자료가 된다.

천사들은 우주의 악마적 권세들과의 투쟁에 참여함으로써 피조 세계의 가장 이상적인 모습을 보여준다. 비잔틴 신학자들에 의하면, 천사들은 가시적 세계가 창조되기 이전에 창조되었다.[29] 그들의 본질적인 역할은 하느님과 그의 형상인 인간을 섬기는 것이다. 천사들이 끊임없이 하느님을 찬양한다는 성서의 사상(이사야 6:3, 루가 2:13)은 비잔틴 전례의 흔한 주제이다. 특별히 성찬 기도문은 신자들에게 이 천사들의 성가대와 연합하라고, 다시 말해 하느님과의 본래적인 관계를 재발견하라고 촉구한다. 성찬예배가 선취하는 하늘과 땅의 이러한 연합은 피조 세계 전체의 종말론적 목표다. 천사들은 비가시적으로 우주의 생명에 참여함으로써 그 연합을 준비하는데 기여한다.

---

29) Gregory of Nazianzus, *Or.* 38, 9, PG 36, 320C ; John of Damascus, *De fide orth.*, II, 3, PG 94, 873.

11장

인간

동방 그리스도교에서 인간에 대한 가장 탁월한 이해는 "하느님에 참여한다"는 개념에 기초해있다. 인간은 스스로 자족하는 독립적인 존재로 창조되지 않았다. 인간의 참된 본성은 그것이 "하느님 안에" 혹은 "은총 안에" 있을 때만 참으로 본연 그대로일 수 있다. 그러므로 은총은 인간에게 "본성의" 발전을 제공한다. 이러한 기본 개념은 우리로 하여금 왜 비잔틴 저자들에게는 '본성(nature, 자연)'과 '은총'이란 용어가 서방과는 아주 다른 의미를 가지는지 이해할 수 있게 해준다. '본성'과 '은총'은 서로 대립되기는커녕 하나의 역동적인 생명, 하느님과 인간의 필연적인 관계를 설명해준다. 하느님과 인간은 본성에 있어서는 서로 다르지만 하느님의 에너지 혹은 은총 안에서 서로 교제한다. 다른 한편, 인간은 피조 세계의 중심, "소우주"(microcosm)이며, 따라서 인간의 자유로운 자기 결정은 우주의 궁극적인 운명을 규정한다.

1. 인간과 하느님

고백자 성 막시모스에 따르면, 하느님은 인간을 창조하실 때 인간에게 존재, 영원성, 선함, 지혜라는 네 가지 하느님의 속성을 "나누어 주셨다."[1] 이 신적인 속성 중에서 존재와 영원성은 인간의 본성 자체에 속한다. 그리고 나머지 두 가지는 인간의 의지적 태도에 주어졌다.

교부 전통은 "하느님에 참여하는 것"은 다른 피조물들이 누리지 못하는 인간만의 고유한 특권이라는 사상을 다양하면서도 일관된 방식으로 표현해왔다. 성 이레네우스는 이미 인간은 몸, 영혼, 성령이라는 세 가지 요소로 구성되었다고 말했다.[2] 카파도키아 교부들이 사용한 신플라톤주의적 개념들은 교부들로 하여금 인간 안에 성령의 "밀려들어옴"이 존재한다는 사실을 인식할 수 있게 해주었다.[3] 『인간의 창조에 대하여』라는 글에서 니싸의 성 그레고리오스는 타락 이전의 인간에 대해 말하면서 '불멸(immortality)의 복', '정의'(justice), '순결'(purity)을 인간에 귀속시켰다. 그는 이렇게 썼다.

---

1) Maximus the Confessor, *De Char.*, III, 25, PG 90, 1024BC.
2) Irenaeus, *Adv. Haer.*, 5, 61.
3) Gregory of Nazianzus, *Carm.*, PG 37, 452.

> "하느님은 사랑이요, 사랑의 원천이다. 우리의 본성을 창조하신 분은 우리에게 사랑의 특성을 주셨다. … 만약 사랑이 없다면, 형상의 모든 요소들은 일그러져 버릴 것이다[4]."

쟝 다니엘루는 이 구절을 주석할 때, 그리스 교부 사상 전체를 참고했다. 그에 따르면,

> "그레고리오스는 우리 서방 신학이 구별되는 것으로 여긴 현실들을 동일시한다. 여기서 우리는 영(l'Esprit)의 특징들을 동시에 발견하게 된다. 서방이 피조된 영에 귀속시킨 이성, 자유와 같은 몇몇 특징들, 평정(아파테이아) 혹은 서방 신학자들이 은총이라 불렀던 사랑 등과 같이 하느님의 생명에 속한 속성들, 뿐만 아니라 최종적인 영화(glorification), 불멸성 혹은 지복 등을 인간에게 속한 것으로 여겼다. 그레고리오스는 이것들을 구별하지 않는다."[5]

이렇게 그리스 교부들의 인간론에 나타나는 가장 중요한 특징은, 인간은 독립적인 존재가 아니며 인간의 참된 본성은 "하느님 안에서" 살고 또 하느님의 성품을 소유하게 될 때 실현된다는 개념이다. 그리스 교부들의 이 인간론은 중세 내내 비잔틴 신학자들에게 승인되고 계승되었다. 이러한 사상을 표현하기 위해 여러 저자들은 오리게네스, 신플라톤주의, 성서 등에 나오는 다양한 용어들을 사용했다. 하지만 그 안에는 '본성'과 '은총'에 대한 서방의 이해방식은 감히 담아낼 수 없었던, 인간의 본성적 개방성에 대한

---

4) Gregory of Nyssa, *De opif. hom.*, 5, PG 44, 137C.
5) Jean Daniélou, *Platonisme et théologie mystique* (Paris, 1944), p. 54.

합의가 존재한다.

  이 장(章)의 초입에 인용된 성 막시모스의 글을 통해서 보았듯이, 인간의 본성이 하느님에 참여한다는 것은 이미 주어진 정태적인 상태가 아니다. 그것은 부르심이다. 따라서 하느님의 생명 안에서 성장하는 것은 인간에게 달려있다. 하느님의 생명은 선물이지만 또한 자유로운 노력을 통해서 성취되어야 하는 과제이기도 하다. '선물'과 '과제'라는 이 양극성은 자주 '모습'(image, '형상')과 '닮음'(likeness)의 구별에서 비롯되는 여러 용어들을 통해서 표현된다. 창세기 1장 26절[6]에서 '닮음'에 해당하는 그리스어 "오모이오시스"(*homoiôsis*)는 '역동적 진보'('동화')를 뜻하며 따라서 인간의 자유를 함축한다. 성 그레고리오스 팔라마스의 표현에 따르자면, 타락 이전의 아담은 "자유로운 인간으로서의 존엄"[7]을 소유하고 있었다. 이렇게 서방에서는 가장 엄혹한 결과를 낳은 '자유와 은총의 대립'을 비잔틴 전통에서는 찾아볼 수 없다. 인간 안에는 신적인 특성들, 인간의 본성을 구성하고 또 인간으로 하여금 온전히 인간일 수 있도록 만들어주는 '은총'이 존재하지만, 이 은총의 존재는 인간의 자유를 파괴하지 않는다. 오히려 그것은 인간으로 하여금 자신의 노력을 통해 참으로 자기 자신일 수 있도록 만들어준

---

6) 역자주 한글 번역 성경들은 창세기 1장 26절을 조금씩 다르게 번역해 놓고 있다 : "하나님이 가라사대 우리의 형상을 따라 우리의 모양대로 우리가 사람을 만들고…"(개역한글판) ; "하느님께서는 '우리 모습을 닮은 사람을 만들자!…'"(공동번역) ; "하느님께서 말씀하셨다. '우리와 비슷하게 우리 모습으로 사람을 만들자.…'"(가톨릭 성경)

7) Gregory Palamas, *Triades*, I, 1, 9 ; éd. J. Meyendorff (Louvain, 1959), p. 27.

다. 반대로 은총은 하느님의 의지와 인간의 선택 사이의 협력 혹은 '시너지'(synergy)를 수용한다. 이 협력을 통해서 인간은 '영광에서 영광으로' 나아갈 수 있고 창조의 본래 목표인 신적인 존귀함을 자기의 것으로 만들어 나갈 수 있게 된다.

자신 안에 신적 "불꽃"을 본성적으로 소유한 존재, 역동적으로 하느님을 향해 정향되어 있는 '열린' 존재로서의 인간이라는 개념은 인식론, 특별히 하느님 인식론에 관하여 직접적인 함축들을 가진다. 서방의 스콜라 신학은 하느님 지식이 성서와 교회의 교도권을 통해 계시된 전제들에 기초한다고 생각한다. 그리고 성서와 교회의 교도권은 기본적으로 아리스토텔레스적인 논리학의 원칙들에 부합하는 자연적 지성의 활동을 활용한다. 계시에 기초한 그리스도교의 진리를 정의함에 있어서 인간 정신의 독립성을 전제하는 신학은 14세기 칼라브리아의 발람과 성 그레고리오스 팔라마스를 대립시켰던 논쟁의 초기 주제였다. 발람에 따르면, 본성적으로 인간의 정신은 신적인 진리 그 자체에 도달할 수 없으며, 기껏해야 이미 계시된 전제들에서 결론을 끌어낼 뿐이다. 이 계시된 전제들이 특별히 어떤 명제로 주어지면, 지성적이고 논리적인 추론은 이로부터 "보편 타당한" 결론들, 다시 말해 지성적으로 명석한 진리에 이를 수 있게 된다. 다른 한편, 만약 신학적 주장이 계시된 전제들에 기초하지 않는다면, 그것은 "증명된 것으로" 간주될 수 없고 다만 "변증론적으로만" 가능한 것이 된다. 발람의 생각들에 반대하기 위해, 팔라마스는 하느님 인식의 경험적 개념을 발전시켰다. 이 개념은 하느님은 순전히 지성적인 사유 과정만 아니라 인간이 하느님과의 교제 안에 있을 때 즉 자신의 본래 본성의 상태로 회복되었을 때, 인간은 자신의 창조주에 대한 직접적인 인식과 경험을 누릴 수 있고 또 누려야 한다는 사상에 기초해 있다. 이러한 경험적 인식은 전적으로 가능하다. 왜냐하면 독립적인 존재가 아닌 "위를 향해 열려있는" 하느님의 형상으로서의 인간은 본성적으로 자신을 초월해서 신적인 것에 도달할 수 있는 속성과 능력을 가지고 있기 때문이다. 이 속성은 단지 지성적인 것만은 아니다. 그것은 존재 전체의 정화, 금욕적 초달, 윤리적 진보 등을 함축한다. 팔라마스는 이렇게 쓰고 있다.

> "덕을 통해 스스로를 정화하고 자기 자신으로부터 나와서 그 너머로 고양되지 않는 한, 하느님을 그 자체로 소유하는 것, 순수하게 하느님을 경험하는 것, 혼합됨이 없이 빛과 연합되는 것은 불가능하다."[8]

분명 팔라마스의 이러한 인식론은, "마음의 감각"(sense of the heart) 혹은 "영혼의 눈"(eyes of the soul)을 바탕으로 한 니싸의 성 그레고리오스의 인식론[9], 그리고 하느님 인식과 신화를 동일시한 막시모스의 인식론과 연결된다. 교부들과 비잔티움의 모든 전통에서 하느님 인식은 하느님에의 참여, 즉 지성적인 인식일 뿐만 아니라 은총으로 변화되고 의지와 지성이 서로 연합하여 자유롭게 이 은총과 협력하는 인간 전(全) 존재의 참여를 함축한다. 특별히 신(新)신학자 성 시메온의 글 속에 잘 반영되어 있는 마카리오

---

[8] *Ibid.*, ed. Meyendorff, p. 203.
[9] 참고. Jean Daniélou, *Platonisme et Mystical Theology*, pp. 240-241.

스 수도원 전통에서 이러한 참여의 개념은 자유와 의식(意識)이라는 개념과 분리될 수 없다. 즉, 진정한 그리스도인은 자유롭고 의식적인 경험을 통해 하느님을 알게 된다. 이 경험은 하느님께서 인간에게 보여주셨고 예수 그리스도께서 회복시키신 타락 이전의 인간 상태, 즉 하느님과의 친밀한 사귐의 상태이다.

2. 인간과 세상

하느님의 '형상과 닮음'은 하느님을 향한 인간의 개방성만 아니라 피조세계 안에서 인간에게 맡겨진 기능과 책임을 함축한다.

오리게네스의 주장에 맞서서 교부들은 한 목소리로 인간은 영혼과 몸의 연합으로 형성되었다고 주장한다. 이점에 있어서 성서적 개념은 완전히 플라톤의 정신주의(spiritualism)를 능가한다. 그러므로 가시적 세계와 그 역사 또한 구원받고 구속(救贖)되어야 한다. 오리게네스의 주장에 따르면 가시적 현실의 다양성은 타락의 결과일 뿐이며, 유일하게 참된 현실은 영적이고 신적인 것이다. 그러하기에 인간의 육체적 본성은 영혼의 "조잡하고" 타락한 실존 양태일 뿐이다. 하지만 반대로 성서적이고 그리스도교적인 개념은 우주 전체를 '아주 선한 것'으로 생각하며, 이러한 개념은 무엇보다도 먼저 인간에 적용된다.

고백자 성 막시모스에 따르면, 몸과 영혼은 서로 의존하고 있으며 결코 분리되어 존재할 수 없다.[10] 처음에는 영혼의 선재(先在)를 주장하는 오리게네스 사상을 겨냥한 것이었지만, 이 주장은 또한 사후 영혼의 사활과 상태에 관한 문제를 제기한다. 물론 사후의 삶은 부정되지 않지만 그렇다고 해서 육체로부터의 "해방"이라는 플라톤주의적인 의미로 이해되지도 않는다. 죽을 때 몸과 영혼이 분리되는 것은 죽음 그 자체만큼이나 "본성을 거스르는" 일이다. 궁극적이고 영원한 삶은 인간 전체가 죽음으로부터 부활할 때만 가능하다. 하지만 영혼의 불멸성이 인간 전체의 부활을 향하고 있는 것만은 아니다. 그것은 또한 영혼이 하느님과 맺는 관계에 의해 조건 지워진다. 동방 그리스도교의 영적 문헌들은 자주 "영혼의 죽음"을 하느님에 대한 반역의 결과, 즉 죄의 결과로 규정하곤 한다. 그레고리오스 팔라마스는 이렇게 쓰고 있다.

"낙원에서 우리 조상이 죄를 지은 후에, … 죄가 생명 안에 들어왔고, 우리 자신까지도 죽게 되었다. 육체의 죽음 이전에도 우리는 영혼의 죽음, 즉 영혼의 하느님과의 분리를 경험할 수 있다."[11]

분명, 인간의 이중적 본성은 단순히 사멸할 몸과 불멸의 영혼이라는 서로 다른 두 요소의 정태적 병행이 아니다. 그것은 하느님과 피조 세계 사이에 위치한 인간의 역동적 역할을 반영한다. 막시모스의 인간론을 설명하면서, 라스 툰베르그(Lars Thunberg)는

---

10) Maximus the Confessor, *Amb.*, 7, PG 91, 1109CD.
11) Gregorye Palamas, *Hom.* 11, PG 151, 125A ; 참고. J. Meyendorff, *A Study of Gregory Palamas* (London : Faith Pressm 1964), pp. 122-124.

정당하게도 다음과 같이 기술하고 있다.

> "막시모스는 몸과의 관계에도 불구하고 영혼은 불멸한다는 것을 지지하기 위해서가 아니라 몸과 영혼 그리고 이 둘의 연합을 형성하는 유일한 원인으로서의 하느님의 창조적 의지를 분명히 하기 위해서, (영혼과 몸이라는) 이 두 요소들의 독립성을 강조하는 것처럼 보인다."[12]

우리는 여기서 다시 한 번 앞에서 말한 것과 연결된다. 반복하자면, 인간은 하느님의 형상이라는 이유 때문에 진정으로 인간이며, 하느님의 형상이라는 이 신적인 요소는 오리게네스의 생각처럼 인간의 영적인 차원에만 관련되는 것이 아니라 인간 전체, 즉 영혼과 몸 모두와 관련된다.

이것이 바로 비잔틴 신학자들 대부분이 인간을 영(혹은 정신), 영혼, 몸이라는 삼중적 요소를 지닌 존재로 설명하는 이유이다. 이러한 개념은 직접적으로 인간론의 토대인 하느님에의 참여 사상과 연결된다.

앞에서 보았듯이, 하느님 중심주의는 이미 성 이레네우스가 바울로의 삼중적 구성, 즉 영(pneuma), 영혼(psychè), 몸(sôma)을 가진 인간 개념을 사용할 때 등장했다.[13] 오리게네스의 영향으로 4세기 교부들과 이후 비잔틴 저자들은 '영'이라는 용어를 '지성'(nous)로 대체했다. '영'의 정체와 관련된 모호성을 피하고 인간의 '영'은 창조된 것이라는 특징을 확실히 하려는 욕구가 이러한 용어 변화를

---

12) Lars Thunberg, *Microcosm and Mediator* (Lund, 1965), p. 103.
13) Irénée, *Adv. Haer.*, 5, 6, 1.

불러왔다. 하지만 오리게네스와 에바그리오스의 용어들은 만족스럽지 않았다. '지성'(nous)이라는 개념은 영원히 선재하던 '지성'이 타락하여 물질에 갇혔고 이 물질에서 다시 해방되어 자신으로 돌아온다는 오래된 신화(神話)와 관련되어 있다. 비록 이 같은 사상이 교부들의 인간론의 하느님 중심적인 특징을 반영하고 있다 해도, 그것은 가시적인 세계 안에서의 인간의 기능에 대해 충분히 강조하고 있지 않다. 그랬기 때문에 고백자 막시모스에게서는 이 인간의 지성이 인간을 하느님과 연결시켜주는 탁월한 요소로 인식되지만 동시에 창조된 인간의 영혼-육체적인(psychosomatic) 통일성의 기능으로 간주되었다.

이렇게 '지성'은 인간의 '한 부분'이라기보다는 1) 하느님에 참여하기 위해 스스로를 초월하는 인간의 고유한 능력이며, 또 2) 하느님과 세상 안에서의 인간의 궁극적인 목표로 정향된 복잡한 인간 본질의 통일성이다. 결국 3) 인간의 자유는 하느님을 발견함으로써 발전되어 나가든지 아니면 몸에 종속되어 보잘 것 없는 것이 되든지 둘 중의 하나이다. 블라디미르 로스끼가 말했듯이, "인간 본성에서 지성(nous)은 인격에 가장 잘 대응하는[14]" 것이다. 막시모스에 대한 다음과 같은 툰베르그의 판단은 모든 비잔틴 전통에 대해서도 타당하다.

> "인간의 생명 안에는 자신의 본성조차 뛰어넘어서, 자신의 내적인 통일성과 하느님과의 관계를 드러내주는 인격적인 차

---

14) Vladimir Lossky, *Théologie mystique de l'Eglise d'Orient* (Paris, 1960), p. 198.

원이 있다는 확신을 막시모스는 표현할 수 있었다."[15]

본성이나 그 밖의 어떤 부분으로 환원될 수 없는 인격 혹은 '휘포스타시스'라는 개념은 신론과 인간론에서 중심적인 개념이다. 우리는 삼위일체 교리와 함께 이를 더 심도 깊게 살펴볼 것이다.

하느님의 형상인 인간은 피조 세계의 주인이며, '소우주'(microcosm)다. 이 용어는 플라톤 철학과 스토아 철학에서 폭넓게 사용되던 것이었다. 카파도키아 교부들은 이 용어를 채택하여 그것에 그리스도교적 차원을 제공해주었다. 인간은 두 가지 이유로 '소우주'이다. 먼저 휘포스타시스로 존재하면서 인간은 피조 세계의 지성적인 특징들과 감각적인 특징들을 연합시키기 때문이며, 둘째로 하느님은, 특별히 타락이후 해체와 분리의 힘들이 피조 세계 안에서 활발하게 작동하는 때에, 이 연합을 더욱 완전하게 하라는 책임과 능력을 인간에게 주셨기 때문이다. 여기서 우리는 고백자 막시모스와 함께 '형상'과 '닮음'이라는 양극성의 또 다른 측면을 발견하게 된다. 하느님이 인간에게 주신 선물은 또한 하나의 책임이며 도전이라는 것이다.

한 유명한 구절에서[16] 막시모스 성인은 인간이 극복해야할 다섯 가지의 대립관계 목록을 작성한다. 하느님과 피조 세계, 지성적인 것과 감각적인 것, 하늘과 땅, 낙원과 세상, 남자와 여자가 그것이다. 이 양극성들은 죄로 인해 더욱 강화되어서 인간의 능력만으로는 결코 극복될 수 없다. 오직 하느님이신 인간 예수만이 그

---

15) Thunberg, *Microcosm and Mediator*, p. 119.
16) Maximus the Confessor, *Amb.*, 41, PG 91, 1305D.

것들을 극복하고 새로운 아담이 될 수 있었다. 피조 세계는 새로운 아담 안에서 창조주와의 교제를 회복하고 내적인 조화를 되찾는다.

비잔틴 전례는 하늘과 땅의 연합을 강조함으로써, 또한 성사적 실재론과 음식, 자연, 인간의 삶을 축성하는 예식들을 통해서, 그 어떤 개념적 체계보다도 더 훌륭하게 우주 속에서의 인간의 역할을 반영한다. 이 역할은 인간이 본성에 있어서 천사보다도 하느님에 더 가깝다는 주장 안에서도 표현된다. 우리는 이러한 개념을 히브리서 1장 14절에서 발견하며, 그것은 성 그레고리오스 팔라마스의 성육화 신학에 의해서 발전된다.

> "육신을 심지어 사멸할 육신을 존귀하게 하시려고 말씀이 육신이 되셨다. 그것은 자만한 영들이, 몸이 없다는 특징과 불멸의 속성으로 인해, 스스로를 인간보다 더 영예가 높다가 여기거나 또는 그렇게 여겨지지 않도록 하려는 것이다."[17]

피조물 중에서 모든 피조 세계의 주인이 되는 것보다 더 영광스러운 것은 없다. 만약 인간이 자신 안에 하느님의 형상을 지니고 있고 또 창조주의 생명과 영광에 참여하게 된다면, 이 영광은 분명 인간의 것이 된다.

---

17) Grégoire Palamas, *Hom.* 16 ; PG 157, 204A.

3. 원죄

　동서방 교회의 분열 이전이나 이후나 동방과 서방을 대립시킨 주요 신학적 문제들을 이해하려면, 서방에서 아우구스티누스 성인이 펠라기우스와 에클라눔의 율리아누스(Julian of Eclanum)에 맞서서 전개한 논쟁의 놀라운 영향을 고려해야만 한다. 아우구스티누스 사상은 비잔틴 세계에는 거의 아무런 영향도 주지 못했고, 비잔티움에서는 아담이 지은 죄의 의미와 그 결과가 서방과는 아주 다른 방식으로 이해되었다.

　동방에서 인간이 하느님과 맺는 관계는 인간 인격이 "본성"(nature, 자연)을 초월하는 어떤 것과 맺는 친교로 이해되었다. 여기서 "본성"은 창조되었기 때문에 하느님과 구별되는 무엇이다. 그러나 본성은 초월될 수 있고 또 초월되어야 한다. 이것이 바로 "하느님의 형상대로" 창조된 자유로운 지성의 특권과 역할이다.

　그리스 교부들의 사상에서는 오직 이 자유롭고 인격적인 지성만이 죄를 범할 수 있다. 이러한 사상은 "본성적 의지"(natural will)와 "선택적 의지"(gnomic will, *gnômè* = 의견)를 구별한 고백자 막시모스에게서 분명하게 나타난다. 하느님의 피조물이기에 인간 본성은 "본성적 의지"를 구성하는 역동적인 속성들을 작동시킨다. 창조된 이 역동성은 항상 창조주 하느님의 의지에 동의한다. 하지만 인간 인격(또는 휘포스타시스)이 자신의 자유를 남용함으로써 하느님과 자신의 본성에 반역하게 되면, 그것은 "본성적 의지"를 왜곡하고 그래서 인간의 본성 그 자체를 타락시킨다. 인간 인격은 자유, 혹은 "선택적 의지"를 가지고 있기 때문에 반역할 수도 있다. "하느님만이 본성적으로 선하시며, 하느님을 본받는 사람만이 선택 의지에 따라 선하다"[18]는 막시모스의 말처럼, 인간 인격의 이 창조된 자유는 인간을 선으로 향하게 하여 "하느님을 본받도록" 할 수도 있지만, 또한 죄를 범할 수도 있다. "우리의 구원은 우리의 의지에 의존하기 때문이다."[19] 실제로 죄는 언제나 인격이 행하는 것이지 결코 본성이 행하는 것은 아니다.[20] 서방의 교리에 대해 말하면서 총대주교 포티오스는 "본성의 죄"를 믿는 것은 이단이라고 말했을 정도다.[21]

죄가 인격의 행위라는 관념에 기초할 때, 하느님에 대한 아담과 이브의 반역은 그 인격들의 죄일 뿐이다. 이런 인간론은 유전되는 죄책이나 "본성의 죄"라는 개념을 허용할 수 없지만, 그럼에도 인간의 본성이 아담이 지은 죄의 결과들을 물려받는다는 것을 인정한다.

교부들의 인간 이해는 온 인류의 통일성을 부정하지도 않고 또 그것을 극단적인 개인주의로 대체하지도 않는다. 이상적 인간에 대한 플라톤의 개념뿐만 아니라, "아담으로 말미암아 모든 사람이

---

18) *De char.*, IV, 90 ; PG 90, 1069C.
19) Maximus le Confesseur, *Liber Asceticus* ; PG 90, 935B.
20) Maximus le Confesseur, *Expos. or. dom.*, ; PG 90, 905A ; J. Meyendorff, *Le Christ dans la théologie byzantine*, pp. 199-202.
21) Photius, *Bibliothèque*, 177 ; éd. R. Henry (Paris, 1960), 2, 177.

죽는 것과 마찬가지로 그리스도로 말미암아 모든 사람이 살게 될 것입니다"(I 고린토 15:22)라는 구절에 잘 나타난 사도 바울로의 두 아담 교리는 니싸의 성 그레고리오스로 하여금 "하느님은 인간을 자기 자신의 형상에 따라 만드셨다[22]"(창세기 1:27)는 말씀을 인류 전체의 창조를 의미하는 것으로 해석하게 했다. 그러므로 그리스도를 통해 오는 구원이 온 인류의 구원이듯이, 아담의 죄 또한 온 인류와 관련된다는 것은 명백하다. 하지만 한 인간의 인격적이고 자유로운 책임이 개입되지 않는 한, 원죄도 구원도 그 사람의 인격적 삶 속에서 현실화되지 않는다.

아우구스티누스와 펠라기우스주의자들의 논쟁에서 결정적인 역할을 한 성서 구절은 로마서 5장 12절이다. 사도 바울로는 여기서 아담에 대해 말하면서 이렇게 썼다.

"한 사람이 죄를 지어 이 세상에 죄가 들어 왔고 죄는 또한 죽음을 불러들인 것같이 모든 사람이 죄를 지어(ἐφ' ᾧ πάντες ἥμαρτον) 죽음이 온 인류에게 미치게 되었습니다."

이 본문은 번역 상의 중대한 문제를 제기한다. 라틴어에서 강조된 구절은 "그 안에서, 다시 말해 아담 안에서, 모든 사람이 죄를 지었다"(in quo omnes peccaverunt)라고 번역되었다. 서방에서는 아담으로부터 유전되어 후손들에게로 이어지는 '원죄 교리'를 정당화하기 위해 이 구절을 사용했다. 그리스 원어는 어떤 경우에도 이런 의미를 가질 수 없다. 물론 비잔틴 사람들은 이 그리스 원어

---

22) Gregory of Nyssa, *De opif., hom.* 16 ; PG 44, 185B.

로 된 구절을 읽었다. '에피'(ἐφ)와 대명사 '오'(ᾧ)의 축약형태인 '에 포'(ἐφ' ᾧ)는 "왜냐하면"으로 번역될 수 있다. 이 번역은 모든 교파의 현대 학자들 대부분에 의해서 수용된다.[23] 이 번역은 사도 바울로의 사상을 다음과 같은 방식으로 이해할 수 있게 해준다. 아담에게 "죄의 삯"(로마서 6:23)이었던 죽음은 또한 그처럼 죄를 짓는 모든 사람에게 내려지는 벌이다. 이 번역은 아담의 죄가 우주적인 의미를 가지고 있다고 말하지만, 이 첫 사람의 후손들이 그처럼

---

23) 참고. Joseph A. Fitzmeyer, s.j., in *The Jerome Biblical Commentary* (Englewood Cliffs, Prentice-Hall) 53 ; 56-57 (II, pp. 307-308) : "ἐφ' ᾧ"의 의미는 매우 논란이 많다. (1) 가장 설득력이 부족한 해석에서 그것은 '그 (사람) 안에서'라는 단순한 관계사로 다루어진다. 이것은 *in quo* 라는 불가타 번역에 기초해서 이루어진 번역으로서 암브로지아스테르(Ambrosiaster) 이후 서방 교회에서 폭넓게 사용되었다. 테오필락토스(Theophylact) 이전 그리스인들은 이러한 해석을 전혀 알지 못했다. 실제로 사도 바울로가 이런 의미를 나타내고자 했다면, 고린도 1서 15:22에서 볼 수 있듯이 "ἐν τῷ"라는 표현을 써야 했을 것이다. … (4) '왜냐하면', '… 한다는 점에서' 로 번역하는 것은 그리스 교부들이 흔히 쓰던 번역으로, 고린도 2서 5:4, 필립보서 3:12, 4:10의 번역에 기초하고 있다. 이 구절들에서 "ἐφ' ᾧ"는 보통 '왜냐하면'이라고 번역된다. … 즉 죽음에 대한 개인의 책임성은 모든 사람들에게 귀속된다는 것이다. … 즉 **모든 사람이 죄를 지어서** … 이 때 '죄를 짓다'라는 동사는 '집합적으로 죄를 지어서'나 '아담 안에서 죄를 지어서'라고 번역되어서는 안 된다. 왜냐하면 이것은 본문에 있지도 않은 것을 덧붙이는 것이기 때문이다. 바울로가 다른 데서도 그것을 암시하고 있는 것처럼, 또 교부들이 일반적으로 의미하고자 했던 것처럼, 여기서도 "ἥμαρτον"은 사람들의 실제적이고 개인적인 죄들을 지칭한다. … 그래서 이 결론적인 어구는 사람들의 실제적인 죄가 '죽음'으로의 심판에서 차지하는 이차적인 거의 추가적인 역할을 지시한다. 하지만 이 구절의 앞부분은 죽음이 모든 사람에게 미치게 된 원인으로서의 '원죄'의 개념을 이미 포함하고 있다. 만약 그렇지 않다면 이 구절의 나머지 부분은 아무런 의미도 갖지 못할 것이다. 아담의 죄가 가지는 보편적 인과성은 5:15a, 16a, 17a, 18a, 19a에서도 전제된다. 그러므로 이 구절들 전체로 볼 때, 그리스도가 오시기 전의 인간의 조건이 전체적으로 인간의 개인적인 죄들 때문이라고 5:12절을 해석하는 것도 잘못일 것이다."

죄를 짓지 않았을지라도 그와 함께 "'죄가 있다"고 말하는 것은 아니다.

포티오스를 포함하여 수많은 비잔틴 저자들은 이 "에포"(ἐφ' ᾧ)를 '왜냐하면'이라는 의미로 이해하였고 따라서 사도 바울로의 본문에서 아담과 다른 죄인들의 도덕적 유사성만을 보았을 뿐이다. 죽음은 아담과 그 밖의 다른 죄인들에게 돌아가는 일반적인 대가라는 것이다. 게다가 동방 교부들 대다수는 로마서 5:12을 고린도1서 15:22과의 밀접한 연관 속에서 해석하는데 일치했다. 즉 부활하신 주님과 세례 받은 사람 사이에는 "생명 안에서의" 연대가 있는 것처럼 아담과 그 후손들 사이에는 "죽음 안에서의" 연대가 존재한다.

분명 이러한 인식은 로마서 5:12에 대한 문자적이고 문법적인 의미로부터 나온다. "에포"가 "왜냐하면"을 의미한다면 중성 대명사로 쓰인 것이지만, 그것은 또한 남성 대명사일 수도 있는데 그 경우 바로 앞에 나오는 명사 '타나토스'(θάνατος, 죽음)와 관련된다. 따라서 문장은 아우구스티누스의 의미로 읽기에는 마땅치 않지만 그리스 교부들 대다수에게는 일반적으로 통용되던 의미를 갖게 된다.

> "단 한 사람을 통해서 죄가 세상에 들어오고 그 죄를 통해서 죽음이 세상에 들어왔고, 바로 이 죽음 때문에 모든 사람은 죄를 지었고, 죽음이 모든 사람을 지나갔다. …"

고대 그리스도교로부터, 사멸성, "썩어 없어짐", 의인화된 죽음은 실제로 전 우주적 재앙으로 간주되었고, 또 이 재앙은 육적인 차원만이 아니라 영적인 차원에서도 인류를 볼모로 잡고 있으며, "정녕 거짓말쟁이"(요한 8:44)인 악마에 의해 지휘된다고 보았다. 바로 이 죽음이 죄를 불가피한 것으로 만들며, 이런 의미에서 본성을 "부패시킨다."

알렉산드리아의 키릴로스에 의하면, 아담의 죄 이후 인류는 "부패의 병에 걸렸다."[24] 안티오키아 학파 신학자들도 비록 키릴로스의 적수들이었지만 아담의 죄의 결과에 대해 그와 일치한다. 몹수에스티아의 테오도로스에 의하면, "사멸할 존재가 됨으로써 우리는 죄를 지을 더욱 큰 경향성을 얻게 되었다". 불멸하는 존재들에게는 먹고 마시는 등 몸의 필요들을 충족시켜야 할 필요성이 없다. 그러나 사멸할 자들에게서는 이 필요성이 "정념들"로 이어진다. 이 정념들은 찰나적 생존을 위해서는 불가피한 수단들을 표상하고 있기 때문이다.[25] 로마서를 주석하면서 키루스의 테오도레토스는 테오도로스의 주장을 거의 문자 그대로 다시 반복한다. "이 몸은 죄중에 태어났고"(시편 51:7)라는 구절에도 불구하고 다른 곳에서 그는 사멸할 생명을 이어주는 것 자체로 죄가 되는 것은 아니라고 주장함으로써 결혼이 죄라는 주장을 반박했다. 그에 따르면, 이 시편구절은 성행위를 암시하는 것이 아니라 사멸할 인간이 일반적으로 죄를 지을 조건하에 있음을 암시한다. "사멸할 존재가 됨으로써, (아담과 이브는) 사멸할 자식들을 낳았고, 사멸할 존

---

24) Cyril of Alexandria, *In Rom.*, PG 74, 789B.
25) Theodore of Mopsuestia, *In Rom.*, PG 66, 801B.

재들은 필연적으로 '정념들', '두려움', '기쁨', '번민', '분노', '증오'에 종속된다."[26)]

교부들과 비잔틴 신학 전통은 '타락'의 유산은, 본질적으로 "죄의 유산"이 아니라 "사멸성의 유산"이며, 이 사멸성은 단지 타락의 결과일 뿐이라고 정의하는데 일치한다. 죄가 아담의 후손들에게 전가된다는 것을 특별한 방법으로 부정한 성 요한 크리소스토모스[27)]와, 12세기의 주석가인 오크리다의 테오필락토스[28)]와, 그리고 특별히 그레고리오스 팔라마스[29)]를 포함한 그 밖의 후대 비잔틴 저자들이 대표적이다. 고백자 성 막시모스는 아담의 타락의 결과에 대해 말하면서, 늘 그랬듯이 아주 정교한 신학자답게 특별히 지성이 육체에 굴복하게 된 것으로 이 결과를 규정했다. 그는 출산을 인간이 동물적 충동에 동화된 가장 명백한 표현으로 간주했다. 하지만 막시모스에게도 죄는, 앞에서 살펴본 것과 마찬가지로, 한 개인 인격의 행위이며, 잘못이 유전되는 것은 불가능하다.[30)] 다른 사람들과 마찬가지로 그에게도, "아담이 행한 잘못된 선택은 정념과 부패와 사멸성을 가져왔다."[31)] 하지만 "유전되는 죄책"을 가져오지는 않았다.

---

26) Theodoret of Cyrus, *In Rom.*, PG 80, 1245A.
27) John Chrysostom, *In Rom.*, hom. 10, PG 60, 474-475.
28) Théophylact of Ochrida, PG 124, 404C.
29) 참고. J. Meyendorff, *Introduction à l'étude de Grégoire Palamas*, pp. 179-185.
30) 참고. S.L. Epifanovitch, *Prepodobnyi Maksim Ispovednik I vizantiiskoe bogoslovie* (Kiev, 1915), p. 65, n. 5.
31) Maximus le Confesseur, *Quaest. ad. Thal.*, PG 90, 408BC.

이 점에서 서방 전통은 특별히 세례의 의미 문제와 관련하여 아주 날카롭게 대비된다. 아우구스티누스 성인은 신조(Credo, "죄를 사하는" 세례)와 로마서 5:12에 대한 해석을 유아 세례를 옹호하는 논거들로 내세웠다. 유아들은 죄인으로 태어난다. 그것은 그들이 개인적으로 죄를 지었기 때문이 아니라 "아담 안에서" 죄를 지었기 때문이다. 그러므로 유아 세례는 유아에게도 역시 "죄를 사하는" 것이다. 하지만 아우구스티누스와 동시대에 살았던 키루스의 테오도레토스는 과연 이 신조가 유아 세례에 적용될 수 있는지에 대해 간단히 부정했다. 테오도레토스에 의하면 초대 교회에서는 분명 성인들의 세례가 보통이었고 따라서 "죄사함"은 단지 성인(成人)들에게만 적용될 수 있고 실제로 그들에게 죄사함을 가져다주는 것은 세례의 필연적 귀결이다. 하지만 세례의 주된 의미는 보다 넓고 긍정적이다. 테오도레토스는 이렇게 쓰고 있다.

> "세례의 유일한 의미가 죄사함이라면, 왜 아직 죄를 맛보지도 못한 신생아에게 세례를 준다는 말인가? 그렇게 하는 이유는 이 신비가 단지 죄 사함에 머물지 않기 때문이다. 그것은 그보다 더 크고 완벽한 선(善)에 대한 약속이다. 그것은 놀라운 미래에 대한 약속을 포함한다. 그것은 장차 올 부활의 본보기이며, 주님의 고난에 함께 하는 것이며, 주님의 부활에 참여하는 것이며, 구원의 외투이며, 기쁨의 통옷이며, 빛의 옷이다. 아니 그것은 빛 그 자체이다."[32]

이렇게 교회는 아직 있지도 않은 죄를 사해주기 위해서가 아니

---

32) Theodoret of Cyrus, *Haeret. fabul. compendium*, 5, 18 ; PG 83, 512.

라 사멸할 부모가 전해주지 못한 새로운 불사의 생명을 주기 위해서 유아에게 세례를 준다. 두 아담의 대비는 잘못과 용서라는 관점에서가 아니라 죽음과 생명이라는 관점에서 바라보아야 한다.

> "첫째 인간은 흙으로 만들어진 '땅의 존재'이지만 둘째 인간은 하늘에서 왔습니다. '흙의 인간들'은 흙으로 된 그 사람과 같고 '하늘의 인간들'은 하늘에 속한 그분과 같습니다."
> (Ⅰ고린도 15:47-48)

세례는 빠스카 신비, '통과'의 신비이다. 특별히 비잔티움을 포함한 고대의 모든 세례 예식 형태들은 사탄과의 단절 표시, 죽음과 부활을 표상하는 세 번의 침례, 성유 바름을 통한 새 생명의 은사, 그리고 성찬 교제를 포함한다.

이러한 관점에서, 물론 개별 인격들의 죄에 대한 정당한 대가는 분명 존재할 것이지만, 죽음과 사멸성은 그 자체로 죄의 대가로 간주되지 않고 오히려 악마가 원죄 이후의 인류에게 근본적으로 불의한 "압제"를 행할 수 있는 좋은 수단으로 이해된다. 세례는 그 압제로부터의 해방이다. 왜냐하면 세례는 그리스도의 부활이 세상에 가져온 불멸의 새 생명에 들어설 수 있는 길을 열어주기 때문이다. 그리스도의 부활은 죽음의 공포로부터, 생존을 위한 투쟁의 필연성으로부터 우리를 해방시킨다. 부활하신 주님의 빛 아래서만 주님의 산상수훈은 그 실제적 의미를 드러낸다.

> "그러므로 나는 분명히 말한다. 너희는 무엇을 먹고 마시며 살아갈까, 또 몸에는 무엇을 걸칠까 하고 걱정하지 말아라. 목

숨이 음식보다 소중하지 않느냐? 또 몸이 옷보다 소중하지 않느냐?"(마태오 6:25)

칭의나, 유전된 혹은 실제적인 죄의 용서보다도, 그리스도의 영화로우신 몸과 교제하는 것, 하느님의 생명에 참여하는 것, 진정한 인간 본성을 관통하여 그것을 원래의 '본성적인' 상태로 회복시키는 하느님의 에너지를 통해 성화되는 것, 이것이 비잔틴 교회가 이해한 복음의 핵심이다.

4. 새 이브

유스티노스(Justin), 이레네우스와 함께 그리스도교의 초기 전통은 창세기 2장과 루가복음의 성모 희보 사건을 병행시켜 두 동정녀의 대조를 보여주었다. 이브와 마리아는 인간이 창조된 자유를 사용하는 두 가지 방식을 상징한다. 한 사람은 거짓 신화(deification)를 제안하는 악마의 속임수에 넘어갔고, 다른 한 사람은 하느님의 의지를 겸손하게 수용했다.

비록 331년 에페소 공의회 이후 '테오토코스'(하느님의 어머니)이신 마리아 공경에 의해 많이 가려지기는 했지만, 전체 인류의 이름으로 새로운 "경륜"의 도래를 수용한 "새 이브"라는 개념이 교부 전통과 비잔틴 전통 안에 매우 활발하게 운위되었다. 콘스탄티노플 총대주교(434-446) 프로클로스는 설교에서 자주 이러한 개념을 사용했다. 동정녀 마리아는 이브의 자식들로부터 시작된 구약성서 역사 전체의 종착점이다. 팔라마스는 이렇게 쓰고 있다.

> "아담의 자식들 중, 하느님은 아름다운 셋을 선택하셨고, 이렇게 이 선택은, 신적인 예지에 의해, 장차 하느님의 어머니가 되실 분을 목표로, 아담의 자식들에게서 시작되어 세대를 거쳐 왕이요 예언자인 다윗에까지 이르렀다. 이 선택이 그 종착점에 도달해야할 무렵, 다윗의 고향에서 그의 후손인 요아킴과 안나가 하느님께 선택되었다. 그때 하느님은 이들에게 하느님의 어머니가 될 딸을 약속하셨고 또 주셨다."[33]

이렇게 동정녀 마리아의 선택은 하느님과의 화해를 향한 이스라엘 역사의 절정이다. 하지만 이 역사에 대한 하느님의 최종적인 응답과 새 생명의 시작은 말씀의 육화와 함께 시작된다. 팔라마스는 같은 설교에서 또 이렇게 쓰고 있다.

> "구원은 새로운 뿌리가 필요했다. 왜냐하면 하느님 외에는 죄 없는 자가 없고, 따라서 누구도 생명을 줄 수도, 죄를 용서할 수도 없기 때문이다."[34]

이 "새로운 뿌리"는 사람이 되신 말씀 하느님 그 자신이며, 동정녀는 단지 그분의 "성전"이었다.

비잔틴 교회의 설교와 성가들은 자주 동정녀를 "완전하게 준비되고", "정화되고", "성화된" 분으로 찬양한다. 하지만 이 표현

---

33) Gregory Palamas, *Hom. in Present.*, 6-7, éd. Oikonomos (Athènes, 1861), pp. 126-127.
34) *Ibid.*, 2 ; p. 122.

들은 원죄에 대한 동방 교리에 비추어서 이해되어야 한다. 아담의 유산은 사멸성이었지 죄가 아니었으며, 비잔티움의 어떤 신학자도 마리아가 사멸할 존재였다는 것을 의심하지 않았다.

비잔티움의 권위를 빌어 무흠수태 교리를 확립하고자 했던 가톨릭 신학자들은 아래의 본문들을 그 맥락에서 떼어내어 사용하곤 했다. 실제로, 예루살렘의 성 소프로니오스(+638)는 마리아를 이렇게 찬양했다.

> "많은 성인들이 당신에 앞서 있었습니다. 하지만 그 누구도 당신처럼 은총으로 충만하지는 못했습니다. … 누구도 당신이 그랬던 것처럼 미리 정화되지는 않았습니다."[35]

동정녀 탄생 축일 설교에서 크레테의 성 안드레아(+740)는 더욱 구체적으로 말했다.

> "아름다움 그 자체이신 분(예수 그리스도)의 어머니가 나셨을 때, (인류의) 본성은 그녀 안에서 옛적의 특권들을 되찾았습니다. 그녀는 진정으로 하느님께 흡족한 완전한 본을 따라 형성되었습니다. … 한마디로 우리 본성의 변화가 오늘부터 시작된 것입니다."[36]

14세기 니콜라스 카바질라스는 9월 8일 성모탄생 축일 전례 성가로 불리는 이 주제를 발전시켰다.

> "그분은 대지입니다. 그분은 대지에서 왔기 때문입니다. 그러

---

35) Sophronius of Jerusalem, *Oratio*, II, 25, PG 87, 3248A.
36) Andrew of Crete, *Hom. I in Nativ. B. Mariae*, PG 97, 812A.

나 그분은 새로운 대지입니다. 그 선조들 누구에게서도 나오지 않았고 오래된 누룩을 물려받지도 않았기 때문입니다. 그분은 … 새로운 반죽이시며 새로운 인류의 기원이십니다."[37]

만약 비잔틴 사람들이 원죄에 관한 서방 교리를 받아들였다면 비잔티움의 마리아 신심은 서방에서 1854년에 선언된 동정녀 '무흠수태' 교리를 정의된 그대로 받아들일 수 있었을 것이라는 점을 동방교회의 수많은 문헌들은 보여준다. 하지만 "순결", "거룩함"과 같은 개념들은, 비잔티움 전례에 나타나는 마리아론의 특징이라 할 수 있는 시적, 감성적, 수사학적 과장이라는 맥락 안에서, 그리스도 이전의 인간 본성과 관련지어 이해될 수 있다. 이 인간 본성은 비록 사멸할 것이었지만, 반드시 "죄책"을 짊어진 것이어야만 한 것은 아니라고 이해되었다. 마리아의 경우, 천사의 소식에 대한 그녀의 응답, 그리고 "새 이브"로서의 그녀의 위상은 그녀와 그녀로부터 비롯된 "새 인류" 사이에 아주 절대적이고 예외적인 관계를 확립시킨다. 그럼에도 비잔틴 저자들에게서는 그녀가 불멸성이라는 특별한 은총을 받았다는 사실을 입증해줄 단 하나의 주장도 발견할 수 없다. 그리고 오직 마리아가 불멸의 은총을 받았다고 주장할 때만 그녀의 인간적 본성이 아담의 후손들에게 지워진 공동의 운명을 공유하지 않는다는 점을 분명하게 함축할 것이다.

게나디오스 스콜라리오스(+1472년경)라는 단 한 사람의 비잔틴

---

37) Nicholas Cabasilas, *Hom. in Dorm.*, 4, PG 19, 498.

저자만이 아무런 이의 없이 서방의 원죄 개념과 무흠수태 교리를 이해하고 받아들였다.

> "그녀가 동정으로 수태된 것에서 보듯이, 하느님의 은총은 그녀를 완전히 해방시켰다. 그 결과, 전체 인류 중에서 이 특권을 받았던 유일한 사람으로서, 그녀는 선조들의 범죄와 그 벌에서 전적으로 자유로웠기 때문에, 불경스런 생각의 구름은 그녀의 영혼을 조금도 침범할 수 없었고, 따라서 그녀는 몸과 영혼이 모두 하느님의 지성소가 될 수 있었다."[38]

확신에 찬 토마스주의자의 붓끝에서 나온 흥미로운 이 주장은 이런 개념에 대한 토마스 아퀴나스 자신의 반대조차 내던져 버린 것이며, 또한 서방의 특수한 "죄" 개념을 사용한 것으로써 이후 서방 스콜라 학문의 제 범주들을 가지고 사유하고자 했던 정교 신학자들의 유사한 사상들을 선취한 것이었다.

비잔틴 마리아 사상에 대한 조화로운 인식을 가지기 위해서는 테오토코스에 대한 공경을 본질적으로 그리스도론적인 틀 안에서 바라볼 필요가 있다. 다음 장에서 우리는 이를 좀 더 살펴볼 것이다. 어쨌든 비잔티움에서 마리아 사상을 엄격하게 공식적인 교리로 정의하지 않았다는 것은 시인들과 웅변가들에게는 무한한 자유를 제공해왔고, 마찬가지로 치밀한 주석가들에게는 온갖 제한들을 제거해 주었다는 사실을 잊어서는 안 된다. 이 모든 사람들은 언제나 비잔티움의 명성 있는 교부들의 다양한 글들을 사용할

---

38) Gennadios Scholarios, *OEuvres complètes de Georges Scholarios*, éd. J. Petit et M. Jugie (Paris, 1928) 2, 501.

수 있었다. 예를 들어 성 요한 크리소스토모스는 마리아가 "원죄" 뿐만 아니라 "격동", "혼란", 심지어는 "명예욕"까지도 보여주었다고 말하는 것도 결코 불가능하지 않다고 주장했다.[39]

물론, 누구도 이 위대한 요한 크리소스토모스를 불신앙으로 매도할 수 없을 것이다. 그 결과, 언제나 복음의 근본적인 진리들을 우선적으로 중요하게 다루는 신학적 가치의 우선순위를 지혜롭게 유지함으로써, 비잔틴 교회는 마리아가 참으로 또 실제적으로 "하느님의 어머니"인 테오토코스라고 주장하는 것을 제외하고는 마리아와 관련된 어떤 교리적 정식화도 지지하지 않았다. 키릴로스의 주장을 따르는 그리스도론의 논리적 필연이었던 이 엄청난 칭호는, 의심의 여지없이, 매일매일 전례에서 마리아가 "헤루빔보다 더 고귀하시고 세라핌과 비할 수 없이 더욱 영화로우신 분"으로 선언되는 것을 정당화해주었다.

한 인간에게 그보다 더 큰 영예를 돌릴 수 있겠는가? 그리스도교의 하느님 중심적인 인간론에 그보다 더 찬란한 토대를 발견할 수 있겠는가?

---

39) John Chrysostom, *Hom. in Matt.*, PG 57, 464 ; *Hom. 21 in Jean 2*, PG 59, 131.

12장

예수 그리스도

비잔틴 그리스도론은 언제나 예수 그리스도의 위격과 정체성에 대하여 5, 6, 7세기에 벌어진 대논쟁들 특유의 범주들과 용어들에 의해 지배되어 왔다. 1부에서 보았듯이, 논쟁들은 개념의 문제만이 아니라 삶의 신학적 토대와 관련되었다. 동방 그리스도인들에게, 신앙의 모든 내용들은 "예수 그리스도는 누구신가?"라는 질문에 어떻게 응답하는가에 달려있다.

그리스도의 두 본성, 즉 신성과 인성의 관계에 대한 특별한 정의를 제공한 다섯 번의 세계 공의회들(3차-7차 세계 공의회들)이 진자운동을 하듯 발전했다고 생각되곤 한다. 즉 에페소 3차 세계 공의회(431)에서는 그리스도의 신성이 강조되었고, 칼케돈 4차 세계 공의회(451)에서는 그리스도의 충만한 인성이 재확인되었고, 콘스탄티노플 5차 세계 공의회(553)에서는 키릴로스의 하느님 수난설

(theopaschism)로 되돌아 왔으며, 680년 콘스탄티노플 6차 세계 공의회에서는 다시 한 번 그리스도의 인간적 "에너지" 혹은 "의지"가 강조되었고, 니케아 7차 세계 공의회(787)가 이콘파괴론에 반대하여 선포한 신앙의 규범에선 "묘사할 수 있도록" 해주는 그리스도의 인간적 특성들이 주목되었다는 것이다. 다른 한편, 서방의 신학적 저술들에서는 비잔틴 그리스도론을 잠복한 단일본성론으로 평가하는 견해들이 종종 발견된다. 이것은 동방 그리스도인들이 인간의 세속적, 사회적 창조활동에 거의 관심을 기울이지 않았다는 것을 잘 설명해 준다는 것이다. 종종 마주하게 되는 이러한 견해들에 대해 이 장(章)의 연구가 조금은 빛을 비추어 줄 수 있기를 기대한다.

1. 하느님과 인간

하느님이 인간이 되셨고 그분의 인성이 인간 본성에 고유한 모든 특징을 소유한다는 확언은 성육화가 우주적인 사건임을 함축한다. 인간은 세상의 주인으로 창조되었고 모든 피조물을 하느님께 인도하도록 부름 받았다. 또한 인간의 실패는 창조주이신 하느님 자신이 복구해야만 했던 우주적 재앙이었다.

성육화 자체는 "형상과 모양(닮음)"이라는 성서적 개념으로 표현되는 하느님과 인간의 관계가 결코 소원해질 수 없는 것임을 전제한다. 피조세계의 회복은 "새 창조"이지만, 그것은 인간에게 새로운 구조를 도입하는 것이 아니라 피조물 중에서 차지했던 인간 본래의 신적인 영광과 세상에 대한 최초의 책임 안에 인간을 되돌려 놓는 것이다. 그것은 인간이 하느님의 생명에 참여할 때만 진정으로 인간일 수 있고, 인간은 하느님이나 세상과의 관계에서 결코 독립적인 존재가 아니며, 따라서 인간의 참된 삶은 결코 "세속적"일 수 없다는 것을 재확인한다. 예수 그리스도 안에서 하느님과 인간은 하나가 된다. 예수 그리스도 안에서 하느님은 인간적인 것을 압도하거나 제거함으로써가 아니라 오히려 인간성을 가장 순수하고 진정한 형태로 완성하고 유지함으로써 인간이 다가갈 수 있는 분이 되신다.

로고스의 육화는 비잔틴 신학자들에 의해 언제나 '우주적인' 의미를 갖는 것으로 이해되어왔다. 그리스도 사건의 이러한 의미는 특별히 성가들 안에서 잘 표현된다.

> "우리를 위해 사람으로 나타나신 그리스도여, 우리가 무엇을 당신께 바치리까? 당신의 모든 피조물이 당신께 감사를 바치나이다. 천사들은 찬양을, 하늘은 별을, 박사들은 예물을, 목자들은 경배를, 땅은 동굴을, 초원은 구유를 바치고, 우리는 동정이신 어머니를 바치나이다."[1]

피조 세계와 성육화의 관계는 성가에서 끊임없이 부각된다.

> "인간은 존귀하고 신적인 생명에서 떨어졌도다. 하느님의 형상으로 창조되었지만 범죄로 전체가 부패의 종이 되었도다.

---

[1] 성탄대축일 만과, 세 번째 스티히라.

하지만 이제 지혜로우신 창조주께서 다시 인간을 빚으시 도
다. 그분이 영화롭게 되셨기 때문이로다."[2]

마찬가지로 성금요일의 성가들은 피조물 전체가 그리스도의 죽음과 관련되어 있다는 사실을 강조한다.

"벌거벗긴 채 십자가에 높이 달리신 이를 보고, 모든 피조물이 슬픔에 젖었도다. 태양은 빛을 잃고, 달은 그늘지고, 별들은 떨어지고, 땅은 두려워 떨고, 바다는 갈라지고, 바위는 깨지도다."[3]

이런 시적인 이미지들은 창세기 1, 2장과 요한복음 1장 사이의 병행을 보여준다. 그리스도의 오심은 로고스의 육화인데, 만물은 바로 이 "로고스를 통하여" 창조되었다. 로고스의 육화는 새 창조이지만 창조주는 같은 분이다. 구약의 하느님과 예수의 성부 사이의 이원론을 설교했던 영지주의자들에 반대하여, 교부 전통은 구약의 창조주 하느님과 예수 그리스도의 성부 하느님은 절대 동일하며 또한 본래의 피조 세계는 본질적으로 "선하다"고 주장했다.

그리스도의 강림은 우주적 사건이다. 왜냐하면 그리스도는 로고스이고 하느님으로서 창조의 대행자이며, 또한 "소우주"인 인간이기 때문이다. 인간의 죄가 피조 세계를 죽음과 부패 속에 빠뜨렸던 것처럼 그리스도 안에서 회복된 인간은 그 원초적 아름다움으로 회복된 코스모스 전체를 함축한다. 여기서 다시 한 번 비

---

2) 성탄 대축일 조과 중.
3) 성 대 토요일 조과 및 에피따피오 예식 중 이코스.

잔틴 성가는 가장 훌륭한 증인이 된다.

> "오, 육체 안에 거하신 독생 성자시여, 당신의 조상 다윗은 사람들 가운데 거하시는 당신을 멀리서 영의 눈으로 바라보면서 모든 피조 세계가 그와 함께 기뻐하도록 초청했고, 예언자처럼 이렇게 목청 높여 외쳤습니다. '다볼산도 헤르몬 산도 당신의 이름을 찬양하옵니다.'(시편 89:12) 실로 당신은 제자들과 함께 다볼산에 오르셨고 변모되셨으며, 옛날 아담 안에서 흐려졌던 본질을 다시 한 번 섬광처럼 빛나게 하셨습니다."4)

피조 세계 전체의 영화이기도 한 인간의 영화(榮化, glorification)는 물론 종말론적 전망 안에서 이해되어야 한다. 우주 전체의 변모는 그리스도의 위격과 그 몸의 성사적 현실과 성인들의 삶을 통해서 선취된다. 하지만 능력으로 임하는 그 날은 아직 다가올 어떤 것이다. 그럼에도 이 영화는 특별히 전례 안에서 이미 모든 그리스도인에게 가능한 하나의 살아있는 경험이다. 이 경험만이 인간의 역사에 하나의 목표와 의미를 제공할 수 있다.

성육화의 우주적 차원은 451년 칼케돈 세계 공의회 정의 안에도 함축되어 있다. 비잔틴 신학은 언제나 이 정의에 충실했다. 그리스도는 "그 인성으로는 우리와 하나의 동일한 본질이시다. 그분은 죄를 빼고는 모든 점에서 우리와 같으시다." 그분은 하느님이시고 인간이시다. "(신성과 인성) 두 본성의 구별은 이 연합 안에서 조금도 제거되지 않고 반대로 인성과 신성 각각의 고유한 특징들은 보존된다." 분명히 선언의 마지막 구절들은 피조 세계의 역할,

---

4) 8월 6일 주변모대축일 만과 중에서.

우주에 개입하고 지배하는 인간의 역할을 다룬다. 단일의지론자들(monothelite)에 맞서 고백자 성 막시모스는 그리스도 안에 인간의 "의지"(will) 혹은 "에너지"(energy)가 있으며, 그것이 없다면 진정한 인성이라 할 수 없다고 주장함으로써 이 사상을 발전시킨다. 만약 그리스도의 인간적 특징이 죄를 빼고 모든 점에서 우리의 인성과 동일하다면, 인간의 모든 "동작", "창조성", "역동성"을 죄로 간주하지 않는 한, 몸과 영혼과 지성에 있어서 인간이신 그리스도는 진정으로 인성의 모든 능력을 가지고 행동하셨다는 것을 인정해야만 할 것이다. 막시모스는 인간의 에너지나 의지는 결코 하느님의 에너지나 의지에 의해 대체되지 않지만 그것에 기꺼이 동의한다고 말한다. "그리스도의 두 본성에서 비롯된 두 의지는 모순적이지 않다. … 하지만 그의 인간적 의지는 하느님의 의지를 따른다."[5] 이렇게 해서 그리스도 안에서 인성이 신성을 따르는 것은 인성의 약화가 아니라 인성의 회복이다. "그리스도는 인간 본성을 그 자체에 부합되게 회복시키신다. … 인간이 되셨지만 그리스도는 치우치지 않고 평정을 누리며 그의 인간 본성과 평화롭게 조화를 이루는 자신의 자유로운 의지를 간직하신다."[6] 앞에서 보여주었듯이, 하느님에 참여하는 것은 인간의 본성이기에, 하느님에의 참여는 인간 본성을 없애지 않는다. 이 개념은 하느님과 인간의 관계에 대한 동방의 개념을 이해하기 위한 열쇠이다.

그리스도 안에서의 두 본성의 연합은 '휘포스타시스'를 통한

---

5) Council of Constantinople, 680 ; Denz. 291.
6) Maximus le Confessor, *Expos. orat. domin.*, PG 90, 877D.

것, 다시 말해 위격적이다. 칼케돈 세계 공의회 교부들에 따르면, 두 본성은 "하나의 프로소폰(*prosôpon*, 인격) 혹은 하나의 휘포스타시스(*hypostasis*, 위격) 안에 공존한다." 이 정식화가 불러일으킨 논쟁들은 다시 한 번 '휘포스타시스'라는 용어의 의미 정의로 인도되었다. 칼케돈 교부들은 그리스도는 위격적으로 동일한 한 분이라는 사실을 강조했지만, 이 동일성을 드러내는 휘포스타시스라는 용어가 또한 선재하는 로고스의 휘포스타시스를 의미하기도 한다는 점을 구체적으로 적시하지는 않았다. 칼케돈에 반대했던 이들은 이 불명료함으로부터 그들의 논거를 발전시켰다. 결과적으로 유스티니아노스 시대의 비잔틴 그리스도론은 '프로소폰'(인격) 혹은 '휘포스타시스'를 단지 고대 안티오키아 학파의 '연합의 프로소폰'(인격), 즉 두 본성이 연합됨으로써 결과된 새로운 종합적 현실로서의 위격으로 간주하려 했던 안티오키아 학파의 칼케돈 해석을 배제하려 했다. 사실 칼케돈 공의회의 정식은 반대로 알렉산드리아의 성 키릴로스처럼 그리스도의 유일한 휘포스타시스는 선재하는 로고스의 휘포스타시스라고, 다시 말해 그리스도론은 카파도키아 교부들의 삼위일체 신학과 동일한 의미에서 이 용어를 사용하고 있음을 확언했다. 삼위일체의 영원한 세 휘포스타시스 중의 한 분이 그 신성에 있어서는 여전히 완전한 하느님이시면서 동시에 "육체를 취하셨다." 그러므로 그리스도의 휘포스타시스는 그 신성에 있어서 선재해왔지만 동정녀 마리아를 통해서 인성을 획득하였다.

이 근본적인 입장은 두 가지 중대한 논리적 귀결로 연결된다.

a) 그리스도 안에는 신성과 인성의 절대적 대칭이 존재하지 않는다. 왜냐하면 휘포스타시스는 오직 신적이며 인간의 의지는 신적인 의지를 따르기 때문이다. 에페소 세계 공의회(431)는 대칭적 그리스도론을 '네스토리오스주의'라 하여 거부하였다. 정교 그리스도론의 이러한 비대칭성은 알렉산드리아의 성 아타나시오스와 성 키릴로스가 그렇게도 강조했던 점을 반영하고 있다. 즉 인간은 단지 하느님의 구원 행위와 의지에 협력할 수 있을 뿐, 구원은 하느님만이 하실 수 있다. 하지만 앞에서도 살펴본 것처럼, 인간에 대한 교부들의 개념 안에는 '하느님 중심주의'가 인간의 본질적 특징으로 제시된다. 그러므로 비대칭성은 그리스도가 충만하게 또 "적극적으로" 인간으로 존재하는 것을 가로막지 못한다.

b) 그리스도의 인간 본성은 분리된 인간 휘포스타시스로 개별화되지 않았다. 휘포스타시스라는 개념은 하느님으로서건 인간으로서건 본질적 실존이 아니라 인격적(위격적) 실존을 의미한다. 칼케돈 공의회 이후의 그리스도론은, 그리스도가 완전히 인간이었고 또한 한 개인이었다는 것을 전제하지만 반대로 그리스도가 하나의 인간 휘포스타시스 혹은 인격이었다는 네스토리오스의 관점은 거부한다. 개인적이고 온전히 인간적인 삶은 자신의 인간적 특징들 어느 하나도 잃어버리지 않고 로고스의 휘포스타시스 안에 위격화(en-hypostasized)되었다. 비잔틴 신학자들은 예수 안에서 로고스는 인간 영혼의 자리를 대신했다고 주장한 라오디케아의 아폴리나리오스 이론을 체계적으로 거부했다. 그것은 그리스도의 인성이 전체가 아니라 부분적이라는 것을 함축하기 때문이다. 원

래 아타나시오스의 것이라고 잘못 전해져 왔지만 실제로는 아폴리나리우스에 의해서 선언되었었던, "말씀이신 하느님의 육화하신 본성"이라는 키릴로스의 정식은 칼케돈 세계 공의회 정식의 틀 안에서만 받아들여졌다. 신적 본성과 인간적 본성은 그리스도 안에서 서로 융합될 수도, 혼합될 수도, 서로 보완적인 것일 수도 없었다. 이 두 본성은 로고스의 유일한 신적 휘포스타시스 안에 연합되었다. 즉 형상인 인간이 그 신적 원형에 부응했다.

휘포스타시스라는 개념이 '특정한 본성' 혹은 '개별성'의 개념으로 환원되지 않는다는 사실은 그리스도론뿐만 아니라 삼위일체 신학에 있어서도 엄청난 중요성을 가진다. 휘포스타시스는 본성적 생명의 인격적, '활동적' 원천이다. 하지만 휘포스타시스는 본성도 생명 그 자체도 아니다. 휘포스타시스 안에서 그리스도의 두 본성은 혼합되지 않고 연합된다. 두 본성은 각각 자신의 본성적 특징을 간직한다. 하지만 두 본성은 공동의 휘포스타시스 안에서 생명을 공유하고 있기 때문에 그들 사이에는 "특성의 교류"(communication of idioms) 혹은 "페리코레시스"(perichôrèsis)가 존재한다. 예를 들어 이 '교류'는 그리스도의 어떤 인간적인 말이나 행동으로 하여금 하느님에게만 가능한 놀라운 결과를 가져오게 했다. 예를 들어 침으로 이긴 '진흙'은 소경에게 시력을 되돌려주었다. 다마스커스의 성 요한은 이렇게 쓴다.

"그리스도는 한 분이시다. 그러므로 신성으로부터 나오는 영광은 휘포스타시스의 동일성으로 인해 두 본성에 공통된다. 그리고 육체로 인한 겸손 또한 이 두 본성에 공통된다. ⋯ 하지만 신성은 육체의 정념들에 영향 받지 않으면서 자신의 특권을 육체에 제공한다."[7]

휘포스타시스 안에서의 연합은 또한 로고스가 인성 전체를 수용하셨다는 것을 의미한다. 이것은 삼위일체의 제2 위격이 예수의 인간적 경험이나 행위의 진정한 주체 혹은 행위자였다는 것을 의미한다. 동정녀 마리아에게 적용된 "테오토코스" 칭호를 둘러싼 키릴로스와 네스토리오스의 논쟁은, 마리아를 어머니로 둔 한 인간 인격이 예수 그리스도 안에 존재했었는지에 관한 것이었다. 키릴로스는 그것을 분명히 부정했다. 이것은 매우 중대한 그리스도론적 관점을 보여준다. 그리스도 안에는 성자, 하느님의 성자만 있을 뿐이고, 따라서 마리아는 다른 인격(위격)의 어머니가 될 수 없다. 그녀는 정말로 "하느님을 낳은 여인"이다. 그리스도의 죽음은 정확히 동일한 문제를 제기했다. 고통도 죽음도 겪을 수 없는 것이 하느님 본질의 특징인데, 어떻게 하느님의 아들이 죽을 수 있는가 라고 안티오키아 신학자들은 질문했다. 그들에게는 그리스도의 죽음에서 죽음의 '주체'는 단지 그의 인간성이었다는 것이 분명했다. 이러한 관점을 거부하고 키릴로스의 사상에 동의한 콘스탄티노플 5차 세계 공의회(553)는 "누구든지 육체 안에서 십자가에 달려 돌아가신 우리 주님 예수 그리스도가 참 하느님이고 영광의 왕이며 거룩한 삼위일체의 한 분이라고 고백하지 않는다면, 그는 파문될 것이다"라고 선언했다.[8] "만일 그들이 깨달았더라면

---

7) John of Damascus, *De fide orth*., III, 15, PG 94, 1057BC.
8) Denz. 222 ; Anathema 10 of Council of 553.

영광의 주님을 십자가에 못 박지는 않았을 것입니다"라는 고린도 1서 2장 8절에 근거를 둔 이 본문은 "하느님의 말씀이시며 영생하시는 독생자시여 … "라고 시작되는 성가에 영감을 주었다. 유스티니아노스 황제의 것으로 추정되는 이 성가는 감사의 성찬 예배가 드려질 때마다 불려진다.

> "하느님의 말씀이시며 영생하시는 독생자시여, 당신은 우리의 구원을 위해 평생 동정 성모님에게서 육신을 취하시고 본성에 변함없이 사람이 되시어 십자가에 달리심으로써 죽음을 죽음으로 멸하셨나이다. 삼위일체의 한 분으로서 성부와 성령과 함께 영광 받으시는 그리스도 하느님이시여, 우리를 구원하소서."

"하느님의 아들이 육체 안에서 죽으셨다"는 정식을 받아들이는 "하느님 수난설"(theopaschism)은 휘포스타시스와 본성 혹은 본질이 실제적으로 어떻게 구별되는 지를 잘 보여준다. 유스티니아노스 시대의 위대한 칼케돈파 신학자였던 예루살렘의 레온티오스는 이점을 분명히 하여 이렇게 썼다.

> "우리는 로고스가 휘포스타시스로서 고통 받았다고 말한다. 왜냐하면 자신의 휘포스타시스 안에서 로고스는 고난 받을 수 없는 고유한 신적 본성 외에 고난 받을 수 있는 인간 본성을 수용하였기 때문이다. 그리고 인간 본성에 따라 주장될 수 있는 것은 또한 휘포스타시스에 대해서도 주장될 수 있다."[9]

---

9) Leontius of Jerusalem, *Adv. Nest.*, VIII, 9, PG 86, 1768A.

이것은 '고통 받을 수 없음'(impassibility), '부동성'(immutability) 등의 신적 본질의 특징들이 하느님의 인격적 실존, 휘포스타시스로서의 실존에 절대적인 것이 아님을 함축한다. 나중에 우리는 이러한 사실이 비잔티움과 교부들에게 어떤 중요성을 지니는지 살펴보게 될 것이다. 구원론적으로 볼 때, 하느님의 아들이 진실로 "육체 안에서" 죽었다는 확신은, 인간을 향한 하느님의 사랑이 끝이 없다는 것, 로고스가 타락하고 사멸할 인간성을 "자기 것으로 삼으신 것"이 실제적이라는 것, 그리고 그것이야말로 구원의 신비 그 자체라는 것을 다른 어떤 그리스도론 정식보다 더욱 훌륭하게 보여준다.

사람들은 자주 콘스탄티노플 5차 세계 공의회에서 정의된 비잔틴 그리스도론이 알렉산드리아의 경향에 치우친 그리스도론 개념들을 사후적으로 지지함으로써 결국 칼케돈 신학을 배반했다고 비판한다. 로고스의 신적 휘포스타시스에 의해 수용되었다면 그리스도의 인간성은 진정으로 인간적인 것이 아니라는 주장이다. 마르셀 리샤르는, "비록 말씀이 인간의 영혼을 수용했다고 분명하게 승인하고 있다해도, 알렉산드리아의 그리스도론에는 그리스도의 심리적 상태에 대한 고려나 구세주의 인간성에 대한 실제적인 경배의 자리는 존재하지 않는다."[10]고 주장했다. 샤를르 묄러는 또한 "그리스도를 점점 더 하느님으로만 보려는 동방의 경향은 전례에서 특별히 두드러지는데, 이는 분열 이후 증가하게 될 일종

---

10) Marcel Richard, "Saint Athanase et la psychologie du Christ selon les Ariens", *MelSckRel* 4 (1947), 54.

의 배타주의를 드러내 준다"[11]고 주장한다. 이렇게 사람들은 종종 이 비잔티움의 "새로운 칼케돈주의"(neo-Chalcedonism)를 칼케돈 공의회 본래의 그리스도론에 대립시켜, "숨은 단일본성론"(crypto-Monophysitism)이라고 규정한다. 즉 이는 예수의 인간적 특성을 변개하여 더 이상 충만한 인간일 수 없도록 만드는 또 하나의 위격적 연합 개념이라는 것이다.[12]

예수의 위격적 유일성이라는 특징을 매우 강하게 주장하는 비잔티움의 영성과 신학이 예수의 인간 '심리' 연구를 주저하는 것은 결코 의심할 필요가 없다. 비잔틴 사람들의 이러한 신중함을 이해하려면, 위격적 연합 교리뿐만 아니라 "본성에 있어서" 사람이란 무엇인지를 염두에 두어야 한다. 왜냐하면 새 아담이신 예수 안에서 "본성으로서의" 인간은 회복되었기 때문이다. 앞에서 "본성으로서의" 인간은 하느님의 영광에 참여한다는 것을 보았다. 그러한 인간은 확실히 더 이상 "타락한" 심리 법칙에 종속되지 않는다. 하지만 예수에게서 이런 심리적 법칙들은, 단순히 부정된 것이 아니라 구원론의 빛 속에서 고려된 것이었다.

비잔틴 신학자들은 이 문제를 그 중요성에 걸맞게 깊이 다루지 못했다. 그럼에도 우리는 다음과 같은 몇몇 예들을 통해서 비잔틴 신학자들의 입장을 이해할 수 있다. a) "예수는 몸과 지혜가 날로 자라면서"(루가 2:52)와 같은 몇몇 성서 구절에 대한 주석, b) "아프

---

11) Charles Moeller, "Le chalcédonisme et le néo-chalcédonisme en Orient de à la fin du VIe siècle", in Grillmeier Bacht, *Das Konzil von Chalkedon*, Würzburg, 1951, 1, 717.
12) 참고. *ibid.*, pp. 715-716.

타르토 가현설"(aphthartodocetism)을 주장한 이단에 대한 태도, c) 이콘파괴론자들에 반대하여 형상을 수호한 정교의 태도.

a) "지혜가 자라나다"라는 생각은 복음서의 다른 구절(마르코 13:32)에 의해서도 확인되는 것처럼 예수 안에 무지가 존재했음을 함축한다. 이 주제에 대한 비잔티움의 견해는 "본질적 지식"은 타락 이전 인간의 특징 그 자체라고 주장한 에바그리오스 사상에 의해 종종 동요되었다. 에바그리오스는 또한 예수는 이 본래의 '지식'을 간직한 창조된 '지성'이었다고 생각했다. 동방에서 언제나 강력했던 에바그리오스 영성 전통에서는 영지(gnosis)를 추구하는 것이야말로 영적 삶의 실제적 내용으로 간주되어왔다. 이것은 비잔틴 저자 대부분으로 하여금 예수에게서 어떠한 무지의 가능성도 부정하게 만들었다. 예를 들어 다마스커스의 성 요한은 이렇게 썼다.

> "말씀이 무지하고 비천한 본성을 수용하셨다는 사실을 알아야 한다. 하지만 위격적 동일성과 해체될 수 없는 연합으로 인해 주님의 영혼은 장차 맛보게 될 만물의 지식과 신적 징표들로 부유해졌다. 본성적으로 인간의 육체는 생명을 주지 못한다. 주님의 육체는 본성적으로 끊임없이 사멸할 수밖에 없는 것이었지만, 말씀과의 위격적 연합 덕분에 생명을 주는 것이 되었다[13]."

이 본문은 분명 '특성의 교류'로 인해 위격적 연합이 인간 본성

---

13) John of Damascus, *De fide orth.*, III, 21, PG 94, 1084B-1085A.

의 특성들을 수정한다고 주장하는 대표적인 비잔틴 저자의 경우를 보여준다. 하지만 이 수정이 역동적이고 구원론적인 그리스도론의 틀 안에서 이해되고 있다는 것 또한 분명하다. 그리스도의 인성은 "빠스카"의 성격을 지닌다. 다시 말해 그리스도의 인성 안에서 인간은 죽음에서 생명으로, 무지에서 지식으로, 죄에서 의로움으로 나아간다는 것이다. 하지만 복음서에 언급된 예수의 무지는 대개의 경우 교육적 배려나 자신의 '겸비'를 보여주기 위해 그리스도가 취하신 "외양"으로 해석된다. 다른 저자들은 이러한 해결책들을 불충분한 것으로 거부하고 반대로 그리스도의 진정한 인간적 무지를 주장한다. 『분파에 대하여』(*De Sectis*)을 저술한 무명 저자는 이렇게 썼다.

> "교부들 대부분은 그리스도가 어떤 것들을 알지 못했었다고 인정했다. 그리스도는 모든 점에서 우리와 동일본질이고, 또 우리가 알지 못하는 무엇을 가지고 있는 것을 보면, 그리스도도 무지 때문에 고통스러워했다는 것은 분명하다. 성서는 '그는 몸과 지혜가 날로 자라면서'(루가 2:52)라고 말한다. 이것은 그리스도가 전에는 알지 못했던 것을 배워나갔다는 것을 의미한다."[14]

분명 비잔틴 신학자들은 그리스도가 정말로 우리의 타락한 인성(our fallen humanity)을 수용했다고 인정하려 했다. 하지만 그들의 사상은 어느 순간에 예수의 인성이, 변모되고 완전하고 본래 본성에 따르는, "새 인간"(New Man)의 인성이 되는지에 관해서는

---

14) Anonymous, *De sectis*, PG 86, 1264A.

혼란스러워했다.

b) 6세기 신학자인 알리카르나수스의 율리아누스를 대표자로 하는 이단 "아프타르토 가현설"은 그리스도의 인성을 "부패할 수 없는"(aphthartos) 것으로 인식했다. 하지만 사람들은 그들이 성육화를 가현(假現)적인 것으로 만들어버린다고 비판했다. 드라게(R. Draguet)가 잘 보여준 것처럼, 문제는 위격적 연합과 부패성의 관계라기보다는 인간의 본성 그 자체와 관련된 것이었다.

인간은 무지와 마찬가지로 본성적으로 부패할 운명인가, 아니면 부패성이 죄와 함께 들어온 것인가? "아프타르토 가현설"은 인간이 본성에 있어서 부패할 운명이었다는 것을 부정한다. 그리고 그리스도는 새 아담, 진정으로 '본성적인' 인간이므로 그의 인간성은 부패하지 않는다. 이러한 이단적 견해를 거부하면서, 정교인들은 아담으로부터의 사멸성의 유전은 죄책의 유전이 아니었고, 또한 로고스는 이상적이고 추상적인 인성이 아니라, 사멸성을 비롯한 죄의 모든 결과들을 지닌 우리의 타락한 인성을 자발적으로 수용하셨다고 주장했다. "아프타르토 가현설"에 대한 반대는 이렇게 그리스도의 충만하고 실제적인 인간 본성에 대한 보다 명확한 개념을 보존하게 해주었다.

c) 의심의 여지없이 이콘파괴론은 그리스도가 한명의 구체적이고 개별적인 인간이었다는 것을 부정하는 또 다른 방식이었다. 정교 논쟁가 총대주교 니케포로스는 예수를 "묘사할 수 없

는"(agraptos) 분이라고 생각한 이콘파괴론자들의 주장을 "아그랍토 가현설"(agraptodocetism)이라고 규정했다.[15] 그리스도 형상을 그릴 수 있다는 것을 정당화하기 위해서, 다마스커스의 성 요한뿐만 아니라, 더욱 확실한 어조로 스투디오스의 성 테오도로스는 그리스도의 인간적이고 개인적인 특징들을 주장했다. 테오도로스는 이렇게 쓰고 있다. "묘사될 수 없는 그리스도는 몸이 없는 그리스도일 것이다. 하지만 이사야는 그분을 '아들'이라 하였고(8:3), 오직 육체의 모습만이 남자와 여자를 구분할 수 있다."[16] 형상의 사용을 수호하기 위해서, 니케포로스는 예수의 인간적 제한성들을 주장한다. 그리스도가 피곤함, 배고픔, 목마름을 느끼셨다는 것이다.[17] "그분은 인간으로 행동하셨고, 원하셨고, 알지 못하셨고 또 고통 받으셨다."[18] 이것은 그리스도가 우리 모두와 같은 인간이셨으며 따라서 형상으로 표현될 수 있다는 것을 의미한다.

8, 9세기 정교 신학자들이 이콘파괴론에 맞서 투쟁할 때 주장한 대로, 그리스도 이콘은 성육화에 대한 신앙 고백이 되었다. 스투디오스의 성 테오도로스는 이렇게 썼다.

> "지각될 수 없는 분이 동정녀의 태에 잉태되었다. 측정할 수 없는 분이 팔뚝길이 만한 존재가 되셨다. 그 질을 규정할 수 없는 분이 특정한 하나의 질을 얻으셨다. 정의될 수 없는 분이 일어나시고 앉으시고 주무신다. 어디에나 계시는 분이 요

---

15) Patriarch Nicephorus, *Antirrh.*, I, PG 100, 268A.
16) Theodore the Studite, *Antirrh.*, III, PG 99, 409C.
17) Nicephorus, *Antirrh.*, I, PG 100, 272B.
18) *Ibid.*, PG 100, 328BD.

람에 누이셨다. 시간을 초월해 계시는 분이 조금씩 성장하여 열두 살이 되셨다. 형태가 없으신 분이 인간의 형태로 나타나셨고, 몸을 갖지 않으신 분이 하나의 몸 안에 들어가셨다. … 이렇게, 동일한 분이 묘사될 수 있기도 하고 동시에 묘사될 수 없기도 하다."[19]

테오도로스에게 그리스도의 이콘은 위격적 연합이 의미하는 것을 가장 잘 표현하는 것이었다. 형상으로 표상되는 것은 육체 안에 계신 말씀이며, 하느님의 휘포스타시스 그 자체이다. 비잔틴 이콘 전통에서 예수의 머리를 둘러싼 후광에는 늘 "스스로 존재하는 자"라는 뜻을 가진 '오 온'(ὁ ὤν)이라는 글자가 적힌다. 이 '오 온'이라는 글자는 그 위격은 계시되었지만 그 본질은 숨겨진 하느님의 거룩한 이름, '야훼'의 그리스어 번역어다. 이콘이 표상하는 것은 하느님의 묘사할 수 없는 신성이나 인간의 본성이 아니라 육체를 취하신 성자 하느님의 위격이다. 테오도로스는 이렇게 말한다.

"모든 초상화는 한 인격(위격)을 드러내지 본성을 드러내는 것은 아니다."[20]

인간의 본성이 오직 상징적인 방식으로만 표상될 수 있듯이, 육화하기 전의 신적 본질이나 하느님의 형상을 그리는 것은 분명 불가능했다. 그렇기 때문에 구약 성서에 나오는 신현현의 상징적

---

19) Theodore the Studite, *Antirrh.*, III, PG 99, 396B.
20) *Ibid.*, III ; PG 99, 405A.

형상들은 '이콘'이라고 말하기에는 부적절하다. 하지만 그리스도 이콘은 다르다. 인간의 두 눈은 그분의 신적 본질이 아니라 육체 안에 계신 로고스의 위격을 볼 수 있게 되었다. 성육화의 신비는 거룩한 이콘들을 가능하게 해주고 또 그것들에 대한 공경을 요구한다.

형상의 수호는 비잔틴 사상으로 하여금 그리스도의 충만하고도 구체적인 인성을 재확인하도록 해주었다. 비잔틴 교회는 8, 9세기 단일본성론에 대하여 새로운 방식으로 신학적 입장을 정립한다. 하지만 비잔틴 교회가 위격적 동일성을 깨뜨리거나 "육화하신 로고스의 위격적 동일성"이라는 키릴로스의 개념을 희생시키지 않으면서, 다만 이전의 그리스도론적인 정식화에 비추어서 신학적 입장을 정립했다는 것은 매우 중요하다. 이콘파괴론에 대한 승리는 칼케돈 세계 공의회와 그 이후의 정통 그리스도론에 대한 재확인이었다.

2. 구속(救贖, redemption)과 신화(神化, déification)

칼케돈 세계 공의회의 정식은 그리스도가 성부와 동일본질이요 또한 '우리와도' 동일본질이었다고 확언했다. 완전한 인간이신 그리스도는 인간의 휘포스타시스를 따로 소유하지 않으신다. 왜냐하면 두 본성의 휘포스타시스는 오직 로고스의 신적 휘포스타시스이기 때문이다. 모든 인간과 '동일본질'인 한 인간 개인은 자신의 인격적(위격적) 실존 안에서, 즉 반복될 수 없고 타자와 동일한 것일 수 없는 유일한 휘포스타시스 안에서, 다른 모든 인간과 근본적으로 구별된다. 어떤 사람도 다른 사람 안에 충만하게 존재할 수 없다. 하지만 예수의 휘포스타시스는 모든 인간 인격들과의 근본적인 친밀성, 그들 모두의 원형으로서의 친밀성을 가진다. 왜냐하면 모든 인간은 하느님의 형상에 따라, 다시 말해 로고스의 형상에 따라 창조되었기 때문이다. 로고스가 육화하실 때, 신성한 도장(stamp)은 그것의 모든 날인(imprint)과 짝한다. 하느님은 어떤 인간 휘포스타시스도 배제하지 않으시고, 오히려 그들 모두에게 그 자신 안에서 인간의 통일성을 회복할 수 있는 가능성을 열어주시는 방식으로 인성을 수용하셨다. 그는 참으로 "새 아담"이 되셨고, 각 사람은 이 "새 아담" 안에서, 만일 예수가 그저 한 인간 인격에 불과했다면 불가피했을 모든 제한성들을 뛰어넘어, 충만하고도 완벽하게 실현된 자기 자신의 고유한 본성을 발견한다.

고백자 성 막시모스는 이 개념에 의거하여, 육화하신 로고스[21]와 관련된 사도 바울로의 "총괄"(recapitulation) 개념을 다시 한 번 강조할 수 있었고, 또 인류를 해체시키는 모든 분열의 힘에 대한 승리를 육화하신 로고스 안에서 발견할 수 있었다. 인간으로서 그리스도는 인간의 참된 소명, 즉 신과 같은 존재가 되도록 이전부터 결정해 놓으셨지만 인간 스스로 그로부터 돌아서 버렸던 그 소명을 성취하셨다. 그리스도는 인간을 하느님과 연합시키신다.[22]

---

21) 참고. Maximus the Confessor, *Amb*., PG 90, 1308D, 1312A.
22) J. Meyendorff, *Le Christ dans la théologie byzantine*, p. 194.

만일 칼케돈 공의회와 그 이후의 그리스도론이 구속(redemption)의 개념으로만 정향되었다면, 그것은 의미를 잃어버린 하나의 사변이 되었을 것이다.

"그리스도론 교리의 역사 전체는 이 근본적인 사상에 의해 결정되어 왔다. 그것은 바로 '구원으로서의 말씀의 육화'이다."[23]

비잔틴 신학은 로마서나 갈라디아서에 나오는 사도 바울로의 칭의 교리를 깊이 다루지 않았다. "그리스도는 우리를 위하여 십자가에 달려 저주받은 자가 되셔서 우리를 율법의 저주에서 구원해 내셨다"(갈라디아 3:13)와 같은 구절들을 주석하면서, 그리스 교부들은 일반적으로 죽음에 대한 승리와 성화라는 보다 넓은 맥락 안에서 대체를 통한 구속(救贖), 즉 대속(代贖) 사상을 해석했다. 그들은 결코 안셀무스의 '만족' 이론의 방향으로 이를 발전시키지 않았다. 로고스는 인간의 사멸성을 자발적으로 받아들임으로써 모든 인간을 하느님과 연합시키기 위해 하느님의 지극한 '겸비'를 실천하셨던 것이다. 왜냐하면 나지안조스의 성 그레고리오스가 말하듯이 "수용되지 않은 것은 고침 받지 못하지만, 하느님과 연합된 것은 구원받기"[24] 때문이다. 그러므로 "우리가 다시 한 번 생명을 누리기 위해서는, 육체로 오셔서 죽음에 넘겨지신 하느님이 필

---

23) Georges Florovsky, "The Lamb of God", *Scottish Journal of Theology* (March, 1961), 16.
24) Gregory of Nazianzus, *Ep. 101 ad Cledonium*, PG 37, 181C-184A.

요했다."25)

"육체 안에서 거룩한 삼위일체 하느님의 한 위격"이 죽으신 것은 자발적인 행위였다. 하느님은 자발적으로 인간 비극의 모든 차원을 수용하셨다.

"그리스도 안에는 어떤 것도 강제되지 않고 어떤 것도 필연성에 좌우되지 않는다. 모든 것이 자유로웠다. 그분은 자발적으로 배고픔과 목마름을 느끼셨고, 자발적으로 두려움을 경험하셨고 또 죽으셨다."26)

하지만 정교신앙이 "아프타르토 가현설"과 다른 지점은 로고스의 휘포스타시스가 가지는 신적인 자유가 결코 인간적 조건의 현실을 제한하지 않았다는 것이다. 주님은 육화하실 때 사멸할 인간성을 수용하셨고, 죽음을 겪겠다는 하느님의 자유로운 결정은 이미 내려진 상태였다. 성 아타나시오스는 "그리스도가 우리의 것과 다르지 않은 하나의 몸을 취하셨다"면서 이렇게 쓰고 있다.

"그리스도는 우리에게서 우리와 같은 본성을 취하셨다. 그리고 우리 모두가 부패와 죽음에 종속된 것처럼, 그분 또한 자신의 몸을 우리를 위하여 죽음에 내어주셨다."27)

십자가 죽음이 성육화의 목표였다는 생각은 그리스도 탄생 축일의 비잔틴 전례 본문에 분명하게 제시되어있다. 대축일 전(前)

---

25) Gregory of Nazianzus, *Hom.* 45, PG 36, 661C.
26) John of Damascus, *De fide orth.*, IV, 1, PG 94, 1101A.
27) Athanasius, *De incarn.*, 8, PG 25, 109C.

주간(12월 20-24일)의 성가는 사순절 성대주간의 성가 체계에 따라 구성되었고, 베들레헴의 겸손은 골고다를 향하는 것으로 이해된다.

> "이방인이었던 동방박사들이 당신께 가져온 선물 중의 첫 번째 선물이었던, … 몰약으로 그들은 당신의 죽음을 가리키나이다. …"

> "지금 육체 안에서 태어나신 당신은 바로 이 육체 안에서 죽음과 매장을 당하게 되실 것이며, 또 3일 만에 부활하실 것이나이다."[28]

"타락이 없었다면 성육화가 일어났을까?"라는 문제는 비잔틴 사람들에게는 중심적인 문제가 아니었다. 신학자들은 오히려 인간의 사멸성이라는 구체적인 사실에 관심을 두었고, 육화를 통해 하느님은 이 우주적 비극에, 인격적으로 더 정확히 말해 "휘포스타시스로서" 참여하고자 하셨다는 점에 주목했다. 가장 중요하고 예외적인 하나의 경우가 고백자 성 막시모스다. 그에게 성육화와 그리스도 안에서의 만물의 '총괄'은 창조의 진정한 과녁이요 목표였다. 그러므로 성육화와 총괄은 인간이 자유의지를 남용하여 비극에 이른 것과는 무관하게 예고되고 계획된 것이었다.[29] 막시모스의 관점은, 육화하신 로고스 그리스도라는 종말론적 목표로 정향된 역동적 존재로 피조 '본질'을 바라보는 그의 인식과 잘 조응

---

28) 12월 24일, 석후과, 카논의 다섯 번째와 여섯 번째 오디.
29) Maximus the Confessor, *Ad Thal.* 60, PG 90, 621AC.

한다. 창조주로서 로고스는 창조의 "시작"이시지만, 육화하신 로고스는 만물이 "그를 통해" 또 "그 안에서" 존재하게 될 창조의 "목표"이시다. "그리스도 안에" 있기 위해 피조 세계는 하느님에 의해 수용되어야 하고, "그분의 것"이 되어야 한다. 달리 말해, 성육화는 죄와 부패와는 무관하게 인간이 최종적인 영화에 이르기 위한 전제 조건인 것이다.

인간은 타락한 상태에 빠져있기 때문에, 그리스도의 대속적 죽음만이 이러한 궁극적인 회복을 가능하게 할 수 있다. 하지만 그리스도의 죽음은, 그것이 하느님의 아들이 위격적 연합을 통해 육체 안에서 당하신 죽음이기 때문에, 참으로 대속적이고 "생명을 주는" 것이다. 동방에서는 일반적으로 십자가 죽음이 인간의 죄에 대해 엄혹한 대가를 요구하는 어떤 초월적인 정의를 "만족시켜주기 위해" 한 의로운 존재가 당한 벌로 간주되지 않았다. 조오지 플로로프스키는 말한다.

> "십자가의 죽음은 무죄한 자의 죽음이기 때문이 아니라 육화하신 주님의 죽음이기 때문에 구원의 효력을 낳는다."[30]

그 죽음의 목적은 죄에는 형벌이 따라야 한다는 법적 요구를 만족시키는 것이 아니라, 앞 장에서 보았듯이, 권력을 찬탈한 압제자의 멍에 아래 인간을 묶어두고 또 그것을 죄와 부패라는 악순환 속에 몰아넣는, 우주적이고 두렵기 짝이 없는 죽음의 현실과 권세를 정복하는 것이다. 게다가, 성 아타나시오스가 아리오스주

---

30) Florovsky, "The Lamb of God", p. 24.

의와의 논쟁에서 잘 보여주었듯이, 하느님만이 죽음을 정복할 수 있다. 왜냐하면 "그분은 홀로 불멸하시는"(Ⅰ디모테오 6:16) 분이기 때문이다. "원죄"가 유전되는 죄가 아닌 것처럼, 대속 또한 칭의(justification)이기 이전에 "죽음에 대한 승리"이다. 니싸의 성 그레고리오스를 따라, 비잔틴 전례는 임마누엘의 몸 속에 숨겨진 낚시 바늘을 삼킨 악마의 형상을 사용한다. 부활 축일 전례에서 읽히는 성 요한 크리소스토모스의 설교에서도 동일한 생각이 발견된다.

"저승이 육신 한 구를 손에 넣고 보니 놀랍도다! 하느님 아니던가. 저승이 이 땅을 붙잡았는데 보라, 하늘과 겨루고 있질 않겠는가."

다마스커스의 성 요한은 죽음과 부활에 관한 교부들의 사상을 5, 6세기의 그리스도론 사상의 빛 속에서 계승하면서 이렇게 썼다.

"그리스도가 인간으로서 죽으셨고, 또 그 거룩한 영혼이 순결한 그의 몸과 분리되었지만, 그 신성은 그 인성과 분리될 수 없는 것이었기에 동시에 영혼과 몸과 함께 하셨다. 이렇게 해서, 유일한 휘포스타시스는 두 휘포스타시스로 나뉘지 않았다. 왜냐하면 처음부터 몸과 영혼은 로고스의 휘포스타시스 안에 존재해 왔기 때문이다. 죽음의 시간에 몸과 영혼이 서로 분리되었지만, 몸과 영혼은 오직 하나인 로고스의 휘포스타시스를 가지고 있었기 때문에 둘 다 보존되었다. 이렇게 로고스의 휘포스타시스는 로고스의 휘포스타시스임과 동시에 몸과 영혼의 휘포스타시스이기도 했다. 왜냐하면 몸도 영혼도

로고스의 휘포스타시스 말고 자신만의 휘포스타시스를 가지지 않았기 때문이다. 그러므로 로고스의 휘포스타시스는 언제나 하나이며, 로고스의 두 휘포스타시스는 존재하지 않았다. 이렇듯 그리스도의 휘포스타시스는 하나이다. 공간적으로 영혼은 몸과 분리될 수 있지만, 그럼에도 로고스에 의해 휘포스타시스 안에서 연합되어 있었다."31)

로고스의 유일한 신적 "휘포스타시스 안에 연합된"(en-hypostasized) 그리스도의 인성이 신비롭게 인간 공통의 운명인 죽음을 감내한 날들로 기념되는 부활의 성삼일(triduum of Easter)은, 전통적인 비잔틴 부활 이콘 속에 잘 표상되어 있다. 그리스도는 저승의 문들을 짓밟으시고 아담과 이브를 생명으로 끌어올리신다. 그 어떤 개념적 언어도, 또 빈 무덤이나 십자가 죽음 등 그리스도 신비의 그 어떤 사건이나 그 어떤 측면도, 이 이콘처럼 그리스도 죽음의 구원론적이고 역동적인 차원을 잘 표현하지 못한다. 악마가 찬탈한 영토에 들어가서 인간에 대한 악마의 통제와 지배를 끊어버리는 것이 바로 그것이다. 또한 성대주간(고난주간)의 비잔틴 전례는 죽음 속에서도 나눠지 않는 위격적 연합의 이 신비를 보여준다. 성 금요일 만과에서, 즉 그리스도가 자신의 영을 하느님 아버지께 맡기는 순간, 부활의 첫 번째 성가들이 불려지기 시작한다.

"천사가 무덤 옆에서 향료가진 여인들에게 소리쳤도다. 향료는 죽어 없어지는 것에 소용되겠지만 그리스도는 불멸을 나

---

31) John of Damascus, *De fide orth*., III, 27 ; PG 94, 1097AB.

타내셨느니라."32)

또 아직 전면적으로 드러나지는 않았지만 죽음에 대한 결정적인 승리가 이미 성대토요일 전례에 스며들어있다.

"당신 몸의 성전은 수난의 순간 파괴되었지만, 당신의 신성과 당신 몸의 위격은 여전히 하나였나이다."33)

이 본문들을 통해서, "삼위일체의 한 위격이 육체 안에서 고통 당하셨다"는 키릴로스의 '하느님 수난설'이 6세기 비잔틴 신학에 있어서 정교의 척도가 되었다는 것을 발견할 수 있다. 정확히 말해, 하느님이 그가 수용하신 인성 안에서 휘포스타시스를 통해 죽음을 맛보셨기 때문에, 죽음이 정복된 것이다. 이것이 바로 그리스도교의 부활 메시지이다.

원죄를 죄의 유전이 아니라 사멸성의 유전으로 이해하는 교부들의 인식을 논하면서, 우리는 부활이 그리스도교 윤리와 영성의 토대라는 것에 대해 언급했었다. 그리스도의 부활은 사실상 죽음이 더 이상 인간 실존을 지배하지 못하게 되었으며, 따라서 인간은 죄의 종살이에서 벗어나게 되었다는 것을 의미한다. 분명, 죽음은 물리적 현상으로 남아있지만 그것은 더 이상 불가피하고 최종적인 운명으로 인간을 지배하지는 못한다.

"아담으로 말미암아 모든 사람이 죽는 것과 마찬가지로 그리스도로 말미암아 모든 사람이 살게 될 것이다."(I 고린토 15:22)

---

32) 성 대 금요일 대만과, 두 번째 뜨로빠리온.
33) 성 대 토요일 조과 카논의 6오디 성가.

이를 성 아타나시오스는 이렇게 표현한다.

> "이렇게 우리는 더욱 좋은 부활을 맞이하기 위해 우리 몸의 사멸할 본성에 따라 당분간 흩어지게 된다. 마치 땅에 뿌려진 씨앗처럼, 우리는 땅에 뿌려져 죽지 않고 다시 한 번 일어나게 될 것이다. 왜냐하면 죽음은 우리 구세주의 은총으로 말미암아 무(無)로 돌아갔기 때문이다."[34]

성 요한 크리소스토모스는 이렇게 말했다.

> "인간이 예전처럼 앞으로도 죽을 것이라는 것은 틀림없는 사실이다. 하지만 인간은 죽음 안에 머물지 않는다. 그러므로 이것은 결국 죽는 것이 아니다. 죽음의 권세와 현실은 단지 죽은 자가 다시는 생명으로 돌아올 수 없을 때 존재한다. 그러나 죽음 이후에 다시 생명을, 그것도 더욱 훌륭한 생명을 얻는다면, 그것은 더 이상 죽는 것이 아니라 잠자는 것일 뿐이다."[35]

죽음이 실존의 유일하고 가능한 마지막 종착점이 아니게 되자, 인간은 공포로부터 해방되었고 자기 보호 본능에 근거해 있던 죄는 더 이상 불가피한 것이 아니게 되었다. 악순환은 부활대축일에 끊어졌고, 또 "그리스도의 죽음이 선포되고 그분의 부활이 고백될" 때마다 끊어지는 것이다.

구체적으로 "그리스도 안에 있다"는 것은 무엇을 말하는가? 그 대답은 앞에 성 대 바실리오스의 성찬 예배 기도문에서 인용한

---

34) Athanasius, *De incarn.*, 21 ; PG 25, 129D.
35) John Chrysostom, *In Haebr., hom.* 17 : 2 ; PG 63, 129.

본문 안에 제시되어있다. 세례, 견진성사, 성찬 교제를 통해서 인간은 자유롭게 그리스도의 몸의 지체가 된다.

비잔틴 교부들의 성사적이고 전례적인 전통에 따르면, "자유"의 요소, 더불어 "의식"(意識)의 요소는 구원 교리에 본질적이다. 한편, 우리는 비잔틴 교부들에게서 대속의 보편성에 대한 아주 강력한 확언들을 발견할 수 있다.

> "죽음의 원리가 한 사람 안에서 극에 달하고 인간 본질 전체에 퍼진 것처럼, 부활의 원리가 한 사람에게서 인류 전체로 확장된다. … 그것은 그분의 죽으심과 모든 죽은 자의 부활과 관련된 하느님 계획의 신비이다."36)

고백자 성 막시모스도 이 대속의 보편성과 '총괄'을 강조했다. 한편, 그리스도 안에서의 새 생명은 한 개인의 자유로운 참여를 함축한다. 마지막 날, 부활은 진정 보편적이지만 지복은 오직 그것을 목말라 했던 사람에게만 주어질 것이다. 니콜라스 카바질라스는 그것을 특별히 잘 표현했다. '본성의 부활'은 세례를 통해, 심지어 동의를 표현하지 못하는 어린아이들에게도 주어지는 하느님의 자유로운 선물이다. 하지만 "하느님 나라, 하느님을 보는 것, 그리스도와 함께 사는 것은 인간의 자유로운 의지에 속한다."37)

비잔틴 신학자들은 좀처럼 사후 영혼의 운명에 대해 사변을 즐기지 않았다. 로고스가 인간 본성을 그 자체로 수용하셨다는 것은

---

36) Gregory of Nyssa, *Catech. Orat.*, 16 ; éd. J.H. Strawley (Cambridge Mass., 1956), pp. 71-72.
37) Nicolas Cabasilas, *The Life in Christ*, II, PG 150, 541C.

대속의 보편적 유효성을 함축한다. 하지만 그것이 553년 정죄된 오리게네스의 "보편적 구원"(apocatastasis)을 의미하지는 않는다. 자유는 각 사람에게 지워없앨 수 없는 요소로 남아 있고, 누구도 개인의 자유로운 선택에 반하여 하느님 나라에 들어가도록 강요받을 수 없다. 하느님을 거부하고 그 바깥에 존재할 수도 있는 인간의 자유를 궁극적으로 부정하는 것이었기 때문에 "아포카타스타시스"는 거부되었던 것이다.

하지만 인간의 자유는 하느님을 거부함으로써 사실상 자신도 파괴해 버린다. 인간은 하느님 밖에서는 진정으로 충만하게 인간일 수 없다. 죽음을 통해서 인간은 악마의 종이 된다. 막시모스의 이 중심적인 사상은 그리스도가 신적 의지만 아니라 인간의 창조된 의지를 가진다는 "두 의지론"을 강력하게 고백하게 했으며, 이 사상은 인간의 운명에 관한 비잔틴 사람들의 인식의 기초가 되었다. 인간 실존의 목표로서의 하느님에의 참여(participation in God), 혹은 "신화"(deification, theosis)가 바로 그것이다.

로고스의 위격 안에 연합된 그리스도의 인성은 "특성의 교류"로 인해 하느님의 에너지로 관통되었다. 그러므로 비록 어떤 방식으로건 조금도 인간의 특성을 잃어버리지는 않지만, 그것은 또한 신화된(deified) 인성이다. 정반대로 이 인간적 특성들은 최초 창조의 모델이었던 신적 원형과 만나게 됨으로써 더욱 더 참되고 실제적인 것이 된다. 인간은 그리스도의 신화된 이 인간성에 참여하도록 부름 받았다. 이것이 바로 성사적 삶의 의미이며 그리스도교 영성의 토대이다. 그리스도인은 순전히 외적이고 윤리적인 행위를 통해서 예수님을 "본받도록" 부름 받은 것이 아니라, 니콜라스 카바질라스의 말대로, 세례, 견진, 성찬을 통해서 "그리스도 안에서 살도록"(life in Christ) 부름 받은 것이다.

성 막시모스는 신화를 "인간 전체가 하느님 전체"에 참여하는 것으로 설명한다.

> "영혼과 몸이 연합되어 있는 것처럼, 영혼뿐만 아니라 영혼을 매개로 몸도 하느님에 참여해야만 한다. 그것은, 영혼이 불변의 특성을 얻고 몸이 불멸의 특성을 얻어, 결국에는 인간이 되신 하느님의 은총으로 신화되고, 그래서 영혼과 몸이 본성으로는 완전한 인간이 되고, 은총으로는 영혼과 몸 전체가 온전한 신이 되기 위해서이다."[38]

"이렇게, 막시모스에게 인간의 신화의 토대는 신성과 인성이 그리스도 안에서 위격적으로 연합되어 있다는 사실에서 찾아진다."[39] 사람 예수는 "휘포스타시스로는" 하느님이시고, 따라서 그 안에는 신적 에너지와 인간적 에너지의 "교류"가 존재하며, 이 "교류"는 "그리스도 안에" 있는 모든 사람에게도 해당된다. 물론 이들은 인간 휘포스타시스들이고, 따라서 휘포스타시스에 있어서 하느님과 연합되는 것이 아니라 단지 "은총을 통해서" 혹은 "신적 에너지를 통해서" 하느님과 연합된다.

"모든 것에서 하느님께 순종한 사람은 '내가 너희를 신으로 불렀다'(요한 10:34)라고 하신 말씀을 듣는다. 그러므로 그는 본

---

38) Maximus the Confessor, *Amb.*, PG 91, 1088C.
39) Lars Thunberg, *Microcosme and Mediator* (Lund, 1965), p. 457.

성이나 관계에 있어서가 아니라 하느님의 선포와 은총을 통해서 신이고 신이라 불린다."[40]

인간이 신화될 수 있는 것은 자신의 고유한 활동이나 "인간적 에너지"를 통해서가 아니다. 그것은 펠레기우스주의가 될 것이다. 오직 인간의 활동이 "하느님의 에너지"에 순종할 때, 오직 그 신적 에너지를 통해서 인간은 신화된다. 그러므로 두 에너지 사이의 "협력"(synergy=συν+ενεργια)이 존재하며, 그리스도 안의 두 에너지의 관계는 이 협력의 존재론적 토대이다. 그럼에도 인간은 어떤 경우에도 하느님의 본질 그 자체에는 절대로 참여할 수 없다는 점에서 본질들의 연합은 존재하지 않는다. 이러한 "신화 신학"(theology of deification)은 성 그레고리오스 팔라마스에게서도 발견된다.

> "하느님은 신화에 합당한 사람을 자신과 연합시킴으로써 신화시키신다. 이때 이 연합은, 그리스도에게만 해당되는 '위격적 연합'도, 성 삼위 하느님께만 해당되는 '본질적 연합'도 아니다. 그것은 창조되지 않은 에너지의 한 작은 부분을 통한 연합이다. 하지만 하느님의 신성은 그 안에 전체로 현존하신다."[41]

---

40) Maximus the Confessor, *Amb*., PG 91, 1237AB.
41) Gregory Palamas, *Against Akindynos*, V, 26, eed. A. Kontogiannes and V. Phanourgkes, in P. Khrestov, *Gregoriou tou Palama Syggrammata* III (Thessaloniki, 1970), p. 371. 역자 주) 참고로 여기서 말하는 그리스도의 "위격적 연합"이라 함은 그리스도의 신적 위격 안에서 신성과 인성 두 본성이 연합됨을 의미하고, 성 삼위 하느님의 "본질적 연합"이라 함은 동일한 신성 안에서 성부 성자 성령 세 신적 위격이 연합됨을 의미한다.

팔라마스 신학을 승인한 1351년 비잔틴 공의회는 이 신학을 그리스도의 "두 의지"와 "두 에너지"에 관한 콘스탄티노플 6차 세계 공의회 교리 결정을 "발전시킨 것"이라고 선언했다.[42]

"신화"(deification) 안에서 인간은 창조 본래의 최고 목표에 도달한다. 이미 하느님의 일방적인 사랑의 행위를 통해 그리스도 안에서 실현된 이 목표는, 동시에 인간 역사의 의미와 인간에 대한 심판을 보여준다. 그것은 오직 인간의 응답과 자유로운 노력에 열려있다.

3. 테오토코스

마리아에 대해서, 비잔틴 교회는 "테오토코스"(*Theotokos*), 즉 "하느님의 어머니"라고 부른 에페소 3차 세계 공의회(431) 교리 선언 외에 그 어떤 공식적 교리도 정하지 않았다. 명백히 그리스도론에 관련된 것이지 결코 "마리아론과 관련된 것"은 아니었던 이 교리 선언은, 그럼에도 "새 이브"라는 마리아론의 주제와 상통한다. 이 주제는 이미 2세기부터 신학 저술들 안에 등장하기 시작했으며, 아담의 유산에 대한 동방 그리스도교의 관점에서, 인간의 자유에 대해 서방보다 훨씬 낙관적으로 바라보는 하나의 관점을 증언한다.

---

[42] *Tome de 1351*, PG 151, 722B.

에페소 세계 공의회에서 확인된 알렉산드리아의 키릴로스의 신학은, 예수와 선재하는 로고스가 같은 위격, 같은 휘포스타시스를 가지고 있다고 주장함으로써, 5세기 이후 놀랍게 발전한 마리아 신심에 그리스도론적 토대를 제공하였다. 하느님은 인간이 되심으로써 우리의 구세주가 되신다. 이 "인간이 되심"은 마리아를 통해서 이루어진다. 그러므로 마리아는 그 아들의 위격적 실존과 활동으로부터 결코 분리될 수 없는 분이다. 왜냐하면 예수 안에는 인간 휘포스타시스는 존재하지 않지만, 어떤 경우에도 한 어머니는 "누구"의 어머니이지 "무엇"의 어머니일 수는 없기에, 마리아는 진실로 육화하신 로고스(성 삼위 하느님의 두 번째 위격)의 어머니이시며, 따라서 "하느님의 어머니"시다. 더 나아가 인간의 신화(deification)가 "그리스도 안에서" 실현되는 것처럼, 인간이 "그리스도 안에" 참여하는 것만큼이나 실제적인 의미에서 그리스도의 몸인 교회의 어머니이시다.

마리아와 그리스도의 밀접한 관련성은 위경 전통에 대한 대중적 신심이 동방에서 크게 일어나는 데 공헌했다. 이 위경 전통에 따르면, 마리아는 사후 그녀의 몸과 함께 영화롭게 되었다. 이 위경 전통은 성모안식축일(Feast of the Dormition)의 시적인 성가들 속에 모습을 드러낸다. 하지만 그것들은 전혀 신학적 사유나 교리 규정의 대상이 되지 않았다. 시인들과 설교자들은 마리아가 몸으로 "승천"(assumption)했다는 전승을 종말론적 징표, 그리스도의 부활의 결과, 일반적 부활에 대한 선취 등으로 간주했다. 본문들은 동정녀가 자연적인 죽음을 맞이했다는 것을 분명하게 표현하고 있다. 그리고 서방에서는 마리아에게 불멸성을 귀속시켜 주는 이유가 되었던 "무흠수태"(Immaculate Conception) 교리는, 원죄를 죄의 유전이 아니라 사멸성의 유전으로 이해했던 동방에서는 결코 이해할 수 없는 교리였기에, 이 교리로 연결될 가능성은 애초에 모두 배제되었다.[43] 이렇게 마리아를 향한 신심과 헌신에서 비롯되는 비잔틴 전례의, 경계를 알수 없는 마리아 찬양들은 그리스도 안에서 신성과 인성이 신적 휘포스타시스를 통해 연합되었다는 암시와 다르지 않다. 어떤 의미에서 그 표현들은 5, 6세기 그리스도론의 조금은 추상적인 개념들을 단순한 일반신자들이 이해할 수 있도록 해주는 정당하고도 유기적인 방법을 보여준다.

---

43) "무흠수태"라는 서방교리가 필연적으로 마리아의 불사성(不死性)을 내포하는 것은 아니다. 하지만 몇몇 로마 가톨릭 신학자들은 이런 방향에서 이 교리를 이해했다. (예를 들어, M. Jugie, *L'Immaculée Conception dans l'Ecriture sainte et dans la Tradition orientale*, Bibliotheca Immaculatae Conceptionis, 3 (Rome, 1952).)

13장

성령

인간의 창조와 궁극적 운명에 대한 초기 그리스도교의 인식은 성령론과 뗄 수 없는 것이다. 하지만 신약 성서나 초기 교부들의 성령론은 하나의 개념 체계로 환원되기 어렵다. 성령의 신성에 대한 4세기 논쟁은 언제나 구원론이라는 실존적인 맥락 안에 자리 잡고 있다. 성령의 활동은 "그리스도 안에서" 생명을 주는 것이기에, 성령은 결코 피조물일 수 없다. 반대로 성령은 성부와 성자와 진정 동일본질이시다. 이러한 주장들이 성 아타나시오스의 『세라피온에게 보내는 편지』에서, 또 성 바실리오스의 역작 『성령에 대하여』에서 사용되었다. 비잔틴 시대 내내, 이 두 글은 성령론에 있어서 큰 권위를 누렸다. 따지고 보면 성령 자신에 관한 것이라기보다는 하느님의 본질에 관한 것이지만 어쨌든 "필리오케" 논쟁을 제외하면, 성령론은 중세 비잔티움에서 특별히 대단한 개념적 발전의 대상이 되지는 못했다. 그렇다고 해서 성가, 성사 신학, 영적 문헌들에서 성령에 대한 경험이 서방보다 덜 강조된 것은 아니다.

"사슬의 한 쪽 끝을 잡고 있는 사람은 다른 쪽도 자신에게 끌어당기는 것처럼, 성령을 끌어당기는 사람은 또한 성부와 성자를 끌어당긴다."고 성 대 바실리오스는 쓰고 있다.[1] 카파도키아 교부들의 사상을 아주 잘 보여주는 이 구절은, 우선 하느님의 모든 행위가 삼위일체적이라는 것, 또한 성령은 시간이 아닌 실존의 차원에서 인간과 "가장 먼저 접촉하는" 특별한 역할을 가지고 있으며, 그 접촉은 성자의 계시로, 또 성자의 계시를 통해 성부의 계시로 이어진다는 것을 함축한다. 비록 성령은 창조, 대속, 최종적 성취 등 하느님 행위의 중요한 국면들에서 언제나 역사하시지만, 그분의 인격적 존재는 신비하게 감추진 상태로 있다. 성령의 역할은 스스로를 드러내는 것이 아니라, "만물이 그를 통해 만들어졌고" 또 예수 그리스도의 인성 안에서 인격적으로 알려지신 성자를 계시해주는 것이다. "성령의 휘포스타시스에 대한 구체적인 정의를 내리는 것은 불가능하다. 따라서 우리는 그저 이 주제와 관련하여 다양한 차원에서 흘러나오는 오류들에 저항해야 한다."[2] 성령의 위격으로서의 실존은 하나의 신비로 남아있다. 그것은 참으로 "자기 비움의 현존"(kenotic existence)이다. 성령의 실존은 온전히 피조

---

1) *Letter* 38, 4, PG 32, 332C ; trans. R. J. Deferrari (London : Heinemaan, 1961), p. 211.
2) *Cat.* 16, 11, PG 33, 932C.

세계와 구원사에서 말씀이신 그리스도의 왕권을 드러내기 위한 것이기 때문이다.

1. 창조에서의 성령

하느님의 모든 행위가 삼위일체적이라는 카파도키아 교부들의 해석은 당연히 창조 행위에서의 성령의 참여를 함축한다. 창세기가 "그 물 위에 하느님의 기운이 휘돌고 있었다"(1:2)라고 언급할 때, 교부 전통은 이 구절을 성령이 만물을 원초적으로 지탱하고 계시며 이어서 하느님의 로고스에 의해 로고스에 따른 창조 질서가 나타날 수 있도록 해준다는 의미로 해석했다. 물론 여기서 어떤 시간적 순서가 전제되지는 않는다. 성령의 행위는 하느님의 영원하신 창조 행위의 한 부분이 된다. 바실리오스는 이렇게 쓴다.

"만물의 원리는 하나요, 그것은 성자를 통하여 창조하고, 성령 안에서 완전케 한다."[3]

성 대 바실리오스는 창조를 "완전케 하는"(perfecting) 이 역할을 "성화"(sanctification)와 동일시한다. 이것은 사람과 자연 전체가 하느님과의 교제 안에 있고 성령으로 "가득 채워질" 때만 완전해질 수 있다는 사실을 함축한다. "세속적인 것"은 늘 불완전하다. 아니 그것은 오직 피조세계의 타락하고 결핍된 상태로만 존재

---

3) *De Spir. S.*, 16, 38, PG 32, 136B ; éd. Pruche, SC 17 (Paris, 1947), p. 275.

한다. 이것은 특별히 인간에게 참으로 정당한 말인데, 인간은 "하느님 중심적인" 특징을 가지고 있기 때문이다. 교부들이 항상 하느님 생명에의 실제적인 참여로 이해해 왔던 이 "하느님 중심성"은 하느님이 인간을 창조하시면서 "코에 입김을 불어 넣으셨을 때"(창세기 2:7) 인간에게 주어졌다. 칠십인역에서 성령과 동일시된 이 신적 생명의 "입김"이 바로 인간을 "하느님의 형상"이 되게 한다. 알렉산드리아의 키릴로스는 이렇게 쓴다.

"흙에서 나온 존재는, 이것 즉 하느님의 '입김'을 받지 않았다면, 결코 지극히 높으신 분의 형상으로 볼 수 없다."[4]

이렇게 성령의 "완전케 하시는" 행위는 "의외의 놀라운 일" 즉 기적의 범주에 속하지 않는다. 그것은 하느님의 본래 계획이요, 피조 본성 안에 새겨놓으신 계획이다. 성령은, 비록 타락했으나 아직 근본적으로는 선하고 아름다운 만물을 껴안으시고, 숨을 불어넣어 주시고, 활기차게 하신다. 성령은 피조 세계 안에서 종말론적 변모의 첫 열매들을 보존하신다. 이런 점에서 성령은 하느님 나라의 내용 그 자체이다. 니싸의 성 그레고리오스는 "주기도문"의 한 변형을 우리에게 전해 준다. 즉 그는 루가복음 11장 2절의 "아버지의 나라가 오게 하소서"를 "당신의 성령이 우리에게 오셔서 우리를 정화하게 하소서."[5]로 변형시켰다. 비잔틴 전례는 종말론적인 의미에서 성령을 "하늘의 임금"이라고 부르는 기도를 통해

---

4) *In Joh.* XI, 10, PG 74, 541C.
5) 참고. R. Leaney, "The Lucan text of the Lord's prayer (in Gregory of Nyssa)" in *Novum Testamentum* I (1956), pp. 103-111.

모든 예배와 예식을 시작하는 전통을 보존하고 있다.

성령 강림 대축일 예식들은 비록 대속과 구원에 있어서의 성령의 역할에 초점이 맞추어져 있기는 하지만, 또한 성령을 "만물을 다스리신 분, 만물의 주님이신 분, 피조세계가 무너지지 않게 보존하시는 분"[6]으로 영광 돌린다. 비잔틴 세계에서 성령 강림 대축일과 관련된 민중의 관습들은 성령의 강림이 진정 우주적 변모의 선취라는 것을 암시해준다. 이 날에 꽃과 푸른 가지로 성전을 장식하는 전통은 새 창조의 경험을 반영한다. 또한 신현대축일 비잔틴 예식은 "대성수식"(Great Blessing of Water)을 장엄하게 거행함으로써 동일한 사상을 표현한다. 대성수식 대연도에서 볼 수 있듯이, 우주의 원초적 요소인 물은 "성령의 능력과 활동과 강림으로" 성화된다. 타락이후 우주의 제 요소들은 "이 세상의 왕"에게 지배받게 되었기에, 성령의 활동은 정화의 기능을 가진다. 이 날 사제는 이렇게 말한다.

> "주여 당신은 요르단 강의 물을 거룩하게 하시고, 하늘로부터 당신의 성령을 그 물 위에 보내셨으며, 그 물에 숨어 있던 용의 머리를 부수셨나이다."[7]

성서에서 물은, 인간이 지배해야할 우주 전체의 생명의 원천이라는 사실을 기억하고 있는 이들에게, 이 구마(驅魔) 의식이 가지는 의미는 너무도 분명하다. 자연은 오직 타락에 의해서만 사탄

---

6) 석후과 카논 5오디 성가.
7) 대성수식 기도문.

의 종이 된다. 그러나 성령은 인간을 자연에의 의존으로부터 자유롭게 하신다. 이렇게 해서 자연은 악마적 권세의 원천이 되기를 그치고 "대속의 은총과 요르단의 강복"을 받아서, "썩지 않는 샘이 되어 성화를 주며, 죄를 사하고 질병을 낫게 하며, 악마를 소멸시키는"[8] 능력이 된다. 자연은 인간을 지배하는 대신 인간을 섬기게 된다. 왜냐하면 인간은 하느님의 형상이기 때문이다. 하느님과 인간과 자연이 낙원에서 누렸던 본래의 관계가 다시 한 번 선언된다. 성령의 강림은 하느님이 "만물 안에 만물"이 되시는 최종적 완성을 미리 맛보게 한다.

하지만 이 선취는 물질세계에 대한 마술적 행위가 아니다. 물질세계는 경험적으로 아무런 변화도 겪지 않는다. 변화는 신앙의 눈으로만 볼 수 있다. 다시 말해 그 마음에서 "아바 아버지"[9]라고 탄식하시는 성령을 받을 때, 인간은 신앙의 신비 안에서 자연이 인간을 섬기는 낙원의 현실을 경험할 수 있게 되고, 또 이 경험이 단지 주관적 환상이 아니라 자연과 피조 세계 전체의 최종적 진실을 계시해주는 것임을 깨달을 수 있게 된다. 즉 성령의 능력을 통해 하느님과 인간과 피조세계의 참되고 본질적인 관계가 회복된다.

---

8) 대성수식 기도문.
9) 갈라디아서 4:6.

2. 성령과 인간의 구원

"구원의 경륜"(economy of salvation) 안에서 성자와 성령은 떨어질 수 없다. 성 아타나시오스는 이렇게 쓰고 있다.

> "말씀이 거룩한 동정녀 안에 머물 때, 성령은 동정녀와 말씀을 관통하신다. 모든 피조 세계를 자신 안에 담으시어 하느님께로 이끌어 가시려고, 말씀은 성령 안에서 몸을 취하시고, 그 몸을 자신에게 합당하게 하심으로써 육화하신다."[10]

성령이 성자와 성부와 동일본질임을 주장하기 위해서, 아타나시오스, 알렉산드리아의 키릴로스, 카파도키아 교부들은 언제나 하느님의 창조 구속 사역의 삼위일체적 통일성을 주된 논거로 사용한다. "성부는 말씀을 통해서 성령 안에서 만물을 만드셨다."[11]는 것이다.

하지만, 말씀의 사역과 성령의 사역이 본질적으로 다른 점은, 인간이 되신 것은 성령이 아니라 말씀이며, 이 말씀이 예수 그리스도라는 위격(휘포스타시스)으로 직접 보이게 되셨던 반면, 성령의 위격적 실존은 하느님의 이해할 수 없는 신비 안에 숨겨져 있다는 것이다. 성령은 그의 사역에서 자신을 드러내지 않으시고 오히려 성자를 드러내신다. 성령이 마리아 안에 머무실 때, 말씀이 잉태되신다. 성령이 요르단 강에서 세례 받으시는 성자 위에 머무실

---

10) *Ad Serap*. 1, 31, PG 26, 605A.
11) *Ibid*., 1, 28, PG 26, 596A.

때, 성령은 성자를 향한 성부의 "선한 의지"를 계시하신다. 이것이 바로 교부들과 전례 본문들에서 아주 쉽게 발견되는 바, "성령은 성자의 형상(image of the Son)"이라는 매우 일반적으로 통용되던 개념의 신학적 성서적 토대이다.[12] 성령을 보는 것은 불가능하지만 성령 안에서 우리는 "성부의 형상(image of the Father)인 성자"를 본다. 역동적이고 구원론적인 맥락 안에서 안정적으로 정착된 그리스인들의 형상 개념은 하느님의 위격들 사이에 존재하는 살아있는 관계를 반영한다. 또한 인간은 성자의 육화를 통해 이 관계 안에 들어갈 수 있게 되는 것이다.

우리는 이미 그리스와 비잔틴 교부들에게 구원이란 본질적으로 새 아담이요 육화하신 말씀의 신화된 인성에 참여하고 교제하는 것으로 이해된다는 것을 살펴보았다. 교부들은 성령을 "성자의 형상"이라고 부름으로써 성령이 이 참여와 교제를 하나의 현실로 만들어 주는 중요한 매개자라는 사실을 의미하고자 했다. 성 아타나시오스는 이렇게 썼다.

> "성자는 우리에게 성령의 첫 열매들을 주신다. 그것은 우리가 하느님 아들의 형상에 합당한 하느님의 아들들이 될 수 있게 하기 위해서다."[13]

이렇게 성령을 통해 말씀이 인간이 되신다면, 참된 생명이 모든 인간에게 가능해지는 것도 오직 성령을 통해서다. 니콜라스 카바

---

12) 참고. 예를 들어, Basil, *De Spirit. S.*, 9, 23, PG 32, 109B.
13) *On the Incarnation and Against the Arians*, 8, PG 26, 997A.

질라스는 이렇게 질문한다.

> "그리스도의 고난과 사역과 가르침의 결과는 무엇인가? 우리
> 와 관련해서 볼 때, 그것은 성령이 교회에 임재하시는 것과
> 다르지 않다."[14]

성령은 그리스도교 공동체를 "그리스도의 몸"으로 변화시킨다. 성령 강림 대축일 비잔틴 성가들에서는[15] 자주, 승천 이후 제자들에게 부여된 "그리스도의 영광"은 다름 아닌 성령이라고 노래된다. 또한 성찬 예배를 드릴 때마다 신자들은 그리스도의 성체와 성혈을 받아 모신 후 이렇게 노래한다.

> "우리가 참 빛을 보았고, 하늘의 성령을 받았으며, 삼위일체를
> 경배함으로써 참 신앙을 얻었으니, 이는 우리가 그의 구원을
> 받았음이니라."

교회가 탄생한 날인 성령 강림 대축일은 그리스도의 십자가와 부활의 참된 의미가 분명해지고, 새로운 인류가 하느님과의 친교 안에 다시 들어가고, "어부들"에게 새로운 지식과 깨달음이 시작되는 순간이다. 이것이 바로 비잔틴 전통에서 성령 강림 대축일의 중심적인 주제이다. 그리고 매우 놀랍게도 부활 이후 초대 교회의 경험 안에서만 그리스도의 가르침에 대한 충만한 깨달음이 가능했다는 현대의 초기 그리스도교 연구학자들의 주장은 이 신학 사

---

14) *A Commentary on the Divine Liturgy*, 37, 3, SC 4 bis, p. 229 ; trans. J. M. Hussey and P. A. McNulty (London : SPCK, 1960), p. 90.
15) 폴리엘레온(Polyeleon) 다음에 나오는 카티스마 성가.

상과 일치한다.

> "성령은 불의 혀로 나타나셔서, 그리스도가 성부로부터 받아 사도들에게 전해준 구원의 말씀들에 대한 기억을 더욱 굳건하게 해주셨도다."[16]

하지만 성령에 의해 제공되는 이 새로운 "지식" 혹은 "기억"은 지성적인 것에 머물지 않는다. 그것은 인간의 삶 전체에 대한 "조명"을 함축한다. 오리게네스와 니싸의 성 그레고리오스가 성서의 신현현 사건들을 그리스 신플라톤주의의 신비주의와 결부시키는 것을 가능케 해주었던 "빛"이라는 주제는 성령 강림 대축일 성가 속에서도 투명하게 드러난다.

> "성부는 빛, 말씀도 빛, 사도들에게 불의 혀로 임하신 성령도 빛이시니, 그 빛을 통해 온 세상은 조명되어 삼위일체 하느님을 경배하나이다."[17]

왜냐하면 실제로 성령은 주변모 사건에서 보듯 역사적 예수의 몸뿐만 아니라 넓은 의미에서의 그분의 "몸", 다시 말해 그리스도를 믿는 모든 사람을 변모시켜 영화롭게 만드는 그리스도의 "영광"이기 때문이다. 비잔티움에서는 전례가 신앙과 그리스도교적 체험에 대한 최고의 표현이라는 점을 기억하는 것은 매우 중요한데, 주님의 변모 대축일인 8월 6일과 비교해 볼 때, 성령 강림 대축일 본문들은 이 성령 강림의 기적을 다볼 산 변모의 신비가 확

---

16) 두 번째 카논의 8오디 성가.
17) 엑사포스띨라리온 성가.

장된 것으로 해석한다. 다볼 산 위에서 하느님의 빛은 세 제자에게만 나타나지만, 성령 강림 때는 그리스도가 "성령을 보내심으로써 온 세상의 빛으로 나타나신다."[18] 왜냐하면 성령은 "모든 제자들을 밝혀주셨고 그들을 천상의 신비로 이끌어 들이셨기 때문이다."[19]

창조와 구원의 "경륜" 안에서 성자와 성령은 그 위격과 휘포스타시스로서의 실존에 있어서는 조금도 서로에게 종속되지 않으면서도 단 하나의 동일한 사역을 성취하신다는 것에 대해서, 비잔틴 신학 전통이 늘 분명한 의식을 가지고 있었다는 것을 보여주는 수많은 예들이 있다. 구원받은 새 인류의 "머리"는 물론 그리스도지만 그렇다고 성령이 단지 그 매개자인 것만은 아니다. 성령 강림 대축일 성가 안에 그대로 반영된, 다마스커스의 요한 성인의 말을 들어보자.

> "하느님의 성령은 직접적이고 다스리시는 분; 지혜와 생명과 거룩함의 샘; 언제나 성부와 성자와 더불어 존재하시고 호명되시는 하느님; 창조되지 않으신 완전한 창조주, 만물의 지배자, 만물의 완성자, 전능하신 분, 모든 피조물의 주님, 어느 것에도 종속되지 않으시는 분; 신화시키시지만 신화될 필요는 없는 분; 만물을 채우시지만 채워질 필요가 없는 분; 그 분에 참여하지만, 그 분은 참여할 것을 갖지 않는 분; 성화시키시지만 성화될 필요가 없는 분이시다."[20]

---

18) 첫 번째 카논 1오디 성가.
19) 카티스마 1.
20) *De fide orth*., I 8, PG 94, 821BC.

블라디미르 로스끼가 지적했듯이, 성령의 이 위격적 "독립성"은, 새 아담 그리스도의 하나의 신-인적 휘포스타시스 안에 인류를 연합시키고 "총괄하는" 것만 아니라 "각 사람"이 하느님과 신비롭게 인격적으로 만나는 것을 모두 포함하는 구속의 신비 전체와 결부된다. 인간 본성과의 연합은 하느님의 자유로운 선물이다. 하지만 각 개인이 하느님과 인격적으로 만나는 것은 인간의 자유에 의존한다.

> "그리스도는 인류의 공통된 본성에 고유한 유일한 형상이시다. 반대로 성령은 하느님의 형상대로 창조된 각각의 인격에게 공통된 본성 안에서 닮음을 실현시켜 나갈 수 있도록 해 주신다. 그리스도는 인간 본성에 자신의 휘포스타시스를 빌려주시고, 성령은 인간 인격들에게 자신의 신성을 부어주신다."[21]

물론 단 하나의 신성이 존재하며, 인류를 "신화"(deification)라는 종말론적 목표를 이끌어 가시는 단 하나의 신적 행위 혹은 에너지가 존재할 뿐이다. 하지만 성자와 성령의 위격적 역할은 동일하지 않다. 은총과 신적 생명은 단 하나의 동일한 현실이다. 하지만 하느님은 성 삼위 하느님이시지, 인간 인격들이 그 안에 녹아 없어지게 되는 비인격적인 그 어떤 본질이 아니다. 그러므로 여기서 다시 한 번 비잔틴 전통은, 하느님을 이해할 때, 도달할 수 없는 하나의 공통된 "본질"로서의 하느님, "세 휘포스타시스"로 계시

---

[21] V. Lossky, *Mystical Theology de l'Eglise d'Orient* (Paris, 1960), p. 163.

는 하느님, 그리고 하느님이 피조물과의 교제 안으로 들어가시게 해주는 "은총 혹은 에너지"로서의 하느님의 현존이라는 세 가지 차원을 구별하고 있음을 다시 한 번 확인할 수 있다.

성령 강림의 신비는 성령의 육화가 아니다. 그것은 성령의 은사들의 분출이다. 성령은, 성자가 예수 안에서 자신의 인격을 드러내는 것과 같은 방식으로 자신의 인격을 계시하지는 않으며, 인간 본성 전체를 "자신의 휘포스타시스 안에 결합"하지도 않는다. 반대로 성령은 자신의 "창조되지 않은 은총"을 각각의 인간 인격들, 그리스도의 몸의 각 지체들에게 나누어주신다. 새 인류는 육화하신 그리스도의 휘포스타시스 안에서 실현되지만, 성령으로부터는 그의 은사들만 받을 뿐이다. 성령의 위격과 성령의 은사들을 구별하는 것은 13, 14세기 논쟁과 함께 비잔틴 신학에서 매우 중대한 의미를 갖게 된다. 키프러스의 성 그레고리오스와 성 그레고리오스 팔라마스는, 서로 다른 상황에서, 성령 강림 때 사도들은 성령의 영원한 은사 혹은 에너지를 받았을 뿐, 여기서 성령과 인간의 새로운 "위격적 연합"은 존재하지 않았다는 사실을 강조했다.[22]

이렇게 성령 신학은 그리스도교 신앙의 본질 안에 있는 아주 중대한 양극성을 함축한다. 성령 강림은 여러 구조들과 연속성과 권위를 갖게 될 교회를 출현시켰고, 교회 또한 인간을 종살이에서 해방하여 자유를 되돌려주고 하느님에 대한 인격적 체험을 가능케 할 영적 은사들을 제공한다. 비잔틴 그리스도교는, 교리적 연

---

22) 참고. J. Meyendorff, *Gregory Palamas*, pp. 14-15, 231.

속성과 권위로서의 신앙과 성인들의 개인적인 경험으로서의 신앙이라는 두 축 사이에 존재하는 긴장을 늘 의식하게 될 것이다. 전체로 볼 때, 비잔틴 그리스도교는 어느 하나에 너무 많은 강조점을 두게 되면 복음의 의미 자체가 파괴된다는 점을 잘 이해해 왔다. 성령은 교회 공동체에 하나의 구조를 제공하시고 이 구조를 보존하고 인도하시며, 가르칠 권위를 가지는 여러 직제들을 참되게 하신다. 그러나 성령은 또한 교회 안에서 예언자의 역할을 지지하시고, 진리를 "받아들이기에" 합당한 사람이라면 그리스도의 몸의 어떤 지체에게도 진리 전체를 계시하신다. 교회는 성령에 의해 세워졌기에, 교회의 생명은 어떤 제도, 사건, 권위, 자유 등으로 축소될 수 없다. 교회는 그리스도 안에서 성령에 의해 세워진 "새로운" 공동체이며, 그 속에서 참된 자유는 그리스도의 몸과의 영적 친교 안에서 회복된다.

3. 성령과 교회

비잔틴 전례에서, 코이노니아(*koinonia*, communion, 친교)[23]라는 용어는 특별히 성찬 공동체 안에서의 성령의 현존을 지칭한다. 그것은 또한 성령에 관한 성 대 바실리오스의 저작에서 근본적인 개

---

23) 역자 주 현대 그리스어로는 "키노니아"라고 읽지만, 한국교회에서 이미 널리 쓰이고 있는 용어이므로 통상적인 발음으로 읽겠다.

념 중 하나이다.[24] 이러한 언급은 성부, 성자, 성령이 삼위일체 하느님으로서 누리는 "친교", 인간을 하느님의 생명에 참여시키는 "성령의 친교", 그리스도 안에 있는 인간들 사이에 만들어지는 "친교" 혹은 "공동체"가 모두 동일한 용어로 지칭되고 있다는 것뿐만 아니라, 결국은 영적 현실에 대한 동일한 경험을 표현하고 있다는 사실을 더욱 분명하게 해준다는 점에서 매우 중요하다. 교회는 단순히 동일한 신념과 공통의 목적으로 결합된 인간 집단이 아니라, 하느님 안에서 하느님과 함께 누리는 "코이노니아"다. 만약 하느님이 세 위격으로 존재하지 않는다면, 하느님이 성 삼위의 코이노니아로 존재하지 않는다면, 교회는 그 정체성에 있어서 각각 서로가 그 무엇으로도 환원될 수 없는 고유한 인격체들의 결합체가 될 수 없을 것이다. 그렇게 되면 하느님의 생명에 참여하는 것은 비인격적 '일자' 안에 흡수되어 버리는 신플라톤주의적인 혹은 불교적인 통합에 지나지 않게 될 것이다.

성찬 코이노니아 안에서 실현되는 아주 특별한 "하나 됨"은 성령의 탁월한 선물이다.

성령 강림 대축일 비잔틴 성가에서 반복적으로 들려지는 주제 중의 하나는 바벨의 "혼란"이 불의 혀로 강림하신 성령을 통해 회복된 "일치", "조화"와 극명하게 대조된다는 것이다.

"지극히 높으신 이가 예전에 임하셨을 때는 언어를 혼돈시켜

---

[24] Boris Bobrinskoy, "Liturgie et ecclésiologie trinitaire de saint Basile", in *Etudes patristiques : le traité sur le Saint-Esprit de saint Basile*, Foi et Constitution, 1969, pp. 89-90 ; in *Verbum Caro*, XXII, N. 88.

백성들이 서로 분열되더니, 이제 불의 혀를 나눠주심으로 우리를 일치케 하셨나니 거룩하신 성령을 찬양하나이다."[25]

성령은 피조세계의 다원성과 다양성을 제거하지 않으신다. 특별히 성령은 모든 사람에게 가능한, 하느님에 대한 참으로 개인적인 경험을 배제하지 않는다. 하지만 성령은 분열과 모순과 부패를 정복하신다. 성령은 그 자신이 종말론적 완성 안에서 충만하게 실현될, 피조 세계의 "조화"(symphony)이시다. 성령이 행하시는 "성화" 사역을 통해, 교회는 이 완성을 선취하여 맛 볼 수 있게 해준다.

바실리오스는 이렇게 쓰고 있다.

"피조 세계는 성화된다. 성령은 성화하는 분이시다. 마찬가지로, 천사들, 대천사들, 모든 천상 권세도 성령으로부터 그들의 거룩성을 제공받는다. 하지만 성령 자신은 그 본질에 따라 거룩성을 소유하신다. 성령은 거룩성을 은총을 통해 받는 것이 아니라 그것을 본성적으로 가지신다. 이렇게 성령은 특별히 구별하여 거룩하신 분이라고 불린다. 그러므로 성령은, 성부와 성자가 그러하듯이, 본질에 따라 거룩하시다."[26]

구원의 경륜 안에서 성령이 행하시는 신비롭고 조화로운 역할은 "성령은 성화하신다."라는 암시적인 동어반복 이외의 다른 방법으로는 표현될 수 없다. 다시 말해 성령은 인간과 하느님 사이의 코이노니아를, 그리고 그를 통해 "성인들의 공동체"로서의 인간들의 코이노니아를 창조하신다. 가장 훌륭한 표현은 일 년에 열

---

25) 성령 강림 대축일 콘타키온.
26) *Letter* 159, 2, PG 32, 621AB ; ed. Deferrari, p. 396.

번 거행되는 "성 바실리오스 성찬 예배 봉헌 기도문"(anaphora)에서 그것도 가장 엄숙하고 장엄한 성령 초대 기도(epiclesis)의 순간에 발견된다.

> "… 당신께 기도 드리며 간청하오니, 지극히 거룩하신 이여, 당신의 선하신 은덕을 베푸시어 우리와 여기 놓인 이 선물들에 성령을 내리시고 강복하시고 거룩하게 하시어, 이 빵이 하느님이시며 우리 구세주이신 주 예수 그리스도의 고귀한 몸이 되게 하소서. 또한 이 잔에 들어 있는 것이 하느님이시며 우리 구세주이신 주 예수 그리스도의 고귀한 피가 되게 하소서. 당신의 성령으로 이 변화가 이루어지이다. 같은 빵과 같은 잔을 함께 나누는 우리 모두가 한분이신 성령의 친교(코이노니아) 안에서 서로 연합되게 해주시고, … "

"그리스도의 죽음 안에서" 세례 받고 견진 성사를 통해서 각각 "성령의 은사의 날인"을 받은 신자들은 다함께 성찬 신비에 참여한다. 신자들 간의 코이노니아는 동시에 놀라운 성찬 성사의 조건이기도 하다. 성령이 단지 "선물들"(봉헌물)만이 아니라 "우리와 선물들" 그리고 성찬 교제의 열매들 위에 임하시도록 간구되는 것이다. 그러므로 성령은 이 코이노니아가 항상 새로 갱신되는 현실이 되도록 이 선물들을 성화하신다.

성령이 죄인들의 공동체를 "하느님의 교회"로 변화시킬 때, 성령은 창조 안에서 행하신 역할과 본질적으로는 다르지 않지만 그럼에도 구별되는 역할을 행하신다. 왜냐하면 "새로운 피조물"인 "새 아담"은 하느님의 창조의 궁극적 목표였던 세상의 보편적 변모를 선취하는 것이기 때문이다. 비잔틴 전례와 신학은 언제나 "성령을 통해서 모든 살아있는 존재가 생명을 부여받는다."[27]는 사실, 따라서 성령의 새 성전인 교회는 세상 속에서 신적 사명을 감당해야함을 분명하게 의식하고 있었다. 교회는 자신만을 위해서가 아니라 역사와 전 우주 속에서 하느님의 뜻을 성취하기 위해서 성령을 받는다. "첫 창조"와 "새 창조" 사이의 대조와 차이는 니콜라스 카바질라스에 의해 아주 잘 표현되었다.

> "그분은 애초에 창조되었던 것을 단순히 재창조하지 않으셨다. 옛적에는 흙으로 지으셨지만, 오늘날 그분은 자기 자신의 육체에 호소하신다. 그분은 자연 질서 안에 있는 생명의 원리를 바꿈으로서가 아니라 자신과의 교제를 향해 나오는 사람들의 마음에 자신의 피를 뿌려 그 속에서 자신의 생명이 자라게 함으로써 우리 안에서 생명을 새롭게 하신다. 옛적에 그분은 생명의 입김을 불어 넣으셨지만, 이제 그분은 우리에게 그분의 성령을 나누어주신다."[28]

"새 창조"는 세상에서의 사명을 함축하며, 그러므로 교회는 언제나 "사도적"(apostolic)이다. 말하자면 부활하신 주님을 목격한 사람들의 신앙에 기초해 있을 뿐만 아니라 또한 하느님의 나라를 선포하고 확립하기 위해 "파송된 사람들"로서의 역할을 계승한다는 것이다. 성령은 이 사명을 참되게 하신다. 성령 강림 대축일 성

---

27) 주일 조과, 안티폰 4조.
28) Nicolas Cabasilas, *On the Life in Christ*, IV ; PG 150, 617B ; trad. S. Broussaleux (Amay sur Meuse, s.d.), pp. 130-131.

가는 "어부들에게 성령을 내리사 지혜있게 하시어 그들로 온 세상을 그물로 낚듯이 얻으신"[29] 그리스도께 영광을 돌린다.

성령 강림의 날에 성령은 교회에 "사도성"을 주셨다. 그리고 오직 성령을 통해서만 교회는 본래의 그리스도교 복음을 일관되고 연속적으로 보존할 수 있다. 성령을 통해 그리스도교적 코이노니아 안에 세워진 여러 직제들은 이 연속성을 지켜나가고 형성해 나가며, 그렇게 해서 세상 속에서의 교회의 사명을 순수하고 효율적으로 수행해 나갈 수 있게 해준다.

4. 성령과 인간의 자유

우리는 2장에서 그리스 교부 전통에서는 인간이 하나의 독립적인(autonomous) 존재로 이해되지 않았다는 점을 살펴보았다. 교부 전통에서는 하느님의 생명에 참여하는 것이 인간의 본성에 해당하는 것으로 이해되었다. 다른 한편 인간은 자유로운 존재로 창조되었기에, 서방 신학과는 반대로 "은총"과 "자유"의 대립은 존재할 수 없었다. 실제로 인간은, 창조되고 타락된 실존의 결정론으로부터 성령을 통해 자유롭게 됨으로써, 또한 피조 세계에 대한 하느님의 주권에 참여할 권한을 받음으로써, "하느님 안에서"만 진정으로 자유로울 수 있다.

---

29) 성령 강림 대축일 축일찬양송(아폴리티키온).

자유에 대한 이러한 접근은 교회에 대한, 또한 사회적이고 개인적인 윤리에 대한 인간의 태도에 있어서 근본적인 결과들을 가져온다. 한편으로 그것은 교회라는 성사적 공동체 외에는 그 어디에서도 참 자유를 주는 신적 생명을 누릴 수 없다는 것을 암시한다. 다른 한편으로 인간 구원에 관한 모든 개념은 하느님에 대한 개인적이고 책임 있고 자유로운 경험에 기초해 있다. 어떤 합리적 언설로 환원될 수 없는 이 역설은 성령론의 한 가지 본질적인 요소와 조응한다. 즉 성령은 교회의 성사적 제도들의 연속성과 정통성을 보장하는 한편, 이와 동시에 각 인격들에게 자유로운 하느님 체험의 가능성을 제공하며, 따라서 개인의 구원에 대해, 또한 교회의 몸이 하느님의 진리 안에서 유지해 가야할 연속성에 대해 충만한 책임성을 부여하신다. 이렇게 해서 그리스도인의 영적 삶과 윤리적 행위 안에는 제도적인 요소와 개인적인 요소 사이의 필연적 긴장이 존재한다. 다가올 하느님 나라는 이미 성사 안에서 실현된다. 하지만 각각의 개인들은 성령의 도우심을 받아 개인적인 노력을 경주하고 하느님의 선물인 자유를 사용함으로써 그 성사 안에서 자라도록 부름 받는다.

비잔틴 전통은 그리스도교 윤리 체계를 확립하려는 경향을 결코 보인 적이 없다. 또한 교회는 그리스도인들의 행위를 세세하게 규정하는 권위 있는 원천으로 여겨지지 않았다. 사람들은 자주 구체적인 문제의 해답을 얻기 위해 교회의 권위에 호소하였고, 그 결정이 미래의 심판에서도 결정적인 척도가 될 것이라고 간주하곤 했다. 하지만 비잔틴 영성의 핵심적이고 창조적인 의미는 "완전"과 "거룩성"에로의 부름이지 이미 결정된 어떤 윤리 체계가 아닙니다. 거룩성으로의 부름이 지니는 신비롭고 종말론적이며 궁극적인 특징은 중세 로마 가톨릭의 법률주의, 서방 교회의 또 다른 전통들의 청교도적 윤리, '상황 윤리'에 빠져있는 현대의 상대주의 등으로부터 비잔틴 영성을 본질적으로 구별해준다. 비잔틴 그리스도인들은 행동의 모범을 찾고자 할 때마다 성인들과 "신앙의 경주자들", 그리고 특별히 수도사들을 바라보았다. 수도원 문학은 비잔틴 영성을 이해하는데 탁월한 자료들이며, 그것은 성령을 얻기 위한 치열한 "추구"로 가득 차있다.

특별히 성 마카리오스의 전통과 결합되어 있는 이러한 영성은 신(新)신학자 성 시메온이 성령께 바친 아름다운 성가들 안에 너무도 분명하게 드러난다.

> "혼합되지도 않으시고, 또 어떤 동요나 변화도 겪지 않으시며, 나와 한 영이 되어주신 당신께 감사드리나이다. 오, 만물 위에 계시는 하느님이시여. 또한 나에게 만물 안의 만물이 되어주시고, 내 영혼의 입술에 고갈되지 않고 끝없이 넘치는, 내 마음의 샘으로 흘러넘치는, 형언할 수 없고 완전히 무상으로 주어지는 음식이 되어주신 당신께 감사드리나이다. 악마들을 불사르는 눈부신 옷이여, 당신이 방문하시는 사람들에게 당신의 현존이 가져다주는 마르지 않는 거룩한 눈물로 나를 적시는 정화시여. 나에게 잠들지 않는 빛이 되시고 지지 않는 태양이 되어주신 당신께 감사드리나이다. 우주를 당신의 영광으로 가득 채우니 당신을 숨길 곳은 어디에도 없나이다! 당신은 어느 누구에게도 당신을 숨기지 않으셨으나 우리는 항

상 당신에게로 가기를 거부하면서 당신으로부터 숨고자 했나이다."[30]

그러므로 비잔틴 전통에서 그리스도교적인 삶의 궁극적 목표는 성령에 대한 의식적이고 인격적인 경험이다. 이 경험은 끊임없는 성장과 상승을 전제한다. 이 경험은 복음의 핵심인 그리스도 중심적 개념과 반대되지 않는다. 왜냐하면 이 경험은 오직 "그리스도 안에서만", 즉 예수의 신화된 인간성에 참여할 때만 가능하기 때문이다. 이 경험은 실천적인 윤리적 요구들과도 모순되지 않는다. 왜냐하면 그것은 이 윤리적 요구들의 성취 없이는 불가능하기 때문이다. 하지만 이 경험이 그리스도교의 본질을 구성하는 인격주의적(personalistic) 개념을 반영하고 있다는 것만은 분명하다. 서방 교회 이상으로 비잔틴 교회는 성인이나 신비가들을 신앙의 수호자로 존경하며 그 어떤 영속적 제도보다 그들에게 더욱 많은 신뢰를 보낸다. 비잔틴 교회는 세상에서 그리스도인들이 보여주어야 할 행동들에 대한 법률적, 교회법적 규정들을 발전시키지 않고 도리어 필요할 경우 복음의 동일성을 수호하기 위해 예언자들이 일어나기를 희망한다. 신앙의 여러 영웅들과 수도원 공동체들의 완강한 비타협주의 덕분에 비잔틴 역사에서는 이러한 모습이 사라지지 않고 이어져 왔다.

그렇다고 비잔틴 그리스도교가 인격주의적 관점에 내재한 여러 가지 유혹들과 부딪히지 않았던 것은 아니다. 정교 영성과 나

---

30) Syméon le Nouveau Théologien, *Hymnes*, I, éd. J. Koder, trad. J. Paramelle, SC 156, (Paris, 1969), pp. 152-153.

란히 정신주의적(spiritualistic)이고 이원론적(dualistic)인 분파들이 비잔티움과 비잔티움 이후 시대에 출몰했다. 4세기부터 14세기까지 다양한 형태의 "메살리안주의"(messalianism)와 "동방의 펠라기우스주의"(pelagianism)[31]가 수도원적 이상을 반(反)사회적이고 비(非)성사적이며 이원론적인 맥락 안에서 해석했다. 러시아의 "스트리골니키"(Strigol'niki)와 여러 다른 분파들이 그들의 뒤를 따랐다. 정교회의 교회법적 울타리 안에서도 그들의 영향은 일종의 과장된 반(反)제도주의의 형태로 언제나 감지되곤 했다.

정교회는 물론 정신주의적 개인주의(spiritualistic individualism)나 "열광주의"(enthusiasm)가 교회론의 체계로 둔갑하는 것을 허용하지 않았다. 정교회는 성사적 구조와 교회법적인 규율을 유지해 왔다. 하느님 나라에서는 성령의 법 외에는 그 어떤 법도 존재하지 않는다는 것을 너무나 잘 알고 있었기에, 정교회는 이 하느님의 나라가 이미 참되고 직접적인 경험으로 다가갈 수 있는 것이지만 아직은 권능으로 임하지 않았고 따라서 성사들의 베일 아래 숨겨져 있다는 것을 또한 상기해 왔다. 현세에서 구조, 율법, 교회규범, 제도 등은 하느님 나라의 충만한 실현에 이르기 위해서 불가피한 것이다. 사실 비잔틴 세계는 그리스도교 황제가 윤리적 실천 항목들을 법제화하고 그 적용을 지휘하는 합법적인 역할을 가지고 있다는 것을 인정해왔다. 일반적으로 사용되는 법전은 교회 규범과 국가의 종교 관련 법들을 모아놓은 『노모카논』(Nomocanon)

---

[31] I. Hausherr, "L'erreur fondementale et la logique du messalianisme", *OCP*, I, 1955, pp. 328-360.

이다. 하지만 여기서도 비잔틴 그리스도교의 바탕이 되는 인격주의(personalism)는 그리스도교 세계에서 직접적인 책임을 부여받는 것은 어떤 제도가 아니라 어떤 사람, 즉 그리스도교 황제, "하느님에 의해 선택받은 자"였다는 사실 안에 잘 보존되었다. 역사적 관점에서 볼 때, 동방에서 비잔틴 제국이 오래 지속된 것은 비잔틴 교회로 하여금 사회 속에서 직접적인 정치적 역할을 담당할 수 없게 만들어 왔다. 그래서 교회는 자신의 고유한 기능, 즉 이 세상의 정치 체계와는 근본적으로 다른 다가올 하느님 나라를 향한 길을 보여주는데 전념할 수밖에 없었다.

흔히 드러나곤 했던 모호함과 명백한 위선에도 불구하고, 비잔틴 국가는 그리스도교의 종말론적(eschatological) 특징을 유지해 나가는 하나의 전통을 위한 역사적 틀로 사용되었다. 전체적으로 볼 때, 이슬람 지역에서건 세속화된 현대 동유럽에서건 이 지역들은 언제나 "게토"(고립)의 삶을 채택했다. 즉 천상의 경험을 소유한 폐쇄적인 전례 공동체는 피난처이자 학교의 역할을 담당했다. 이 전례 공동체는 19, 20세기의 러시아에서처럼, 생존해 남았을 뿐만 아니라 또 지성인들의 흐름에 영향을 줄만큼 놀라운 능력을 증명해주었다. 서방 그리스도교의 지나치게 제도화된 교회 중심주의의 대안을 추구하는 사람들이라면, 이 전례 공동체가 자유로운 성령 체험을, 인간의 삶에 해방을 가져다주는 목표로서 강조하는 있다는 점을 훨씬 더 잘 이해할 수 있을 것이다.

14장

삼위(三位)이신 하느님

나지안조스의 성 그레고리오스는 이렇게 쓰고 있다. "내가 하느님이라고 말할 때, 나는 성부 성자 성령을 염두에 둔다."[1] 삼위일체 하느님에 대한 교리는 그리스 교부 전통에 있어서 추상적 사변이기는커녕 전례적이고 신비적이며 자주 시적인 종교 체험의 대상이었다.

> "내가 '하나'를 묵상하자마자 나는 '셋'의 빛으로 조명된다. 내가 '셋'을 구별하자마자 나는 '하나'로 인도된다. '셋' 중 '어느 하나'를 생각할 때 나는 '그분'을 전체로 생각한다. 그리고 내 눈은 충만해지며 내가 생각하고 있던 대부분은 달아나 버린다."[2]

---

1) *Oratio* 45, 5, PG 36, 628C.
2) *Oratio* 40, 41, PG 36, 417B.

아리오스파와의 논쟁을 거치면서 4세기 카파도키아 교부들에 의해 정식화되었고, 비잔틴 시대 내내 보존되어 온 이 삼위일체 신학의 바탕은 구원론이다. 즉 교부들은 사변이 아니라 인간의 구원에 관심을 가졌다. "동일 본질"에 관한 니케아 세계 공의회의 교리는 "그리스도의 신성에 대한 완전한 고백"으로 이해되었고, "성육화는 본질적으로 그리스도의 구속 행위였다"는 것을 함축하고 있었다. 마찬가지로 만약 "성령이 완전한 하느님이 아니라면 성령은 성화를 제공할 수 없다."[3] 카파도키아 교부들의 삼위일체 교리의 목표가 이미 앞의 두 장에서 발전시켰던 그리스도론과 성령론의 주장들을 보존하는데 있다는 것을 잊어버린다면, 그 교리는 아무런 의미도 가지지 못할 것이다. 육화하신 말씀과 성령은 우리의 경험 속에서 먼저 "구원을 위한 신적 중재자들"로 나타나지만 말씀과 성령은 본질적으로 단 하나의 하느님이시다. 4세기 신학 논쟁이 끝날 무렵, 니싸의 성 그리고레오스가 "신은 셋이 아니다"[4]라는 것을 증명하는 유명한 변증론을 저술해야했을 만큼, 카파도키아 교부들은 삼신론(tritheism)을 주장하고 있다고 비판을 받았다. 하지만 그레고리오스가 철학적으로 이를 증명하는데 성공했는지는 확실치 않다. 하느님의 세 위격을 지칭하기 위해 카파도키아 교부들이 채택한 세 휘포스타시스 교리는 실제로 플로티노스, 오리게네스와 관련되어 있다. 플로티노스와 오리게네스에게 이 교리는 보통 본질의 차별화를 함축하고 있다. 하지만 교부

---

3) Georges Florovsky, *Vostochnye Ottsy*, (Paris, 1931), p. 23.
4) *To Ablatius*, ed. F. Mueller (Leiden, 1958), pp. 37-57.

들은, 아타나시오스를 편들었던 "구 니케아파"들로부터 혹은 라틴 신학자들로부터 비롯된 모든 난관과 비판들에도 불구하고, 그들이 채택했던 용어에 충실했다. 그들은 사실 구원에 대한 성서적 체험을 그리스도와 성령이라는 완전하게 구별 정립되는 위격과 연결 지을 수 있는 다른 어떤 방법도 알지 못했다. 이 체험은 결코 철학적 본질론의 범주로는 설명할 수 없는 것이었다.

서방 라틴 세계가 삼위일체 신학에 대해서 다르게 접근하고자 했다는 사실은 잘 알려져 있다. 레뇽의 테오도로스는 이 대조적 접근을 잘 표현했다.

> "라틴 철학은 먼저 본질을 그 자체로 다룬다. 그런 다음 구체성들을 추구한다. 반면 그리스 철학은 먼저 구체성을 다루고 나서 본질을 찾기 위해 이 구체성을 파고든다. 라틴 세계는 위격을 본질의 한 양태로 간주하지만, 그리스 세계는 본질을 위격의 내용으로 간주한다."[5]

달리 말하면, 이러한 관점의 차이는, 비잔틴 그리스도교에서는 "삼위(三位)이신 하느님"이 '기도의 법'(lex orandi)에 있어서나 '신앙의 법'(lex credendi)에 있어서나 가장 일차적이고 구체적인 체험이었던 반면, "하느님 본질의 단일성"은 하느님 본질의 절대적인 인식 불가능성에 대한 주장과 연계된 신앙의 항목이었음을 의미한

---

5) Théodore de Régnon, *Etudes de Théologie positive sur la Sainte Trinité* (Paris, 1892), I, p. 433. ; 참고. G.L. Prestige, God *in Patristic Thought* (London : SPCK, 1952), pp. 233-241 ; J. N. D. Kelly, *Early Christian Doctrine,* (London : Black, 1958), pp. 252-279.

다. 반대로 특별히 아우구스티누스 이래로, 서방에서의 접근 방식은 무엇보다도 하느님 존재의 단일성이 삼위일체 신학의 출발점이었다. 분명 이 두 신학 사상 진영들은 대화와 상호 이해에 열려 있었으며, 상호 보완적인 방식으로 발전될 수도 있었다. 불행하게도, "필리오케"(*Filioque*) 문제로 야기된 논쟁들은 이 두 진영으로 하여금 자신의 입장을 더욱 경직되게 만들었으며, 그 결과 분열의 주된 요인들 중의 하나가 되어 버렸다. 이신론(deism)의 현대적 위기, 하느님의 존재를 정당화하고 그것을 철학적으로 정의할 수 있는 어떤 전체로 설명함에 있어서 현대 신학자들이 직면하고 있는 점증하는 어려움은, 동방과 서방의 중세 논쟁을 해결하고, 보다 정통적인 삼위일체 신학을 부활시키는데 매우 좋은 기회로 작용할 수도 있을 것이다. 레뇽의 테오도로스가 지적하고 있듯이, 우리 시대에는 하느님의 단일성에 관한 교리가 어떤 점에서는 삼위일체 교리를 흡수해 버린 듯하며, 삼위일체 교리는 단지 과거의 기억으로서만 인용되는 듯하다.[6] 그러나 "하느님의 단일성 교리"는 "하느님 죽음"의 교리에 의해 도전받고 있다. 그로부터 하느님에 관한 교리를 구원사 안에서 실존적이고 "경험적인" 방식으로 접근하려는 태도로 돌아가려는 경향들이 나온다. 칼 라너는 이렇게 쓰고 있다.

> "구원사 안에서 우리가 성부, 성자, 성령에 대한 경험을 갖지 못한다면, 우리는 결국 성부, 성자, 성령이 한 분 하느님으로

---

[6] *Op. cit.*, I, p. 365.

서 또한 구별되게 실존하신다는 것을 이해할 수 없게 될 것이다."7)

최근의 이러한 관심들은 직접적으로 비잔틴 신학의 일관된 입장과 다시 만나게 된다.

1. 단일성(Unity)과 삼위성(Trinity)

카파도키아 교부들은 동방에서 정교 삼위일체 신학의 기준으로 남아있게 될 정식을 확립했다. 그것은 바로 하느님은 "세 위격"(*hypostasis*) 안의 "한 본질"(essence)이라는 것이다. 4세기의 상황들을 고려해볼 때, 이 명제는 하느님 신비에 대한 최선의 설명을 자처하지도 않았고, 플로티노스의 "휘포스타시스의 삼위일체"와 흡사한 철학적 과정을 통한 해결책으로 치부되지도 않았다. 교부들은 항상 "하느님이 어떤 분인지"를 아는 것은 불가능하다고 주장했다. 알 수 있는 것은 오직 하느님이 존재한다는 것뿐이다. 왜냐하면 하느님은 구원사에서 성부, 성자, 성령으로 스스로를 계시하셨기 때문이다. 하느님은 성 삼위 하느님이시다.

"이 진리는 어떤 원리에서 추론되는 것도, 어떤 완벽한 논리로 설명되는 것도 아니다. 왜냐하면 삼위일체에 앞서는 원리나

---

7) Karl Rahner, *The Trinity*, trad. angl. J. Donceel. S. J. (London : Burns & Oates, 1969), p. 110-111.

원인은 존재하지 않기 때문이다."⁸⁾

그렇다면 어째서 이러한 설명과 용어들이 다른 것들보다 더 선호되었는가? 가장 주된 이유는 제안된 다른 모든 해결책이 처음부터 부적절했기 때문이다. 예를 들어 "하나의 본질, 세 프로소폰(prosopon)"이라는 정식은 일반적으로 하나의 "인격"을 지칭하는 "프로소폰"이라는 용어가 또한 "가면" 혹은 "겉모습"을 의미할 수도 있다는 점에서 양태론적(modalistic) 삼위일체론을 배제할 수 없었다. 다른 한편, 카파도키아 교부들은, 하느님은 하나의 대상이자 동시에 세 대상들이며, 하느님의 단일성(unity)과 삼위성(trinity)은 동시에 충만한 실제적 현실이라는 것을 주장하고자 했다. 나지안조스의 성 그레고리오스는 이렇게 쓰고 있다.

> "내가 하느님에 대해서 말할 때, 여러분은 곧 동시에 하나의 빛과 세 개의 빛에 의해 조명 받게 될 것이다. 결국 같은 의미에 이르게 되는 명사나 음절을 가지고 논쟁하고 싶지 않기 때문에, 어떤 용어를 선호하든지 간에, '고유한 속성'(property)에 있어서, 그리고 '휘포스타시스' 혹은 '프로소폰'에 있어서는 셋이다. 하지만 우시아(ousia, 본질) 다시 말해 신성에 있어서는 하나다."⁹⁾

여기서 저자는 비록 당시 유통되던 철학적 용어를 사용하지만 어떠한 합리적 일관성도 자처하지 않는다. 여기서 사용된 이 철학적 용어들의 궁극적 의미는 분명히 그리스 사람들이 일반적으로

---

8) V. Lossky, *Mystical Theology de l'Eglise d'Orient*, (Paris, 1944), p. 46.
9) *Oratio* 39, 11 ; PG 36, 345CD.

이 용어들에 부여하는 의미와 구별된다. 그리고 이 용어들이 불충분하다는 사실은 솔직하게 인정된다.

특별히 삼위일체 신학과 그리스도론에 있어서 핵심적인 용어인 "휘포스타시스"의 경우가 그러하다. 아리스토텔레스 철학에서도 신플라톤주의 철학에서도 이 용어는 그리스도교적인(그리고 현대적인) 의미에서의 한 인격 혹은 위격, 자신의 본질을 "소유하며" 이 본질에 따라 행위하는 한 행위자(agent), 어떤 방식으로도 새로 만들어낼 수 없는 절대적 정체성을 가지고 있는 하나의 "유일한 주체"를 의미하지 않았다. "구 니케아파"에 맞서 카파도키아 교부들은 니케아 공의회의 "동일본질"(homoousion, consubstantial)이라는 용어가 "위격"의 차원에서가 아니라 단지 "본질"(ousia)의 차원에서 성부와 성자를 동일한 것으로 간주했다는 사실을 주장하고자 했다.

> "성자는 성부가 아니다. 왜냐하면 성부는 하나이기 때문이다. 하지만 성자는 '성부는 무엇이다'라고 할 때 그 무엇이다. 또한 성령이 하느님(성부)께로부터 나왔다 해서 성자인 것도 아니다. 왜냐하면 독생자(Only-begotten)는 하나이기 때문이다. 하지만 성령은 '성자는 무엇이다'라고 할 때 그 무엇이다."[10]

이렇게 하느님에 있어서 "무엇"은 하나이지만, 세 휘포스타시스는 그 위격적 실존 안에서 서로 환원될 수 없는 독립된 위격적 정체들이다. 휘포스타시스들은 "신성을 소유하며"[11] 신성은 "휘

---

10) Gregory of Nazianzus, *Oratio* 31, 9, PG 36, 144A.
11) Gregory of Nazianzus, *Poem. Dogm.* 20, 3, PG 37, 414A.

포스타시스들 안에"[12] 있다.

> "우리는 성령의 위격적(hypostatic) 특성을 승인한다. 성령은 휘포스타시스로서는 성자에 뒤이어 그리고 성자와 함께 계시되고, 또 휘포스타시스로서 성부로부터 실제적 존재를 부여받는다. 그리고 성자는 자신 안에서 또한 자신과 함께 성부로부터 발생하시는 성령을 계시한다. 성자는 태어나지 않은 빛으로 홀로 빛나고, 성자로서의 고유한 특성 안에서는 성부와 성령과 아무런 공통점도 없다. 성자는 오직 자신의 휘포스타시스에 고유한 특성들 안에서만 홀로 계시된다. 성부 또한 성부로서 그 어떤 인과관계로부터도 독립되어 있는 특별한 휘포스타시스로서의 특성을 소유한다. …"[13]

그리스 교부들은 성부의 "모나르키"(monarchy, 단일기원)를 주장했다는 점에서, 우리는 다시 한 번 그들에게서 인격주의적인 관심을 재발견한다. 아우구스티누스 이후 서방과 라틴의 스콜라 신학에서 우월한 지위를 누린 개념과는 반대로, 그리스 신학은 성자와 성령의 위격적 존재의 기원을 "공통의 본질"에 두지 않고 "성부의 휘포스타시스"에 둔다. 성부는 성자와 성령 안에 있는 신성의 "원인"(aitia)이며 "기원"(archè)이다. 더욱 놀라운 것은, 그들을 삼신론으로 비판하는 사람들에 대항해서, 카파도키아 교부들은 성부의 "단일기원"을 끊임없이 주장했다는 점이다. 바실리오스는 이렇게 쓰고 있다.

---

12) Gregory of Nazianzus, *Oratio* 31, 14, PG 36, 149A.
13) Basil, *Ep.* 38, 4, PG 32, 329CD.

"하느님은 하나이다. 왜냐하면 성부가 하나이기 때문이다."[14]

나지안조스의 그레고리오스에게서도 동일한 사상이 발견된다.

"하느님은 세 위격의 공통된 본질이다. 하지만 성부는 세 위격의 연합(henôsis)이다."[15]

위(僞) 디오니시오스도 성부를 "신성의 원천"으로 말하며[16], 다마스커스의 성 요한도 비잔티움의 신학 교과서나 다름없는 『정교 신앙에 대하여』(Exact Exposition of the Orthodox Faith)에서 성자와 성령이 성부의 위격에 본질적으로 의존하고 있음을 주장한다.

"성령도 존재 자체를 포함해서 성자가 성부로부터 받은 모든 것을 가지고 있다. 성부가 존재하지 않는다면 성자와 성령도 존재하지 않는다. 성부가 가지고 있지 않은 것이라면, 성자와 성령도 가지고 있지 않다. 더 나아가 성부 때문에 다시 말해 성부가 존재하기 때문에, 성자와 성령도 존재한다. 성부로 인해 성자와 성령은 모든 것을 가진다."[17]

니케아 세계 공의회 교리를 받아들이면서 카파도키아 교부들은 오리게네스와 아리오스의 존재론적 종속론(ontological subordinationism)은 제거했지만, 휘포스타시스로서의 존재에 관한 그들의 인식과 함께, 성서와 정통신앙에 부합하는 종속론, 즉 성

---

14) Basil, *Contra Sab.*, 3, PG 31, 605A.
15) *Oratio* 42, 15, PG 32, 329B.
16) Pseudo-Dionysius, *De div. nom.* 2, 7, PG 3, 645B.
17) *De fide orth.* 1, 8, PG 94, 324B ; trans. F. H. Chase, *Fathers of the Church* 37 (New York, 1958), p. 184.

부의 위격적 정체를 모든 신적 존재와 신적 행위의 궁극적 기원이
라는 신학은 보존했다.

> "우리가 세 위격을 다함께 관상할 때, 세 위격은 단 하나의 하
> 느님이다. 동일본질이기 때문에 각각이 하느님이다. 세 위격
> 은 또한 성부의 '모나르키'로 인해 단 하나의 하느님이다."[18]

인간 안에 있는 하느님의 형상에 대한 자신의 유명한 교리를 발전시키면서, 니싸의 성 그레고리오스는 하느님의 위격적 실존과는 명백히 다른 인간의 인격적 실존의 특징을 이렇게 정의했다. 각 인간 인격은 생식의 능력을 소유하고 있지만, 하느님 안에는 "성자가 태어나고 성령이 발생되어 나온 한 분 동일한 성부가 있을 뿐이다."[19] 이렇게 인간 종족은 끊임없는 파편화의 과정 속에 있는데, 오직 그리스도 안에서 성부에 의해 입양됨으로써, 다시 말해 나뉨이나 증식됨 없이 출생시키시는 유일한 휘포스타시스(성부 하느님)의 아들들이 됨으로써 그 통일성을 되찾는다. 삼위일체의 통일성의 원천이신 성부 하느님은 성령의 능력으로, 모든 인간을 자신 안에 "총괄하는" 새 아담이신 성자 안에서, 인간을 입양함으로써 피조 세계의 통일성을 회복시킨다.

추상적인 사변과는 거리가 먼 삼위일체 교리는 비잔티움의 종교 체험의 중심 그 자체이다. "내재적"(immanent) 삼위일체는 "경륜적"(economic) 삼위일체로 자신을 드러낸다. 즉 역사 속에서 구

---

18) Gregory of Nazianzus, *Oratio* 40, 41, PG 36, 417B.
19) *Adv. Graecos* ; PG 45, 180.

원하시는 하느님으로 계시되고 나타나신다. 이것은 전례 안에서 특별히 성찬 카논(봉헌기도문)에서 분명해진다. 육화하신 성자 안에 연합되어 하느님의 양자가 된 인간들의 공동체가 성령을 보내달라고 성부 하느님께 올려 드리는 장엄한 기도인 감사의 성찬 예배는 진정으로 인간에게 허락된 신적 일치의 성사이다. 삼위일체의 실재는 또한 비잔틴 전례 주기에 따라 잘 정돈된 수많은 성가들 안에서도 표현된다. 시인 황제 레온 6세(886-912)의 것으로 여겨지며, 유명한 삼성송(Trisagion)의 한 변형인, 성령 강림 대축일의 장엄한 성가를 보라.

> "백성들이여, 와서 세 휘포스타시스를 가지신 신성을 경배합시다. 성자를 성부 안에서 성령과 함께 경배합시다. 시간이 생기기 전, 성부는 성자를 낳으셨고 영원성과 보좌를 함께 나누어 가지셨기 때문입니다. 또한 성령은 성부 안에 있고, 성자와 함께 영광을 받습니다. 하나의 권능, 하나의 본질, 하나의 하느님이심을 경배하며 우리는 이렇게 외칩니다. 거룩한 하느님, 성자를 통해 성령의 협력으로 만물을 지으신 이여. 거룩하고 전능하신 분, 성부를 알려 주시고 성령을 세상에 보내신 이여. 거룩하고 영원하신 분, 성부로부터 나오시고 성자 안에 머무시는 위로자 성령이시여. 거룩하신 삼위일체여, 당신께 영광을 돌리나이다."[20]

삼위일체에 대한 라틴 교회의 고전적 교리 안에서는 "성부, 성

---

20) *Pentekostarion*, (Athènes, Phos, 1960), p. 218.

자, 성령이 '상대적 관계로만'(relatively) 구별된다."[21] 여기에 함축되어 있는 "관계"(relation)를 어떻게 해석하든지 간에, 서방이 하느님 안에서 위격의 다양성보다는 본질의 통일성에 존재론적 우선성을 승인해 왔다는 점은 분명하다. 다시 말해 "관계들"이라는 용어로 규정되는 신적 위격들을 제외하면, 하느님은 본질적으로 하나이다. 그러나 비잔틴 신학에서는, 고백자 성 막시모스의 표현대로, "하느님은 하나(*monad*)이신만큼 또한 셋(*triad*)이시다."[22] 더 나아가 비잔틴 사상은 교리적 정의에서는 몰라도 적어도 예배와 철학적 정식들에서는 본질의 통일성보다는 위격의 다양성에 일정 정도의 우선성을 두려는 경향을 띠고 있다. 니케아 세계 공의회의 "동일 본질" 규정은 언제나 "삼신론"이라는 비판에 대한 비잔티움의 응답이었다.

하지만, 이 규정은 결코 그 자체로 최종적인 것일 수 없었다. 왜냐하면 그리스 교부들, 특별히 카파도키아 교부들의 사상은 언제나 "부정 신학"(apophatic theology)을 전제하기 때문이다. 하느님 존재는 물론이요 휘포스타시스들 사이의 관계가 가지는 궁극적 의미는 절대 이해될 수도, 정의될 수도, 논증될 수도 없는 것으로 간주되었다. 하나이자 동시에 셋이라는 하느님 관념 자체도 이러한 하느님의 이해불가능성(incomprehensibility)을 암시하는 계시였다. 왜냐하면 인간 정신이 도달할 수 있는 어떠한 현실도 동시에 하나이면서 셋일 수 없기 때문이다. 블라디미르 로스끼는 이렇게

---

21) K. Rahner, *op. cit.*, p. 68.
22) *Capita theol. oecon*, II, 1 ; PG 90, 1125A.

말했다.

> "이해할 없는 분은 이를 통해서 그분이 알 수 없는 분이심을 스스로 계시하신다. 왜냐하면 그분의 알 수 없음은 하느님이 본질일 뿐만 아니라 세 위격으로 존재하신다는 사실에 있기 때문이다."[23]

그러므로 하느님을 아는 것은 그분이 스스로를 계시하거나, 내재적 삼위일체가 구원의 "경륜" 안에서 나타나시거나, 내재적인 차원을 초월하시는 "행위" 안에서만 가능하다. 그리스 교부들, 특별히 바실리오스와 니싸의 그레고리오스는 하느님 본질이 동일함을 보여주는 결정적이고 실존적인 증표를 하느님의 "행동들" 혹은 "에너지들"의 근본적인 동일성 안에서 발견한다. 성령의 신성을 옹호하기 위해 성 대 바실리오스가 사용한 유명한 주장은, 성령이 성부와 성자와 동일한 "에너지"를 가지고 있다는 주장이었다. 마찬가지로 니싸의 성 그레고리오스도 성부, 성자, 성령의 본질적 통일성을 그들의 사역의 통일성을 가지고 입증했다.[24] 이 주장은 하느님의 본질을 알 수 있다고 주장하는 에우노미오스(Eunomius)에 대항해서 카파도키아 교부들이 전개한 논쟁 과정에서 나왔다. 카파도키아 교부들에게는 하느님에 관한 어떠한 지식도 하느님의 에너지들에서 비롯된 것이 아니라면 불가능했다. 그러므로 세상 속에서의 하느님 행위에 의해 계시되는 "경륜적" 삼위일체는, 하느님이 참으로 역설적이며 이해할 수 없는 방식으로

---

23) *Op. cit.*, p. 62.
24) 참고. S. L. Prestige, *op. cit.*, pp. 257-260.

"초월적이고 내재적인 삼위일체"이심을 주장할 수 있도록 해주는 유일한 토대이다. 프레스티쥐(S. L. Prestige)는 "에너지들"에 관한 니싸의 성 그레고리오스의 교리를 아주 잘 설명해 놓았다.

> "인간은 인류 전체의 연대성에도 불구하고 각 개인으로는 독립적으로 행동한다. 그래서 정당하게도 우리는 그것을 다수성으로 생각할 수 있다. … 그러나 하느님의 경우는 그렇지 않다. 성부는 결코 성자와 무관하게 행위를 하지 않으며, 성자 또한 성령과 무관하게 행위를 하지 않는다. 하느님의 행위는 … 언제나 성부로부터 시작되어 성자를 통하여 전개되며 성령 안에서 완성된다. 위격들 중의 어느 한 위격과도 분리되어 행해지는 개별적 사역은 존재하지 않는다. 에너지는 비록 그 결과가 세 가지 행위가 아니라 단 하나의 행위로 나타나지만 언제나 세 위격 전부를 거친다."[25]

실제로, 각 "본성"(*physis*)은 인식 가능한 실존적 표상으로서의 어떤 "에너지"(*energeia*)를 가진다는 아리스토텔레스의 원리는 교부들이 에너지란 개념을 이해함에 있어서 용어상의 토대를 제공해 주었다. 이 용어들은 또한 그리스도론에서도 사용되었다. 고백자 성 막시모스에게 그리스도의 두 본성은 두 에너지 혹은 두 의지를 전제한다. 하지만 본성-에너지라는 아리스토텔레스의 이중적 구도가 하느님에게 적용될 때는 매우 불충분한 것으로 간주되었다는 것은 의미심장하다. 왜냐하면 하느님의 본질 안에서 행위를 하는 주체는 휘포스타시스이고, 또한 하느님의 에너지는 세 위

---

25) *Op. cit.*, p. 260.

격 공동의 삶을 반영하는 것이기에 단 하나이지만 동시에 세 위격의 에너지이기도 하기 때문이다. 하느님 존재의 위격적 측면들은 단 하나의 에너지 안에서도 결코 제거되지 않는다. 우리는 에너지 안에서 바로 하느님의 삼위일체적인 삶에 참여한다. 그러므로 이 공통의 에너지를 통해서 하느님의 세 휘포스타시스들은, "내가 아버지 안에 있고 아버지께서 내 안에 계시다."(요한 14:11)는 말씀처럼, 상호 내재성(co-inherence, *perichoresis*) 안에 있게 된다.[26] 인간 인격들은 비록 본성으로는 하나이지만 각각 따로 행동하며 서로 충돌하기도 한다. 반면 하느님 안에서의 이 "페리코레시스"(상호 교류)는 어떠한 혼합이나 융합도 없는 완벽한 사랑에 이른, 에너지의 완벽한 통일성에 이른 세 휘포스타시스를 표현해 준다. 페리코레시스는 언제나 삼위일체적이며, "아버지께서 나를 사랑하신 것처럼 나도 너희를 사랑해 왔다. 그러니 너희는 언제나 내 사랑 안에 머물러 있어라."(요한 15:9)라는 말씀처럼, 에너지는 언제나 사랑의 표현이고 또 그 사랑의 나눔이기 때문이다.

아우구스티누스의 "정신심리학적"(psychological) 삼위일체론[27]으로부터 영감 받은 것으로 보이는, 성 그레고리오스 팔라마스의 아주 특별한 언급은 아마도 "페리코레시스" 교리에 비추어 이해

---

26) 이 용어 "페리코레시스"는 우선 그리스도론에서 사용되었다. 참고. S. L. Prestige, *God in Patristic Thought*, pp. 291-299 ; 이 용어를 휘포스타시스들의 관계에 적용한 사람은 위(pseudo)-키릴로스와 다마스커스의 성 요한이다.
27) 아우구스티누스 성인의 『삼위일체에 대하여』(*De Trinitate*)는 13세기에 막시모스 플라니데스(Maximus Planudes)에 의해 그리스어로 번역되었다. 그레고리오스 팔라마스는 이를 알고 있었을 것이다.

되어야 할 것이다.

> "높은 곳에서 오신 말씀의 성령은 신비롭게 출생하신 성자를 향한 성부의 신비로운 사랑과 같다. 성자가 성부로부터 받은 사랑과 성부를 향한 성자의 사랑은 동일한 사랑이다. 이는 성자가 이 사랑과 함께 성부로부터 나오고 또 이 사랑이 성자 안에 자연스럽게 머물고 있기 때문이다."[28]

삼위일체에 대한 그레고리오스 팔라마스의 접근은 전체적으로 볼 때 아우구스티누스 성인과는 다르기 때문에, 팔라마스가 삼위일체의 신비를 암시하기 위해 이러한 심리학적 비유를 사용한 이유는 아마도 심리학적 비유에 나타난 인격주의적 해석 때문이라고 판단할 수 있다. 사랑은 하느님의 세 휘포스타시스를 연합시키고, 사랑은 하느님 공동의 에너지와 행위를 통해서 이 사랑을 받을만한 이들에게로 널리 퍼져 나간다.

2. 휘포스타시스, 본질, 그리고 에너지

하느님 안에서 "본질"과 "에너지"를 구별하는 것은, 초월적이고 참여할 수 없는 본질을 가지신 하느님의 '창조되지 않은' 생명에 '창조된' 인간이 참여하는 것을 함축하는 "신화" 교리의 맥락에서는 불가피한 것이다. 하느님에 대한 교리의 이 모든 측면은 실

---

[28] *Cap. phys.* 36, PG 151, 1144D-1145A.

제로 14세기 그레고리오스 팔라마스와 그 적대자들을 대립시켰던 논쟁 과정에서 동시적으로 다루어졌다. 팔라마스는 "본질, 에너지, 휘포스타시스라는 세 가지 요소가 필연적으로 하느님께 속한다"[29]고 결론짓는다.

아우구스티누스의 삼위일체론과는 대립되는 카파도키아 교부들의 삼위일체론에 서있는 순간부터, 우리는 이 삼중적인 구분을 피할 수 없다. 실제로 만약 세 위격들이 단지 본질의 내재적인 관계들이라면, 하느님의 자기 계시는 "본질"의 계시이거나 아니면 피조세계의 "유사"(類似)를 통한 상징적 계시이다. 이때 "에너지들"은 하느님의 본질이거나 아니면 피조물을 통한 증표이게 된다. 그렇다면 하느님 안에는 아무런 구별도 존재하지 않는다.

반대로, 만약 위격들이 이 위격들에게는 공통된 것이지만 인간에게는 초월적이고 다가갈 수 없는 본질과 구별되는 것이라면, 또 그리스도 안에서 인간이 하느님을 "대면해서" 만나고 그렇게 해서 하느님의 실존에 실제적으로 참여하게 되는 것이라면, 인간이 참여한 바 이 신적 실존은 하느님 본질의 접근불가능성과 초월성을 훼손하지 않는 하느님의 자유로운 선물일 수밖에 없다. 자기 자신을 내어주는 이 하느님은 하느님의 "에너지"이다. 인격적이고 살아계신 하느님은 참으로 "행위 하시는" 하느님이시다.

비잔틴 전통에서는 "에너지들"에 관한 교리가 창조론과 그리스도론을 이해하는데 중요하다는 사실을 우리는 이미 살펴보았다. 비잔틴 사상은, 하느님의 존재를 "본질"이라는 철학적 개

---

[29] *Cap. phys.* 75, PG 151, 1173B.

념으로 단순하게 축소하길 거부함으로써, 하느님은 "내적으로는"(ad intra) 세 위격의 삶 안에서 충만하면서도 서로 구별되는 현실로 나타나며, "외적으로는"(ad extra) 창조주로서 스스로를 "다양화"(다양한 자기계시)하신다고 주장했다. 하지만 이 두 가지 "다수성"(multiplicity)은 똑 같지 않다.[30] 14세기 팔라마스가 종합한 "세 휘포스타시스와 에너지" 교리에 나타난 정확한 설명을 보라.

"신적 휘포스타시스들의 고유한 호칭들은 에너지들에 대해 공통으로 관계한다. 반면 휘포스타시스에 공통적으로 적용된 호칭들은 각각 특수한 신적 에너지들과 관계된다. 그래서 '생명'은 성부, 성자, 성령의 공통된 이름이다. 하지만 '예지'는 '생명'이라 불리지 않고, '단순성'이나 '부동성'이나 그 어떤 에너지도 '생명'이 아니다. 우리가 열거한 이러한 현실들 각각은 성부, 성자, 성령 모두에 동시에 속한다. 하지만 이 현실들은 오직 각각 하나의 에너지를 지칭하는 것이지 모든 에너지를 통틀어 말하는 것이 아니다. 사실, 각각의 현실은 하나의 의미만을 가지고 있다. 반대로, '성부'는 한 휘포스타시스의 이름이다. 하지만 그 이름은 모든 에너지들 속에 현현한다. … 성자, 성령의 호칭도 마찬가지다. 이렇게 하느님은 그 전체성 안에서 전체로 육화하시기에, 하느님 전체가 변함을 격지 않으시면서 나 자신의 전체와 연합된다. … 신적 휘포스타시스들 중 한 휘포스타시스 안에 있는 신적 본질과 그 모든 권능과 에너지가 나와 연합된다. 마찬가지로 또한 그분의 어떤 에너지를 통하여 우리는 하느님 전체, … 성부 성자 성령

---

30) 역자 주 내적으로는 신적 위격의 다수성, 외적으로는 신적 에너지-행위에 의한 신적 자기 계시의 다수성.

에 참여한다. …"31)

본질, 휘포스타시스, 에너지라는 삼중적 구별은 하느님 존재를 나누는 것이 아니라, 초월적이시며 세 위격으로 존재하시고 피조 세계에 현존하시는 "자존자"(One-who-is)의 신비로운 생명을 반영한다.

14세기 그레고리오스 팔라마스의 정식들 이전에도 동일한 방식의 삼중적 구별을 신학적으로 발전시킨 예들이 존재했었다. 1156년과 1157년 콘스탄티노플에서 열렸던 두 번의 지역 공의회는 "그리스도의 희생이 역사적인 차원에서 또 성찬 예배의 차원에서 단지 성부에게만 드려진 것인가 아니면 거룩한 삼위일체 하느님께 드려진 것인가?"라는 문제를 둘러싸고 논쟁이 벌어졌다. 소테리코스는 "드리는" 행위와 "받는" 행위가 각각 성자와 성부의 위격적 특징이라고 주장했고, 공의회는 이를 정죄했다. 공의회는 이 주장이 "내재적" 삼위일체와 "경륜적" 삼위일체를, 다시 말해 휘포스타시스로서의 특징들과 에너지들을 혼동하고 있음을 발견했다. 성 대 바실리오스 성찬예배와 성 요한 크리소스토모스 성찬예배는 그리스도께 드리는 봉헌 기도(헤루빔의 기도)의 순간에 "드림"과 "받으심" 이 두 가지 행위를 다 포함하고 있다.

"그리스도 우리 하느님이시여, 이 예물을 '봉헌하시는' 이도 주님이시요, 봉헌되시는 이도 주님이시며, 예물을 '받으시는'

---

31) *Against Akindynos*, V, 27, edd. Kontogiannes and Phanourgakes, pp. 372-374.

이도, 우리에게 나누어 주는 이도, 한 주님이기 때문이로소이다."

성육화와 구속 사역 안에 계시된 위격적 삶의 신비는 또한 사제가 봉헌기도 동안 음송하는 비잔티움의 부활절 찬양송(트로빠리온) 안에 표현된다.

"오 그리스도, 표현할 수 없는 분이시여! 당신은 만물을 채우시나이다. 무덤에는 육신으로, 저승에는 하느님으로서 당신의 영혼과 함께, 낙원에서는 강도와 함께, 옥좌에는 성부와 성령과 함께 계시나이다."

이렇게 비록 성찬 봉헌 기도가 성부 하느님께만 드려지는 경우일지라도 하느님의 모든 외적(ad extra) 행위가 그러하듯이 희생의 봉헌을 받으시는 행위도 삼위일체적이다.[32] 그럼에도 성육화의 신비는 말씀의 신적 휘포스타시스가 자신을 봉헌함으로써 모든 인간을 성부 하느님의 보좌에 봉헌하는 역할을 수용하셨다는 것에 있다. 성만찬 희생은 구체적으로 이러한 예물 봉헌을 의미한다. 다시 말해 이 예물 봉헌은 그리스도의 몸 안에서 완성되며, 인간의 본성은 그분의 몸을 통해 말씀의 휘포스타시스에 의해 수용되어 신적 에너지로 관통된다.

위격적 실존은 "개방성"을 함축하는데, 이 개방성이야말로 육화하신 말씀으로 하여금 "봉헌하시며" 동시에 "봉헌 받으시는"

---

32) 1156-1157 공의회에 대해서는 다음을 참고하라. 참고. J. Meyendorff, *Christ in the Byzantine Theology*, pp. 152-154.

분이 되게 하고, 또 인간이요 동시에 하느님이게 하며, 또한 성부, 성령이 그러한 것처럼 하느님 본질을 특징짓는 "에너지들"의 소유자가 되게 하신다.

3. 살아계신 하느님

> "모세에게 말씀하실 때, 하느님은 '나는 본질이다' 하지 않으시고 '나는 스스로 있는 자다'(출애굽 3:4)라고 말씀하셨다. 그러므로 '스스로 있는 자'가 '본질'에서 나온 것이 아니라, '본질'이 '스스로 있는 자'에게서 나온다. 왜냐하면 '스스로 있는 자'는 그 안에 존재하는 모든 것을 포괄하기 때문이다."[33]

이 인용문에서 보듯이 팔라마스가 살아계신 하느님에 대해 말할 때나, 혹은 "본질은 필연적으로 존재이다. 하지만 존재가 필연적으로 본질인 것은 아니다[34]"라고 함으로써 하느님 존재를 본질이라는 철학적 개념과 동일시하기를 거부할 때, 그는 발람과 아킨디노스와 벌인 논쟁의 내용을 보여주고 있을 뿐만 아니라 그가 확고하게 카파도키아 교부들의 신학을 지지하고 있음을 보여준다.

이미 우리는 비잔틴 사회에서 "인문주의자들"과 "수도사들"

---

[33] Gregory Palamas, *Triads* III, 2, 12, éd. J. Meyendorff, in *Spicilegium Sacrum Lovaniense*, 31 (Louvain, 1959), p. 665. 여기서 팔라마스는 나지안조스의 그레고리오스를 그대로 옮겨 쓰고 있다. Gregory of Nazinanzus, *Oratio* 45, 3, PG 36, 625C.

[34] *Against Akindynos*, V, 10, edd. Kontogiannes and Phanourgakes, p. 184.

을 대립시켰던 내적 갈등에는 인간의 운명과 관련된 성서적 개념과 플라톤주의적인 정신주의의 대립이 함축되어 있다는 것을 살펴보았다. 유사한 문제가 하느님에 관한 교리를 의미하는 "신학"(theology)의 차원에서도 제기된다. 라틴 세계의 스콜라 신학이 팔라마스의 적대자들에게 신 존재에 대한 순전히 "그리스적인" 해석들을 제공해 주었다는 점에서, 또 그러한 연고로 이들은 쉽게 "친(親) 라틴주의자들"이 되었다는 점에서, 이 문제는 더욱 복잡해진다. 왜냐하면 "필리오케" 논쟁의 실제적인 의미는, 두 진영이 하느님에 대해 서로 다른 접근 방식을 지지하고 있다는 점에 있었기 때문이다. 동방에서는 하느님의 존재를 "단순 본질"이라는 개념과 동일시하려 하지 않았다. 반면 서방에서는 그리스 철학적 전제들에 기초해서 이를 허용했다. 비록 교회법적 차원에서나 용어상의 문제에서, 예를 들면, 라틴인들의 니케아-콘스탄티노플 신조에 대한 일방적 수정의 정당성을 교회법적으로 검토한다든지, 또는 동방에서 성령이 "경륜적" 차원에서는 "아버지와 아들로부터" 발생한다고 인정할 수는 없었는지 등에 대해서, 분명히 합의가 가능했다할지라도, 이 문제는 성서와 교부들에게서 "증거" 본문들을 찾아 쌓아올리는 방식으로는 결코 해결될 수 없었다. 블라디미르 로스끼가 말했던 것처럼, 이 논쟁은 실상 다음과 같은 사실과 관련되어 있었다.

> "필리오케 교리를 통해서, 철학자와 학식가의 하느님은 '살아 계신 하느님'의 자리를 빼앗아 버렸다. … 성부, 성자, 성령의 알 수 없는 본질은 긍정적인 규정들을 부여받는다. 알 수 없

는 하느님의 본질은 이제 '일반적인 의미에서의 신(神)'과 관련된 자연신학의 대상이 되었다. 그래서 이제는 데카르트의 신, 라이프니츠의 신, 더 나아가 볼테르의 신, 18세기 비그리스도교화된 '이신론자의 신'도 될 수 있게 되었다."[35]

어떤 사람들에게는, 이러한 결론이 너무 지나치게 보일 수도 있을 것이다. 하지만 예전에 그랬던 것처럼, 그리스도교 신학을 복음의 선포답게 매력적인 것으로 만들고 싶어 하는 서방의 현대 신학자들이 "세 휘포스타시스가 무엇보다도 먼저 그 어떤 것으로도 환원될 수 없는 인격적 기능 안에서 묵상되었던"[36] 아우구스티누스 이전의 하느님 개념으로 돌아가야 한다고 주장하는 것은 매우 특별하고도 바람직하다.

> "구원사 안에서 우리가 성부, 성자, 성령에 대한 경험을 갖지 못한다면, 우리는 결국 성부, 성자, 성령이 한 분 하느님으로서 또한 구별되게 실존하신다는 것을 이해할 수 없게 될 것이다."[37]

---

35) "The procession of the Holy Spirit in the Orthodox Triadology", in *Eastern Churches Quarterly*. Supplemental issue *Concerning the Holy Spirit* (1948), p. 46. 또한 *Russi et Chrétienté* (1950, n. 3-4)라는 잡지에서 정교회 신학자들(Bishop Cassien, Meyendorff, Verkhovskoy 등)과 가톨릭 신학자들(Camelot, Bouyer, Henry, Dubarle, Dondaine, 등)이 "필리오케"에 대하여 벌인 논쟁을 보라.
36) J. Meyendorff, *Christ in the Byzantine Theology*, p. 166.
37) K. Rahner, *op. cit.*, p. 111.

15장

성사 신학 : 삶의 주기

세례, 견진, 성찬 성사에 대한 주석인 『그리스도 안에서의 삶』에서 니콜라스 카바질라스는 이렇게 쓰고 있다.

> "성인들(saints)에게는, 이 세상에서, 그리스도 안에서의 영원한 생명을 향해 준비하는 것만 아니라 지금 여기서 이미 그 생명에 합당하게 살고 행동하는 것 또한 가능하다."[1]

종말론적 완성의 선취로서의 하느님 나라는 이미 그리스도의 몸 안에서 다가갈 수 있는 것이다. "그리스도 안에서 살고" 신적인 생명에 참여할 수 있는 이 가능성, 그것은 이미 앞에서도 살펴보았듯이 인간의 "본성적" 상태로서, 교회의 성사들(sacraments) 혹은 신비들(mysteria) 안에 핵심적으로 드러나 있다. 이 성사들은

---

[1] Cabasilas, *De vita in Christo*, I, 3, PG 150, 496D.

특별히 선택되고 고유한 기능을 가진 성직자가 "특별한" 은총을 개인들에게 제공해주는 고립된 행위가 아니라 교회의 유일한 신비의 다양한 측면들로 간주된다. 그리고 이 유일한 신비 안에서 하느님은 인간을 죄와 사망에서 되찾아 오시고 불멸성의 영광을 부여하심으로써 신적 생명을 인류와 함께 나누신다.

1. 성사들의 수

비잔틴 신학은 "성사들"(sacrements)과 "성사적인 것들"(sacramentals)을 구별하지 않으며, 어떤 경우에도 공식적이고 고정된 숫자로 성사를 제한하지 않는다. 교부 시대에는 교회의 특별한 행위로서의 "성사들"을 지칭하는 특별한 용어가 존재하지 않았다. "미스떼리온"(mysterion, 신비)이라는 용어는 무엇보다도 "구원의 신비"라는 보다 넓고 일반적인 의미로 사용되었고[2], 그 다음에야 구원을 주는 특별한 행위들의 명칭으로 사용되었다. 이 특별한 행위들의 경우, "신비"말고도 "예식"(rite)이나 "성화"(sanctification)와 같은 용어도 사용되었다.[3] 9세기 스투디오스 수도원장 성 테오도로스는 거룩한 "조명"(illumination, 세례), "집회"(synaxis, 성찬), "도유"(holy Chrism, 견진), 서품, 수도서원, 장례예식 등 여섯 개의 성사

---

[2] 예를 들면, John Chrysostome, *Hom, 7 1 in I Cor*., PG 61, 55.
[3] Chrysostome, *Cateéchèse baptismales* : éd. Wenger, SC 50, (Paris, 1957), II, 17, p. 143.

목록을 제시했다.[4] "7성사" 교리는 1267년 교황 클레멘트 4세가 황제 미카엘 팔레올로고스에게 동의를 요구한 『신앙고백서』 안에 아주 특별한 방식으로 처음 등장했다.[5] 물론 이 신조는 라틴 신학자들이 준비한 것이었다.

분명 서방에 기원을 두고 있는 이 엄격한 성사의 숫자는 13세기 이후 동방 그리스도인들에게, 심지어는 로마 교회와의 일치를 격렬하게 반대했던 사람들에게까지 폭넓게 수용되었다. 이것은 라틴 신학의 영향 때문이라기보다는 중세 비잔티움이 상징적 숫자에 관해 느꼈던 특별한 매력 때문이었다. 특별히 '7'이라는 숫자는 이사야 11장 2-4절에 나오는 성령의 일곱 가지 선물을 상기시켜주었다. 하지만 많은 비잔틴 저자들에게서 서로 다른 목록의 "7성사"를 발견할 수 있다. 13세기에 성사들에 관해 하나의 소논문을 저술한 수도사 욥은 스투디오스의 성 테오도로스처럼 수도서원 예식을 목록에 넣었지만 회개의 고백성사와 병자들을 위한 성유성사를 단 하나의 동일한 성사로 합해버렸다.[6] 15세기 테살로니키의 시메온은 수도서원의 성사적 성격을 인정했지만 그것을 고백성사와 함께 분류했고 성유성사는 독립된 성사가 되었다.[7] 하지만 시메온과 동시대인이었던 에페소의 대주교 요아삽은 "나는 교회의 성사가 일곱 이상이라고 믿는다."라고 선언하면서 교회

---

4) *Ep.* II, 165, PG 99, 1524B.
5) G. M. Jugie, *Theologica Christianorum Orientalium*, III (Paris, 1930), p. 16.
6) Quoted by M. Jugie, *ibid.*, pp. 17-18.
7) *De Sacramentis*, 52, PG 155, 197A.

축성식, 장례예식, 수도서원 예식을 포함하는 10성사의 목록을 제공한다.[8] 분명히 비잔틴 교회는 어떤 특정한 목록을 공식적으로 승인하지 않았지만, 여러 저자들은 세례성사, 견진성사, 성찬성사, 신품성사, 결혼성사, 고백성사, 성유성사 등 7성사의 고전적인 목록을 받아들였고, 다른 이들은 보다 긴 목록을 제공하였으며, 또 다른 이들은 "새 생명"으로의 그리스도교적 입문에 가장 중요한 세례성사와 성찬성사를 우선적이고 배타적으로 중요한 성사로 강조하기도 했다. 예를 들어 그레고리오스 팔라마스는 세례와 성찬이 하느님이자 인간이신 그리스도의 경륜 전체를 총괄하기 때문에 우리의 구원은 이 두 성사에 뿌리박고 있다고 선언했으며[9], 니콜라스 카바질라스는 세례, 견진, 성찬에 대한 하나의 주석으로서 『그리스도 안에서의 삶』이라는 유명한 저작을 저술하기도 했다.

2. 세례와 견진

동방 교회에서는 세례성사와 견진성사(confirmation)[10]가 보통 함께 거행된다. 그리고 이 성사들을 마친 뒤 곧 이어서 어린이도 성체 성혈을 받는다. 그러므로 실제적으로는 입교하는데 어린이

---

8) *Responsa cononica*, éd. A. I. Almazov (Odessa, 1903), p. 38.
9) *Hom.* 60, ed. S. Oikonomos (Athène, 1860), p. 250.
10) 견진성사는 주교에 의해 축복된 "성유"(holy chrism)를 바름으로써 실행된다.

와 어른의 차이가 존재하지 않는다. 두 경우 모두, 자연적 출생과 함께 "옛 사람"에 속하게 된 인간 존재는 세례와 견진 그리고 성찬에 참여함으로써 "새로운 생명"으로 들어간다. 그러므로 그리스도교에 입문하는 행위들은 하나의 단일하고 분리될 수 없는 행위이다. 테살로니키의 시메온은 "성유를 받지 않은 사람은 온전히 세례 받은 사람이 아니다."라고 쓰고 있다.[11]

우리는 교부들의 구원 교리가 그리스도를 통해 아담으로부터 유전된 죄에서 해방된다는 사상이 아니라 타락한 인성이든 구원된 인성이든 간에 그 인성에 대한 보다 실존적인 이해에 바탕을 두고 있다는 것을 보았다. 자연적 출생으로 사멸성을 물려받고 이로 인해 불가피하게 죄로의 경향을 가지고 있으며 그래서 "세상의 왕"(사탄)의 종이 된 인간은 이렇게 불완전한 생명을 "옛 아담"으로부터 물려받는다. 반면 "그리스도 안에서의 삶"은, 참으로 인간적이고 "본성에 부합한" 삶이고 교회의 신비를 통해 주어지는 하느님의 선물로서, 이 "타락한" 상태에 대립된다. 니콜라스 카바질라스는 이렇게 쓰고 있다.

> "세례는 그리스도에 따라 탄생하는 것이고 따라서 우리의 참된 존재와 본성을 받는 것이다."[12]

비잔틴 시대의 세례 예식과 그에 대한 신학적 주석은 세례를 "새 탄생"이라고 이해하는 긍정적 의미를 강조한다. 카바질라스는 계속해서 이렇게 쓰고 있다.

---

11) *De Sacramentis*, 43, PG 155, 188A.
12) *De vita in Christo*, II, 3, PG 150, 524A.

> "세례가 베풀어지는 구원의 날은 그리스도인에게 명명일(命名日, 이름을 받는 날)이 된다. 그때 그리스도인은 새로 만들어지고 조성되며, 모양도 없고 불확정한 우리의 삶이 모양과 확정을 얻기 때문이다."[13]

카바질라스에 따르면, 세례에 대한 성서적이고 전통적인 이름들은 모두가 이러한 긍정적인 의미를 겨냥하고 있다.

> "우리는 세례를 '탄생', '거듭남', '새 창조', '목욕', '옷 입음' '기름 바름', '선물', '빛을 받음', '씻음' 등으로 부른다. 이런 많은 용어들은 하느님의 뜻에 따라 존재하고 살아가는 사람들에게는 이 예식이 존재의 시작이라고 하는 단 한 가지 사실을 의미한다."[14]

"새 탄생"인 세례는 또한 그것이 하느님이 주시는 무상의 선물이며 조금도 인간의 선택이나 동의나 의식에 의존하지 않는다는 것을 함축한다.

> "육체적인 탄생에서와 마찬가지로, 우리는 세례에서도, 세례로부터 비롯되는 모든 신성한 복에 어떤 것도 보태지 않는다."[15]

그러므로 동방에서는 유아 세례의 타당성과 관련된 어떤 의심이나 논쟁도 존재하지 않았었다. 유아 세례의 타당성은 갓 태어난 아기도 하느님 앞에서 죄책을 느껴야만 하는 원죄 사상에 바탕을

---

13) *Ibid*., 4, PG 150, 525A.
14) *Ibid*., PG 150, 524C.
15) Nicolas Cabasilas, *Ibid*., 5, PG 150, 525D.

두지 않는다. 오히려 그것은 영아기를 포함해서 삶의 모든 단계에서 인간은 거듭날 필요, 즉 그리스도 안에서 새롭고 영원한 생명을 시작할 필요가 있다는 사실에 기초를 두고 있다. 새 생명이라는 궁극적이고 종말론적인 목표는 의식을 소유한 어른이라고 해서 다 이해할 수 있는 것이 아니다. 카바질라스는 이렇게 쓰고 있다.

> "빛으로 인도되지 않은 사람에게는 시력이나 색깔의 은총이 무의미하고, 또 잠자는 사람에게는 깨어있는 사람의 일을 가르쳐 줄 수 없듯이, 다가올 미래의 삶에 소용될 것들을 지금 의식할 수는 없다. … 우리는 그리스도의 지체들이며, 이것이 바로 세례의 결과이다. 지체들의 빛나는 아름다움은 머리에 의존한다. 왜냐하면 지체들이 머리와 붙어있지 않다면 결코 그 아름다움을 드러내지 못할 것이기 때문이다. 이승의 삶에서 이 지체들의 머리는 숨겨져 있다. 하지만 머리가 분명하게 드러나게 되면 이 지체들도 머리와 함께 빛나게 될 것이다."[16]

세례를 통해 인간은 "하느님 중심의(theocentric) 존재"가 된다. 다시 말해 인간은 종말론적이고 신비로운 자신의 본래 운명을 되찾게 된다. 인간은 그리스도의 몸의 지체가 됨으로써 참된 하느님의 신비에 참여하기 때문이다. 세례는 하느님의 선물이며 어른에게 주어지든 어린이에게 주어지든 새로운 생명의 시작이다. 키루스의 테오도레토스는 이렇게 쓰고 있다.

---

16) *Ibid.*, 22, PG 150, 548BC.

"세례의 결과들이 죄 사함일 뿐이라면, 무엇하러 아직 죄를 알지도 못하는 갓난아기들에게 세례를 주겠는가? 하지만 실상, 이 신비는 보다 위대하고 완전한 선물을 약속한다. 세례는 다가올 세상에서 누릴 모든 선한 것들의 맏물을 제공해준다. 세례는 다가올 부활의 예표이며, 주님의 수난에 함께 하는 것이며, 주님의 부활에 참여하는 것이며, 구원의 외투이며, 기쁨의 통옷이며, 빛의 옷, 아니 빛 그 자체이다."[17]

새 생명의 시작이요 담보로서의 세례는 자유로운 자기 결정과 성장을 함축한다. 그것은 인간의 자유를 제거하지 않고, 오히려 그것을 본래의 본질적인 모습으로 재정립한다. 어린아이의 경우, 이 회복은 확실히 잠재적이다. 하지만 성사는 언제나 자유를 존중한다. "나는 너에게 세례를 주노니"라고 말하는 서방교회와는 달리, 비잔틴 전통에서는 세례가 성사집전자의 이름으로 선언되지 않고, "하느님의 종 (아무개)는 성부와 성자와 성령의 이름으로 세례를 받습니다."라고 선언된다. 테살로니키의 시메온은 "이것은 세례 받는 자의 자유를 의미한다"[18]고 쓰고 있다. 세례 받은 뒤, 하느님을 향해 나아가는 길은 하느님의 권능과 인간의 자유로운 노력의 "협력"(synergy)이다. 그것은 또한 세례에 앞서 행해지는 구마(驅魔)의식이 보여주는 것처럼 압제자이며 찬탈자인 사탄의 올가미로부터의 해방이다.[19]

---

17) *Haeret. fabul. compendium* 5, 18, PG 83, 512.
18) *De Sacramentis* 64, PG 155, 228D-229B ; 참고. Manuel de Corinthe, *Apologie*, 7, PG 140, 480.
19) Nicolas Cabasilas, *ibid.*, 6, PG 150, 528B.

비잔틴 전통은 항상 세 번의 침례를 통해 세례를 주는 고대 그리스도교 예식을 간직해왔다. 사실, 침례는 종종 성사의 효력에 핵심적인 것으로 간주되기도 했고, 라틴 교회에 반대하는 몇몇 논쟁가는 서방 교회가 성수를 뿌려 집행하는 세례의 효력을 문제 삼기도 했다. 침례는 사실 세례의 의미를 드러내주는 징표 그 자체이다. 카바질라스는 이렇게 쓰고 있다.

> "물은 하나의 생명을 파괴하고 다른 생명을 드러내준다. 물은 옛 사람을 침몰시키고 새 사람을 떠오르게 한다."[20]

"침몰"은 침례가 아니고선 적절하게 표현될 수 없다.

카바질라스가 말한 것처럼, 성령은 세례를 통해 사탄의 종살이에서 해방된 된 인간으로 하여금 "영적 에너지를 가진 생동하는" 인간이 될 가능성을 제공해준다.[21] 우리는, 비잔틴 교부들의 신학이 항상 승인해 온, 성령의 은사들과 인간의 자유 사이의 관계를 보았다. 인간의 구원은 "인간의 본성"만 아니라 또한 인간 각자가 개인적으로 자유롭게 그리스도에 의해 "총괄된" 새 창조 안에서 자신의 자리를 찾게 될 것임을 함축한다. 전례의 본질로 볼 때, 견진성사를 통해 주어지는 성령의 은사는 결코 세례와 분리될 수 없는 구원의 특별한 차원을 가장 잘 보여주는 징표이다. 이렇게 해서 "그리스도 안에서의 삶"과 "성령 안에서의 삶"은 영성의 서로 다른 두 형태가 아니라 종말론적 신화(deification)로 이끌어가는 동

---

20) *Ibid.*, 9 ; col. 532B.
21) *Ibid.*, III, 1 ; col. 569A.

일한 길의 상호보완적인 측면들이다.

보통 그리스도교에 입문하기 위해 거쳐야하는 단일한 예식으로서 세례성사와 결합되어 있는 견진성사는, 트룰로 공의회(692년) 규범 95항에 열거된 이단들이나 분열된 교회의 몇몇 범주에 속한 이들이 다시 정교회의 품에 돌아올 경우만 분리되어 거행된다. 그러므로 그것의 의미는 불완전한 상황 속에서 다시 말해 정교회의 법적 울타리 밖에서 행해진 그리스도교 세례를 "성령의 선물의 날인(捺印)"을 통해 인정하는 것이다.

3. 고백성사

세례 이후에 범한 죄 때문에 요구되는 교회와의 화해를 함축하는 고백성사는, 동방과 서방에서 동시에 발전되어 왔다. 원래 공식적으로 출교되었거나 출교에 해당하는 행위를 저지른 죄인에게 요구되는 공개적인 행위였던 고백성사는, 특별히 4세기 이후, 점차 죄 용서를 구하는 사제의 기도로 마무리되는, 사적이고 은밀한 고백의 형태를 취하게 되었다. 따라서 고백성사는 수도 공동체에서 폭넓게 실천되었던 사적인 영적 지도와 거의 같아지게 되었다.

비잔틴 세계에서 고백성사의 실천과 그 신학의 발전은 안셀무스의 "만족설"(doctrine of satisfaction)과 같은 법률적으로 해석된 구원론에 전혀 영향 받지 않았으며, 또 종교개혁이나 사제의 권한을 강조한 반종교개혁과 같은 위기들을 만나지 않았다는 점에서 서방에서의 발전과 구별된다.

참회에 관한 교부들과 비잔틴 신학자들의 문헌들은 거의 전체가 금욕적이고 도덕적이다. 회개를 다룬 금욕 저술가 몇몇만이 특별히 형식적인 요구로서의 성사적인 죄 용서를 언급한다. 하지만 이러한 사실이 성사적 참회가 존재하지 않았다는 것을 의미하지는 않는다. 하지만 공식적인 화해가 뒤따라야만 했던 출교의 경우를 제외하면, 성사적 참회는 권장되기는 했을지언정 요구되지는 않았다. 성 요한 크리소스토모스는 참회를 촉구하는 수많은 호소에서 자주 "고백", 즉 증인이나 "교회" 앞에서 자신의 양심을 열어 보이는 것에 대해 언급한다. 하지만 고전적인 성사적 고백을 염두에 둔 것 같지는 않다. 특별히 "참회"를 다루고 있는 9편의 설교에서 그는 오직 단 한 번만 교회를 직접적인 의지처로 삼고 있다.

> "죄를 지었습니까? 그러면 교회로 들어가십시오. 그리고 참회하십시오. … 아직도 옛 사람으로 죄를 짓고 계십니까? (교회로) 들어가십시오. 그리고 참회하십시오. 왜냐하면 교회에서 여러분은 심판자가 아니라 의사를 만나게 될 것이기 때문입니다. 교회에서 우리는 심문을 당하는 것이 아니라 죄의 용서를 받기 때문입니다."[22]

프랑스의 한 교회사가는 정당하게도 이렇게 쓰고 있다.

> "거의 모든 비잔틴 사람들은 적어도 속세에서는 아주 드물게만 고백성사를 받는다. 왜냐하면 수도원에서 고백이 매우 규

---

22) *De penitentia*, III, 1, PG 49, 292.

칙적으로 행해지기 때문이다. 평신도가 자신의 영적 아버지와 나눈 양심의 내비침을 고백 성사(confession)라 불러야 하는가, 아니면 영적 지도라 불러야 하는가? 수도원에서는 이 두 실천행위가 어느 정도 혼동되었기에 거의 언제나 동시에 행해졌다."[23]

금욕 문학이나 교회법 문헌은 죄를 범하거나 고백했을 때 그 죄를 갚기 위한 출교 기간, 참회의 큰 절의 횟수, 징벌을 대신하는 선행 등 참회의 절차에 대해 강하게 언급하고 있다. 그러나 공식적인 출교로 이어지는 살인, 배교, 간음 등 "치명적인 죄들"을 제외하면, 사제의 죄 용서 선언이 참회의 행위를 확정짓는데 필수적인지는 분명치 않다. 오히려 많은 자료들은 서품 받지 않은 수도사들이 행한 사죄 기도에 대해 묘사하고 있기도 하며[24], 이러한 실천은 오늘날까지도 동방의 수도원에서 살아있다.

비잔틴 『기도 예식서』(Euchologion)들과 참회 규칙서들에서 발견되는 다양한 사죄문은 모두가 기도의 형태를 띠고 있다.[25] 알마조프는 이렇게 쓰고 있다. "동방에서는 죄 용서가 언제나 기도로 표현되었고, 선언적 형식을 취할 때도 죄 사함은 하느님께 속하는 것이라는 점을 함축하고 있었다."[26] 몇몇 그리스와 슬라브 예식서

---

23) J. Pargoire, *L'Eglise byzantine de 527 à 847*, (Paris : Lecoffre, 1923), p. 347.
24) *Ibid.*, p. 348.
25) 가장 오래된 필사본은 10세기 것이다. 그리스어와 슬라브어로 된 고백 성사 예식들의 가장 훌륭한 모음집은 다음과 같다. A. Almazov, *Tainaia Ispoved'v provoslavnoi vostochnoi tserkvi*, vol. III, (Odessa, 1894)
26) *Op. cit.*, I, pp. 149-150.

에 도입된, "무익한 종인 나는 …. 용서하고 사면합니다. …"라는 선언형식은 사실 스콜라 시대 이후 라틴 세계에서 들어온 것들로, 비잔틴 전례가 라틴 방식으로 변형된 몇몇 요소들 중 하나이다.

 앞에서 살펴 본 것처럼, 비잔틴 신학자들은 고백 성사를 교회의 "신비들"(mysteria)에 포함시키는 것에 대해 매우 주저했고 그래서 그것을 종종 수도서원예식이나 성유성사와 함께 분류하곤 했다. 하지만 15세기 경, 죄 용서의 기도를 포함하는, 사제에게 드리는 사적인 고백성사가 평신도들 사이에 흔히 있는 일이 되었고, 수도원에서는 서품 받지 않은 수도사에게 드리는 고백도 가능했다. 신학에 있어서나 구체적인 실천에 있어서나 이렇게 명료하지 않았던 것은 또한 긍정적인 결과를 낳기도 했다. 고백과 참회는 무엇보다도 영적 "치유"의 한 형태로 해석되었다. 사실, 동방 그리스도교 인간학에서 죄는 무엇보다도 먼저 하나의 "병", 하나의 "정념"(passion)이다. 비잔틴 신학자들은, 모든 주교가 계승하는 베드로의 열쇠라는 특권과 교회가 소유하고 있는 죄 사함의 사도적 권능을 부정하지 않으면서도, 죄를 단순히 심판과 징벌과 용서의 대상인 법률적 범죄의 개념으로 축소하려는 유혹을 물리쳤다. 그들은 또한, 죄인은 무엇보다도 먼저 사탄의 포로이며, 따라서 치명적인 병에 걸려 있는 사람이라고 생각했다. 이것이 바로 고백과 참회가 적어도 이상적으로는 심판이라기보다는 해방과 치유로서의 특징을 보존할 수 있었던 이유였다. 그로부터 다양한 형태와 실천이 나온다. 그리고 이 다양한 형태와 실천들은 어떤 고정된 신학적 범주 안에 가두어 둘 수 없다.

4. 결혼 성사

비잔티움의 신학적, 전례적, 교회법적 전통은 끊임없이 에페소 5장의 가르침에 기초하여 그리스도교적 결혼의 절대적 유일성을 주장한다. 성사 혹은 "신비"(mysterion)로서 결혼은 그리스도와 교회, 야훼와 이스라엘의 연합을 반영한다. 그러한 의미에서 결혼은 죽음조차도 갈라놓을 수 없는 영원하고 유일한 관계이다. 성사적 본질로 볼 때, 결혼은 육체적 결합이나 법적이고 계약적인 결합을 거룩하게 변모시키고 또 초월한다. 인간의 사랑은 영원한 하느님 나라 안에 투사된다.

이것이 바로 결혼에 대한 그리스도교의 기본적 관점이며, 이것은 10세기까지만 해도 과부나 홀아비, 혹은 이혼한 사람의 두 번째 결혼이 교회에서 결코 축복 받지 못했던 이유를 잘 설명해준다. 고백자 니케포로스(806-815)의 것으로 알려져 온 한 교회 규범은 신랑 신부가 화관을 쓰는 비잔틴 결혼 예식의 특징적인 관습에 대해 다루고 있는데, "두 번째 결혼하는 사람은 화관을 쓰지 않으며 2년 동안 순결한 교회의 성사들을 받을 수 없다. 세 번째로 결혼하는 사람은 5년 동안 출교 당한다."[27]라고 쓰고 있다. 성 대 바

---

27) 카논 2항. *Syntagma kanonôn*, IV, edd. G. Rhalles and M. Potles (Athènes, 1854), p. 457. 비잔틴 교회의 결혼에 대한 규범들에 관해서는 다음을 보라. J. Zhishman, *Das Eherecht der orientalischen Kirchen* (Vienne, 1864) ; K. Ritzer, *Le mariage dans les églises chrétiennes, du Ier au XIe siècle* (Paris : Cerf, 1970), pp.163-213 ; J. Meyendorff, *Marriage, an Orthodox Perspective* (New York : St. Vladimir's Seminary Press, 1971).

실리오스 규범[28]을 재확인하고 있는 이 본문은 두 번째, 세 번째 결혼이 오직 시민법 상으로만 가능했다는 것을 전제한다. 실제로 결혼을 축복하는 예식은 보통 성찬 예배 중에 행해졌고, 신랑 신부는 곧바로 그리스도의 몸과 피를 받아 모셨다. 그런데 재혼의 경우는 일시적 출교의 치리를 받기 때문에, 교회가 이에 참여하거나 축복하는 것은 구조적으로 불가능했다. 그리스도교의 규범에 따른 결혼의 유일회성이라는 특징은 비잔틴 교회법이 성직자들에게 그것을 강력하게 요구하고 있다는 사실에 의해서도 입증된다. 교회 규범은 두 번 결혼한 사람이나 과부 혹은 이혼한 여자와 결혼한 남자는 보제나 사제가 될 수 없다고 못 박고 있다.[29] 하지만 설사 두 번째, 세 번째 결혼을 한 뒤라도, 평신도는 참회하면서 성사를 떠나 있는 일정 기간이 지난 후 다시 교회에 완전하게 받아들여진다. 평신도들의 경우, 외로움을 참아내기 어려웠을 때나, 첫 번째 시도가 좌절되었기에 참된 그리스도교적 결혼을 성취할 수 있는 두 번째 기회를 원할 때, 교회는 이를 이해하고 관용으로 받아들인다. 비잔틴 전통이 일정한 참회의 실천이라는 틀 안에서 재혼 문제를 언급하고 있다는 것은 분명하다. 성사로서 결혼은 하느님의 은총을 선물로 받는다. 하지만 이 은총이 효력을 나타내기 위해서는 인간의 협력이 필요하다. 모든 성사가 다 그렇지만 세례는 특별히 이러한 협력을 요구한다. 세례의 열매들은 죄로 인해 흩어져 사라질 수도 있고 또 참회를 통해서 되찾을 수도 있다. 인

---

28) 특별히 카논 4항과 50항 ; Rhalles-Potles, *op. cit.*, pp. 102, 203.
29) 5-6차 공의회(트룰로 공의회), 카논 3항 ; *ibid.*, II, pp. 312-314.

격적인 이해와 심리적인 적응을 전제하는 결혼의 경우, 비잔틴 전통은 배우자의 죽음이나 부재의 경우 독신을 "견딜 수" 없는 사람에게는 독신이 재혼보다 더 큰 악이 될 수 있다는 것을 인정하고 첫 번째 결혼의 실패 가능성을 받아들인다.

이혼의 가능성은 비잔틴 시민법에 의해 항상 보장되어 왔다. 교회와 국가의 "조화" 안에서 이 이혼의 가능성은 그 누구에 의해서도 부정되지 않았다. 이러한 상황을 "황제교황주의"(caesaropapism)로 설명할 수는 없다. 비잔틴 교회에는 복음에 위배되는 제국의 전제정치, 사회적 불의와 같은 악을 통렬하게 비판했던 성인들이 많이 있다. 성 요한 크리소스토모스, 스투디오스 수도원의 성 테오도로스, 총대주교 폴리에프크토스(956-970) 등은 두려워하지 않고 국가 권력과 맞섰다. 하지만 이들 중 누구도 이혼을 인정하는 법리를 반대하지 않았다. 그들은 이혼이 타락한 세상에서 살아가는 인간에게는 피할 수 없는 차악이라고 생각했다. 타락한 세상에서 사람은 은총을 받아들일 수도 거부할 수도 있으며, 또 불가피하게 죄를 짓지만 또 참회가 가능하며, 그래서 교회의 역할이 복음의 가르침을 타협하는 것은 아니지만 그럼에도 인간의 나약함에 대한 연민과 자비를 보여주는 것이어야 한다고 그들은 생각했다.

비잔틴 교회의 이러한 태도는 교회와 국가의 최우선적인 기능이 명확하게 구분되는 한 공식적으로 오랫동안 유지될 것이다. 교회는 하느님 나라를 인간의 삶 속에 구현하고, 국가는 차악을 선택하고 법적 수단을 통하여 질서를 유지함으로써 타락한 인류를 조직해 나가는 것이 그것이다. 그런데 황제 레온 6세(+912)가 모든 결혼은 공식적으로 교회를 거쳐야 적법해지도록 하는 그의 법령 89항을 발표했을 때, 결혼과 관련해서 이러한 본질적인 구별은 적어도 실천적으로는 사라져 버렸다.[30] 이로써 자유 시민들에게는 하나의 합법적 가능성으로서의 시민법상의 결혼은 사라져 버렸다. 곧이어 알렉시스 1세 콤네누스 황제는 자연스럽게 노예들에게도 교회에서의 결혼을 의무적인 것으로 만들었다. 이러한 제국의 행위는 이론적으로는 모든 시민들의 결혼을 관장하고 조정하는 역할을 교회에 부여했다. 이렇게 해서 교회는 모든 피할 수 없는 타협에 대해 직접적인 책임을 지게 되었다. 이 타협은 그때까지만 해도 시민법상의 결혼과 이혼 가능성에 의해 해결되어 왔었다. 따라서 교회는 우선적인 참회의 절차들을 적용시킬 능력을 상실했다. 만약 교회가 결혼에 법적인 권위를 제공해 주게 된다면, 교회는 또한 이러한 새로운 책임성이 포함하고 있는 법적인 난제들을 해결하지 않으면 안 되었다. 이렇게 해서 교회는 이전까지는 시민법정만이 선언할 수 있었던 "이혼"과 "재혼"을 허락하기 시작하였다. 왜냐하면 그러한 "재혼"이 없을 경우에는 두 번째, 세 번째 결합은 아무런 법적 정당성을 지니지 못하기 때문이었다. 하지만 교회는 920년 공의회를 통해서 네 번째 결혼부터는 완전히 불법적인 것으로 만드는데 성공했다.[31] 그러나 다른 점에 대해서는 타

---

30) *Les nouvelles de Léon VI le Sage*, ed. A. Dain (Paris : Belles Lettres, 1944), pp. 294-297.
31) Rhalles-Potles, *Syntagma*, V, pp. 4-10.

협하지 않을 수 없었다.

하지만 교회는 적어도 원칙적으로는 첫 번째 결혼과 재혼 사이에 본질적인 차이를 두어 왔다. 두 번째, 세 번째 결혼을 위해서는 성찬 예배와는 구별되는 참회적 성격의 특별한 예식을 도입했다. 두 번째, 세 번째 결혼은 정상적인 것으로 인정되지 않았고, 따라서 그 성사적 가치는 감소되었다. 결혼에 대한 비잔틴 신학과 중세 라틴 신학의 가장 극적인 차이는 비잔틴 사람들이 그리스도교적 결혼의 유일회성과 부부관계의 영원성에 부여하는 중요성에 있다. 비잔틴 사람들은 그리스도교적 결혼을 배우자의 사망에 의해 저절로 해지되는 하나의 법적 계약으로 인식하지 않았다. 과부나 홀아비, 또는 이혼한 사람의 재혼은 단지 하나의 관용일 뿐, 적극적인 승인을 의미하는 것은 결코 아니었다.

이것은, 제국의 다양한 법령이 이에 해당하는 경우들을 열거하고 있는 바, 참회와 재혼이 오직 이전의 결혼이 실제적으로는 존재하지 않았던 것으로 간주될 수 있는 경우의 남녀에게만 허용되었다는 것을 의미한다. 그 사이 서방의 라틴 교회는 법적인 정신 때문에 이혼에는 관대하지 않았지만 과부나 홀아비가 된 경우에는 제한 없이 재혼을 허용했다. 이러한 실천적 관습은 배우자가 살아있는 한 계약은 해지될 수 없다는 법적 관념에 의해 더욱 강화되었다. 하지만 만약 결혼이 성사라면, 결혼은 하느님 나라의 영원한 관계로서 제시되어야 하고 또한 다른 모든 성사처럼 결혼 또한 인간의 자유로운 응답을 요구하며 거부와 인간적 오류의 가능성을 포함하고 있어야 한다는 사상을 라틴 사람들은 무시했었던 것 같다. 죄스러운 거부나 인간적 오류를 범한 후에도, 참회는 언제나 새로운 출발을 가능케 해준다. 바로 이것이 초대 그리스도교와 비잔틴 교회의 이혼에 대한 관용의 신학적 토대이다.

5. 치유와 죽음

매우 자주 고백 성사와 하나의 성사로 다뤄졌던 "성유성사"(holy unction) 예식은 16세기 이후 몇몇 동방 그리스도교 지역을 제외하면 적어도 죽어가는 자들에게만 행해지는 "종부성사"(extreme unction)는 아니었다. 비잔티움에서 성유성사는 이 성사의 성서적 토대로 간주된 야고보서 5장 14절 본문에 따라 여러 명의 사제들, 일반적으로는 7명의 사제들이 동시 집전해야 했다. 또한 성서 봉독과 병 치유를 위한 기도가 포함된다. 이 예식 본문들은 이 예식에 대한 마술적 해석의 가능성을 결정적으로 배척한다. 치유는 참회와 영적 구원의 틀 안에서만 필요한 것이지 그 자체가 목적은 아니다. 그 결과가 어떠하든 간에 "기름 바름"은 하느님의 용서 그리고 타락한 인류를 사로잡고 있는 죄-고통-죽음의 악순환에서의 해방을 상징한다. 인간의 고통을 연민하며 고통 받는 지체들을 위해 기도로 하나가 되는 교회는 이 사제들의 중보를 통해 용서와 도움과 영원한 해방을 간구한다. 이것이 바로 성유성사의 의미이다.

몇몇 비잔틴 저자들이 성사로 간주했던 장례 예식도 의미가 다르지 않다. 죽음 안에서도 그리스도인은 세례와 성찬을 통해 참여하고 결합되는 그리스도의 부활하신 몸의 지체이다. 장례 예식 때 교회는 이 진실을 증언하기 위해 다 함께 모인다. 이 진실은 진정 신앙의 눈으로만 볼 수 있는 것이며, 또 하느님 나라를 선취하여 살아가는 두렵고도 놀라운 특권을 소유한 모든 그리스도인은 누구나 이 진실을 알고 있기 때문이다.

16장

감사의 성찬 성사

비잔틴 문명의 두드러진 특징 중 하나는, 삶의 여러 종교적이고 세속적인 측면들과 전례 예식들을 지배해온 뚜렷한 보수주의이다. 하지만 비록 그 의도가 모든 것을 과거에 있었던 대로 보존하고자 하는 것이었고, 성찬 예배의 근본적인 구조가 그리스도교의 초기부터 결코 수정된 적이 없으며, 오늘날까지도 9세기에 주어진 제 형식들을 간직하고 있다 해도, 용어와 몸짓들에 대한 해석은 중대한 변화와 발전을 거듭해 왔다. 이렇게 비잔티움의 전례적 보수주의는 플라톤주의와 도덕주의적 상징주의 속에 사라져 버릴 뻔했던 본래의 "기도의 법"(*Lex Orandi*)을 보존해올 수 있었다. 그것은 그때그때 전례 신학에 있어서, 특별히 니콜라스 카바질라스와 14세기 헤지카스트 신학자들로 하여금 "성사적 실재론"(sacramental realism)을 힘 있게 주장할 수 있도록 해주었다.

1. 상징들, 형상들 그리고 실재

초기 그리스도교와 교부 전통은 "감사의 성찬"(Eucharist)을 그리스도와의 참되고 실제적인 친교의 신비로 생각했다. 성찬에 대해 말하면서 성 요한 크리소스토모스는 언제나 "그리스도는 지금 여기에 여전히 현존하시며 역사하신다."는 사실을 강조했고[1], 니싸의 성 그레고리오스는 플라톤주의적 경향에도 불구하고 성찬을 동일한 방식으로, 말하자면 그리스도의 영화롭게 된 몸에 실제적으로 참여하는 것이며 불멸성의 씨앗이라고 보았다.

> "그리스도는, 은총을 베푸시어 빵과 포도주로 실존하는 이 몸을 통해, 자기 자신을 각 신자들에게 나누어 주시고, 자기 자신을 각 신자들의 몸과 연합시키시며, 불멸하시는 분과의 이 연합을 통해서 인간도 불멸성을 나누어 가질 수 있도록 보장하신다. 그리스도는 은총으로 이 선물들을 주시며, 이 가시적 사물들의 자연적 특질들을 불멸의 사물로 변형시키신다.(*metastoicheiôsis*)"[2]

각 그리스도인은 끊임없이 이 불멸과 연합의 원천에 참여하려고 노력해야 한다. 성 대 바실리오스는 이렇게 쓰고 있다.

> "매일 그리스도의 몸과 피에 참여하고 그것을 나누는 것은 선하고 유익하다. 왜냐하면 그리스도께서 '내 살을 먹고 내 피

---

[1] *Hom. sur II Tim.* 2, 4, PG 62, 612.
[2] *Catechetical Oration*, 37 ; éd. J.H. Strawley, Cambridge, 1956, p. 152.

를 마시는 사람은 영원한 생명을 누릴 것'(요한 6:54)이라고 분명히 말씀하셨기 때문이다. 누가 과연 수시로 생명에 참여하는 것이 생명의 풍요가 아니라고 의심하겠는가! 실제로 나는 일요일, 수요일, 금요일, 토요일 등 일주일에 네 번 성찬에 참여하며, 성인을 기념하는 다른 날에도 그렇게 한다."[3]

이러한 실재적이고 실존적인 성찬 신학은, 앞에서 이미 살펴보았듯이[4], 콘스탄티노스 시대 이후 교회의 사목적 필요성에 의해 조정될 필요가 있었다. 대성당에 모인 엄청난 회중들 때문에 평신도들의 참여는 축소되지 않으면 안 되었다.

이러한 변화를 가져온 사목적 관심들이 적어도 부분적으로는 정당한 것이었다고 밀어붙일 수도 있을 것이다. 성찬의 종말론적 의미는 "세상"으로부터의 물러섬, 헌신적인 신자들로 구성된 "닫힌" 공동체를 함축했기 때문이다. 콘스탄티노스와 유스티니아노스 황제 치하에서 교회와 세상이 단 하나의 사회로 융합되어 버린 후부터, 교회는 "하느님의 백성"이라 보기 힘든 "대중"들로부터 성찬을 보호해야만 했을 것이다. 하지만 이런 새로운 상황에 대한 신학적 합리화는 더욱 논란거리가 되었다. 이런 상황은 성찬을 묵상되어야 할 "상징들"(symbols)의 체계로 설명하고자 했던 여러 전례 주석가들에 의해 변호되었다. 이렇게 해서 성사에 참여하는 것

---

3) *Letter* 93 ; ed. R. J. Deferrari, *The Loeb Classical Library* (Londres, 1928), vol. 2, p. 145.

4) 1장을 참고하라. 또 비잔틴 성찬 전례의 신학과 실천에 관한 훌륭한 검토로는 다음을 보라. H. J. Schulz, *Die byzantinische Liturgie-Von Werden ihrer Symbolgestalt*, Lambertus-Verlag, Freiburg im Breisgau, 1964.

은 점점 지성적 관상(intellectual vision)으로 대체되었다. 그렇다고 이러한 새로운 태도가, 종교라는 것은 정신이 하느님을 향해 상승하는 것이고 전례 행위들은 이것의 상징일 뿐이라고 생각하는 오리게네스와 에바그리오스의 개념들과 전적으로 어울린다고 말해서는 안 된다.

위(僞) 디오니시오스의 저작들은 성찬에 대한 이러한 상징적 이해의 발전에 엄청난 영향을 주었다. 성찬 "모임"(synaxis)을 하나의 윤리적 호소로 환원함으로써 아레오파고의 디오니시오스는 독자들을 보다 "높은" 관상에로 초대한다.

> "이미 말했듯이 지성소 입구에 훌륭하게 그려진 이 표시들은 불완전한 자들에게 남겨두자. 그들은 그것들을 묵상하는 것으로 만족할 것이기 때문이다. 하지만 우리는, 이 거룩한 성찬 모임을 생각할 때, 결과들로부터 그 원인들로 돌아서자. 예수가 우리에게 주신 빛들로 말미암아 우리는 조화롭게 그 원형들의 복된 선하심을 반영하는 지성적인 실재들을 묵상할 수 있게 될 것이다."[5]

이렇게 성찬은 보이지 않는 "원형"의 가시적 "결과"일 뿐이며, 집전자는 "예수 그리스도를 우리가 볼 수 있도록 봉헌함으로써, 감각적으로 또 형상을 통해서, 우리의 지성적 생명을 우리에게 보여준다."[6] 디오니시오스에게 "성찬 예식과 성사적 교제의 가장 숭

---

5) *Eccl. Hier.* III, 3, 1-2, PG 3, 428AC.
6) *Ibid.*, III, 13, col. 444C ; 이 본문에 대한 우리의 주석을 보려면 다음을 참고하라. *Christ in Byzantine Theology*, pp. 79-80.

고한 의미는 우리의 영이 하느님과 또 그리스도와 연합하는 것을 상징하는 것이다. … 디오니시오스는 결코 성찬 교제를 그리스도의 살과 피에 참여하는 것으로 뚜렷하게 제시하지 않았다."[7]

디오니시오스의 상징주의(symbolism)는 성찬 예식을 표면적으로만 다루고 있음에도 불구하고 전례 주석가들 사이에서 아주 유행이 되었다. 이렇게 해서 고백자 성 막시모스는 비록 디오니시오스보다는 훨씬 더 실재적인 의미로 "상징"이란 개념을 사용했지만 어쨌든 "상징"이나 "형상"이란 용어를 일반적으로는 성찬 예식 전체에, 특별하게는 빵과 포도주에 체계적으로 적용했다.[8]

성찬에 대한 상징주의적 해석은 8세기 비잔티움에서는 처음이었던 심각한 성찬 신학 논쟁에 이르게 되었다. 754년 이콘파괴주의를 지지했던 공의회는 종교적 형상들의 사용을 정죄하면서 허용될 수 있는 유일한 그리스도의 "형상"(image, icon)은 그리스도 자신이 제정하신 감사의 성찬의 살과 피라고 선언했다.[9] 오랜 전통에 바탕을 둔 분명하고도 극단적인 이 주장은 정교 신앙에 대한 진정한 도전이었다. 다시 한 번 아레오파고 디오니시오스의 모호성이 분명하게 드러났고 따라서 상징주의를 명확하게 정리할 필

---

[7] R. Roques, *L'univers dionysien. Structure hiérarchique du monde selon le Pseudo-Dionysius* (Paris, Aubier, 1954), pp. 267, 269.
[8] 특별히 *Quaestiones et dubia* 41, PG 90, 820A. 막시모스의 전례 신학에 대해서는 다음을 보라. R. Bornert, *Les commentataires byzantins de la divine liturgie du VIIe au XVe siècle*, Archives de l'Orient chrétien, 9 (Paris, 1966), pp. 82-124.
[9] J.D. Mansi, *Sacrorum Conciliorum Nova et Amplissima Collectio* (Florence, 1759), XIII, col. 261D-264C.

요가 생겨났다.

    스투디오스 수도원장 성 테오도로스, 총대주교 성 니케포로스 등과 같은 이콘옹호자들은 위의 주장을 단호하게 거부했다. 테오도로스에게 성찬은 하나의 "유형"(類型, type)이 아니라 "진리" 그 자체이다. 그것은 "하느님의 경륜 전체를 총괄하는 신비"이다.[10] 또 니케포로스에 따르면, 성찬은 몸이 되시고 몸과 함께 영화롭게 되심으로써 인간의 몸을 구원하러 오신 "하느님의 몸"이요, 그리스도의 살과 피 그 자체이다.[11] 그러므로 우리가 성찬 안에서 보듯이 "성령에 의해 축성되는" 몸이 실제의 몸이 아니라면 이 성사에 사용된 물질은 도대체 무엇이란 말인가?[12]

    이콘파괴논쟁은 비잔티움의 "성찬 실재론"(Eucharistic realism)을 디오니시오스의 용어법으로부터 구별하여 그리스도론적이고 구원론적인 길로 되돌려 놓는 결과를 가져왔다. 성찬 안에서 인간은 그리스도의 영화롭게 된 인성에 참여한다. 그것은 "하느님의 본질"이 아니라 인간의 본성과 동일하고 또 음식과 음료로 사용될 수 있는 것이다.[13] 『에브세비오스를 반박함』이라는 글에서 총대주교 니케포로스는, 인간은 성찬 안에서 하느님의 본질을 관상하거나 그 본질에 참여한다고 생각했던 오리게네스를 격렬하

---

10) *Antirrh.* II, PG 99, 340AC.
11) *Antirrh.* II, PG 100, 336B-337A.
12) *Contra Eusebium* ; ed. B. Pitra, *Spicilegium Solesmense*, I, (Paris, 1852), pp. 440-442.
13) Nicephorus, *ibid.*, p. 446.

게 비판했다.[14] 후세 비잔틴 신학자들과 마찬가지로 니케포로스에게 성찬은 그리스도의 인간적 몸으로 변화된 몸, 생명을 주는 몸, 말씀의 위격에 연합되고 하느님의 "에너지"에 의해 관통된 몸이다. 성찬을 다룸에 있어서 비잔틴 신학자들이 "우시아"(ousia, 본질)라는 범주를 결코 사용하지 않았다는 점은 특징적이다. 비잔틴 신학자들은 "메투시오시스"(metousiôsis, transsubstantiation, '화체')라는 용어가 성찬 신비를 표현하기에는 아주 부적절하다고 평가했다. 그들은 오히려 성 요한 크리소스토모스의 성찬 기도문에 나오는 "메타볼레"(metabole)라는 개념이나 "메타스티키오시스"(metastoicheiôsis, trans-elementation)나 '메타리뜨미시스'(metarrythmisis, re-ordination)과 같은 역동적 개념을 사용했다.

"메투시오시스"(metousiôsis)는 13세기의 "라틴적 경향의" 저술들에만 등장한다. 이 용어는 라틴어의 문자적 번역일 뿐이다. 이 용어를 사용한 첫 번째 정교 저자는 게나디오스 스콜라리오스이지만 그의 경우도 라틴적 영향은 분명하다.[15] 성찬은 외적으로 "관상할" 상징도 아니며 인성과 구별되는 "본질"도 아니다. 그것은 예수님 자신이며, "빵을 떼어주실 때"(루가 24:35) 분명하게 깨닫게 된 부활하신 주님이시다. 비잔틴 신학자들이 그리스도의 영화된 인성의 현존, 감사의 성찬에서의 현존에 대해서 실재론적이고 구원론적인 확신 이상으로 사변을 밀어붙인 것은 매우 드물었다.

---

14) Ibid., p. 468-469.
15) De Sacramentali corpore Christi ; edd. L. Petit - M. Jugie, I (Paris : Bonne Press, 1928), I, pp. 126, 134.

비잔틴 신학자들이 성찬을 "형상"이나 "상징"으로 이해하기를 거부했다는 것은 성찬 이해에 있어서 아주 중요하다. 그들에게 성찬은 언제나 본질적으로 음식과 음료의 형태로 받아 모셔야 하는 "신비"이지 "육체의" 눈으로 "바라보아야" 하는 것은 아니었다. 축성과 성찬 분배의 순간을 제외하고는 그 성찬 요소들은 신자들에게 숨겨진다. 중세 서방의 신심과는 반대로 성찬은 성찬 전례의 틀 밖에서는 결코 경배되지 않는다. 성찬은 눈에는 아무 것도 드러내주지 않는다. 그것은 단지 천상의 빵일 뿐이다. 눈을 위해서는 "이콘"이라는 다른 계시 수단이 있다. 이것이야말로 눈으로 보고 공경하도록 전시된, 성인들과 그리스도의 형상을 묘사한 비잔틴 이콘의 계시적 의도이다. 레오니드 우스펜스키는 이렇게 쓰고 있다.

> "그리스도는 거룩한 성체 성혈 안에서는 보는 것이 아니라 먹는 것으로 자신을 내주셨다. 반면 그리스도는 이콘을 통해서는 보이신다. 성찬의 가시적 측면은 어떤 묵상이나 성체조배 같은 것으로 대체될 수 없다."[16]

이콘파괴주의 논쟁의 결과, 비잔틴 성찬 신학은 교회의 중심이 되는 이 전례 행위의 신비와 비밀을 유지하고 재확인했다. 하지만 그것은 다시 한 번 성찬이 본질적으로 먹고 마심으로써 참여할 수 있는 "양식"이라는 사실을 분명하게 해주었다. 왜냐하면 하느님은 우리의 인성을 부활로 이끄시기 위해, 심리적이고 육체적인 모

---

16) "The problem of the Iconostasis", in *St. Vladimir's Seminary Quarterly*, vol. 8, (1964), N. 4, p. 215.

든 기능을 포함하는 인성 전체를 수용하셨기 때문이다.

비잔틴 신학자들은 "누룩 없는 빵"(azyme, 무교병)의 사용에 반대하는 반(反) 라틴 논쟁에서 이를 다시 한 번 보여주었다. 11세기에 시작된 무교병에 관한 논쟁들은 자주 순전히 상징적인 논거들로 채워지곤 했다. 그리스인들은 예를 들어 성찬 빵은 그리스도의 "생동하는" 인성을 상징하기 위해 발효되어야만 하며, 무교병을 사용하는 라틴 관습은 아폴리나리우스주의, 즉 그리스도가 인간의 영혼을 가지고 있다는 것을 거부하는 생각으로 이어진다고 주장했다. 하지만 논쟁은 중세 라틴 신앙이 성찬 빵의 "초본질성"(supersubstantiality)을 강조하고 또 그것이 다른 세상에 속하는 것임을 강조한 반면, 비잔틴 사람들은 성찬 빵을 오직 인성과 "동일본질인"(consubstantial) 것으로 이해한다는 것을 인정했다. 일상적으로 먹는 빵과 유사한 보통의 빵을 사용하는 것은 참된 성육화를 상징했다. 니케타스 스테타토스는 이렇게 묻는다.

> "(주님의 기도에 나오는) 일용할 양식이 우리와 동일 본질인 것이 아니라면 무엇인가? 우리와 동일본질인 빵은 육체를 취하셔서 우리와 동일한 본질을 가지신 그리스도의 몸 이외에 그 어떤 것도 아니다."[17]

비잔틴 사람들은 빵의 본질이 감사의 성찬 신비 안에서 그리스도의 몸이라는 다른 본질로 변화된 것이라 보지 않았다. 그들은 오히려 이 빵을 인성의 "유형"(type), 그리스도의 변모된 인성으로

---

17) *Dialexis et antidialogus* ; ed. A. Michel, Humbert und Kerullarios, II (Paderborn : Quellen und Forschungen, 1930), pp. 322-323.

변화된 우리의 인성으로 보았다.[18] 이런 까닭에, 인간을 "독립적" 존재로 이해한 인문주의자들과 "신화"를 변호한 헤지카스트들의 14세기 신학 논쟁에서도 성찬 신학은 그토록 중요한 역할을 했던 것이다. 비록 오래된 디오니시오스의 상징주의를 붙잡고 있었음에도 불구하고, 니콜라스 카바질라스는 유명론적(nominalism) 위험들을 극복할 수 있었다. 성 그레고리오스 팔라마스와 마찬가지로 그는 감사의 성찬이 그리스도의 생명을 "표상하고" 우리에게 관상의 대상으로 그것을 제공해줄 뿐만 아니라, 그리스도의 신화된 인성이 우리의 것이 되게 해주는 순간이요 장이기도 하다. 카바질라스는 이렇게 쓰고 있다.

> "그리스도는 우리의 존재 전체와 연합되시서 우리를 통째로 관통하여 우리와 자신을 하나가 되게 하시기 위해 몸뿐만 아니라 영혼, 정신, 의지 등 인간적인 모든 것을 수용하셨다. … 우리가 스스로 그분께 올라갈 수 없었고 그분의 것들에 참여할 수 없었기 때문에, 그리스도가 우리에게로 내려오셨고 우리의 것들에 참여하셨다. 그리스도는 수용하신 것들을 자신과 조화롭게 만드셨고, 그래서 우리에게서 받으신 것을 다시 우리에게 되돌려주심으로써 그 자신을 우리에게 내어주신다. 그분의 인성의 살과 피를 나눔으로써 우리는 하느님의 살과 피와 영혼과 정신과 의지 등 그야말로 하느님의 인성,

---

18) 무교병에 관한 논쟁의 이러한 측면은 다음에 잘 설명되어 있다. J. H. Erickson, "Leavened and Unleavened ; some theological implication of the Schisme of 1054", in *St. Vladimir's Theological Quarterly*, vol. 14 (1970), n. 3, pp. 155-176.

즉 하느님 자신을 우리의 영혼 안에 모시게 되는 것이다."[19]

비잔틴 신학에서의 감사의 성찬에 대해 마지막으로 언급할 것은, 신비에 대한 인간학적이고 구원론적인 이해이다.

"성찬에 대해 생각할 때, 비잔틴 사람들은 빵 그 자체로서의
빵이 아니라 인간으로서의 빵에서 시작한다."[20]

빵과 포도주는 오직 말씀이 인성을 수용하셨기 때문에 봉헌되는 것이고, 그리스도의 인성이 십자가와 부활을 통해서 영광스럽게 변화되셨기 때문에, 그것들은 성령의 역사를 통해서 변화되고 신화된다. 이것이 카바질라스의 사상이며 또한 성 요한 크리소스토모스의 성찬 기도의 의미이다.

"또한 우리가 온당하고 피 흘림이 없는 이 예배를 주께 드리며 주의 이름을 부르고 주께 기도하며 간구하나이다. 우리와 이 예물 위에 주의 성령을 보내시어 이 빵이 주 그리스도의 고귀한 몸이 되게 하소서. 아멘. 또한 이 잔에 들어 있는 것이 주 그리스도의 고귀한 피가 되게 하소서. 아멘. 당신의 성령으로 이 변화가 이루어지이다. 아멘 아멘 아멘. 이것을 받아 모시는 이들이 단죄 받지 않게 하시고, 이들에게 영혼의 정결과 죄의 사함을 주시고, 성령이 임하게 하시고, 이들이 당신의 나라에 들어갈 수 있게 하시고, 당신 앞에 떳떳하게 나아 갈 수 있게 하소서. …"

---

19) *De vita in Christo*, IV, 9, PG 150, 592D-593A.
20) J. H. Erickson, *op. cit.*, p. 165.

카바질라스에게 감사의 성찬은 새 인류의 가장 탁월한 성사이다.

> "감사의 성찬은 다른 성사들을 완전케 하는 유일한 성사이다.
> … 왜냐하면 감사의 성찬이 없이는 그리스도교에 입문하는
> 것이 완전해 질 수 없기 때문이다."[21]

그리스도인들은 "성찬에 '끊임없이' 참여한다. 왜냐하면 성찬은 모든 목적을 완전케 하는 성사이며, 성찬을 나누는 사람들은 그 어떤 것도 부족한 것이 없기 때문이다."[22] 성찬은 또한 "찬양으로 가득 찬 혼인예식이며, 이 속에서 거룩한 신랑은 교회를 신부로 맞아들인다."[23] 성찬 성사는 이렇게 하나의 인간 공동체를 "하느님의 교회"로 변화시키며, 그래서 교회 구조의 궁극적 기준이요 바탕이 되는 것이다.

2. 감사의 성찬과 교회

성찬의 교회론적 의미는, 비록 성찬을 사람의 눈으로 관상하는 "상징들"의 체계로 해석하려는 헬레니즘적 개념에 의해 도전받기도 했지만, 언제나 비잔티움의 "기도의 법"(*lex orandi*)에 의해 유지

---

21) *De vita in Christo*, IV, col. B ; 참고. Gregory Palamas, *Confession of Faith*, PG 151, 765.
22) *Ibid*., 11, PG 151, 596C.
23) *Ibid*., 10, PG 151, 593.

되어 왔고 전통적인 신학의 주요 흐름을 따랐던 사람들에 의해 재확인되곤 했다. 앞에서 살펴보았듯이, 무교병 논쟁은 비잔티움 쪽에서는 성찬이 우리의 타락한 인성이 새 아담이신 그리스도의 영화된 인성으로 변화되는 빠스카 신비였음을 의미하는 것이었다. 이 영화된 인성은 교회의 몸 안에서 실현된다. 비잔틴 성찬 이론의 인간학적 전제들은 필연적으로 인간의 협력(synergy)과 통일성(unity)이라는 개념을 내포하는 것임에 틀림없다.

그리스 교부들의 이 협력 교리의 전망 속에서, 우리는 왜 비잔틴 신학이 성찬 전례의 "에피클레시스"(epiclesis, 성령초대기도)에 대해 그토록 강조했는지 알 수 있고, 또 14, 15세기 그리스 신학자들과 라틴 신학자들 사이에 벌어졌던 다른 논쟁들도 이해할 수 있게 된다. 성 요한 크리소스토모스의 성찬 기도문과 다른 동방 전례에 포함된 성령 초대 기원문은 감사의 성찬 "신비"가, "또한 우리가 … 주께 기도하며 간구하나이다"라는 문장에서 보듯이, 교회 전체의 기도에 의해 완성된다는 것을 함축한다. 그렇다고 해서 이러한 인식이 라틴 신학자들이 강조하듯이 제정의 말씀을 선언함으로써 주교나 사제가 "그리스도를 대신하여"(in persona Christi) 행동한다는 사상을 반드시 배제하는 것은 아니다. 하지만 이러한 인식은 성사를 완성시키는 사제적 "권능"을 기도하는 교회의 몸 전체의 한 기능으로 해석함으로써 이 사상의 배타적 특성을 제거한다.

『거룩한 성찬 전례에 대한 해설』의 유명한 구절에서 카바질라스는 성령초대 기원을 변호하면서 모든 성사가 "기도를 통해서" 완성된다는 것을 정당하게 상기시켰다. 그는 명시적으로 성유의 축성, 서품 성사의 기도, 죄 사함의 기도, 성유 성사의 기도 등을 인용한다.[24] 테살로니키의 성 시메온도 세례에 대해서 동일한 통찰을 보여주고 있음을 우리는 살펴보았다. 그래서 카바질라스는 이렇게 쓰고 있다. "교부들의 전통은 모든 성사, 특히 거룩한 성찬 성사가 '기도를 통해서' 효력을 가진다는 가르침을 사도들과 그 후계자들로부터 전해 받았다."[25] 성사 예식들의 이러한 "간구의" 측면은 성사의 타당성이 집전자의 자질에 의존한다(ex opere operantis)는 교리를 함축하지는 않는다. 카바질라스는 계속해서 이렇게 쓰고 있다.

> "매일 성찬 희생 제사를 집전하는 사람은 단지 은총의 봉사자(minister of the grace)일 뿐이다. 그는 성찬에 자신의 어떤 것도 끌어들이지 않는다. 그는 조금도 자신의 판단이나 자신의 이성으로 행동하거나 말하지 않는다. … 은총만이 모든 것을 움직인다. 사제는 단지 하나의 봉사자이고, 이 봉사의 직분 또한 은총으로 그에게 맡겨진 것이다. 그는 결코 그 봉사의 직분을 자기 마음대로 소유한 것이 아니다."[26]

감사의 성찬에서 충만하게 실현되는 교회의 신비는 기도와 응답, 자연과 은총, 인간적인 것과 신적인 것의 대립과 딜레마를 극복한다. 왜냐하면 그리스도의 몸인 교회는 하느님과 인간의 교제이며, 그 안에는 하느님만 현존하시고 활동하시는 것이 아니라,

---

24) *Commentary on the Divine Liturgy*, 29 ; ed. R. Bornert, J. Gouillard et P. Périchon, SC. 4 bis, (Paris, 1967), pp. 185-187.
25) *Ibid.*, p. 190.
26) *Ed. cit.*, 46, p. 262.

인간 또한 "하느님께 온당하고", 하느님 본래의 뜻에 부합하는 존재가 되기 때문이다. 그러므로 기도 자체는 이미 하나의 교제 행위이며 그것을 하느님이 들어주실 지는 문제조차 될 수 없다. 물론 하느님의 현존을 전적으로 받아들이지 않고 또 이 현존에 부합되게 살고자 하지 않는 한, 충돌, 의심, 분리, 죄 등은 교회의 각 지체들 속에 여전히 남아있게 될 것이다. 그럼에도 현존 그 자체는 "내 피로 맺은 새로운 계약"(루가 22:20)이며 하느님은 이 계약에 언제나 충실하시다. 그러므로 주교와 사제를 비롯한 모든 그리스도인은 개별적으로는 죄인일 뿐이며 그 기도가 반드시 응답되는 것은 아니다. 하지만 "그들이 그리스도의 이름으로 함께 모였을 때", 그들은 "하느님의 교회"를 이루고, 하느님께서 독생 성자와 성령을 통해서 영원히 맺으신 새 계약에 참여한다.

하느님과 인간의 교제이자 "협력"인 감사의 성찬은 "그리스도 안에서" 성부 하느님께 드려지는 하나의 기도이며, 성령의 강림을 통해서 성취된다. 그러므로 오순절 성령 강림이 하느님의 구원 경륜을 완성하는 것처럼, 성령초대 기원은 감사의 성찬 예식의 완성이다. 구원은 언제나 삼위일체적이다. 성찬의 성령론적 차원은 또한 "협력"이라는 개념에 의해서도 전제된다. 성령은 초림과 재림 사이에 있는 세상에서 그리스도를 현존케 하신다. 하느님의 행위는 인류에게 강제되지 않고 인간의 자유로운 수용에 맡겨지며 스스로를 인간에게 내어주심으로써 인간을 진정으로 자유롭게 만드신다.

비잔틴 신학자들은 성찬을 단지 빵과 포도주가 변하는 것으로 생각하지 않고 구원론적이고 삼위일체론적인 신비의 중심이라고 생각해왔다. 디오니시오스의 상징주의와 연대한 비잔틴 신학자들은, 품계화된 헬레니즘적 우주라는 맥락 안에서 성찬을 바라보았고, 또한 인류와 세상의 운명 전체가 걸려있는 신비로운 "관상"에 의해 구현되는 구원 행위의 중심으로 성찬을 인식했다. 인간과 역사에 대해 보다 성서적이고 그리스도 중심적인 이해를 가지고 있었던 비잔틴 신학자들은 성찬을 교회론의 열쇠로 간주했다. 그들에게 교회는 무엇보다도 하느님과 인간이 성찬을 통해 만나는 곳이며, 따라서 성찬은 교회 구조의 기준이며 그리스도인들이 세상에서 하는 모든 행동과 세상에서 짊어져야 할 책임성의 원천이다. 두 경우 모두 성찬은 우주론적이고 교회론적인 차원에서 이해되었고, 이는 비잔틴 성찬 봉헌 형식에 의해서도 확인된다.

"당신의 것인 이 세상의 모든 것 중에서 특히 이 예물을 우리에게 베푸신 모든 은혜에 대한 감사로서 모든 곳에서 당신께 바치나이다."

비잔티움의 "상징적" 성찬 해석들 가운데서 끊임없이 발견되는 사상 중 하나는 성찬 전례가 거행되는 성전이, 변화된 "새 우주"(new cosmos)의 형상이라는 것이다. 이 사상은 많은 초기 그리스도교 저자들에게서도 발견되는데, 이는 나중에 고백자 성 막시모스[27]에게 계승되었고, 마침내 테살로니키의 성 시메온[28]에게 이

---

27) 참고. R. Bornert, *op. cit.*, pp. 93-94.
28) *De sacro templo*, 131, 139, 152, PG 155, 337D, 348C, 357A.

어졌다. 이 사상은 분명 "원"을 중심적인 기하학적 주제로 삼아 콘스탄티노플의 성 소피아 대성당을 건축한 비잔틴 건축가들에게 영감을 주었다. 신플라톤주의 전통에서 "충만"을 상징하는 원은 신에 대한 표준적인 형상이었다. 신의 피조물들이 그 본래의 구상으로 회복될 때, 신은 모든 피조물 안에 반영된다. 성 막시모스는 이렇게 쓰고 있다. "하느님은 피조물들의 발전을 하나의 원 안에 제한시켰고 창조하신 모든 존재의 모델이 되신다." 이어서 이렇게 덧붙인다.

> "거룩한 교회는 하느님의 형상이다. 왜냐하면 하느님이 그렇게 하시듯이 교회도 신자들의 연합을 성취하기 때문이다."[29]

공동체와 건물로서의 교회는 이렇게 새로운 시대, 새 창조의 종말론적 선취, 최초의 통일성 안에 회복된 피조 세계를 표현한다. 물론 막시모스와 같은 신학자는 다가올 세상의 충만을 묘사하기 위해 그 시대의 모델들과 범주들을 사용한다. 그의 성찬 전례 해석은 "전례적 신비로의 입문이라기보다는 전례를 출발점으로 삼는 신비로의 입문이다."[30] 하지만 성찬이 종말론적 완성의 선취라는 사상은 그리스도의 재림을 이미 이루어진 사실처럼 상기시키는 비잔틴 전례의 성찬 기도문에서도 확인된다.

> "이 구원의 계명을 기억하고, 주께서 우리를 위하여 행하신 모든 일, 곧 십자가와 무덤과 사흘 만의 부활과 하늘에 오르시

---

29) *Mystagogia*, I, PG 91, 668B.
30) R. Bornert, *op. cit.*, p. 92.

어 성부 오른 편에 앉으심과 '영광 중에 다시 오심을 기념하여', 당신의 것인 … 당신께 바치나이다."

전례 안에서, 전례의 배경을 구성하고 있는 교회 예술에서, 또 전례에 관한 신학적 주석들에서 분명하게 표현된 성찬 신비의 이 종말론적 특징은, 다른 모든 성사의 기준이며 궁극적인 날인인 성찬 안에서 비로소 교회는 온전하게 "교회"가 된다는 비잔틴 사람들의 믿음을 잘 설명해준다. 감사의 성찬 성사를 "성사 중의 성사"(sancament of sacraments)[31], 다른 성사들의 "초점"[32]이라고 말한 위(僞) 디오니시오스를 따라, 비잔틴 신학자들은 교회 생활에서 성찬이 절대적 중심이라는 것을 확인해왔다. 카바질라스는 이렇게 쓰고 있다.

"그것은 궁극적인 성사이다. 왜냐하면 그 이상 더 나아가는 것도 또 뭐든 이것에 덧붙이는 것도 가능하지 않기 때문이다."[33]

"여러 신비 중에서 감사의 성찬만이 유일하게 그 신비들을 완전케 한다. … 왜냐하면 감사의 성찬이 없다면, 다른 성사들은 온전한 입문이 될 수 없기 때문이다."[34]

테살로니키의 시메온은 이 사상을 개인에게 행해지는 성사에 적

---

31) *Eccl. Hier.* III, 1, PG 3, 424C.
32) *Ibid.*, col. 444D.
33) *De vita in Christo*, IV, 1, PG 150, 581B.
34) *Ibid.*, IV, 4 ; col. 585B.

용했다. 예를 들어 그는 결혼성사와 관련하여 신랑 신부는 "그들의 화관이 존귀하게 되고 결혼이 타당한 것이 되도록 하기 위해 곧 성체 성혈을 수령할 준비가 되어있어야만 한다"고 쓰고 있다. 그리고 그는 성찬 참여가 교회법상 결격 사유로 인해 온전한 결혼성사를 이루지 못하고 단지 "선한 유대관계"(good fellowship)[35])에 머무는 결혼 당사자들에게는 허용되지 않는다고 특별히 지적하고 있다.

거룩한 성찬 전례를 거행하는 모든 지역 교회는, "하나의 거룩하고 보편되고 사도적"이라고 하는, 하느님의 참된 교회의 네 가지 "표지"를 소유한다. 단일성(unity), 거룩성(holiness), 보편성(catholicity), 사도성(apostolicity), 이 네 가지 표지는 어떤 인간적 모임에도 부여될 수 없다. 그것은 하느님의 성령이 하나의 공동체에 부여한 종말론적 징표들이다. 교회가 성찬 위에, 성찬을 중심으로 세워지는 한, 하나의 지역교회는 단순히 하느님의 보편적 백성의 한 "부분"이 아니라, 성찬 안에서 선취되는 하느님 나라의 "충만"이다. 하느님 나라는 결코 "부분적으로" 하나이거나 "부분적으로" 보편적인 것일 수 없다. "부분성"이란, "옛 아담"에 속함으로써 제한적인 존재가 되어버린 구성원들이 이미 "주어진 충만"을 개별적으로 소유하게 될 때 나타난다. 하지만 나뉠 수 없는 거룩하고 영광스러운 그리스도의 몸 안에는 그런 부분성이란 존재하지 않는다.

전례 규칙과 비잔틴 교회법은, 하나 되게 하고 또 보편적이게

---

35) *De sacro templo*, 282, PG 155, 512D-513A.

하는 성찬 전례의 이 특징을 보존하기 위해 노력해왔다. 각 제단에서는 하루에 단 한 번의 성찬만이 집전될 수 있다. 또 사제나 주교는 같은 날 두 번 성찬을 집전할 수 없다. 실현하기 어려운 것임에도 이 규칙은 적어도 명목상으로는 "모두 한 곳에 모인"(사도행전 2:1) 회중으로서의 성찬을 유지하려 애썼고, 이 "모두"는 같은 제단에 같은 주교를 중심으로 해서, 같은 시간에 함께 모인다. 왜냐하면 그리스도도 한 분이요, 교회도 하나요, 성찬도 하나이기 때문이다. 성찬이 모든 교회를 연합시키는 성사라는 사상은, 동방에서 항상 살아있었고, 따라서 특별 미사(Masses of intention)나 독송 미사(low Masses)를 남발하지 않았다. 비잔틴 세계에서 성찬 전례는 언제나 하나의 축제이며, 적어도 원칙상으로는 교회 전체가 참여하는 예배였다.

교회의 단일성(unity)과 전체성(wholeness)을 드러내주는 성찬은 교회 구조의 신학적 표준이다. 비잔티움에서는 성찬을 거행하는 지역 교회가 항상 보편적 조직의 한 "부분"이 아니라, 성사를 통해 드러나며 죽은 자와 산 자를 비롯한 "성인들의 통공"(communion of saints) 전체를 포함하는 "그리스도의 몸 전체"로 이해되었다. 감사의 성찬 성사를 통한 교회의 발현은 그리스도교의 지리적 확장의 필연적인 토대였지만 그렇다고 해서 이 양자가 동일한 것은 아니다. 신학적으로, 성사는 하느님 나라의 종말론적 선취의 징표이자 현실이었다. 이 현실의 필연적인 중심인 주교직은, 보편적인 사도적 협의구조(주교단)의 충원이라는 원리가 아니라, 무엇보다도 지역 공동체 안에서 주교가 수행하는 "대제사장"

으로서의 그 성사적 기능과 관련된 것이고, 이 기능 위에 사목이나 교육과 같은 그 밖의 여타 사역이 바탕을 둔다. 무엇보다도 주교는 성찬 신비 안에서 "그리스도의 형상"(image of Christ)이었다. 주교 신품 예식의 기도문은 이렇게 말하고 있다.

> "오 주님, 우리 하느님이시여, 당신은 섭리로 당신의 제단을 지키도록 우리 중에서 목자를 제정하여 주셨으니, 이는 그들로 하여금 당신의 모든 백성을 위해 희생제사와 봉헌을 드리게 하기 위함이나이다. 주님이시여, 주교좌의 은총의 종으로 선포된 이 사람으로 하여금 참된 목자이신 당신을 본받는 자가 되게 하소서. … "36)

위(僞) 디오니시오스에 따르면, "대제사장"(archiereys)은 품계의 "처음"이자 동시에 "마지막"이며 "모든 품계의 서품을 완성한다."37) 테살로니키의 시메온도 주교좌의 존엄성은 그 성사적 역할에 기인한다고 정의했다. 그에게 주교는 세례, 견진, 성찬, 신품 등 모든 성사를 집전하고, "교회의 모든 행위를 완성하는 사람"이다.38) 성찬은 사실상 그리스도 안에서 궁극적으로 발현하신 하느님의 현현이다. 그러므로 성찬을 집전하는 사람보다 더 높고 더 결정적인 직제는 존재할 수 없다. 비잔틴 교회가 주교보다 높은

---

36) Jacobus Goar, *Euchologion sive Rituale Graecorum* (Venise, 1730 ; repr. Graz, Akademische Druck-und Verlagsanstalt, 1960), p. 251 ; trans. *Service Book of the Holy Orthodox Catholic Apostolic Church*, ed. I. F. Hapgood (New York : Association Press, 1922), p. 330.
37) *Hier. Eccl.* V, 5, PG 3, 505A, 505C, etc.
38) *De sacris ordinationibus* 157, PG 155, 364B.

수위권을 주장하는 모든 신학적 해석들을 반대하는 것은, 본질적으로 성찬을 중심으로 여기는 것과 그리스도의 몸 전체가 성찬 안에 머물며 따라서 주교의 역할은 교회에서 가장 높은 것이라는 의식에 기초하고 있다. 그러므로 성찬과 성찬 회중을 대표하는 주교를 능가하는 "어떤 신적 권한"을 행사할 수 있는 권위는 존재하지 않는다.

비잔틴 교회의 실천이 이러한 "성찬 교회론"(Eucharistic ecclesiology)에 항상 부합되었던 것은 아니었다. 4세기 이후 성찬 집전권을 영구적으로 사제들에게도 물려주게 되고 또한 주교좌를 보다 넓은 교회 행정 구조(관구, 총대주교관구)의 한 요소로 만들어 버린 역사적 발전은 주교가 교회 생활의 성사적 측면과 배타적이고 직접적으로 맺는 관계를 어느 정도 약화시킨 것은 사실이다. 하지만 이러한 근본적인 신학적이고 교회론적인 원칙들은 문제가 될 때마다 늘 재확인되곤 했다. 그러므로 이 원칙들은 비잔틴 사람들에게 "가톨릭"교회(보편 교회) 전통이 무엇인지를 밝혀주는 본질적인 요소로 남게 되었다.[39]

---

39) *De vita in Christo*, IV, 8, PG 150, 604B.

17장

세상 속의 교회

"그리스도인들이 그리스도인인 것은 오직 그리스도교가 그들을 죽음에서 해방시켰기 때문이다. 우리가 동방 그리스도교의 중심을 관통하고자 한다면 부활 대축일 성야(聖夜) 전례에 참석해 보아야 할 것이다. 다른 모든 예식들은 그것의 반영이고 형상일 뿐이다. 부활 대축일 성가(트로빠리아)의 세 단어, '죽음으로 죽음을 멸하셨나이다'는 승리의 감격에 찬 음조로 수없이 반복되며 종국에는 기쁨으로 터질 듯한 신비로 인해 정신을 잃어버릴 정도가 된다. 비잔틴 교회의 위대한 선포를 보라. 빠스카의 기쁨, 인간의 생명을 짓밟았던 옛 폭군에 대한 승리, 백성을 안도시키고 위로하는 힘을. 이 신앙 고백은 동방의 모든 언어들로 번역되었고 그 위력을 조금도 잃지 않았다. 또한 이 신앙은 이콘 안에 물질로 표현된다. 그래서 작가의 독창성이 고갈되었을 때조차 인간의 불완전성은 이 환

희의 신비가 가지는 의미를 조금도 가릴 수 없었다."[1]

한 훌륭한 역사가의 이 말은 우리가 지금까지 "경험"으로서의 비잔틴 그리스도교에 관하여 제시해주고자 했던 것을 잘 반영하고 있다. 신학자이건 수도자이건 평신도이건, 비잔틴 그리스도인은, 신앙이 권위 있는 어떤 지적 명제들을 온순하게 받아들이는 것이 아니라, 교회의 전례적 성사적 삶 안에서 또 그러한 삶과 결코 분리될 수 없는 기도와 관상의 삶 안에서 자신에게 인격적으로 다가온 하나의 "명백함"이었음을 알고 있었다. 물리적이지도 감정적이지도 지성적이지도 않은 이 경험은 "영지"(gnosis), "영적 감각"(spiritual senses), 내적 "확신"으로 묘사된다. 신(新)신학자 성 시메온은 그리스도인이 이러한 지식에 결코 이를 수 없다고 주장하는 것이야말로 "이단들" 중에서도 가장 심각하고 위험한 이단이라고 생각했다.

블라디미르 로스끼가 말했듯이, "어떤 의미에서 모든 신학은 신비적"[2]이라 하든, 혹은 약간은 미심쩍은 비잔티움의 "당위적인 신비주의"를 고려하든, 그리스도교를 어떤 "경험"으로 규정하는 것은, 그렇다면 그것을 어떻게 말로 표현하고 정의할 것이며, 또 어떻게 실천적인 행동과 태도와 책임성으로 세상 속에서 증언할 것인가 라는 문제를 제기한다. 서방 그리스도인들의 눈에는 자주

---

1) Henri Grégoire, *Byzantium, An introduction to East Roman civilazation*, edd N. H. Baynes et H. St. L. B. Moss, (London : Oxford University Press, 1948), pp. 134-145.
2) *Mystical Theology*, p. 5.

동방 교회가 발을 땅에 딛고 있지 않는 것처럼 보였다. 그래서인지 전통적으로 서방은 사회를 조직하고, 그리스도교 진리를 쉽게 이해할 수 있는 말로 표현하고, 사람들에게 행동의 준칙들을 제공하는데 지대한 관심을 두었다. 비잔틴 신학에서의 이러한 문제를 비판적으로 고찰한다는 것은, 결국 그리스도교적 삶의 신학적, 인간학적 문제 중 가장 기본이 되는 문제 하나를 던지는 것이다. 그것은 바로 하느님의 절대 진리와 타락한 피조물인 인간의 고유한 행동과 지각의 상대성의 관계이다.

1. 교회와 사회

비잔틴 문명의 위대한 꿈은 황제가 다스리고 교회가 영적인 길을 인도하는 보편적인 그리스도교 사회를 건설하는 것이었다. 로마 제국과 교회의 보편주의는 여기서 하나의 단일한 사회-정치적 설계로 서로 결합되었다. 이러한 사상은 또한 앞에서 다룬 바와 같이 인간에 대한 신학적 전제들에 기반하고 있다.[3] 즉 본질에 있어서 인간은 그 삶의 모든 차원에서 하느님을 향하도록 되어 있으며 또한 피조 세계 전체의 운명을 책임지고 있는 존재라는 것이다. 그리스도교가 박해받고 있을 때는 이러한 성서적 확신이 그저 역사의 종국에서만 실현될 수 있고 성사들 속에서만 선취되는 신

---

3) 11장을 참고하라.

앙의 한 조항이었다. 그런데 콘스탄티노스 황제의 "개종"과 함께 이 목표는 돌연 구체적이고 현실적으로 가능한 것처럼 보이게 되었다. 그리스도의 교회가 제국의 보호를 수용하면서 보여준 초기의 열광은, "타락한" 인류의 삶에 있어서 국가와 세속 사회의 본질과 역할은 무엇인가에 대한 체계적인 반성을 통해 바로잡아져야 했지만 그렇지 못했다. 국가 그 자체가 내적으로 그리스도교화될 수 있다고 가정했던 비잔틴 체계의 비극이 바로 여기서 비롯되었다.

비잔티움의 사회적 이상에 대한 공식적인 표현은 그 유명한 유스티니아노스의 『신법』(Novella) 6항에 잘 표현되어 있다.

> "인간을 사랑하시는 하느님이 위로부터 주신 두 가지의 아주 큰 선물이 있다. 사제직과 황제의 존엄이 바로 그것이다. 사제직은 하느님에 관한 것들을 섬긴다. 반면 황제직은 인간적인 사안들을 지도 감독한다. 하지만 이 두 가지는 모두 동일한 기원에서 흘러나와 인류의 삶을 장식한다. 그래서 황제들은 그 무엇보다도 사제들의 존엄에 큰 관심을 쏟아야 하고 또 사제들은 항상 제국의 번영을 위해 하느님께 간구한다. 왜냐하면 만일 사제직이 모든 비판으로부터 자유롭고 또 하느님과 통하는 길을 소유하고 있고, 황제가 그에게 맡겨진 국가를 현명하고 공평하게 관리한다면, 전반적인 조화가 그 결과로 주어지고, 유익한 모든 것이 인류에게 부여될 것이기 때문이다."[4]

---

4) *Novelle VI, Corpus juris civilis*, ed. Rudolfous Schoell (Berlin, 1928), III, pp. 35-36. 이 주제와 관련된 기초적인 연구로는 다음을 보라 : Fr. Dvornik,

유스티니아노스의 사상에 따르면, "신적인 것"과 "인간적인 일들" 사이의 "조화"(symphony)는 신성과 인성을 연합시킨 성육화에 기초하고 있기에, 그리스도는 제국과 교회라는 두 질서의 유일한 원천이다. 이러한 관점의 근본적인 오류는 예수 그리스도의 육화 속에 드러난 이상적인 인성이 로마 제국을 통해 아주 적절하게 표현될 수 있다고 생각한 것이었다. 비잔티움의 "신정 사상"(theocratic thought)은 사실 하느님 나라가 이미 "권능으로" 임했고 제국은 이러한 권능을 세상과 역사 안에서 발현시킨다고 생각하는 "실현된 종말론"(realized eschatology)의 형태를 바탕으로 하고 있었다. 사실, 비잔틴 그리스도교 사상은 사회적이고 개인적인 악의 현실을 당연히 인정했지만, 적어도 제국의 공식적인 법철학이 표명하든 바와 같이, "모든 인간 사회"가 단 하나의 황제 권력과 단 하나의 정교 사제직의 영적 권위 아래 종속될 때 그 악이 효과적으로 통제될 수 있다고 과신했다.

단일한 세계 제국이라는 섭리 사상은 제국 법을 통해서만 아니라 교회의 성가로도 찬양 고무되었다. 9세기 수녀 까시아(Kassia)의 것으로 추정되는 성탄 대축일 성가는 로마 세계 제국과 그리스도 안에 총괄된 "인류"의 직접적인 관계를 선언한다. "팍스 로마나"(*Pax Romana*)와 "팍스 크리스티아나"(*Pax Christiana*)는 이렇게 동일시 된다.

Early Christian and Byzantine political philosophy. Origins and background, Dumbarton Oaks Studies, IX (Washington D.C., 1966) ; 참고. J. Meyendorff, "Justinian. The Empire and the Church", in *Dumbarton Oaks Papers*, 22, 1968, pp. 45-60.

"황제가 유일하게 지상을 통치했을 때,
수많은 인간의 왕국은 끝나버렸나이다.
당신이 순결한 동정녀로부터 인간이 되셨을 때,
수많은 우상 신들은 사라져 버렸나이다.
세상의 도시들은 단 하나의 법아래 통치되고
민족들은 단 하나의 지고하신 신성을 믿게 되리이다.
백성들은 카이사르의 칙령으로 호적에 등록되고
우리 하느님이신 당신이 인간이 되셨을 때
우리 신자들은 신성의 이름으로 등록되었나이다.
당신의 자비는 크고도 크시니 당신께 영광 드리나이다."[5]

1397년 정치적으로 가장 비참한 상태에 처한 후에도, 비잔틴 사람들은 세계 제국을 그리스도교적 보편주의(christian universalism)의 필수적인 지주로 생각했다. 모스크바의 바실리오스 대공이. 러시아인들이 전례에서 총대주교를 위해서는 계속해서 기도하되 황제를 위해서는 더 이상 기도하지 않아도 되는지 질문했을 때, 총대주교 안토니오스 4세는 "교회와 제국은 하나의 위대한 단일체, 하나의 공동체이며 따라서 결코 분리될 수 없는 것이기에, 그리스도인들은 제국 없이는 교회를 가질 수 없다"[6]고 대답했다.

그리스도교적이고 보편적인 제국이라는 개념은 황제가 신앙

---

5) *Ménée*, 25 déc.
6) F. Miklosich et I. Muller, éd., *Acta patriarchatus Constantinopolitani*, (Vienne, 1862), pp. 188-192.

의 수호자로서 또 인간을 향한 하느님의 자비의 증인으로서 여러 가지 의무를 가지고 있다는 것을 전제했다. 9세기의 『에파나고게』(*Epanagogē*)에 따르면, "황제의 목표는 선을 행하는 것이고 이 때문에 자선가로 불린다. 이러한 의무를 다하지 못할 때 황제는 황제로서의 존엄을 포기하는 것이다."[7] 이러한 체계는 그리스도 안에서 인간의 삶을 하나의 전체로서 이해하려는 진정한 시도였고, 따라서 "신적인 것들"(본질적으로 성사를 통한 인간과 하느님의 교제)과 "인간적인 것들" 사이의 분명한 대립이 아니라면, 영적인 것과 물질적인 것, 성과 속, 개인과 사회, 교리와 도덕 사이의 어떠한 이원론도 허용하지 않았다. 오히려 이 둘 사이에는 교회와 국가가 신앙을 보존하고 자비와 참된 인간성에 기반을 둔 사회를 건설하는 "단 하나의 그리스도교 사회"라는 틀 안에서 "조화"를 이루지 않으면 안 되었다.[8]

세상에서의 그리스도교적 사명에 관한 비잔티움의 이러한 포괄적인 인식은 칼케돈 세계 공의회의 근본적인 신념을 반영한다. 그것에 따르면, 성육화 안에서 하느님의 아들은 인성 전체를 수용하셨다. 이렇게 해서 그리스도교 신앙은 "인간 전체"의 변모(transfiguration)와 "신화"(deification)로 이해되었고, 앞에서 보았듯이, 이 신화는 하나의 살아있는 경험으로써 다가올 하느님 나라에서만 아니라 "지금 여기서부터" 정말로 가능한 것이다. 비잔틴 교

---

7) Chapitre 2, Zepos, *Jus graeco-romanum*, vol. II (Athène, 1931), p. 241.
8) 비잔틴 이데올로기의 이러한 측면에 관해서는 다음을 보라 : 참고. D.J. Constantelos, *Byzantine philanthropy and social welfare*, Rutgers University Press (New Brunswick, NJ, 1968)

회론과 비잔틴 정치 철학은 둘 다, 세례는 "영혼"만이 아니라 "인간 전체"가 변화되고 이를 통해 이승에서부터 하느님 나라의 구성원이 되게 해주는 이러한 경험을 제공해 준다는 사실에 바탕을 두었다.

사회적 태도와 윤리에 있어서 동방 그리스도교의 주요한 특징은 인간을 그리스도에 의해 구원받고 영화롭게 된 존재로 생각하는 것이었음을 우리는 분명하게 발견할 수 있다. 대조적으로 서방 그리스도교는 전통적으로 인류의 현 상황을 보다 현실적이고 보다 비관적인 방식으로 이해했다. 즉 인간은 십자가의 희생으로 대속되었고 하느님의 눈에 "의롭게" 되었지만 근본적으로는 여전히 부패한 존재다. 이러한 사실로부터 교회의 가장 일차적인 역할은 죄인의 상태를 벗어날 수 있도록 인간에게 생각의 기준들과 행동의 준칙들을 정해주고 이를 통해서 올바른 행동의 길을 제시해주는 것이다. 그러므로 교회는 무엇보다도 세상 속에, 세상을 위해 세워진 제도이며, 따라서 법, 권위, 행정 권력 등과 같이 죄로 기운 인간성에 적합한 세상적 수단들을 교회 또한 사용한다. 중세 교황주의에 의해 구축된 구조들과 동방 비잔틴 교회론을 지배하고 있는 종말론적이고 경험적이며 "다른 세상"을 추구하는 개념들을 대조해보기만 해도, 우리는 동방과 서방의 역사적 운명이 왜 그렇게 되었는지 보다 잘 이해할 수 있게 된다. 서방에서 교회는 강력한 권능을 가진 제도로 발전된 반면, 동방에서 교회는 무엇보다도 "신적인 것"에 대해 책임을 지며 오직 제한된 형태로만 제도적 구조를 가지는 "성사적"(혹은 "신비적") 유기체로 인식되었다. 주교, 사제, 보제로 이어지는 각 지역 교회의 삼중 성직체계를 제외한 나머지 제도적 구조, 총대주교, 대주교 등은 그 자체가 제국을 본 딴 것이고 따라서 신적인 기원을 갖는 것으로 생각되지 않았다.

그리스도교가 "제도적" 차원에서 제국에 부분적으로 권리를 양도한 것은, 분명 교회의 성사적이고 종말론적인 개념을 보존할 수 있게 해주었지만, 위험이 없었던 것은 결코 아니었다. 최근의 역사는, 국가가 항상 교회의 신뢰를 받을 자격이 있는 것은 아니며 오히려 자주 명백히 악마의 얼굴을 가질 수도 있음을 동방 교회로 하여금 뼈아프게 이해하도록 해주었다.

하지만 엄밀한 의미에서 비잔틴 시대 전체에 걸쳐, 유스티니아노스 황제의 "조화" 사상은 기대했던 것보다는 훨씬 잘 작동했다. "신비로움", "다른 세상으로의 정향성"이라는 비잔틴 그리스도교의 특징은, 넓게 볼 때, 국가 그 자체 안에도 구별되는 몇몇 특징을 만들어내는 데 기여했다. 권력자는 인간이 아니라 하느님에 의해 선택된다는 믿음에 근거해서, 황제의 권력은 하나의 은사적(카리스마적) 직책의 형태로 이해되었다. 그래서 비잔티움에서는 황위 계승에 관한 그 어떤 법적 절차나 규정이 존재하지 않았다. 엄격한 법제화와 민주적 선출은 그 자체로 하느님의 선택의 자유를 제한하는 것으로 느껴졌다.

이러한 은사적인 국가 개념은 분명 현실성과 정치적 효율을 결여하고 있었다. "섭리에 의한 황위 찬탈"들이 빈번했고, 정치적 안정성은 매우 예외적인 일이 되었다. 정치적 차원에서 비잔틴 제국의 체계는 사실 하나의 유토피아였다. 보편적 교회와 어울리는 보편적 상대로서의 제국은 보편성에 도달하지 못했다. 천상의 하느님 나라의 반영으로 여겨졌지만, 제국의 역사는 모든 중세 국가들처럼 유혈 혁명, 전쟁, 사회적 불의로 채워졌다. 언제 어디서나 그리스도교적 이상은 법률적이고 제도적인 방식으로는 실현될 수 없다는 것이 분명해졌고, 그래서 신앙의 개인적 영웅들에 희망을 걸게 되었으며, 자신들의 삶을 통해 그 가능성을 입증함으로써 많은 이들을 "그리스도 안에서의 삶"(life in Christ)으로 이끌고자 했던 "성인들"(saints)에게서 자극을 받았다. 비잔틴 사람들은, 이론적으로는 그리스도교화되었지만 실제적으로는 조금도 바뀌지 않은 "세상"에서 하느님의 빛을 밝히고 있는 성인들을 공경함으로써 적어도 그 이상의 가능성을 인정했다. 비잔틴 사회에 늘 존재해온 수많은 수도원들은 "아직" 임하지 않은 하느님 나라를 보여주기 위해 세상에서 물러났으며, 하느님과 세상의 실제적이고 영속적인 "조화"는 있을 수 없고, 다만 불안정하고 역동적인 양극성이 존재한다는 것을 상기시켜 주었다.

사실, 이 양극성은 인간 실존 안에 있는 "옛 아담"과 "새 아담"의 대립과 다르지 않다. 사회 윤리 분야에서 이 양극성은 날카로운 규정과 법 지상주의를 배제시켰다. 비록 이 양극성은 교회를 정치 사회적으로 규정된 하나의 제도와 동일시하지 못하게 해주었지만, 또한 그것은 종종 플라톤적 혹은 마니교적인 이원론으로 해석되어 모든 사회적 책임의 회피를 의미하기도 했다. 이러한 태도는 종종 국가로 하여금 교회의 사명을 대신 짊어지게 했다. 오직 수도사들만이 하느님 나라와 카이사르 왕국은 충돌할 수밖에 없으며 불가피하게 대립한다는 것을 증언해왔다.

2. 교회의 선교

제국과 교회가 함께 단 하나의 보편적인 그리스도교 "오이쿠메네"(*oikoumene*)[9]를 이끈다는 비잔티움의 인식은 또한 선교에서의 협력을 함축했다. 그래서 "오이쿠메네"가 그리스도께로 돌아서도록 하는데 크게 기여했다는 이유로, 콘스탄티노스 황제에게는 "사도와 동등한 자"(*isapostolos*, 사도 대등자)라는 칭호가 주어지기도 했다. 또 그의 계승자인 콘스탄티노플의 황제들은 보통 "성 사도 성당"(Church of the Holy Apostles)에 매장되었다. 그들의 선교적 책임은 궁정 의식에서도 강조되었다. 황제에게는 그리스도교 신앙을 널리 전하고 그리스도교 윤리와 행동을 지켜나가야 할 임무가 주어졌다. 황제는 법을 이용해서 또 교회의 선교, 자선 활동을 지원함으로써 이러한 임무를 수행한다.

교회와 국가의 이런 동맹은, 제국의 국경 밖에 있는 비그리스도교인들로 하여금, 자주 제국의 정치적 이해와 정교 그리스도교의 운명을 동일시하게 하곤 했다. 비그리스도교인들이었던 페르시아의 왕들과 아랍의 칼리프들은, 단지 종교적 열광 때문만 아

---

9) 역자 주 "사람들이 사는 모든 땅", "세계", 또는 "로마 제국의 경계 안에 있는 모든 지역"을 의미하는 그리스 말로, 현대 그리스어에서는 "이쿠메니"라고 발음한다. "에큐메니칼"이란 용어의 어원이기도 하다.

니라, 종종 그리스도인들이 황제와 동맹을 맺고 있는 것은 아닌가 하는 의심 때문에 그리스도인들을 박해하곤 했다. 특별히 모든 영적 접촉, 상호이해, 지각 있는 대화를 전면적으로 불가능하게 만든 이슬람과 그리스도교의 기나긴 성전(聖戰)의 기간 동안을 비롯하여 빈번한 경우가 그러했다. 그래서 비잔틴 그리스도교는 몇몇 드문 경우를 제외하곤 동방에서 온 이슬람 침략자들 속에서 성공적인 선교를 수행할 수 없었던 것이다.[10]

선교 활동은, 제국의 영토에 출몰하다가 나중에는 제국과 이웃하여 정착하게 된 몽골, 슬라브, 코카서스 등과 같은 북쪽의 민족들 속에서 결실을 맺었다. 이 선교 업적은, 중동 지방의 비(非)그리스적인(non-Greek) 공동체가 단일본성론에 빠지고, 이어서 동 서방 교회가 대 분열을 겪게 된 후, 동방 정교회의 보편성을 실질적으로 보존해 주었다. 특별히 9세기부터 비잔틴 그리스도교는 카스피해와 북극해에 이를 만큼 괄목할만한 확장을 이루었다.[11]

비잔티움의 슬라브 민족 선교는 흔히 9세기의 두 형제 성인인 콘스탄티노스 키릴로스와 메토디오스가 이제 막 개종한 민족의 지역 언어로 성서와 전례서들을 번역한 사실을 지칭하는 "키릴로스-메토디오스 이념"과 결부되어 있다. 그러나 초기 선교사들이

---

10) 참고. J. Meyendorff, "Byzantine views of Islam", in *Daumbarton Oaks Papers* 18, 1964, pp. 115-132 ; A. Khoury, *Les théologiens byzantins et l'islam*, (Louvain et Paris : Editions Nauwelaerts, 1969).
11) 이 선교 활동과 그 문화적 결과들의 역사에 대해서는 다음을 보라 : F. Dvornik, *Byzantine missions among the Slavs*, Rutgers University Press (New Brunswick : Rutgers University Press, 1970) ; D. Obolensky, *The Byzantine commonwealth. Eastern Europe, 500-1453*, Weidenfeld et

채택한 원칙을 비잔틴 교회의 사람들이 항상 이어나갔던 것은 아니다. 역사는, 특별히 제국이 슬라브 영토를 직접 정치적으로 통제하고 있었을 때, 그들 또한 강제적으로 헬레니즘과의 문화적 통합을 추구했었다는 사실을 보여준다. 하지만 성 키릴로스(혹은 당시 그의 세속 이름이었던 "철학자 콘스탄티노스")가 슬라브어 복음서 『서문』에서 서술한 그리스도교 선교의 근본적인 신학적 의미는 그 원칙에 있어서 결코 의심되지 않았다.

> "슬라브 민족이여,
> 당신들이 들을 줄 안다면, 말씀을 들으십시오.
> 말씀은 하느님께로부터 왔고,
> 인간의 영혼을 살찌우며, 마음과 지성을 강하게 하나니 …
> 또한 바울로 성인도 이렇게 가르치셨습니다.
> '하느님께 기도드릴 때,
> 나는 이상한 언어로 일 만 마디의 말을 하는 것보다
> 차라리 내 이성으로 다섯 마디의 말을 하겠습니다.'"[12]

저자는 분명 복음 선포가 "말씀" 혹은 하느님의 "로고스"의 계시로서 신앙의 본질에 속한다고 생각했다. 말씀은 들려져야 하고 이해되어야 하기에, 성서나 전례서들은 반드시 토착 언어로 번역되어야 했다. 서방 그리스도교가 단일하지만 이미 죽어버린 라틴어를 말씀을 전달하는 유일한 수단으로 채택했던 시기에, 마르틴 루

Nicolson, (London : Weidenfeld and Nicolson, 1971).
12) R. Jakobson의 번역, "St. Constantin's Prologue to the Gospel", in *St. Vladimir's Quarterly*, 7, 1963, n. 1, pp. 17-18.

터조차 동의했을 방식으로 『서문』에 표현된 이 원칙은 정교회 선교의 특징이었다. 모라비아에서의 선교를 마치고 베니스에 머물 때 성 키릴로스와 성 메토디오스는 빌라도가 예수님의 십자가에 써넣었던 세 가지 언어 즉 히브리어, 그리스어, 라틴어로만 복음이 전달 될 수 있다고 주장하는 "세 가지 언어의 이단"에 빠졌던 프랑크 출신 선교사들과 수많은 논쟁을 벌였다. 키릴로스와 메토디오스는 동방에서는 슬라브 민족만이 아니라 아르메니아, 페르시아, 이집트, 그루지야, 아랍민족들이 자신의 고유한 언어로 하느님을 찬양하고 있다는 사실을 들어 그들에게 반대했다.[13]

번역에 대한 이러한 확고한 정책은 민족적 문화적 다양성 속에 통합되고 "토착화된" 교회를 향해 급속하게 전진해가는 선교를 의미했다. 이렇게 비잔틴 정통 그리스도교(정교회)는 민족들의 삶 속에 아주 깊이 뿌리내렸고, 그래서 외적의 오랜 지배와 세속적 이념도 그것을 뿌리 뽑을 수 없었다. 하지만 "토착화된" 교회는 또한 특별히 오볼렌스키가 "비잔틴 연방"(Byzantine Commonwealth)이라 부른 정치 체제의 해체 이후 나타나게 될 민족 교회들의 존재를 함축하는 것이었다. 현대 민족주의는 동유럽 민족들의 민족적 자기의식을 세속화했고, 그리스도교의 보편성(catholicity)의 의미를 훼손하였다.

비잔티움의 선교 방법과 원칙들은 정교 러시아에서도 계속 유

---

13) *Vita Constantini* 16, 7-8, in F. Grivec et F. Tomsic, *Constatntinus et Methodius Thessalonicenses. Fontes (Radovi Staroslovenskog Instituta*, 4), Zagreb, 1960, p. 131.

지되었다. 예를 들어 페름므의 성 스테펜(1340-1396)은 러시아 북동쪽의 핀란드 민족 중 하나인 지리안 족(Zyrians)의 사도로 유명한데, 그는 그리스어를 배워 성서와 전례서들을 지리안 언어로 번역했고, 그들의 주교가 되었다.[14] 그의 모범은 러시아 정교회가 아시아와 알래스카를 거쳐 아메리카 대륙에 이르기까지 선교를 확장해 나갔던 20세기에도 여전히 존중되었다.

3. 종말론

종말론은 신학 전체를 특징짓는 것이기에 결코 그리스도교 신학 속에서 따로 분리된 하나의 장이 될 수 없다고 생각될 수도 있다. 앞에서도 보여주려고 노력했던 것처럼 이런 생각은 비잔틴 사상에서 유독 강했다. 사실 종말론은 인간과 전 피조 세계의 궁극적 운명을 "하나의 목표를 향한 것"으로 인식했고, 이러한 목표는 성사와 교리와 영성과 세상에 대한 태도들을 특징지었다. 게다가 니싸의 성 그레고리오스와 고백자 성 막시모스를 따라, 비잔틴 사상은 궁극적 목표 자체를 인간과 전 피조 세계의 "역동적인" 상태로 간주했다. 피조물의 실존의 목표는 오리게네스의 생각처럼 하느님의 본질에 대한 정적인 관상이 아니라 사랑을 통한 역동적 상승이며, 하느님의 초월적 존재는 한이 없고 따라서 하느님 안에는

---

14) 스테펜에 대해서는 다음을 보라 : Georges Fedotov, *The Russian religious mind*, vol. II (Harvard University Press, 1966), pp. 230-245.

사랑의 연합 안에서 발견해나가야 할 새로운 것들(novissima)이 언제나 무궁무진하게 남아있기에 이 상승 또한 끝이 있을 수 없다.

반면, 종말론적 상태는 단지 미래의 현실일 뿐만 아니라 그리스도 안에서 성령의 선물들을 통해 가능해진 "현재의 경험"이기도 하다. 성 요한 크리소스토모스의 성찬 기도문은 그리스도의 "다시 오심"을 십자가, 무덤, 부활, 승천과 같은 과거의 사건들과 함께 기억한다. 주님께서 성찬 안에 현존하심으로써 그분의 다시 오심은 이미 실현되었고 이렇게 해서 "시간"은 초월되고 만다. 마찬가지로, 동방 수도원 영성의 모든 전통은 이 약속, 즉 "이미 지금 여기서" 그리스도인들이 하느님 만남과 신화(deification)의 현실을 경험할 수 있다는 약속에 바탕을 두고 있다. 신(新)신학자 성 시메온은 이 가능성을 부정하는 것을 가장 악독한 이단으로 간주하기까지 했다.

"이미 실현된" 종말론에 대한 강조는 왜 비잔틴 그리스도교가 역사에 대한 직접적인 책임의식을 희미하게 가지고 있는가를 잘 설명해준다. 비록 그 책임성을 인정한다 해도, 비잔틴 그리스도교는 역사 자체가 만들어 내는 여러 제도들, 특별히 그리스도교 제국에 그것을 위임하려 한다. 교회가 아니라 그리스도교 국가가 복음으로부터 지도와 영감을 받아서 사회를 책임진다는 것이다. 하지만 "그리스도 안의 새 인류"를 특징짓는 역동적 "운동"은 교회의 책임이며, 그것은 역사의 운동이 아니라 오직 성인들에게만 알려지는 하느님 안에서의 신비스런 성장이다. 물론 그 운동은 역사 속에서 일어나며 어느 순간까지는 역사의 과정에 영향을 줄 수도 있다. 하지만 그것은 이미 역사의 종말을 선취하고 있기에 역사에 속한 것일 수 없다. 그것은 그야말로 본성의 "운동"(혹은 변화), 본성적 인간의 운동이다. 하지만 태초에 하느님이 의도하시고 창조하신 본성에 부합한 인간성은 언제나 하느님과의 교제, 세상에 대한 자유, 피조세계와 역사의 주관을 전제한다. 그러므로 새 인류의 운동은 세상이 역사를 통해 추진해 나가는 것으로부터 독립되어 있어야 한다.

역사적 실존 속에서 교회는, 그리스도가 하느님의 궁극적인 승리를 가져오시기 위해 세상에 권능으로 다시 오시고, 이로써 피조세계 전체가 그를 통해 최종적으로 변모되기를 고대한다. 그러면 피조세계의 중심이자 주인인 인간은, 죄와 죽음과 부패 이전의 본래의 상태로 회복될 것이다. 이 회복은, 인간이 단지 "영혼"이 아니라 "영혼과 육체" 전체이며 몸이 없이는 불완전할 수밖에 없는 존재이기에, "몸의 부활"을 포함하게 될 것이다. 마지막으로 "다시 오심"은 또한 그 자체로 하나의 심판이 될 것이다. 모든 정의의 기준이 되시는 그리스도가 인간의 자유로운 응답을 호소하면서 단지 "믿음 안에서"만 아니라 명명백백하게 권능으로 현존하실 것이기 때문이다.

비잔틴 신학자들에게, 우주의 변모, 부활, 심판이라는 "파루시아"(*parousia*, 그리스도의 재림)의 이 세 가지 본질적인 의미는 세밀한 사변의 대상이 아니다. 차라리 그것은 비잔틴 전례 경험의 참된 중심적 요소다.

비잔틴 연중 전례의 가장 중요한 순간 중 하나인 주변모 대축일(8월 6일)은 이미 "다볼산 변모의 빛"(Taboric light) 안에서 그리스도의 다시 오심의 종말론적 선취를 경축한다.

> "오 말씀이시여, 오늘 다볼산 정상에서 드러난 당신의 빛, 출생하지 않으신 성부의 빛으로부터 오는 당신의 변함없는 빛 가운데서, 우리는 빛으로 모든 피조 세계를 인도하시는 빛이신 성부와 성령을 보았나이다."[15]

부활대축일 밤, 부활의 종말론적 의미는 쉴 새 없이 선포된다.

> "오 그리스도시여! 위대하고 지극히 거룩한 부활이시여! 오 지혜자시여! 하느님의 말씀이요 권능이시여! 당신 나라의 밤도 오지 않은 영원한 대낮에 우리가 더욱 완전하게 당신을 소유하게 하소서."[16]

심판으로서의 파루시아는 특별히 사순절 전례를 비롯하여 비잔틴 성가 안에 자주 등장한다. 사순절 전례에서 성가 작곡자들은 자주 이웃 사랑의 행위를 설교한다.

> "주님의 계명을 배운 대로 행합시다. 배고픈 이에게는 먹을 것을, 목마른 이에게는 마실 것을, 헐벗은 이에게는 입을 것을 줍시다. 나그네를 환대하고, 병든 이들과 갇힌 이들을 찾아갑시다. 그러면 이 땅을 심판하려 오실 주님이, '오라, 너희는 내 아버지의 복 받은 자들이다. 너희들을 위해 마련해 놓은

---

15) 주변모 대축일(8월 6일) 엑사포스틸라리온 성가.
16) 『오순절 예식서』(Pentekostarion), 부활대축일 카논 9오디 성가. 이 트로파빠리아는 성찬 전례에서 영성체 후 기도에도 사용된다.

왕국을 상속 받아라'하고 말씀하실 것입니다."[17]

비잔틴 신학자들이 성찬에 대하여 아주 체계적이고 이론적인 논쟁에 끼어들어야만 했던 유일한 주제가 있었는데, 연옥(purgatory)에 관한 중세의 논쟁이 바로 그것이었다. 하느님의 정의는 모든 죄에 대한 대가를 요구하기에 사망 이전의 죄에 대한 "보속"(satisfaction)이 행해지지 못했을 경우, 그 정의는 "연옥의 불"로 실현되어야 한다고 주장하는 라틴 교리는 팔레올로고스 미카엘 8세 황제에 의해 서명됐고, 또 리용 공의회(1274)에서 선언된 『신앙고백』에 포함되었다.[18] 리용 공의회의 오래 가지 않은 일치는 비잔티움에서 이 문제에 관한 토론을 활성화시키지 못했다. 하지만 플로렌스에서 이 문제가 다시 제기되었고 몇 주 동안이나 논쟁되었다. 에페소의 성 마르코스가 서명하길 거부했던 최종적인 일치 문헌은 연옥에 대한 장황한 정의를 포함하고 있다.[19]

마르코스가 그리스 정교 측의 주요한 논객이었던 이 논쟁은 그리스인들과 라틴인들이 얼마나 큰 근본적인 관점의 차이를 가지고 있는지를 잘 보여준다. 라틴인들은 하느님의 정의는 모든 범죄 행위에 대한 대가를 요구한다는 법적 접근을 당연하게 생각한 반면, 그리스인들은 죄를 행위라기보다는 인내와 사랑으로 치유되어야 할 도덕적이고 영적인 병이라고 해석했다. 또한 라틴인들은 각각의 영혼에 대한 하느님의 개별적인 심판에 강조점을 두고, 그

---

17) 『사순절 예식서』(*Triodion*), 마지막 심판 주일 대만과, 리티 성가.
18) H. Denzinger(ed), *Enchiridion Symbolorum*, n. 464.
19) *Ibid.*, n. 693.

심판의 결과 의인, 악인, 그리고 불로 "정화될" 필요가 있는 중간 범주에 들어가는 사람 등 세 부류의 인간으로 선별될 것이라고 주장한 반면, 그리스인들은 사망 이후의 특별한 심판이 존재함을 부정하지 않았고 또 이 세 가지 범주를 인정하면서도, 의인이나 악인도 지복이든 단죄든 간에 마지막 날 이전에는 "궁극적인" 상태에 이르지 못한다는 사상을 지지했다. 양 쪽 모두 죽은 자들을 위한 기도가 필요하고 또 큰 도움이 된다고 생각했지만, 에페소의 마르코스는 의인들도 그 기도가 필요하다는 것을 강조했다. 그는 특별히 성 요한 크리소스토모스 성찬 예배의 성찬 기도문에서 그 근거를 찾았다.

> "믿음을 갖고 잠드신 이들, 조상들과 선조들과 예언자들, 사도들과 설교자들과 복음사가들과 순교자들과 증거자들, 고행자들을 위하여 그리고 특히 지극히 거룩하고 정결하고 복되시고 영화로우신 평생 동정녀 성모 마리아를 위하여 온당하고 피 흘림이 없는 이 예배를 주께 드리나이다."

분명 그는 복된 이들의 상태를 법적이고 정적인 칭의가 아니라 "모든 성인들의 통공"(communion of saints), 천상의 교회와 지상의 교회가 모두 그리스도 안에서 시작하게 된 "끝이 없는 상승"(never-ending ascent)의 상태로 이해했다.[20] 그리스도의 몸에 참

---

20) 연옥에 관한 마르코스의 두 저작에 대해서는 다음을 보라 : L. Petit, "Documents relatifs au Concile de Florence. I : La question du Purgatoire à Ferrare", in *Patrologia orientalis* XV, (Paris, 1920), pp. 39-60, 108-151 ; J. Gill, *The Council of Florence* (Cambridge, 1959), pp. 119-125.

여함으로써 죽은 자와 산 자를 막론하고 교회의 모든 지체들은 서로간의 사랑과 격려의 끈으로 상호 의존되어 있고 또 연합되어 있다. 이렇게 해서 지상 교회의 기도와 천상에서의 성인들의 중보는 모든 죄인들, 즉 모든 사람들이 하느님께 가까이 나아가도록 실제적으로 도울 수 있다. 하지만 이 "성인들의 통공"은 아직 "파루시아"라는 궁극적인 완성과 보편적인 부활을 기다리고 있다. 그렇게 되면 모든 개인의 운명은 신비스럽고도 결정적인 단계에 이르게 될 것이다.

연옥에 관한 플로렌스 공의회 논쟁은 상당 부분 그때그때 즉흥적인 방식으로 전개되었고 두 진영은 성서와 전통으로부터 논거들을 끄집어내서 사용했지만 그것들은 종종 별로 설득력이 없었다. 하지만 그리스도 안에서의 구원에 대한 태도에 있어서 근본적인 차이는 쉽게 식별된다. 인간의 개별적 운명에 안셀무스의 "보속" 교리를 적용한 법률주의(legalism)는 라틴교회가 지지한 연옥 교리의 신학적 근거였다. 반대로 에페소의 성 마르코스는 구원을 교제요 신화로 이해했다. 하느님을 향한 상승에서 그리스도인은 혼자가 아니다. 그는 그리스도의 몸의 지체이다. 이 교제는 지금부터, 죽은 후와 마찬가지로 죽기 전인 지금도 실현될 수 있다. 두 경우 모두 적어도 그리스도가 "만물 안에 만물"이 되시는 종말의 시점까지는 그리스도의 몸 전체의 기도가 필요하다. 물론 "친교를 통한 구원"(salvation through communion)이라는 인식은, 보편적 부활 이전에 죽은 자들의 영혼이 어떤 상태에 처해 있는지에 대해서 어떠한 구체적인 설명도 주지 않을 뿐 아니라, 산 자나 죽은 자에 대한 교회의 사목적 성사적 권한에서 모든 법률적인 관점을 배제한다. 그래서 동방 정교회는 가톨릭교회의 "대사(大赦, indulgence, 면벌부)교리"를 결코 가져본 적이 없다.

에페소의 성 마르코스에 대한 시성(諡聖)과정에서 언급되고 또 이후 비잔틴 신학자들의 교리적 주장들 안에 나타나곤 했던 라틴 교회의 연옥 교리에 대한 거부를 제외하면, 정교회는 "저 너머의"(저승의) 현실에 대해서 어떤 구체적인 교리도 제공하려고 하지 않았다. 실제적으로는 성인전에서 비롯된 다양한 대중적 신심들이 존재해 왔지만 교회와 교회의 전례는 근본적으로 그리스도 중심적인 종말론으로 스스로를 제한했다.

> "이 세상에서 여러분은 이미 죽었고 여러분의 참 생명은 그리스도와 함께 하느님 안에 있어서 보이지 않습니다. 여러분의 생명이신 그리스도가 나타나실 때에 여러분도 그분과 함께 영광 속에 나타나게 될 것입니다."(골로사이 3:3-4)

이렇게 최종적으로 드러나기 전까지 성령의 끈으로 지탱되는 그리스도의 몸은 산 자와 죽은 자를 동시에 포함한다. 전례에서 이것은 그리스도 안에서 잠든 이들과 아직 지상에 살아서 가시적 그리스도교 공동체를 이루고 있는 이들을 기념하는 빵조각들이 성반 위에 함께 놓여 단 하나의 성찬 교제로 서로 연합되는 것을 통해 상징된다. 사실, 그리스도의 부활에 의해, 죽음은 "그리스도 안에" 있는 이들에게는 그 권능을 상실했다. 죽음은 이들을 하느님으로부터 또 서로 간에 결코 떼어놓을 수 없다. 죽음으로도 파괴되지 않는 그리스도 안에서의 이 교제는 몸의 모든 지체가 서로를 위해 끊임없이 중보하는 것을 가능하고도 필수적인 것으로 만들어준다. "죽은 자들"을 위한 기도와 돌아가신 성인들이 "산 자들"을 위해 드리는 중보는 결코 나뉠 수 없는 단 하나의 "성인들의 통공"에 대한 두 가지 표현이다.

하지만 궁극적 완성은 "최후의 심판"이 될 것이다. 콘스탄티노플 5차 세계 공의회(553)가 오리게네스주의를 정죄한 것은, 피조 세계와 인류 전체가 궁극적으로 최초의 복된 상태로 회복될 것이라는 그의 "만유회복설"(apocatastasis) 교리를 아주 분명하게 거부했다는 것을 의미한다. 분명히 "아포카타스타시스"가 인간의 궁극적 운명에 대한 그리스도교적 개념과 양립할 수 없는 것으로 간주된 근본적인 이유는, 그것이 인간의 자유에 대한 근본적인 제한을 함축하고 있기 때문이다. 고백자 성 막시모스가 "자유 혹은 자기 결정"이야말로 인간 안에 있는 하느님의 형상의 징표라고 규정한 것이 정당하다면[21], 이 자유는 근본적인 것이며 따라서 인간은 결코 하느님의 "선(善)"이라는 철학적 필연성 때문에 강제로 하느님과의 연합에 끌려들어갈 수는 없다. 마지막 날, 말씀과 궁극적으로 만나는 날까지도 인간은 그리스도를 거부하고 "지옥"으로 갈 가능성과 자유를 가지고 있다.

육체적 죽음도 인간의 자유를 파괴할 수 없으며, 이로부터 계

---

21) "인간은 복되고 초본질적인 하느님의 형상에 따라 창조되었고 또 하느님의 본질은 자유롭기 때문에, 하느님의 형상인 인간도 본질상 자유롭다는 것은 명백하다", *Disp. cum Pyrrho*, PG 91, 304C.

속적인 변화와 상호 중보의 가능성이 나온다. 하지만 이 자유는 또한 책임성을 의미하며, 따라서 최후 심판의 마지막 시험에서 전 우주가 최종적으로 변모할 때조차, 인간만은 여전히 하느님께 '예' 나 '아니오'라고 답하여 그 결과를 받아들일 특권을 가지게 될 것이다.

결론

모순들

역사적 방법과 체계적 방법을 동시에 사용하면서 비잔틴 신학을 서술하고자 하는 것은 역사가들과 신학자들을 동시에 실망시킬 위험을 가지고 있다. 그러나 이 책의 저자는 야로슬라프 펠리칸이 최근 그리스도교 교리와 관련하여 다음과 같이 말한 것에 전적으로 동의하기 때문에 이 위험이 감수할 만한 것이라고 판단했다. 펠리칸은 말한다.

> "역사 없는 전통은 발전의 모든 상태를 정태적으로 규정된 하나의 진리 안에 균일화시켜 버린다. 반대로 전통 없는 역사는 그리스도교 교리의 진보를 상대화시켜 진정한 발전과 잘못된 과잉의 구별을 아주 자의적인 것으로 만들어 버리는 역사주의를 만들어낸다."[1]

---

1) Jaroslav Pelikan, *The Christian Tradition. A history of the Development of Doctrine. The Emergence of the Catholic Tradition(100-600)*, The University of Chicago Press (Chicago et Londres, 1971), p. 9.

펠리칸의 방법론적 명제는 특별히 동방 그리스도교 경험의 내적 특징들로 인해 비잔틴 신학에 잘 적용된다. 항상 진리에 전념하며 따라서 원칙상 모든 상대주의를 배제하는 비잔틴 사상은 서방 "전통주의"의 주요 구성요소였던 개념적 합리주의나 권위주의에 빠지는 것을 피해왔다. 비잔틴 신학은, 보수주의의 품속에서조차, 생명과 변화뿐만 아니라 과거에의 충실을 함축하는 내적이고 "경험적인" 기준들에 의지한다. 하지만 변화나 보수주의 그 어떤 것도 그 자체로 목표가 아니다. 전통을 개념이나 정식의 영속성으로 축소하는 것은 생명의 진보를 배제하는 것이며 희망이라는 그리스도교적 덕목에 무감각한 것이다. 부활 대축일 성가들과 성찬 예배안에서, 비잔틴 사람들은 다가올 하느님 나라에서 하느님과 "더욱 완전한 교제"를 나누기를 끊임없이 희망한다. 그들에게는 이러한 전진조차, 예수를 증언하는 성경과 최초의 복음 선포 안에 단번에 모두에게 주어진 바, 신앙의 "사도적" 기초에 부합하지 않는, 그러한 "혁신들"의 함정을 피할 때만 가능한 것이었다.

 비잔틴 신학은 철저하게 반(反)개념적이지도 반(反)위계적이지도 않다. 오리게네스 이래 그리스 지성인들의 그리스도교로의 개종은, 철학적 개념들과 논리논증들이 그리스도교 진리를 표현하고 발전시키는데 폭넓게 사용될 것임을 의미했다. 게다가 성사적인 교회 개념은 위계적 구조, 가르침의 연속성, 공의회의 권위를 함축한다. 하지만 개념도 위계도 그리스도교 경험의 원천으로 간주되지는 않았다. 그것들은 그 경험을 보존하고 그 경험이 신앙의 본래적인 규준에 합당하도록 지도하며, 그 경험에 생명과 고유한 특징들을 제공함으로써 역사의 변화 발전 과정 속에서 그것을 표현할 수 있도록 해주는 수단일 뿐이다.

비잔틴 신학 사상이 그 동일성을 보존하기 위해서는, 오리게네스적인 헬레니즘 세계관을 채택하려 했던 요란한 시도들, 교회의 권위에 관한 로마 교황청과의 충돌, 14세기 하느님의 "에너지"의 본질에 관한 논쟁들과 같은 여러 번의 중대한 위기를 겪어야 했다. 당연히 논쟁들은, 부분적으로는 극단적 논쟁 끝에 나온, 공식적 태도와 정의들로 인도되었다. 그로부터 개념과 정식의 "경직화"는 어느 정도 불가피하기도 했다. 하지만 공식적인 정의들 속에서도 비잔틴 신학자들은, 일반적으로 그 정식과 신앙의 내용 사이에 존재하는 긴장감을 성공적으로 유지하였다. 이렇게 해서 그리스도교 경험의 가장 명확하고 긍정적인 진리들조차 형식 논리의 "모순들"(antinomies), 즉 비이성적이지는 않지만 그럼에도 상호 배척하는 대립 명제들을 통해 더 잘 표현되었다.

이렇게 해서 카파도키아 교부들과 에우노미오스 간의 논쟁에서 도출되고 14세기 팔라마스주의에 의해서 더욱 공고해진 비잔티움의 하느님 교리는, 동일한 하느님이 "본질에서는 초월적"이면서 동시에 "에너지들 안에서는 내재적"이라는 주장을 지지했고, 또 하느님 안에서 위격들과 공통의 본질에 대한 실제적인 구별을 주장하고 지지했다. 마찬가지로 하느님은 본질적으로는 "불변"하지만 또한 시간 안에서는 그분의 "에너지"를 통해서 세상의 창조주가 "되시는"(becoming) 분이시다. 그러나 이 에너지는 "창조되지 않은" 것이기에, 다시 말해 에너지는 그 자체로 또한 "하느님이시기에," 변화의 능력은 하느님의 실제적인 속성으로 간주되었다. 이러한 신학 안에 함축된 철학적 모순들은 인격적이고 역동적인 하느님 이해, 그리고 그리스 철학 용어들로는 표현될 수 없는 성서의 하느님에 대한 긍정적인 경험을 모두 반영한다.

비잔틴 인간학에서도 모순적인 개념들이 발견된다. 피조물로서는 하느님에 대해 외적으로 존재하지만 인간은 그 "본질"에 있어서 오직 하느님과의 교제 안에서만 참으로 자기 자신일 수 있는 존재로 규정된다. 이 교제는 오리게네스가 생각하는 것처럼 하느님 본질에 대한 정태적인 관상이 아니라 하느님 생명의 무궁무진한 풍요 안에서 영원히 진보해 가는 것이다. 이것이 바로 인간이 그리스도 안에서 하느님과의 본래적인 관계를 되찾고 하느님 안에서 "영광에서 영광으로"(from glory to glory) 성장해가는 과정으로서의 "테오시스"(theosis, 신화(神化), deification) 교리가 비잔틴 신학과 동방 그리스도교 경험의 중심적인 주제인 이유이다. 여기서도 인간의 고유한 "인간 본질"이나 하느님으로부터 오는 "하느님 은총"과 같은 정태적 개념들은 오직 모순적인 방식으로만 사용될 수 있다. 하느님 은총은 인간 본질 그 자체의 한 부분이다.

마찬가지로 인간의 궁극적인 운명 즉 인간의 "구원"을, 죄와 잘못으로부터의 칭의(justification)라기 보다는 오히려 "테오시스"(신화)로 이해할 때, 교회는 우선 자유로운 하느님 자녀들의 친교(communion, koinonia)로 간주될 것이며, 단지 이차적인 의미에서만 다스리고 판결하는 권위를 부여받은 하나의 제도로 이해될 것이다. 또한 "제도"와 "사건", "레위인"과 "예언자", "위계적 성직"

과 "성인"의 관계를 설명할 때처럼, 비잔틴 교회론 또한 적어도 부분적으로는 모순들에 호소할 때만 올바르게 정의내릴 수 있다. 법률적이고 오류가 없는 기준으로서의 권위는 존재하지 않았다는 사실과 권위는 그 자체로 진리의 원천이 아니라 오히려 진리를 실천했던 사람들의 신앙에 의존한다는 확신 때문에, 수도원 공동체와 영적인 인물들은 종종 참된 전통의 대변자이자 진리의 증인으로서 주교들이나 공의회들과 경쟁하곤 했다. 사실, 이러한 양면성은 교회 생활의 통합적인 부분들이었기에 반드시 충돌로 이어지지는 않았다. 이 양면성은 단지 인간의 자유의 신비를 반영한다. 또 이 자유는 성령의 열매로 세례를 통해 모든 그리스도인들에게 주어져서 그를 그리스도의 몸의 책임 있는 지체가 되도록 해준다. 하지만 교회론의 성사적 개념들은 개인주의와 주관주의에 대한 하나의 보호 장치였다. 즉 이 책임성은 오직 교회와 성사의 틀 안에서만 이해될 수 있었고, 또 교회와 성사의 틀은 주교와 사제의 사역 없이는 불가능한 것이었다.

    비잔틴 그리스도인들의 사회적이고 개인적인 윤리를 결정하는 근본적인 통찰들은 다음과 같다. 사실 비잔티움의 모든 종교 문헌을 통틀어 윤리나 그리스도교적 행동에 대한 체계적인 글을 발견하기는 쉽지 않지만 성서에 대한 도덕적 주석이나 기도에 대한 금욕적 저서들, 혹은 영적 저서들은 수없이 많다. 이것은 비잔티움의 윤리가 본질적으로 신학적임을 의미한다. 물론 각 사람은 그리스도인이건 아니건 하느님의 형상대로 창조되었고 따라서 하느님과의 교제와 신화로 부름 받았다는 근본적인 주장을 인정하지만,

일반적으로 인간을 위한 세속적 윤리를 구축하려 하지는 않았다. 비잔틴 사람들은 고대 철학자들의 윤리적 가르침과 이슬람교 신앙 안에서조차 "신적 로고스의 씨앗"을 발견하려고 했지만, 또한 그것은 언제나 육화하신 단 한 분 참되신 말씀으로 정향되어 있으며 이 말씀 안에서 완성되어야 한다고 생각했다.

비잔티움의 종교적 유산은 종종 서방과 비교 속에서 정의된다. 사실 비잔티움에서 하느님과 인간의 관계 개념은 아우구스티누스 이후의 라틴 그리스도교의 그것과는 구별된다. 초월적일뿐만 아니라 내재적이시며, 인간 안에서 실존적으로 경험되고 현존하시는 하느님에 대한 현대적인 관심과, 발전하고 성장해가는, 본질적으로 열린 존재로서의 인간에 대한 점진적인 재발견은, 이 시대에도 놀라운 현실성을 발휘할 수 있는 비잔틴 사상의 근본적인 주장들을 수용할 수 있게 해줄 좋은 터전이다.

| 참고문헌 |

1983년 판에서 상당부분 개선된 이 참고문헌은 보다 심화된 독서가 가능하도록 안내한다. 이것은 참고한 서적과 논문, 그리고 보다 방대한 참고문헌의 정보를 제공한다. 1959년까지 이 분야에 대한 연구를 거의 총망라한 참고문헌은 Hans-Georg Beck의 *Kirche und theologische Literatur im byzantinischen Reich*에서 발견된다.

주에 표시된 모든 서적과 논문을 여기에 다 수록하지 않았다. 1장의 참고문헌에 제시된 일반적인 서적들은 그 내용이 또한 다른 장의 주제를 다루고 있지만 재차 수록하지 않았다.

1 장

Beck, Hans-Georg. *Kriche und theologische Literatur im byzantinischen Reich*. Munich: Beck, 1959.
비잔틴 교회의 사상과 상황에 관한 가장 방대한 참고 자료를 포함하고 있는 책이다. 참고문헌은 슬라브어 문헌을 제외하면 거의 완벽하다.

Boulard, E. "L'eucharistie d'après le pseudo-Denys l'Aréopagite," *Bulletin de littérature ecclésiastique* 58 (1957), 193-217; 59 (1958), 129-169.

Florovksy, Georges. *Vizantiyskie Ottsy V-VIII vekov* (5세기부터 8세기의 비잔틴 교부들). Paris: YMCA Press, 1933.
놀라운 통찰로 가득하다.

Gouillard, Jean. "Le Synodikon de l'Orthodoxie. Edition et commentaire," *Travaux et mémoires II*. Paris: Centre français d'études byzantines, 1967.

843년 이후의 비잔틴 신학사를 위한 기본적인 자료. 주석은 '시노디콘'에서 언급된 중요한 모든 문제를 다루고 있다.

Jugie, Martin. *Theologia dogmatica Christianorum orientalium ab Ecclesia Catholica dissidentium*. I-V. Paris: Letouzey, 1926-1935.

수많은 직접 인용과 귀중한 참고문헌을 포함하고 있는 전체적 조망의 기념비작. 비잔틴 저자들에 대한 비판적 평가는 지극히 스콜라적인 개념으로부터 행해진다.

Lossky, Vladimir. *The Mystical Theology of the Eastern Church*. London: Clarke, 1957.

인간과 하느님의 관계에 대한 동방 그리스도교의 이해를 다루고 있는 고전.

———, *Vision of God*. London: Faith Press, 1963.

비잔틴 교부 사상 내용을 역사적인 방법으로 다룬 책.

Meyendorff, John. *Living Tradition*. Crestwood, New York : St. Vladimir's Seminary Press, 1978.

Pelikan, Jaroslav. *The Christian Tradition: A history of the Development of Doctrine*. I. *The Emergence of the Catholic Tradition*. II. *The Spirit of Eastern Christendom(600-1700)*. Chicago: University of Chicago Press, 1971, 1974.

동방 그리스도교 사상사에 대한 방대하고도 심오한 연구를 포함하고 있다.

Podskalsky, Gerhard, *Theologie und Philosophie in Byzans : der Streit um die theologische Methdodik in der spätbyzantinischen Geistesgeschichte (14./15. Jh), seine systematischen Grundlagen und seine historische Entwicklung.* Munich : Bec, 1977.

2장

Chesnut, Roberta C. *Three Monophysite Christologies: Severus of Antioch, Philoxenus of Mabbug and Jacob of Sarug.* Oxford: Oxford University Press, 1976.

Elert, Werner. *Der Ausgang der altkirchlichen Christologie: Eine Untersuchung über Theodor von Pharan und seine Zeit als Einführung in die alte Dogmengeschichte.* Berlin: Lutherisches Verlagshaus, 1957.
6세기 신 칼케돈주의와 하느님 수난설을 이해하는 데 중요한 연구서.

Grillmeier, Aloys. *Christ in Christian Traditionfrom the Apostolic Age to Chalcedon (451).* New York: Sheed & Ward, 1965.

Lebon, Joseph. *Le Monophysitisme Severien: Etude historique, litteraire et thiologique sur la resistance monophysite au concile de Chalcedoine jusqu'a la constitution de l'Eglise Jacobite.* Universitas Catholicas Lovaniensis, Diss. II, 4. Louvain, 1909.
안티오키아의 세베루스(Severus of Antioch)의 그리스도론이 사실은 알렉산드리아의 키릴(St. Cyril of Alexandria)의 그리스도론임을 보여주는 기본적 논문.

Meyendorff, John. *Christ in Eastern Christian Thought.* Washington: Corpus, 1969 (*Le Christ dans la théologie byzantine.* Paris: Cerf, 1969 의 영어번역본).

칼케돈 공의회 이후 그리스도론적 개념에 대한 일반적 조명.

Moeller, Charles. "Le Chalcédonisme et le néo-chalcédonisme en orient de 451 à la fin du VIe siècle," *Das Konzil von Chalkedon: Geschichte und Gegenwart* edd. A. Grillmeier and H. Bacht. 3 vols. Würzburg: Echter, 1951-1952. I, 637-720.

비잔틴 그리스도론의 주된 흐름을 칼케돈 사상의 '단성론적' 일탈로 해석한 중요한 논문.

Oksiuk, M. "Teopaskhitskie spory" (하느님 수난설과 관련된 논쟁들), Kiev, Dukhovnaia Akademia, *Trudy* 1 (1913), 529-559.

Moeller와 반대되는 견해

Rozemond, Keetie. *La Christologie de Saint Jean Damascène*. Ettal: Buchkunstverlag, 1959.

그리스 교부들의 그리스도론에 관한 개관.

3장

Alexander, P. J. *The Patriarch Nicephorus*. Oxford, 1958.

정교회 주요 신학자에 관한 논문

Anastos, Milton V. "The Argument for Iconoclasm as Presented by the Iconoclastic Council of 754," *Late Classical and Medieval Studies in Honor of A. M Friend, Jr*. Princeton, 1955. pp. 177-188.

Bryer, A., and Herrin, J.,eds. *Iconoclasm*. Birmingham, 1976.

여러 학자들이 참고문헌을 보충하여 논의를 향상시킴.

Florovsky, Georges. "Origen, Eusebius and the Iconoclastic Controversy,"

Church History 19 (1950), 77-96.

이콘 반대주의 신학에 있어서 오리게네스의 자료들을 정리.

Grabar, André. *L'iconoclasme byzantin: Dossier archéologique*. Paris, 1957.

7세기 형상들에 관한 의식(cult)을 이해하는 데 아주 중요한 책. 저자에 의해 수집된 고고학적 증거들은 신학자들에게 많은 식견을 제공해준다.

―――, *Christian Iconography: A Study of Its Origins*. The A. W. Mellon Lectures in the Fine Arts, 196i. Bollingen Series XXXV, 10. Princeton: Princeton University Press, 1980.

저명한 예술사학자의 해석.

John of Damascus, St. *On the Divine Images*. Crestwood, New York: St. Vladimir's Seminary Press, 1980.

아래에 있는 스투디오스의 테오도로스 것과 함께 성상파괴주의를 반대하고 성상주의를 옹호하는 고전적인 교부문헌. 대중적이고 쉬운 번역.

Kitzinger, Ernst. "The Cult of Images in the Age Before Iconoclasm," *Dumbarton Oaks Papers* 8 (1954), 83-150.

Meyendorff, J. *Christ in Eastern Christian Thought*. Wasington: Corpus, 1969. pp. 132-148, 203-207.

그리스도론과의 연관; 하느님에 대한 묘사의 가능성.

Ostrogorsky, George. *Studien zur Geschichte des byzantinischen Bilderstreites*. Breslau, 1929; repr. Amsterdam: Hakkert, 1964.

기초적인 역사 연구서.

Ouspensky, Leonide. *Theology of the Icon*, I-JI. Crestwood, New York: St. Vladimir's Seminary Press, 1978-1983.
엄격한 정교의 관점에서 바라본이콘.

Schönbom, Christoph von. *L'icône du Christ: fondements théologiques élaborés entre le Ier et le IIe Concile de Nicée* (325-787). Fribourg, 1796.

Theodore the Studite, St. *On the Holy Icons*. Crestwood, New York: St. Vladimir's Seminary Press, 1981.

4장

Dobroklonsky, A. *Prepodobny Theodor, igumen Studiisky* (스튜디오스의 수도원장 떼오도로스 성인). 2 vols. Odessa, 1913-1914.
비잔틴 수도원운동의 대 개혁가에 대한 기초적인 연구서.

Dvornik, F. *The Photian Schism: History and Legend*. Cambridge: Harvard University Press, 1948.
로마 가톨릭 학자에 의한 성 포티오스의 역사적 재정립

Gardner, A. *Theodore of Studium, His Life and Times*. London, 1905.

Gouillard J. "L'hérésie dans l'Empire byzantin des origines au XIIe siècle," *Travaux et Mémoires*, I (Paris, 1965), 299-324; repr. in Gouillard, J. *La Vie religieuse à Byzance*. London: Variorum, 1981.

Grossu, Nicholai. *Prepodobnyi Theodor Studit* (성 떼오도르 스튜디뜨). Kiev, 1907.

Hergenro"ther, J. *Photius, Patriarch von Konstantinopel: Sein Leben, seine*

Schriften und das griechische Schisma. 3 vols. Regensburg, 1867-1869; repr. Darmstadt: Wissenschaftliche Buchgesellschaft, 1960.

포티오스 신학에 대한 총체적인 방법론적 조망. 그리스의 '분열주의 (schismatics)에 대해 매우 비판적.

Joannou, P. *Christliche Metaphysik in Byzanz*. I. *Die Illuminations-lehre des Michael Psellos und Joannes Italos*. Studia Patristica et Byzantina, 3. Heft. Ettal, 1956.

Lemerle, P. *Le premier humanisme byzantin*. Paris: Presses Universitaires de France, 1971.

중세 초기의 비잔틴 문명.

Stepahnou, P. E. *Jean Italos, philosophe et humaniste*. Orientalia Christiana Analecta, 134. Rome, 1949.

Uspensky, Theodor. *Ocherki po istorii Vizantiiskoy obrazovannosti* (비잔틴 문헌의 역사에 대한 연구). St. Petersburg, 1891.

특별히 11세기 지성계의 발전에 대한 매우 중요한 연구.

Zervos, Chr. *Un philosophe néoplatonicien du XIe siècle*: Michel Psellos. Paris, 1920.

5장

Chitty, Derwas J. *The Desert a City: An Introduction to the Study of Egyptian and Palestinian Monasticism under the Christian Empire*. Oxford, 1966; repr. Crestwood, New York: St. Vladimir's Seminary

Press, 1977.

Dörries, Hermann. *Symeon von Mesopotamien: Die überlieferung der messalianischen "Makarios" Schriften.* Texte u. Untersuchungen, 55, 1. Leipzig, 1941.
위 마카리오스의 '메살리안' 이론에 대한 가장 권위있는 소개.

─────, *Die Theologie des Makarios/Symeon.* Abhandlungen der Akademie der Wissenschaften in Göttingen, philosophisch-historische Klasse 103. Göttingen, 1978.

Guillaumont, Antoine. *Les "Kephalaia Gnostica" d'Evagre le Pontique et l'histoire de l'Origénisme chez les Grecs et les Syriens.* Paris: du Seuil, 1962.
에바그리오스와 에바그리오스 전통에 대한 결정적인 연구서.

Krivocheine, Basil. *St. Symeon the New Theologian: Life, Spirituality, Doctirine.* Crestwood, New York: St. Vladimir's Seminary Press, 1983. (French edition: Chevetogne, 1980.)
비잔틴 대 신비가에 대한 매우 균형잡히고 포괄적인 연구.

Meyendorff, J. "Messalianism or Anti-Messalianism? — A Fresh Look at the 'Macarian' Problem," *Kyriakon: Festschrift Johannes Quasten* edd. P. Granfield and J. A. Jungmann. Münster: Aschendorff, 1970. II, 585-590.
'메살리안' 이론에 대한 반대 논거들.

─────, *A Study of Gregory Palamas.* London: Faith Press, 1962.
프랑스어 원본(*Introduction à l'étude de Grégoire Palamas.* Paris : du

Seuil, 1959)에는 팔라마스의 발간된, 또한 발간되지 않은 모든 저술에 대한 분석이 들어있다.

Minin, P. "Glavnyia napravleniia drevne-tserkovnoi mistiki" (고대 교회에서 신비주의의 주된 경향들), *Bogoslovsky Vestnik* (1911년 12월) 823-838; (1913년 5월) 151-172; (1914년 6월) 304-326; (1914년 9월) 42-68.
에바그리오스와 마카리오스 전통에 대한 간략하지만 심도 깊은 연구.

Völker, W. *Maximus Confessor als Meister des geistlichen Lebens*. Wiesbaden: Steiner, 1965.
막시모스, 그리고 오리게네스와 니싸의 그레고리오스 전통.

Zarin, S. *Asketizm po pravoslavno-khristianskomu ucheniu* (그리스도 정교의 가르침 안에서의 금욕주의). St. Petersburg, 1907.
교부문헌과 그 해석을 집대성.

6장

Herman, E. "The Secular Church," *Cambridge Medieval History* IV, 2. Cambridge, 1967.
비잔틴 교회의 조직에 관한 조사.

Kotsonis, H. *Provlēmata ekklēsiastikēs oikonomias* (교회 법의 '경륜' 문제). Athens, 1957.
비정교 그리스도인에 대한 '오이코노미아' 문제를 다룬 논문. 저자는 아테네 대주교(1967-1973).

Nikodim Milash, Bishop of Dalmatia. *Das Kirchenrecht der morgenländischen Kirche*. 2nd ed. Mostar, 1905.
고전적 교과서. 세르비아 원저에 대한 다양한 동유럽 언어 번역이 존재함.

Pavlov, A. *Kurs tserkovnagoprava* (교회법 강의). Moscow, 1902.
가장 포괄적인 참고 서적 중 하나.

Zuzek, I. *Kormchaya Kiniga: Studies on the Chief Code of the Russian Canon Law*. Orientalia Christiana Analecta. Rome, 1964.
비잔틴 교회법의 역사에 대한 상세한 정보와 풍부한 참고문헌.

7장

Baker, Derek, ed. *The Orthodox Churches and the West*. Studies in Church History, 13. Oxford, 1976.
훌륭한 학자들의 다양한 관점이 있는 논문.

Denzler, G. "Lignes fondamentales de l'ecclésiologie clans l'empire byzantin," *Concilium* 67 (1971), 57-68.

Dvornik, F. *The Legend of the Apostle Andrew and the Idea of Apostolicity in Byzantium*. Cambridge: Harvard University Press, 1958.
로마 가톨릭 역사가가 동방과 서방의 교회론을 포함한 역사적 사실을 집대성하고 훌륭하게 해설함.

――――, *Byzantium and the Roman Primacy*. New York: Fordham University Press, 1979.
비잔틴의 실질적 접근방식에 따라, 로마의 "apostolicity"에 대한 주장을 반대하는 일반적인 개요.

Haugh, Richard. *Photius and the Carolingians: The Trinitarian Controversy*. Belmont, Massachusetts: Nordland, 1975.

Jugie, Martin. *De processione Spiritus Sancti ex fontibus revelationis et secundum Orientales dissidentes*. Rome, 1936.
철저하게 토마스주의적 관점에서 바라본 '필리오케' 문제.

Meijer, Johann. *A Succesful Council of Union: A Theological Analysis of the Photian Synod of 879-880*. Thessaloniki, 1975.
동방과 서방 교회가 에큐메니칼 공의회로 인정했던 공의회에 대한 로마 가톨릭의 연구

Meyendorff, J.; Afanassieff, N.; Schmemann, A.; Koulomzine, N. *The Primacy of Peter in the Orthodox Church*. London: Faith Press, 1963.
베드로 계승과 관련된 비잔틴 전통에 대한 분석을 포함함.

―――, *Orthodoxy and Catholicity*. New York: Sheed & Ward, 1965.
분열의 교회론적 토대에 관한 여러 에세이.

Sherrard, Philip. *The Greek East and the Latin West*. London: Oxford University Press, 1959.
특히 '필리오케' 문제를 가지고 분열의 신학적 본질을 토의.

8장

Amvrosy (Pogodin), Archimandrite. *Sviatoy Mark Efessky i Florentiiskaia Unia* (에페소의 성 마르코와 플로렌스의 일치). Jordanville, New York, 1963.

Caudal, E. *Nilus Cabasilas et theologia S. Thomae de processione Spiritus Sancti*. Studi e testi, 116. Vatican City, 1945.
플로렌스에 파견된 그리스 대표들에 대한 주된 참고자료.

Gill, J. *The Council of Florence*. Cambridge: Harvard University Press, 1959.
로마 가톨릭 역사가가 공의회의 기초적인 역사를 정리함.

Laurent, Venance, ed. Les *"Memoires" du grand ecclésiarque de l'église de Constantinople, Sylvestre Syropoulos sur le Concile de Florence (1438-1439)*. Publications de l'institut français d'études byzantines. Paris: Centre National de la Recherche Scientifique, 1971.
플로렌스 공의회 기초 자료의 첫 번째, 현대 언어로 된 번역. 서문과 해설은 신학 논쟁들에 대한 정보의 보고이다.

Lot-Borodine, Myrrha. *Nicolas Cabasilas*. Paris: l'Orante, 1958.
니콜라스 카바실라스의 신화(神化) 신학.

Mamone, K. "Markos ho Eugenikos. Bios kai ergon," *Theologia 25* (1954), 377-404, 521-575.

Mercati, Giovanni. *Notizie di Procoro e Demetria Cidone, Manuele Caleca e Theodoro Meliteniota ed altri appunti per la storia della teologia e della letteratura bizantina del secolo XIV*. Studi e testi, 56. Vatican City, 1931.
14세기 비잔틴 토마스주의자들.

Möbler, L. *Kardinal Bessarion als Theologe, Humanist und Staatsman*. I-III. Paderbom: Schöningh, 1923-1942.
원 자료에 근거한 베사리온 연구 논문.

Papadopoulos, S. G. *Hellēnikai metaphraseis thōmistikōn ergōn. Philothōmistai kai antithōmistai en Byzantiō* (토마스 아퀴나스 저작의 그리스어 번역, 비잔티움의 토마스주의자들과 반 토마스주의자들). Athens,

1967.

중요한 총체적 비평

Podskalsky, Gerhard. *Theologie und Philosophie in Byzanz: Der Streit um die theologische Methodik in der spätbyzantinischen Geistesgeschichte (14./15. Jh.), seine systematischen Grundlagen und seine historische Entwicklung.* Munich: Beck, 1977.

후기의 비잔틴 신학 발전이 가져온 팔라마스에 다소 반대되는 견해.

Ševcenko, I. "Intellectual Repercussions of the Council of Florence," *Church History* 24 (1955), 291-323.

비잔틴 정신을 이해하는 데 매우 중요한 글.

Sinkewicz, Robert E. "The Doctrine of the Knowledge of God in the Early Writings of Barlaam the Calabrian," *Mediaeval Studies* 44 (1982), 181-242.

Turner, C. J. G. "George-Gennadius Scholarius and the Union of Florence," *Journal of Theological Studies* 18(1967), 83-103.

한 위대한 그리스 신학자의 동요(動搖).

Volker, W. *Die Sakramentsmystik des Nikolaus Kabasilas.* Wiesbaden, 1977.

9장

Brightman, F. E. *Liturgies Eastern and Western.* I: *Eastern Liturgies.* Oxford. 1896.

고전(古典).

Dalmais, H. I. *The Eastern Liturgies*. New York: Hawthorn, 1960.
유익한 개론서.

The Festal Menaion. Mother Mary and Kallistos Ware, trans. London: Faber & Faber, 1969.
큰 축일의 비잔틴 성가 번역. 유용한 서문, 비잔틴 매일의식의 체계를 설명.

Grosdidier de Matons, José. *Romanos le Mélode et les origines de la poésie religieuse à Byzance*. Paris, 1977.
비잔틴 성찬예배 성가 작사자들에 대한 일반 연구.

―――, "Liturgie et hymnographie: Kontakion et canon," *Dumbarton Oaks Papers* 34-35 (1980-1981), 31-93.

Hapgood, I. F. *Service Book of the Holy Orthodox Catholic Apostolic Church*. New York: Association Press, 1922.
예배들과 성사들의 영어 텍스트.

The Lenten Triodion. Mother Mary and Kallistos Ware, trans. London: Faber & Faber, 1980.
사순시기의 성가 - 금욕적, 성사적 사상의 주요 원천

Mateos, J. *Le Typicon de la Grande Eglise. Ms. Sainte-Croix no. 40. Introduction, texte critique, traduction et notes*. Orientalia Christiana Analecta, 165-166. Rome, 1962-1963.
비잔틴 교회의 예배를 연구하기 위한 기본 자료

Schmemann, A. *Introduction to Liturgical Theology*. London: Faith Press, 1966.

비잔틴 전례의 발전에 대한 현대 정교 신학자의 연구.

Uspensky, Nicholas. *Evening Worship in the Orthodox Church*. Crestwood, New York: St. Vladimir's Seminary Press, 1983.

"미리 축성된" 성찬예배의 만과에 대한 중요한 신학적 고찰.

Wellesz, E. *A History of Byzantine Music and Hymnography*. 2nd ed. Oxford, 1961.

기본서.

10장

Balthasar, H. Urs von. *Kosmische Liturgie: Das Weltbild Maximus des Bekenners*. 2nd ed. Einsiedeln, 1961.

막시모스에 대한 선구적 연구서. 이 책은 Thunberg's *Microcosm and Mediator* (11장 참고목록에 수록됨)를 참고하며 읽는 것이 좋다.

Epifanovich, S. L. *Prepodobnyi Maksim Ispovednik i vizantiiskoe bogoslovie* (고백자 막시모스와 비잔틴 신학). Kiev, 1915.

오늘날까지도 고백자 막시모스에 대한 가장 폭넓은 연구서로 인정됨. 고백자 막시모스의 체계를 비잔틴 신학 전체와 연결시켜 연구함. 특별히 막시모스의 "로고이"(logoi) 사상의 이해에 필수적인 저서.

Florovksy, Georges. "Tvar' i tvarnost'"(피조물과 창조 행위), *Pravoslavnaia Mysl* 1 (1927), 176-212.

창조에 관한 교부들의 교리에 대한 폭넓은 연구. 일부가 *"The Idea of Creation in Christian Philosophy," Eastern Church Quarterly*, 8 (1949)에 번역 수록됨.

Meyendorff, J. "Note sur l'influence dionysienne en Orient." *Studia Patristica* II (제2차 International Conference on Patristic Studies에 제출된 논문. Oxford, 1955). Texte und Untersuchungen 64 (1957), 547-553.
디오니오스의 천사론이 비잔틴 세계에 미친 영향의 제한성들에 관한 연구.

Roques, Rene. *L'Univers dionysien. Structure hiérarchique du monde selon le pseudo-Denys*. Paris: Aubier, 1954.
"품계" (hierarchies)에 대한 가장 중요한 연구서.

11장

Burghardt, W. J. *The Image of God in Man According to Cyril of Alexandria*. Washington: Catholic University Press, 1957.
신화(神化) 인간학의 토대.

Ganh, J. *La conception de la liberte chez Gregoire de Nysse*. Paris: Vrin, 1953.
은총과 자유 문제에 관한 매우 중요한 연구서.

Gross, Jules. *La divinisation du chértien d'après les pères grecs: Contribution historique à la doctrine de grace*. Paris: Gabalda, 1938.

Kiprian (Kern), Archimandrite. *Antropologia sv. Grigoria Palamy* (그레고리오스팔라마스의 인간론). Paris: YMCA Press, 1950.
교부 전통 전체를 독창적으로 조망함.

Ladner, G. B. "The Philosophical Anthropology of St. Gregory of Nyssa," *Dumbarton Oaks Papers* 12 (1958), 58-94.

Leys, R. *L'image de Dieu chez Saint Gregoire de Nysse*. Brussels and Paris, 1951.

Lossky, V. *On the Image and Likeness*. Crestwood, New York: St. Vladimir's Seminary Press, 1974.
교부들의 인간론, 구원론, 그 밖의 신학적 주제에 대한 연구 모음집.

Lot-Borodine, *Myrrha. La deification de l'homme*. Paris: Cerf, 1969.
1932-1933년 동안 잡지 *Revue d'Histoire des Religions*에 실린 일련의 중요한 논문들을 엮어 재 출판함.

Meyendorff, J. "*Eph ho* chez Cyrille d'Alexandrie et Theodoret," *Studia Patristica* IV. Texte und Untersuchungen 79 (1961), 157-161.
원죄 이해에 있어서 결정적인 구절인 로마서 5장 12절을 그리스 교부들이 어떻게 이해했었는지를 연구함.

Popov, I. V. "Ideia obozhenia v drevne-vostochnoi tserkvi" (고대 동방교회에서의 신화 사상), *Voprosyfilosofii i psikhologii* 97 (1906), 165-213.
매우 중요한 논문.

Romanides, J. S. *To propatorikon hamartema* (원죄). Athens, 1957.
원죄에 대한 어거스틴적 견해와 그리스 교부들의 견해를 대조시킴.

Thunberg, Lars. *Microcosm and Mediator: The Theological Anthropology of Maximus the Confessor*. Lund: Gleerup, 1965.
막시모스에 대한 심화된 최근 연구서. 특별히 비잔틴 신학자들에게 많은 영향을 끼친 막시모스의 인간학적 관점을 주목하여 연구함.

12장

Draguet, René. *Julien d'Halicarnasse et la controverse avec Sévère d'Antioche sur l'incorruptibilité du corps du Christ.* Louvain, 1924.
율리아누스의 '아프타르토 가현설'(Aphthartodocetism)에 대한 논쟁이 그리스도론의 인간론적 차원의 이해를 위해 매우 중요함을 논구함.

Dubarle, A. M. "L'ignorance du Christ chez S. Cyrille d'Alexandrie," *Ephemerides Theologicae Lovanienses* 16 (1939).
비잔틴 그리스도론에서 아주 고전적인 개념인 "경륜적으로 수용된 무지"(ignorance by economy)에 대하여.

Gordillo, M. *Mariologia Orientalis.* Orientalia Christiana Analecta, 141 (1954).
서방의 전제들을 확정적인 것으로 간주하는 가운데 동방과 서방의 전통을 화해시키려는 시도.

Mascall, E. L. ed. *The Mother of God: A Symposium.* London: Dacre Press, 1949.
블라디미르 로스끼와 조오지 플로로프스키의 중요한 논문이 포함됨.

13장

Afanassieff, Nicolas. *Tserkov Dukha Sviatogo* (성령의 교회). Paris: YMCA Press, 1970.
현대 정교회 신학자들의 교회론 연구. 비잔틴 사상을 이해하기 위한 많은 통찰력을 볼 수 있다.

Galtier, Paul. *Le Saint-Esprit en nous d'apres les peres grecs*. Analecta Gregoriana 37(1946).
교부 문헌에 대한 유용하고도 분석적인 전체적 조망.

Krivocheine, Basile. "The Most Enthusiastic Zealot: St. Symeon the New Theologian as Abbot and Spiritual Instructor," *Ostkirchliche Studien 4* (1955), 108-128.
비잔틴 대 신비가에 의해 경험된 '성령 안에서의 삶' : 신신학자 성 시메온의 신학과 영성에 대해 편집자가 쓴 여러 논문 가운데 하나.

Staniloae, Dumitru. *Prière de Jésus et expérience du Saint Esprit*. Paris: Desclée, 1981.

14장

"Concerning the Holy Spirit," *Eastern Church Quarterly* 7 (1948); 다시 출간됨.
정교회와 로마 가톨릭 신학자들의 '필리오케'에 대한 심포지움

Meyendorff, John. "The Holy Trinity in Palamite Theology," *Trinitarian Theology East and West*. Brookline, Massachusetts: Holy Cross Press, 1977. 25-43.

Popov, I. V. *Lichnost' I uchenie blazhennago Avgustina* (성 아우구스티누스의 인품과 교리). I. Sergiev Posad, 1917.
아우구스티누스 성인에 대해 동방 교부 사상의 한 전문가가 수행한 아주 중요한 비판적 분석 : 두 번째 권은 끝내 출판되지 않음. 아우구스티 누스 사상의 양태들에 대한 동방적 접근을 이해하는 데 필수적.

Prestige, G. L. *God in Patristic Thought.* London: SPCK, 1952.
영어로 된 가장 훌륭한 입문서.

Radovich, A. *To Mysterion tes hagias Triados kato ton hagion Gregorian Palaman* (성 그레고리오스 팔라마스가 말하는 삼위일체의 신비). Thessaloniki, 1973.

Regnon, Th. de. *Etudes de théologie positive sur la Sainte Trinité.* Troisième série, II (Théories grecques des processions divines). Paris, 1893.
그리스 교부들과 아우구스티누스의 삼위일체 신학사상의 차이에 대한 기초적인 연구.

Staniloae, Dumitru. *Theology and the Church.* Crestwood, New York: St. Vladimir's Seminary Press.
현대 루마니아 신학자의 중요한 성령론.

15장

Cabasilas, Nicholas, *The Life in Christ.* Trans. C. J. de Catanzaro; Intro. B. Bobrinskoy. New York: St. Vladimir's Seminary Press, 1974.
유명한 "De vite in Christo" 의 첫 번째 영어 번역.

King, A. A. *The Rites of Eastern Christendom.* 2nd ed. Rome: Catholic Book Agency, 1947.

Raes, A. *Introductio in liturgiam orientalem.* Rome, 1947.

Schmemann, A. *Sacraments and Orthodoxy.* New York: Herder, 1966.

16장

Bornaert, R. *Les commentaires byzantins de la divine liturgie du VIIe au XVe siècle*. Archives de L'Orient Chrétien 9. Paris: Institut français d'études byzantines, 1966.

본문과 불어 번역 그리고 주석. 전례 안에서의 상징주의의 발전에 대한 중요한연구.

Cabasilas, Nicholas. *A Commentary on the Divine Liturgy*. Tr. J. M. Hussey and P. A. McNulty, R. M. French의 서문 Crestwood, New York: St. Vladimir's Seminary Press, 1977.

성만찬 감사 예배에 관한 가장 널리 알려진 후기 비잔틴 주석에 대한 번역.

Kiprian (Kem), Archimandrite. *Evkharistiia* (성만찬 감사 예배). Paris: YMCA Press, 1947.

에피클레시스(성령 초대 기도) 문제에 있어서 특별히 중요한 연구.

Salaville, A. *An Introduction in the Study of Eastern Liturgies*. London: Sands, 1938.

Taft, Robert. *The Great Entrance: A History of the Transfer of Gifts and Other Pre-Anaphoral Rites of the Liturgy of St. John Chrysostom*. Orientalia Christiana Analecta, 200. Rome, 1975.

완전한 참고문헌을 갖춘 비잔틴 교회 예배 전통에 대한 철저한 연구서.

_____, "The Liturgy of the Great Church: An Initial Synthesis of Structure and Interpretation on the Eve of Iconoclasm," *Dumbarton Oaks Papers* 34-35 (1980-1981), 45-75.

게르마노스 1세(d. ca. 730)의 성찬예배에 대한 언급에 대한 비판.

17장

Ales, A. d'. "La question du purgatoire au concile de Florence en 1438." *Gregorianum* 3 (1922), 9-50

Jugie, M. "La question du purgatoire au concile de Ferrare-Florence," *Echos d'Orient* 20 (1929), 322-332.

Meyendorff, John. *The Byzantine Legacy in the Orthodox Church*. Crestwood, New York: St. Vladimir's Seminary Press, 1982.

Michel, A. *Die Kaisermacht in der Ostkirche (843-1204)*. Darmstadt: Gentner, 1959.

중요하지만 Dvornik의 *Political Philosophy*와 함께 사용되어야 함.

Sergii (Stragorodsky). *Pravoslavnoe uchenie o spasenii* (구원에 대한 정교회 교리). Sergiev Posad, 1894.

비잔틴 신학자들을 많이 참조하는 권위있는 교부 연구서. 저자는 모스크바 총대주교로 선출되었다. 서방 신학 사상의 '법률주의'(legalism)를 비판한다.